UMA BREVE HISTÓRIA DA ÁSIA

Dados Internacionais de Catalogação na Publicação (CIP)
(Câmara Brasileira do Livro, SP, Brasil)

Mason, Colin
　　Uma breve história da Ásia / Colin Mason ; tradução de Caesar Souza. – Petrópolis, RJ : Vozes, 2017.

　　Título original: A short history of Asia
　　Bibliografia

　　2ª reimpressão, 2024.

　　ISBN 978-85-326-5520-2

　　1. Ásia – Civilização 2. Ásia – Condições sociais 3. Ásia – História 4. Ásia – Política e governo I. Souza, Caesar II. Título.

17-05593   CDD-950

Índices para catálogo sistemático:
1. Ásia : História   950

Colin Mason

UMA BREVE HISTÓRIA DA ÁSIA

Tradução de Caesar Souza

EDITORA VOZES

Petrópolis

© Colin Mason, 2000, 2005, 2014

Esta obra foi publicada originalmente em inglês pela Palgrave Macmillan, uma divisão da Macmillam Publishers Limited sob o título *A Short History of Asia*, 3rd editions by Colin Mason. A presente edição foi traduzida e publicada mediante autorização da Palgrave Macmillan. O autor afirmou seu direito de ser identificado como autor da obra.

Tradução do original em inglês intitulado *A Short History of Asia*

Direitos de publicação em língua portuguesa:
2017, Editora Vozes Ltda.
Rua Frei Luís, 100
25689-900 Petrópolis, RJ
www.vozes.com.br
Brasil

Todos os direitos reservados. Nenhuma parte desta obra poderá ser reproduzida ou transmitida por qualquer forma e/ou quaisquer meios (eletrônico ou mecânico, incluindo fotocópia e gravação) ou arquivada em qualquer sistema ou banco de dados sem permissão escrita da editora.

Conselho editorial

Diretor
Volney J. Berkenbrock

Editores
Aline dos Santos Carneiro
Edrian Josué Pasini
Marilac Loraine Oleniki
Welder Lancieri Marchini

Conselheiros
Elói Dionísio Piva
Francisco Morás
Gilberto Gonçalves Garcia
Ludovico Garmus
Teobaldo Heidemann

Secretário executivo
Leonardo A.R.T. dos Santos

Produção editorial

Aline L.R. de Barros
Marcelo Telles
Mirela de Oliveira
Otaviano M. Cunha
Rafael de Oliveira
Samuel Rezende
Vanessa Luz
Verônica M. Guedes

Conselho de projetos editoriais
Luísa Ramos M. Lorenzi
Natália França
Priscilla A.F. Alves

Editoração: Fernando Sergio Olivetti da Rocha
Diagramação: Sheilandre Desenv. Gráfico
Revisão gráfica: Nilton Braz da Rocha / Nivaldo S. Menezes
Capa: Hidesign Estúdio
Ilustração de capa: Vista aérea da cidade de Xangai
©atiger | Shutterstock

ISBN 978-85-326-5520-2 (Brasil)
ISBN 978-1-137-34060-3 (Estados Unidos)

Este livro foi composto e impresso pela Editora Vozes Ltda.

Sumário

Lista dos mapas, 7

1 Introdução, 9

Parte I – Antes do imperialismo, 21

2 A pré-história e as primeiras civilizações indianas, 23
3 O desenvolvimento da cultura indiana: hinduísmo e budismo, 32
4 O antigo Sudeste Asiático: os navios da Índia, 39
5 China: a nação eterna, 49
6 O Japão antigo e a Dinastia Tang na China, 64
7 O despertar da Europa e o desafio do Islã, 75
8 Maré alta na China: as dinastias Song, Mongol e Ming, 79
9 China: maré baixa, 89
10 Os três criadores do Japão e o Período Tokugawa, 98

Parte II – O "fardo do homem branco", 109

11 Os dominadores e os dominados, 111
12 O sudeste da Ásia: os europeus e os impactos chineses, 117
13 O mundo malaio: Majapahit e Malaca, 128
14 Indonésia: os últimos reinos independentes e a extensão do domínio holandês, 133
15 A Índia sob dois senhores: os grandes mughais e a Companhia das Índias Orientais, 140
16 A Índia de Gandhi: a luta pela liberdade, 153

Parte III – As nações modernas, 161

17 A Segunda Guerra Mundial e o fim do império, 163

18 Sul da Ásia: liberdade e pobreza, 169

19 Índia, 173

20 Paquistão, 184

21 Bangladesh, 192

22 Afeganistão, 198

23 Os estados montanhosos: Nepal e Butão, 204

24 Sri Lanka, 212

25 China: duas revoluções, 217

26 China moderna: o Estado comunista, 223

27 Taiwan: chinesa ou não?, 237

28 Mongólia, 241

29 Indonésia e Timor-Leste, 246

30 Malásia, Singapura e Brunei, 258

31 Japão: o triângulo de ferro, 270

32 Tailândia: dois chapéus; a luta pela democracia, 281

33 As Filipinas: problemas no paraíso, 289

34 Coreia: uma nação dividida, 298

35 Vietnã, Laos e Camboja, 309

36 Birmânia: autoridade das armas, 322

37 O século asiático?, 329

Leitura complementar, 337

Índice, 343

Lista dos mapas

1 Ásia, 24s.
2 China e Coreia, 52s.
3 Japão, 101
4 Sudeste Asiático, 120s.
5 Indonésia, 136
6 Sul da Ásia, 142

1
Introdução

Seis de cada dez pessoas que existem hoje são asiáticas. A maioria é chinesa ou indiana – esses dois gigantes asiáticos constituem dois bilhões e meio da população, contrastando com o terceiro concorrente, os Estados Unidos, em 312 milhões, e em cerca de 700 milhões em toda Europa. A China está se tornando rapidamente a nação mais rica da Terra. Possui o maior e mais rápido crescimento de novas infraestruturas na história, sua classe média cresce em tamanho e afluência tão rápidos que turistas chineses gastaram mais em viagens ao exterior em 2012 do que qualquer outra nação, enquanto os bancos centrais asiáticos detinham mais da metade das reservas mundiais de moeda estrangeira e ouro naquele ano.

Isso representa uma enorme mudança global da dominância econômica e política do Ocidente, mas, apesar disso, bem como de seus prognósticos para o futuro, muitas pessoas, especialmente ocidentais, parecem em grande medida desinformadas sobre a história da Ásia, especialmente a de antes da era colonial, e, por vezes, possuem percepções vagas mesmo nos níveis mais fundamentais, concepções ainda coloridas pelas opiniões dos anos do "império", com suposições sobre a supremacia branca, e conceitos vagos e chocantes como o poço em Kanpur e "o buraco negro de Calcutá". Para elas, os asiáticos à vezes dizem e fazem coisas que parecem sem sentido. Quais são exatamente as influências da religião sobre eles, com tanta frequência categorizada como violenta e fundamentalista? Muitos asiáticos parecem "ocidentalizados", mas realmente são? Os chineses, os islâmicos e os refugiados pretendem dominar o mundo? Por que os asiáticos não adotam a "democracia"? Tudo isso, como tudo o mais que não é compreendido propriamente, provoca inquietação e, infelizmente, ações muitas vezes imprudentes.

O mais inapropriado de tudo é visualizar a Ásia como uma entidade homogênea, quando é de fato uma região de culturas e povos muito diferentes, falando centenas de línguas, e com tradições e ideias amplamente diferenciadas. Contudo, mesmo assim, essa diversidade tem sido cada vez mais revestida por uma comunidade de ações e objetivos tão importante que não pode ser ignorada. A magnitude dessas influências já está tendo enormes efeitos na região, e serão ainda mais momentosos no futuro. Coisas como: grandes movimentos populacionais do interior para cidades em rápido crescimento, a industrialização, o impacto da mudança climática, a poluição e seus danos consequentes ao meio ambiente e à saúde pública, a competição crescente por terra arável, o crescimento populacional e uma tendência para políticas autoritárias, organizadas em torno de famílias influentes ou elites militares, são agora comuns em grande parte da região. Elas transformarão a Ásia e, além dela, o mundo, para o bem ou para o mal.

Perdura ainda uma mentalidade que vê a Ásia como uma região de "subdesenvolvimento", na qual populações enormes e crescentes trabalham duro na terra para levar com dificuldade uma débil existência, basicamente sem instrução e acesso aos serviços básicos que as nações "desenvolvidas" consideram comuns. Pobres, vivendo em condições primitivas e ignorantes, são frequentemente considerados "casos perdidos", em necessidade constante de ajuda de um Ocidente próspero, e oferecendo pouca concorrência. Embora em alguns lugares grande parte disso ainda seja válida, as coisas estão se tornando rapidamente cada vez menos assim. Mesmo nos países mais pobres, indicadores-chave, como mortalidade infantil, estão melhorando, muitas pessoas têm acesso a um telefone móvel, mais cidades novas e modernas estão sendo construídas – mais rápido e por vezes maiores do que o mundo jamais viu – e nelas vivem não somente uma classe média de centenas de milhões em rápido crescimento, com muitas das mesmas aspirações de seus equivalentes ocidentais, mas também um fluxo constante de imigrantes trabalhadores do campo que esperam se tornar parte dessa classe média. E os números desses moderadamente prósperos estão na verdade crescendo notavelmente – em algumas estimativas, por volta de 2030 a Ásia será lar da maior parte da classe média mundial, constituída de mais de dois bilhões de pessoas que serão as principais produtoras e consumidoras de bens e serviços.

A China está construindo novas cidades modernas e modernizando as antigas num ritmo extraordinário – diz-se que estão construindo uma Roma por semana. Os resultados diferem de tudo o que foi feito anteriormente – as novas cidades se parecem um pouco com um filme de ficção científica do futuro, como Qingdao, uma "nova cidade" chinesa. Considere Chengdu, a capital da província chinesa de Sichuan, que com 14 milhões de pessoas está atualmente construindo 30 arranha-céus com mais de 60 andares e já possui uma estrutura futurista de vidro ao estilo pagode que é o maior edifício do mundo. Quase um quarto dos computadores do mundo são produzidos em Chengdu – seu *iPad* provavelmente veio de lá –, que possui uma indústria aeroespacial de liderança mundial e produz peças para a Boeing e a Airbus e o formidável avião furtivo Black Eagle. Não muito longe, Changsha, em um impressionante *tour de force*, estava construindo o edifício mais alto do mundo – o Sky City, de 838m – em apenas sete meses em 2013. O segundo maior, o Burj Khalifa, em Dubai, levou seis anos para ser construído.

No final de 2012, a China abriu o maior e mais rápido serviço de trem de alta velocidade do mundo, percorrendo aproximadamente 2.500km entre as principais metrópoles no norte e sul, Pequim e Guangzhou. A uma velocidade média de 300km/h, os trens cobrem a distância em oito horas, comparado às

21 horas dos trens convencionais. Mais dessas linhas de trens rápidos estão previstas, ziguezagueando o país de norte a sul e de leste a oeste. Uma rede de autoestradas foi expandida de 3.219km para cerca de 88.500km em menos de 20 anos, para acomodar motoristas de classe média em um país que agora possui o crescimento mais rápido de carros particulares do mundo.

Para fazer essas coisas, a China tem ano após ano usado mais do que a metade da produção de cimento e mais de um terço do aço produzidos no mundo. Ao longo das últimas duas décadas seu consumo de energia dobrou, e é responsável por 40% do consumo global de cobre e alumínio, tornando-se uma importante produtora de quase todo tipo concebível de mercadorias para o mundo. Milhões de pessoas afluindo às cidades vindas do campo proveram uma fonte quase inesgotável de mão de obra barata, os terrenos para fábricas eram baratos, o capital e os profissionais especialistas abundavam – todas essas coisas se combinando para criar indústrias que poderiam produzir coisas dramaticamente mais baratas, ameaçando competidores no Ocidente. Taiwan, Coreia do Sul e Singapura fizeram mudanças enormes similares em seus estilos de vida e economias. A reconstrução da indústria do Japão com métodos e ferramentas modernos após a Segunda Guerra Mundial o tornaram a maior potência industrial em questão de anos. A Índia está se industrializando rapidamente, e nações como Bangladesh, Vietnã e Malásia estão se movendo na mesma direção.

Contudo, cidades de sonhos e indústrias massivas possuem seu lado negativo. Mais de 80% da energia da Ásia vem da queima de combustíveis fósseis poluentes, de modo que a região em 2013 emitiu cerca de 40% dos gases de efeito estufa do mundo – esse número foi 30% em 2000. A China, que é agora a maior emissora do mundo, é responsável por cerca de metade do uso de carvão no mundo. Nuvens espessas e persistentes de fumaça e céus cinza são agora a norma nas maiores cidades da Ásia. No primeiro mês de 2013, o tráfego de veículos motorizados teve de ser restringido e fábricas foram fechadas em Pequim, que tem mais de 20 milhões de habitantes, devido à extrema poluição mesmo para os padrões dessa cidade. Hospitais registraram uma duplicação nos ataques do coração e foram inundados por pessoas com enfermidades respiratórias. Partículas finas em suspensão – PM* 2.5 – que podem provocar essas condições, assim como câncer de pulmão, atingiram níveis catastróficos de 886 microgramas por metro cúbico. A Organização Mundial da Saúde considera qualquer coisa acima de 25 microgramas como indesejável. Considera-se que essas partículas finas – na verdade, fuligem – tenham contribuído para quase 10.000 mortes prematuras em 2012 em Pequim, Xangai, Guangzhou e Xian. Um empresário de Pequim começou a vender ar fresco enlatado do Tibete, e os fabricantes não puderam manter a produção diante da demanda por máscaras e purificadores de ar.

---

* Sigla, em inglês, para *particulate matter* (material particulado) [N.T.].

De acordo com a Organização Mundial da Saúde, pela primeira vez em 2012 a poluição do ar foi classificada entre as dez piores doenças letais do mundo, provocando quase dois milhões de mortes no leste e sul da Ásia. Em Kabul, a poluição do ar e da água está matando mais pessoas do que a guerra em curso no Afeganistão. Incidentes de poluição do ar aguda ocorreram em 2012 em Bangladesh, no Nepal e no Paquistão. Diante da extensão desses acontecimentos, pode a Ásia continuar a crescer tão rapidamente no futuro como muitos economistas estão prevendo? George Monbiot, escrevendo no *Guardian Weekly* no final de 2012, afirma: "O legado de mil anos de emissões de carbono atuais é longo o bastante para esfacelar qualquer coisa semelhante à civilização humana. Sociedades complexas por vezes sobreviveram à ascensão e queda de impérios, pragas, guerras e fome. Elas não sobreviverão a seis graus de mudança climática, prolongada por um milênio. Em retribuição a 150 anos de consumo explosivo, muito do qual nada fez para promover o bem-estar humano, estamos atomizando o mundo natural e os sistemas humanos que dependem dele".

Os seis graus mencionados se referem a um aumento de 6°C na média da temperatura mundial, uma catástrofe que os climatologistas acreditam ser possível neste século *se as emissões de gases de efeito estufa continuarem a crescer descontroladamente*. Isso, de acordo com Mark Lynas em 2008, em seu *Six degrees: our future on a hotter planet* (*Seis graus: nosso futuro em um planeta mais quente*), "provocaria uma extinção em massa de quase toda vida, e provavelmente reduziria a humanidade a uns poucos grupos resistentes de sobreviventes aferrando-se à vida próxima aos polos", uma visão da qual poucos climatologistas discordariam – de acordo com o Professor Barry Brook, da Universidade de Adelaide, um aumento de seis graus veria "a maior parte da vida exterminada e desertos em quase toda parte". Caso haja um esforço concentrado ao redor do mundo para reduzir essas emissões – particularmente pela interrupção da queima de carvão para gerar eletricidade –, esse aumento de temperatura poderia ser reduzido a um nível ainda desconfortável, porém, tolerável. Esse, portanto, é o dilema que as nações asiáticas em industrialização enfrentam: elas necessitam de energia o suficiente para continuar a retirar seu povo da pobreza e da saúde precária, e concluíram que, para o futuro próximo, elas só podem obter isso por meio da queima de cada vez mais carvão. Como equilibrarão isso com as terríveis consequências previstas da mudança climática?

É difícil exagerar a importância desse tema para o mundo – pode muito bem terminar se tornando o tema mais importante. E, lamentavelmente, os meteorologistas mais confiáveis estão dizendo que o uso do carvão vai aumentar, não diminuir, no futuro, aumentando das atuais sete bilhões de toneladas por ano para mais de um bilhão de toneladas ao ano ao longo dos próximos cinco anos. 90% desse aumento desastroso virá da China e da Índia. Dados os riscos evidentes para a saúde individual e à da Terra, pode isso ser justificado, e a necessidade é real e urgente? Em um de seus relatórios especiais regulares (13 de outubro de 2012), o *The Economist* examina a desproporção econômica e social na Ásia: "Em pouco mais de uma geração a distopia igualitária de Mao se tornou um país com uma distribuição de renda mais desequilibrada que a da América. Outros dois gigantes da Ásia, Índia e Indonésia, também veem disparidades surgirem agudamente, embora menos dramaticamente do que na China".

Como exemplo, o relatório comparou as condições em ambos os lados da fronteira entre a municipalidade de Pequim e seu Estado vizinho, Hebei. Em quase todos os aspectos, a disparidade é grande. As pessoas em Hebei ganham menos, ninguém possui carro, as estradas são piores, as escolas são escassas, e nas palavras de um habitante de Hebei: "Vivemos em um país diferente". Essa desigualdade prevalece de um modo quase geral na Ásia rural, e é a razão pela qual tantos habitantes se deslocam em massa para as cidades para encontrar trabalho. Assim, existe, na verdade, uma necessidade evidente de estender a prosperidade das cidades ao campo, e isso só pode ser feito se mais energia elétrica for gerada. Isso tem uma força particular na Índia, onde mesmo nas cidades o fornecimento de energia é limitado e não confiável e as crianças podem ser vistas de pé sob as lâmpadas da rua fazendo seus temas de casa. Quase metade da população não possui qualquer acesso a energia elétrica. Pior ainda, a maioria das pessoas vive em extrema pobreza e com saúde precária. Em Calcutá, mais da metade da população vive, literalmente, nas ruas. Quase metade das crianças é raquítica e malnutrida, e milhões morrem antes de chegarem aos 5 anos.

Assim, se o uso do carvão aumentar indefinidamente nos dois maiores países do mundo, quais podem ser as consequências? Faz mais de cem anos desde que o consorte da Rainha Vitória, Príncipe Albert, presidiu a reunião da Royal Institution em Londres, na qual as qualidades bloqueadoras de calor do dióxido de carbono e do metano foram demonstradas pela primeira vez pelo cientista irlandês John Tyndall. Desde então milhares de cientistas confirmaram que o aumento da quantidade desses "gases de efeito estufa" contribui para o aquecimento global, um aumento contínuo na temperatura geral do planeta. Já aumentou quase 1°C nos últimos 50 anos – muito mais do que isso em alguns continentes –, enquanto a proporção dos gases de efeito estufa aumentou mais de 400 partes por milhão – o nível mais alto em milhões de anos. Qualquer aumento de temperatura além de 2°C é considerado perigoso. Como exemplo, a diferença de temperatura mundial entre o presente e o auge da última era do gelo é em torno de apenas 5°C.

Prevê-se que o aquecimento global provoque clima mais errático e violento: inundações por chuvas, alternando com longas estiagens – que substancialmente reduzem a produção de alimentos –, e tempestades de severidade sem precedentes, cujas primeiras já experienciamos na última década. Ao longo de toda história humana registrada até muito recentemente, o Ártico possuía trilhões de toneladas de gelo massivo e impenetrável. Isso não é mais o caso. As temperaturas lá subiram cerca de três graus, e no verão de 2012 o gelo havia diminuído para cerca de dois milhões de metros quadrados, 49% abaixo da média para 1979-2000, com previsões de que o Polo Norte possa estar completamente sem gelo em 2050. Isso já provocou um aumento pequeno, porém significativo no nível global do mar, com a possibilidade de um aumento equivalente a cerca de 90cm neste século.

Na Ásia, mais de um bilhão de pessoas vive nos deltas dos grandes rios e outras terras baixas densamente habitadas e férteis em muitos lugares a praticamente 1m acima do nível médio das marés altas. Não só os aumentos previstos no nível do mar os tirariam de suas casas como destruiriam a terra na qual aproximadamente um terço da produção de alimentos é cultivado. Isso aconteceria muito antes da inundação completa, enquanto a água salgada se infiltrando com as elevações da maré envenenasse a terra. A maior parte dos grandes deltas do mundo está na Ásia, e muitas vezes são também onde as maiores cidades estão localizadas, como Bangcoc na Tailândia, que já tem experienciado enchentes anormais regulares. A maior parte da indústria da China, assim como muitas de suas maiores cidades, está localizada nas regiões dos deltas e na planície costeira. Embora o aumento do nível do mar seja uma ameaça que se move lentamente, suas consequências últimas são desastrosas. Como o calor obtido pelos oceanos será retido por milhares de anos, o aquecimento e o lento, porém constante, derretimento das calotas polares deve continuar por muito tempo. O derretimento de todo o gelo da Groenlândia elevaria o nível do mar em cerca de 6m e a perda do gelo na frágil Antártica Ocidental cobriria ao menos outros 3m. Isso é composto por uma subsidência contínua da terra do delta – Xangai, Guangzhou, Bangcoc e Jacarta afundaram mais de 60cm desde meados da década de 1960 devido à distorção de sistemas naturais nos deltas nos quais estão construídas, principalmente devido ao represamento para atividade hidroelétrica e uso excessivo de água para irrigação das águas de seus rios.

Os grandes rios da Ásia como o Yangzi, o Ganges, o Mekong e o Irrawaddy, dos quais milhões de pessoas dependem para cultivar alimentos, possuem sua fonte em centenas de geleiras do Himalaia. Por milhares de anos um equilíbrio natural entre derretimento glacial e nevascas permitiu que esses rios fluíssem continuamente. Agora, esse equilíbrio foi perturbado, uma vez que as geleiras diminuem, e é provável que o futuro veja uma alternância destrutiva entre enchentes e secas severas. Já existem evidências de que a mudança climática está afetando a revivificante monção asiática anual. A segurança alimentar para milhões mais depende de sua regularidade.

E esse é um efeito crítico, porque a escassez de alimentos tipicamente afeta – rápida e muitas vezes fatalmente – primeiro os muito pobres. O movimento da Ásia longe das economias vestigiais "coloniais" reduziu, mas não eliminou o abismo econômico entre os instruídos e modestamente prósperos e os milhões de pobres, afetados por doenças e sem instrução. Se considerarmos a região como um todo, cerca de três quartos de seu povo são destituídos em ao menos um desses aspectos. Japão e Singapura são os únicos países asiáticos com padrões de vida e afluência em níveis elevados. China, Coreia do Sul, Taiwan e Tailândia fizeram progressos consideráveis, mas nas nações do sul da Ásia – Índia,

Paquistão, Bangladesh, Sri Lanka, Afeganistão e em grande parte do sudeste da Ásia – a pobreza e a ignorância estão, na verdade, aumentando.

Existem, é claro, razões para a continuidade da pobreza no mundo. Um bilhão de dólares por dia dado como subsídio para a agricultura no mundo desenvolvido é dinheiro efetivamente tomado de fazendeiros no mundo subdesenvolvido. A agricultura não subsidiada não pode competir no mercado de exportação nem, muitas vezes ainda mais desastrosamente, em seu próprio mercado. E os governos asiáticos desde a independência têm persistentemente favorecido elites urbanas. Tipicamente, a média de renda em uma capital asiática é cerca de três vezes a da renda do campo ao seu redor. Pequenas fazendas são incorporadas por grandes agronegócios à medida que camponeses são expulsos de suas terras por imposição ou por dívidas. Recursos naturais como florestas são explorados sem consideração pelas pessoas que vivem nelas. As Filipinas, Java e a Tailândia perderam mais da metade de suas florestas nas primeiras duas décadas após o final da Segunda Grande Guerra e, com algumas exceções, essa depredação continua ainda hoje. Em Bornéo e Sumatra, duas das regiões mais biodiversas do mundo, áreas enormes de floresta são destruídas a cada ano para que se possa produzir 50 milhões de toneladas de óleo de palma.

No passado, monarcas hereditários governavam grande parte da Ásia, apoiados por uma elite de nobres. Uma outra comunidade emergente na região é a liderança política que persiste de geração após geração nas mesmas famílias, cada uma com sua elite apoiadora. Três gerações da Família Kim governaram a Coreia do Norte, a Família Lee mantém o controle de Singapura, a influência da família de Gandhi persiste na Índia, filhas de líderes anteriores governam na Tailândia e na Coreia do Sul. O pai do primeiro-ministro do Japão, Shinzo Abe, foi ministro do Exterior, seu avô, primeiro-ministro. O presidente cada vez mais autocrático do Sri Lanka, Mahinda Rajapaksa, distribuiu posições ministeriais de alto escalão para seus irmãos. E em muitos lugares um novo padrão de governo, a democracia controlada, está emergindo. Embora retendo as formas da democracia parlamentar – eleições gerais, casas do parlamento – uma oligarquia central restringe seus poderes, assim como os direitos políticos e humanos da população, de modo que o governo não só é imposto pela elite como suas ações e direito de governar são expressos claramente. Por trás da democracia controlada está o culto aos "valores asiáticos", que alega que a limitação dos direitos individuais resulta em uma sociedade mais eficiente.

Chris Patten, o último governador da Hong Kong britânica, não gosta de muitas manifestações do que ele chamou "valores sensacionalistas asiáticos" (*East and West*, 1999), mas que sumariza precisamente a visão de seus proponentes de que algumas pessoas no Ocidente "estão tentando impor padrões ocidentais e noções ocidentais de governança à sociedade onde seriam inapropriados ou prejudiciais. Os asiáticos se beneficiam de uma cultura diferente com raízes profundas no confucionismo. Eles dão mais ênfase a ordem, estabilidade, hierarquia, família e autodisciplina do que os ocidentais. O indivíduo tem de reconhecer que existem interesses mais amplos aos quais deve estar subordinado". O arquiteto dos "valores asiáticos" e, na verdade, da democracia controlada, é o velho estadista de Singapura, Lee Kuan Yew. Esse é o modo pelo qual Singapura é governada, e sua indubitável prosperidade e ordem, assim como o próprio Sr. Lee, são grandemente admirados pelos chineses. Existem aqueles em altas posições na China que veem Singapura como um possível modelo para o futuro chinês. Se é assim, então a consagração dos "valores asiáticos" no leste e sudeste da Ásia poderia se tornar muito importante, e, seu conceito, um protagonista significativo na política mundial.

Possivelmente devido à persistência do flagrante elitismo dos ricos, que pode ser considerado uma forma extrema de democracia controlada, e a despeito da pobreza abjeta de milhões, a Ásia construiu e está construindo um extraordinário arranjo de arranha-céus urbanos com múltiplos andares, apresentando um contraste bizarro com os vilarejos empobrecidos e favelas urbanas. De construção dispendiosa, e requerendo enormes quantidades de energia para sua manutenção, essa proliferação de mais de 20.000 torres comerciais muitas vezes parece o resultado de um desejo de competir mais em aparência do que em valor intrínseco às comunidades nas quais são construídas. Essas manifestações de elitismo atraem inevitavelmente dissensão, por vezes violenta, que é usualmente debelada pelo uso da força. Manifestações de protesto prolongadas na Tailândia, a feia sucessão de atentados suicidas e assassinatos no Paquistão e Afeganistão, bem como a fúria suprimida do povo da Birmânia são típicos. A disponibilidade de televisão e rádios baratos significa que a classe média fora da elite e os desprivilegiados não estão alheios ao modo pelo qual estão sendo explorados por seus líderes – isso leva à desconfiança geral em relação à máquina governamental.

Essas consequências devem exacerbar as tensões já evidentes à medida que as nações asiáticas competem por terras e recursos. Cinco nações – China, Japão, Filipinas, Vietnã e Malásia – estão disputando a posse de algumas ilhotas rochosas no Mar do Sul da China, e isso motivou demonstrações ruidosas e por vezes violentas em todos esses países. Algumas dessas ilhas são tão pequenas que não são habitadas nem produzem qualquer tipo de recurso. Contudo, como são vistas como estratégicas, e possivelmente por possuírem reservas de petróleo e gás ao seu redor, têm provocado disputas que parecem fora de proporção em relação ao tamanho dos benefícios. Tem havido uma boa quantidade de encenação militar, incluindo movimentos navais, e demonstrações de massa tanto na China como no Japão com relação à posse das ilhas que os japoneses chamam Senkaku e, os chineses, Diaoyu. China e Vietnã disputam a posse das ilhas Paracel e Spratly, onde vivem apenas algumas centenas de pessoas. Ambas as nações fizeram licitações internacionais para explorar petróleo e gás na área, mas, devido à natureza da disputa, as grandes petrolíferas não parecem muito entusiasmadas. Um confronto nas Ilhas Spratly em 1988 matou 70 vietnamitas. As Filipinas disputam a posse do Recife de Scarborough com a China.

Terras aráveis boas na Ásia já estão sobrecarregadas, com pouco potencial para absorver futuros refugiados climáticos. Considerando isso, o movimento de várias das nações mais ricas do mundo para adquirir terra cultivável em países mais pobres para alimentar seu povo é importante. Como na maior parte desses lugares o solo produtivo já está excessivamente tributado, terminarão esses enclaves estrangeiros sendo observados por milhares de famintos do lado de fora da cerca?

O movimento da China em direção à supremacia mundial – e isso sem dúvida é sua intenção –, contudo, não tende a ser militar, embora o fortalecimento militar esteja lá para apoiá-lo. Será econômico e social, e suas forças de primeira linha serão a rede influente de homens e mulheres empresários chineses, na maior parte dos países asiáticos, e as emergentes corporações nacionais. Isso não é prever um vasto império chinês na Ásia. As outras potências mundiais dificilmente permitiriam algo assim, em primeiro lugar. Em segundo lugar, a China teve oportunidades para isso antes, já no século XV, e as rejeitou. Sua atitude nacional tem sido buscar uma autoridade moderada entre estados periféricos, não diferente da posição americana nas Américas.

A influência chinesa está aumentando gradualmente no continente do Sudeste Asiático, especialmente entre seus vizinhos como a Birmânia e o Laos. Nas regiões montanhosas ao norte do continente do Sudeste Asiático, as rodovias estatais costumavam ser apenas trilhas barrentas – e, muitas dessas, trilhas para pedestres, trafegáveis somente por caravanas de mulas. Devido a isso, em 1992, uma autoridade nas Nações Unidas, a Comissão Econômica e Social para a Ásia e o Pacífico, propôs uma superautoestrada asiática, uma rede de cerca de 140.000km de estradas, pontes e *ferries* que ligariam a maior parte dos países da região com a Europa. Embora 32 nações tenham endossado a ideia, 30 anos mais tarde o progresso havia sido desigual, para dizer o mínimo, com muitos segmentos do projeto atrasados por falta de financiamento ou burocracia excessiva. Contudo, a rodovia do Corredor Norte-Sul, que conecta a China com a Tailândia através do Laos, está em grande parte completa, com uma quarta Ponte da Amizade sobre o Rio Mekong com abertura prevista para dezembro de 2013, a um custo de 45 milhões de dólares.

A rota AH1, a equivalente moderna da Rota da Seda, propõe ligar Tóquio a Istambul, passando cerca de 20.000km através da China, ambas as Coreias, Ásia Central e Índia. Embora existam algumas seções finalizadas, principalmente na China, muitas das ligações ainda estão sem pavimento, profundamente sulcadas e difíceis de trafegar. Um carro inglês na verdade fez essa jornada em 2007, mas levou 49 dias, cruzando 18 países. O encontro da Associação das Nações do Leste Asiático em 2010 buscava colocar esse projeto de novo em prática ao longo dos próximos cinco anos, prometendo vistos mais fáceis para turistas e reformas para as regulações comerciais e alfandegárias excessivamente burocráticas em muitos países. Contudo, para que isso prospere será necessário uma grande quantidade de dinheiro, cooperação e trabalho prático.

A Ásia Central consiste de desertos e de uma série de cadeias de montanhas, escarpas rochosas e planaltos vazios dos quais se eleva o Himalaia, as montanhas mais altas sobre a Terra. Nessa região montanhosa selvagem e levemente habitada, os grandes rios encontram sua fonte na neve perpétua e nas centenas de geleiras. À medida que fluem para o sul, leste e oeste, esses rios se estendem, serpenteiam e desaceleram em correntes grandes, turvas e descoloridas. A maior parte deles, como o Ganges e o Yangzi, chegam ao mar em meio às regiões do delta com quilômetros de águas paradas, pântanos baixos e mangues. Acima dos pântanos se encontram planícies planas férteis que são regularmente inundadas e enriquecidas com depósitos frescos de sedimentos aluviais. Essas planícies têm sido por milhares de anos as regiões mais adequadas para produção de alimentos. Elas se tornaram os centros de civilizações sucessivas e uma tentação para os saqueadores menos favorecidos das montanhas.

À medida que nos dirigimos ao norte a partir da planície indiana, cadeias progressivamente mais montanhosas bloqueiam o caminho, dando às poucas estradas possíveis, como o passo Khyber, uma grande importância estratégica e política. Uma vez cruzando o Afeganistão, o Nepal e os vales ao sul do Tibete, a civilização desaparece em uma região de altos platôs desolados. Esses platôs, as montanhas Pamir e o norte do Tibete, dão lugar, no leste, às areias movediças e aos solos áridos de Xinjiang, na China. Daí, ao longo da Mongólia através do Gobi, o terreno muda para os solos loess do noroeste da China e para as pradarias manchurianas. Essa é Ásia Oriental, a segunda maior concentração de população e cultura. Uma vez mais, na China estão os vales ribeirinhos e os deltas férteis que constituem a área central. O Vale do Yangzi, rio abaixo a partir de sua celebrada garganta, agora inundada, é o mais fértil e populoso.

Os desertos altos e áridos da Ásia Central, com seu ar frio, rarefeito, e sua necessidade perpétua de luta constante para simplesmente existir, produziu um grupo de raças robustecidas que, por milhares de anos, invadiram e conquistaram as planícies de baixo. Bons cavaleiros, criados desde a infância para montar e guerrear, eram típicos nômades, que se moviam constantemente de um vale verdejante a outro, vivendo em tendas, guiando seus rebanhos consigo. Os nomes desses povos nômades e seus líderes ecoam ao longo da história, o próprio epítome da batalha e da conquista – os hunos, os mongóis, Genghiz Khan.

O sul da figura é muito diferente. A Ásia tropical consiste de dois grandes promontórios e milhares de ilhas. A Índia se projeta aproximadamente a milhares de quilômetros em direção ao oceano que recebe seu nome. No outro lado da Baía de Bengala encontramos uma outra península compartilhada pelo continente dos estados do Sudeste Asiático, Birmânia, Tailândia, Malásia e as três nações indochinesas, Vietnã, Camboja e Laos.

Finalmente, em um grande arco oscilando de oeste a leste e depois ao norte, repousa uma cadeia quase contínua de ilhas. Algumas, como Bornéo e Sumatra, estão entre as maiores ilhas do mundo, mas o resto se reduz a pequenos fragmentos de terra com solo suficiente apenas para sustentar algumas palmeiras poucos metros acima da elevação do mar. Uma dessas ilhas menores, ligada ao continente malásio por um elevado, contém uma cidade-Estado dinâmica, predominantemente chinesa, Singapura. Cerca de mais dezessete mil ilhas, estendendo-se ao longo de cerca de 4.800km de mar equatorial ao sul da Malásia, compõem a Indonésia, com cerca de 250 milhões de habitantes, o maior Estado da região e o quarto mais populoso do mundo. Ao norte, ao longo do Mar de Sulu guarnecido por recifes, o arquipélago se une às ilhas das Filipinas. Menos de cerca de 320km da principal ilha filipina de Luzon encontramos ao sul o Promontório de Taiwan. Uma vez mais em direção ao norte, as Ilhas Ryukyu levam ao Japão.

O viajante passou dos trópicos para a zona temperada, depois, através das ilhas japonesas mais ao norte, a Hokkaido, em uma região de gelo, neve e vulcões ardentes. Os escarpados e inóspitos Kuriles levam à última península, Kamchatka, apontando para o Pacífico, a sudoeste do Círculo Ártico.

No ano 1407, 2.000 estudiosos chineses compilaram uma enciclopédia do pensamento e escrita do passado de sua nação. Quando a finalizaram, ela contava 11.000 volumes e era muito extensa para imprimir. Qualquer volume de proporções razoáveis que tenta abarcar a história das nações asiáticas requer uma seleção impiedosa e um cuidado especial na priorização de materiais. Isso leva à omissão de muitos fatos interessantes e importantes deste livro, e a declarações mais gerais do que o escritor gostaria de ter feito.

O leitor necessita conhecer a base sobre a qual a seleção foi feita. O primeiro objetivo foi seguir tendências amplas – constantes, por assim dizer – especialmente quanto essas ainda têm efeito hoje. Uma qualidade comum das sociedades asiáticas é essa importância do passado, da tradição. Por que os Tigres Tâmeis conduziram sua rebelião contra o governo central do Sri Lanka com tanta dedicação e ferocidade? Por que foi visto pelos indonésios modernos como natural que seu primeiro presidente contatasse cerimonialmente a Terra com seus pés descalços, tenha se exposto a tempestades elétricas, abraçasse árvores? Por que o governo representativo de estilo ocidental geralmente não deu certo na Ásia? Por que os escolares indonésios acreditam que sua nação tem um direito histórico a toda Nova Guiné, parte das Filipinas, e possivelmente ainda a uma certa parte do norte da Austrália? As respostas a essas perguntas e a muitas outras emergem de um conhecimento da história asiática, especialmente a de antes da era colonial. Ligações com o passado se tornaram ainda mais importantes porque as novas nações da Ásia olharam para trás, ao período anterior à era colonial, para seu próprio passado muitas vezes legendário e nebuloso em busca de um senso de identidade nacional. E por vezes identificaram algo que provavelmente não era real, exageraram algo muito menor, em teorias que têm mais a ver com a política atual do que com os fatos da história.

Uma segunda prioridade é esboçar a enorme variedade de povos e culturas na Ásia, e dar o devido crédito aos feitos e à grandeza de suas sociedades, que não são propriamente apreciadas ou entendidas. É extraordinário, por exemplo, que algumas crianças ocidentais ainda sejam ensinadas que Gutemberg seja o inventor da imprensa de tipos móveis na Alemanha em torno de 1450, quando os tipos móveis tenham sido desenvolvidos na China 300 anos antes; e que os navegantes europeus tenham "descoberto" a Ásia, quando o comércio marítimo árabe com a China começara 700 anos antes que Colombo "cruzasse o oceano azul". Um navio árabe do século IX naufragado, o *Belitung*, descoberto em águas indonésias em 1998, continha cerca de 60.000 peças de porcelana chinesa, o produto de uma grande indústria manufatureira que exportava ao mundo todo.

A maioria das pessoas saberia que os fogos de artifício e os carrinhos de mão foram inventados na China, mas pode parecer uma novidade a elas que a sociedade Song do século XII tivesse grandes bibliotecas com livros impressos, usasse bancos de crédito e cheques, podia vacinar contra o sarampo, e que havia cidades indianas com habitações em padrão de produção em massa e sistemas de esgoto urbano já em 2500 a.C. Muitas vezes histórias asiáticas de europeus se ocuparam indevidamente com as atividades dos colonizadores europeus. Este livro tenta, entre outras coisas, reparar esse equilíbrio.

Parte I
ANTES DO IMPERIALISMO

2
A pré-história e as primeiras civilizações indianas

A Ásia da remota pré-história era muito diferente do continente e ilhas abarrotados de hoje. Sua população era minúscula e dispersa, vivendo basicamente nas costas marítimas e planícies dos grandes rios, cada pequeno grupo de humanidade separado dos outros por florestas virgens, repletas de animais selvagens. As famílias ficavam juntas, desenvolviam clãs para proteção mútua. A vida era precária, a morte chegava cedo e era muitas vezes repentina e violenta.

Essa época da pré-história pode ser remontada ao menos a um milhão de anos, quando se acredita ter a espécie humanoide *homo erectus* saído do leste africano para a Europa, China e partes do sudeste da Ásia. Em 1891, o crânio de um *homo erectus*, que se acredita agora datar de cerca de 1,8 milhão de anos, foi encontrado na Java Central, e ferramentas de pedra datadas em cerca de 1,36 milhão de anos foram encontradas na província chinesa de Hebei. Implementos de pedra datando de meio milhão de anos indicam uma presença proto-humana na Índia, enquanto os restos do "homem de Pequim" encontrados na China são estimados em meio milhão de anos. Os ossos de cerca de 50 pessoas, incluindo cinco crânios quase completos, foram encontrados na Montanha dos Ossos do Dragão*, a cerca de 40km da capital chinesa. Conclusões iniciais de que essa comunidade antiga tenha usado fogo, construído ferramentas de pedra bruta, e possam ter sido capazes de falar parecem improváveis segundo os relatórios de um grupo de pesquisas chinês/americano no sítio, em 2004. Esses hominídeos foram criaturas primitivas, e provavelmente sobreviveram, como outros da espécie *homo erectus*, do que podiam coletar das vítimas dos grandes predadores.

A era glacial mais recente do período quaternário teve efeitos importantes no desenvolvimento e distribuição dos humanos. Condições rigorosas provocadas pela extensão do gelo modificaram as áreas de população. As pessoas, ainda em números insignificantes, foram forçadas em direção ao cinturão central do planeta, ou foram confinadas atrás das barreiras de gelo, para se adaptarem o melhor que pudessem a séculos de frio severo.

---

* No original, em inglês, *Dragon Bone Hill*: sítio arqueológico localizado na aldeia Zhoukoudian [N.T.].

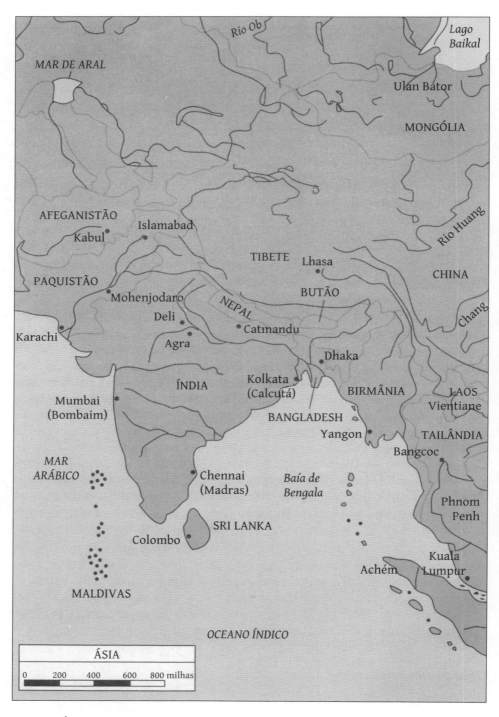

Mapa 1: Ásia

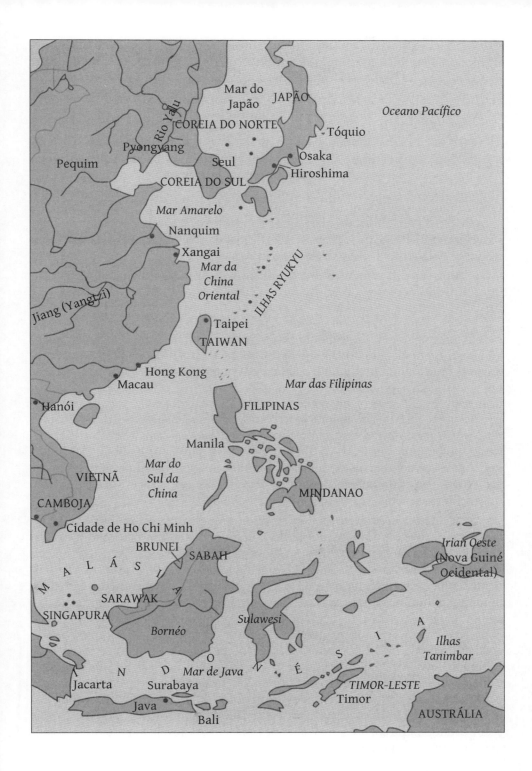

Esses períodos glaciais baixaram o nível dos mares aproximadamente 91cm, de modo que grande parte do que era água se tornou terra seca. A Austrália era ligada através da Indonésia, exceto por dois estreitos, ao continente asiático. As pessoas podiam cruzar pontes de terra sobre grande parte do que agora é mar, e há evidências abundantes de que o fizeram. A Plataforma de Sunda, agora os mares rasos da Indonésia e da Malásia, era terra seca há aproximadamente 18.000 anos. Embora grande parte do mundo, norte e sul, fosse coberta de gelo, a zona tropical não era, a despeito das temperaturas mais baixas e precipitações. As temperaturas na enorme Plataforma de Sunda – uma região de quase 3,2 milhões de quilômetros quadrados – teria sido de 4 a 8°C mais fria do que agora. Grande parte dos tipos raciais da região foi estabelecida por esse padrão de elevação e queda dos níveis do mar. Nos períodos glaciais, o mar submergiu o que parecem ter sido enormes áreas férteis de planície. Uma cadeia de montanhas no Leste Asiático se tornou as ilhas do Japão.

A natureza dos primeiros proto-humanos é, na melhor das hipóteses, conjetural. Contudo, para olhos modernos essas criaturas seriam semelhantes a macacos. Crânios recuperados mostram que tinham testas baixas e inclinadas e cérebros pequenos, porém desenvolvidos. Eles são classificados como hominídeos principalmente porque andavam eretos e mostravam sinais de desenvolvimento importante do lóbulo central do cérebro. Essa evolução humana na Ásia foi muito diferente da que ocorreu em outras partes do mundo. Diferentes tipos raciais começaram a surgir. Acredita-se que o tipo mongol, que é o dos chineses e de outros povos do Leste Asiático, tenha suas origens nas estepes do norte da Sibéria. Uma teoria considera que as características distintas desses povos se devam aos efeitos do frio extremo em seus ancestrais, confinados por muitas gerações na Sibéria durante a última era glacial. Afirma-se que sob essas condições extremas os humanos desenvolveram características protetoras – a testa achatada para proteger os seios da face, olhos fundos e maçãs do rosto altas.

Se o *homo erectus* deu origem ou não à população posterior de *homo sapiens* é controverso. O humano moderno parece ter se difundido ao longo do leste da Ásia há cerca de 40.000 anos, durante um período interglacial. Os níveis do mar eram elevados, e as ilhas da região não eram ligadas entre si e o continente, como se tornariam mais tarde. Devido a isso, o movimento dos humanos de uma ilha a outra é interessante e importante. Esses povos devem ter usado algum tipo de embarcação, de modo que essa pode muito bem ter sido o próprio começo da história marítima humana. A partir do fim do mais recente período glacial, há cerca de 12.000 anos, a evolução humana na região se torna mais coerente, com evidências de criação de ferramentas, domesticação de animais e sociedades agrícolas levando às comunidades de aldeias do passado imediato e do presente. A datação precisa dos fragmentos de cerâmica de muitos lugares no Japão em 2013 indicava que os potes estiveram em uso em 15000 a.C., e que eram usados para cozinhar peixe. Esses achados notáveis sugerem um movimento humano para longe da fase caçadora-coletora em direção à vida de aldeia agrícola muito antes do que se supunha. Há evidências do cultivo de painço na China, datando de 7000 a.C., e de comunidades de aldeia que enterravam seus mortos, faziam cerâmicas e construíam moradias permanentes, por volta de 550 a.C. Esses desenvolvimentos são consistentes com melhoras climáticas à medida que a era do gelo recedia.

As primeiras sociedades do continente chinês também parecem ter sido a origem de muitos dos povos do sudoeste da Ásia, tipos mongoloides que parecem ter migrado do sul da China, substituindo os primeiros povos australoides cerca de 7.000 anos atrás. Desde aquela época, uma sociedade agrícola relativamente avançada se desenvolveu no vale fértil Yangzi da China e junto a grande parte do sul da costa. Esses foram provavelmente os primeiros povos no mundo a cultivar arroz e a tecer esteiras e cordas. Quando migrantes dessa área se dirigiram para o sudoeste do continente asiático, estabeleceram-se primeiro em áreas pantanosas baixas onde o solo se mostrava fértil. Mesmo nessa época a malária foi provavelmente a responsável por muitas mortes, devido à prevalência de seu vetor, o mosquito anófele – uma razão pela qual as populações permaneceram pequenas.

Por volta de 4000 a.C., pequenas aldeias primitivas de tijolos de barro se desenvolveram no que é agora a Índia e o Paquistão. Em algumas, nos vales e contrafortes do Baluquistão, seus habitantes podem ter domesticado gado, ovelhas e cabras. Alguns estudiosos indianos especularam que uma sociedade muito desenvolvida existiu no oeste do Rajastão ao longo do Rio Sarasvati – mencionado nos antigos textos indianos, mas agora há muito seco – já em 6000 a.C. Aldeias como Amri, próximas ao Rio Indus em Sind, talvez tenham se desenvolvido 3.000 anos mais tarde. Implementos em cobre e cerâmica decorada – aparentemente feita em uma roda de oleiro – foram encontrados nessa região, e algumas casas possuíam paredes de pedra ou fundações de pedra.

O passado do Egito e da Mesopotâmia é em geral bastante conhecido, mas uma civilização mais extensiva e desenvolvida do que ambas existiu na Ásia há aproximadamente 5.000 anos, com as maiores cidades e a sociedade mais sofisticada que o mundo jamais vira. Essa sociedade, a harappiana – cujo nome deriva de uma de suas maiores cidades, Harappa, embora tenha havido também uma segunda e similar, chamada Mohenjodaro –, em grande medida ainda enigmática, foi completamente esquecida por mais de 3.000 anos, desde a época de sua extinção até suas ruínas serem investigadas a partir de 1922.

Explorações mais recentes revelaram um terceiro lugar importante, Rakhigarhi, no Estado indiano de Haryana, que está situado no que se acreditava ser o leito seco do Rio Sarasvati. Sua localização, cerca de 160km de Deli, indica que a civilização harappa se estendeu mais ao sul da Índia dos dias atuais do que se acreditava. Análises com georradares em 2006 mostram que Rakhigarhi foi a maior cidade harappiana, maior do que a própria Harappa, e que era cercada de dezenas de outras cidades e aldeias em Haryana. Considera-se que algumas delas datem de 6000 a.C., o que as colocaria entre as primeiras comunidades agrícolas estabelecidas de que se tem conhecimento no mundo. As escavações na área recomeçaram em 2013.

Por aproximadamente 1.600km ao longo do Rio Indus e seus afluentes se encontram os restos de centenas de outras cidades e aldeias com características comuns. O padrão ortogonal das ruas e vias teriam dado a elas uma aparência surpreendentemente moderna e planejada. Seu uso de materiais padronizados e de sistemas de esgoto e drenagem eficientes foi reproduzido na Europa somente em épocas muito recentes. Inscrições em fragmentos de cerâmica encontrados em Harappa em 1999, e com datação de carbono em 3200 a.C., são consideradas, por alguns arqueólogos, a primeira escrita do mundo.

O sítio de Harappa sozinho cobria quase 400 acres e provavelmente abrigava cerca de 30.000 pessoas. A localização dessa cultura sobre a planície aluvial de um grande rio não é acidental, uma vez que as cidades mais antigas do mundo eram situadas geralmente dessa maneira. Em muitas regiões o solo se exauria rapidamente em função dos cultivos e as pessoas tinham de se mudar para novos campos. Somente nas planícies ribeirinhas, onde as inundações anuais depositavam camadas novas e ricas de sedimentos sobre a terra, elas foram capazes de permanecer por mais tempo em um lugar. Desse modo, as civilizações das cidades mesopotâmicas dependiam dos rios Tigres e Eufrates, e, as do Egito, do Rio Nilo.

As ruínas de Mohenjodaro estão em Sind, no que é agora o quente e hostil deserto. As de Harappa estão a cerca de 560km a noroeste no Punjab. Contudo, artefatos distintivos harappianos foram encontrados ao longo de uma área maior do que o Paquistão atual, indicando que em seu auge essa sociedade era consideravelmente maior do que o Egito ou o Império Sumério daquela época. A civilização de Harappa possuía um talento para uma padronização inusual no mundo antigo. Seus tijolos de barro de cor salmão cozidos em fornos eram de tamanho uniforme em toda parte, e isso tornou possível identificar os restos de Harappa com relativa facilidade. Esses foram os primeiros centros urbanos planejados do mundo, com ruas e vias retas de padrão ortogonal orientadas de norte a sul, leste a oeste, dividindo as cidades em 12 blocos. As esquinas eram arredondadas de modo a permitir que carroças e outros veículos virassem facilmente.

Essa sociedade foi inovadora e versátil, envolvendo-se em uma grande variedade de arte, manufatura e comércio com outras partes do mundo civilizado. Esses foram provavelmente os primeiros povos a cultivar, fiar e tecer o algodão, que se tornou um importante item de exportação. Harappa comercializou com a Suméria na Mesopotâmia, provavelmente já em 2600 a.C. Seus selos em pedra sabão foram encontrados em escavações na antiga cidade de Ur. Lápis-lazúli, estanho, turquesa e prata eram importados do Afeganistão, e jadeíta, do Tibete, e transformados em ornamentos. O comércio era por mar, a partir de Lothal, um porto do mar arábico.

A maior parte da arquitetura de Harappa é surpreendentemente similar. As edificações eram planas e do mesmo estilo, e o desenho das ruas e vias, geométrico. As casas individuais eram construídas com os quartos de frente para um pátio central, com poucas aberturas na fachada. Essas casas eram bem-adaptadas ao clima quente, provavelmente úmido, da época. Eram providas de drenagem coberta eficiente dos banheiros aos esgotos principais da rua, que levavam a água com resíduos para longe da cidade. Cada casa possuía uma plataforma de banho e uma latrina. Alguns pisos pavimentados do banheiro ainda mostram sinais de polimento do contato repetido dos pés descalços de seus usuários. As edificações maiores parecem ter sido de uso público – em Mohenjodaro, um celeiro e uma grande piscina.

As cidades possuíam fortificações internas – as chamadas "cidadelas" –, mas careciam de quaisquer defesas aparentes contra inimigos externos, o que sugere uma pequena classe privilegiada no controle da massa de pessoas em vez de qualquer necessidade de proteção contra um invasor externo. Há outras evidências para apoiar isso: as ruínas incluem fileiras de estruturas semelhantes a pequenos alojamentos que eram provavelmente moradias dos trabalhadores.

Pensou-se outrora que a civilização de Harappa tivesse se tornado completamente desenvolvida por volta de 2800 a.C., existido por 1.000 anos e, depois, sido destruída da mesma forma misteriosa. Contudo, a arqueologia posterior indica uma sociedade agrária contínua desde 7.000 anos atrás, que foi provavelmente sua precursora e, portanto, possivelmente, o começo autêntico da civilização indiana. Escavações em vários sítios indicam uma sociedade agrícola que cultivou trigo e cevada, domesticou ovelhas, cabras e a típica vaca corcunda indiana. Há evidências de uma considerável manufatura de cerâmica, usando a roda de oleiro, por volta de 3500 a.C.

Embora se presuma que as cidades de Harappa tenham se desenvolvido a partir dessa sociedade inicial, elas possuíam características distintivas e inusuais que ainda colocam questões para as quais não se tem resposta. Harappa possuiu uma língua escrita – encontrada em cerca de 2.000 selos de pedra sabão recuperados ao longo das cidades e aldeias –, mas que não foi ainda decifrada. Os harappianos mostraram um talento artístico considerável em pequenos objetos. Entre as ruínas, foram encontradas pequenas figuras em pedra sabão, alabastro e mármore descrevendo pessoas, muitas vezes de um modo sofisticado e vívido. Havia um sistema de pesos e medidas bem desenvolvido e distintivo. O cobre e o bronze foram usados em ferramentas e ornamentos.

A natureza da religião é obscura, mas há fortes indícios de uma conexão com deuses do período tardio hindu, com evidências particularmente de adoração de uma deusa-mãe relacionada à fertilidade da terra e à criação da vida. Isso é interessante porque é uma crença tradicional indiana que um povo de pele clara, que se infiltrou muito depois na Índia vindo do noroeste, tenha sido o primeiro a desenvolver uma civilização organizada nesse lugar. Os primeiros épicos indianos afirmam que, quando esse povo chegou, encontrou apenas uma simples cultura aldeã no norte da Índia. Essa foi na verdade a visão histórica comumente sustentada até que as ruínas de Harappa fossem investigadas, mas as maiores contribuições harappianas à primeira sociedade indiana são consideradas agora muito prováveis.

Uma misteriosa catástrofe danificou severamente a civilização Harappa por volta de 1750 a.C. Deve ter sido de enorme escopo, porque Mohenjodaro fora danificada várias vezes antes, provavelmente por inundações, e regularmente reconstruída. Há evidências de que o golpe final tenha sido muito repentino e muito destrutivo. Pode ter sido uma combinação de grandes terremotos e inundações. Vestígios da sociedade continuaram em algumas aldeias, mas em um nível muito mais reduzido. Isso foi presumivelmente o que encontrou cerca de 200 anos mais tarde o povo pastoral vindo do norte que chegou à Índia.

Esse segundo influxo de pessoas, que, de acordo com os épicos, começou a entrar na Índia por volta de 1500 a.C., possuía líderes que se chamavam *aryas*, que significa nobre. O nome moderno da Pérsia, Irã, é significativamente derivado desse termo, do mesmo modo que o termo "Aryan", aplicado ao grupo de línguas ao qual a desses povos pertencia. Esse grupo de línguas é agora mais comumente chamado indo-europeu devido às estreitas ligações entre a língua escrita indiana do norte, o sânscrito, e algumas línguas europeias antigas, incluindo o grego, o celta e o alto-alemão. Assim, um grupo étnico único foi postulado, que se espalhou pela Europa assim como pela planície do norte da Índia.

Em um dado momento, notadamente na Alemanha nazista, esse grupo foi romantizado em ideias de uma super-raça com direitos quase divinos à ascendência sobre outros humanos, e um dever de manter sua pureza genética. Contudo, os novos colonizadores da Índia parecem ter sido um povo simples, muito menos sofisticado do que o harappiano – pastores e caçadores que adoravam deidades que eram manifestações de forças elementares da natureza. Sua arte foi ordinária e sua arquitetura, em particular, sofrível, comparada à de Harappa. Como utilizaram apenas madeira, nenhuma de suas construções sobreviveu, mas narrativas no sânscrito clássico, o *Rigveda*, descrevem casas semelhantes a pequenas cabanas, agrupadas dentro da terra e em paliçadas de madeira.

O *Rigveda* deixa claro que os recém-chegados desgostavam e desprezavam o povo que encontraram no norte da Índia. Embora houvesse, sem dúvida, muito mais endogamia e intercâmbio cultural com a população existente do que os clássicos admitem, o povo do norte parece ter sido muito preocupado com sua pureza racial. Eles tinham pele clara e davam muita importância à cor. Ter a pele clara era considerado um bem, e vergonhoso ter a pele escura – um preconceito ainda forte na Índia, e em outros lugares, hoje. (Quando minha família vivia em uma cidade comercial no nordeste tailandês, as pessoas perguntavam se poderiam simplesmente tocar em meus filhos, que tinham cabelos claros e olhos azuis, para trazer boa sorte.)

Por volta do século VIII a.C., os ex-nômades, quase certamente misturados à população residual de Harappa após seu declínio, haviam se espalhado para o leste ao longo do norte da Índia até as margens do Rio Ganges. Por volta de 600 a.C., eles estavam usando ferro e plantando arroz, fortalecendo sua sociedade agrícola e se expandindo ao longo da planície do Ganges. Como a única informação verbal que possuímos sobre esse estágio é um sortimento confuso de mitos, esses devem ser abordados com cautela. Um ponto importante de interesse foi a acumulação gradual dessa vasta massa de restrições e lendas que estavam comprometidas com a memória e eram levadas adiante de boca em boca, e que são uma base de várias religiões importantes, e especialmente do hinduísmo.

Até que ponto isso reflete a época na qual se originaram é dubitável. Devem ter sido acrescidos e modificados extensamente ao longo do período – talvez 1.000 anos – antes que fossem registrados por escrito. Da obscuridade desse período inicial, podemos ainda fazer algumas deduções. Os pastores nômades que vieram do norte aprenderam a ser agricultores e habitantes de cidades. Uma necessidade de lei e ordem estabelecidas levou à seleção de reis, que se beneficiaram da imposição de impostos – isso fica evidenciado no mito que descreve como Manu, um rei antigo, decretou percentagens muito específicas de produtos e de gado como seu próprio estipêndio.

O trabalho cooperativo extensivo envolvido no desenvolvimento da agricultura levou a aldeias ordenadas e, por fim, a povoados e cidades, com traços de algumas comunidades que se governavam por consulta consensual. Não pode haver dúvida sobre uma "nação" indiana nessa época. Mas grupos tribais e estados terminaram se desenvolvendo na planície indiana do norte, que se enfrentaram incessantemente em conflitos por terra e poder, mas que apesar disso partilhavam uma herança comum.

3
O desenvolvimento da cultura indiana: hinduísmo e budismo

Uma qualidade distinta dessa expansão da cultura indiana foi um sistema de classes de tal vigor que existe até hoje, embora seja agora infinitamente mais complexo. Essa cultura e religião são geralmente chamadas de hinduísmo pelos europeus, e de *sanatan dharma* pelos indianos.

A Índia antiga possuía quatro classes importantes. A mais elevada, os sacerdotes, ou *brâmanes*, em breve se tornaria a autoridade, mesmo sobre os nobres, em virtude dos papéis que assumiam como intérpretes da religião. Os deuses antigos mudaram, e a adoração se tornou mais complexa. Rituais e formalidade turvaram o que outrora deve ter sido fundamentalmente uma fé simples.

A segunda classe importante foi a dos *xátrias*, os nobres-soldados, cujo dever era lutar pelo Estado. Alguns historiadores acreditam que muitas invasões bem-sucedidas da Índia, muitas vezes por exércitos muito pequenos, foram efetivas porque se acreditava que somente os *xátrias* poderiam ou deveriam revidar – em contraste com a Coreia, por exemplo, onde camponeses e mesmo forças de guerrilhas compostas de escravos realizaram ataques ferozes a invasores da Manchúria e do Japão. Uma terceira classe indiana, de menos importância, era a dos *vaixás*, os comerciantes. Essas três classes principais, de pele de cor mais clara, tinham privilégios importantes. Seus membros eram descritos como "nascidos duas vezes", pois, durante a infância, eram iniciados nos ritos de sua posição elevada. Isso era considerado como um segundo nascimento.

A quarta casta principal, os *sudras*, vivendo às margens da sociedade, eram servos, proibidos de ler, ou inclusive de ouvir, as escrituras sagradas. Mesmo nos séculos antes da era cristã, existia uma quinta casta, correspondente aos atuais *dalits*, anteriormente conhecidos como os "intocáveis". Muitos deles eram descendentes de escravos e aborígenes de pele escura e eram restritos a tarefas sujas e inferiores. Uma vez nascido em sua classe, a morte era a única escapatória. Gerações após gerações de seus membros foram compelidas a realizar trabalho ignóbil e desagradável e proibidas de casar fora de sua casta.

Bem na parte inferior da pilha social estão os *chandalas*, a casta que realiza o trabalho efetivo de cremações – cremações sobre um fogo de madeira é o modo usual de dispor dos corpos de indianos adultos. Os corpos de crianças são simplesmente colocados em rios. Os *chandalas* usam longas barras para mexer as cinzas e restos, e para esmagar o crânio e outros ossos maiores, de modo que sejam totalmente consumidos – isso pode levar de seis a oito horas. Embora não tenham mais que gritar ou tocar sinos para anunciar sua presença, para evitar a contaminação ritual de qualquer outro indiano, são efetivamente isolados do resto da sociedade. Pessoas de casta mais elevada seriam contaminadas mesmo se a sombra de um *chandala* caísse sobre elas. Existem divisões de casta mesmo entre os *dalits*, uma minoria atual de mais de 300 milhões de pessoas. Em ordem ascendente na escala social estão os que trabalham com couro, limpadores de lavatórios, varredores e os lavadores.

Esse padrão estabelecido de privilégio resultou inevitavelmente em discriminação, opressão e leis duras. A maioria das pessoas, vivendo em aldeias similares às de hoje, era pesadamente tributada para sustentar seus senhores. Um código legal complexo fornecia provisões discriminatórias abrangentes cobrindo praticamente todo aspecto da vida das ordens inferiores. Muitas vezes, a tributação atingia níveis tão ruinosos que deixava os camponeses extremamente destituídos, a ponto de mesmo pequenas flutuações climáticas resultarem em grande escassez de alimentos. A pena de morte era imposta para uma variedade de transgressões.

Contudo, desigualdade social e arte muitas vezes florescem juntas, e esse foi o caso na Índia antiga. Essa era produziu os grandes clássicos indianos – o *Mahabharata* e o *Ramayana*. Esses escritos enfatizam a lição básica de que cada um deve manter seu devido lugar na sociedade, que "é melhor realizar mal seu próprio dever do que realizar bem o dever do outro" – garantindo, assim, a posição privilegiada do nascer duas vezes. O *Mahabharata*, que é uma coleção de poemas em vez de uma história única, é baseado em grande medida nos destinos de duas famílias governantes, mas sua maior importância é a proclamação do dever do cidadão religioso, cumpridor das leis. O outro grande épico é a história de Rama, um príncipe lendário que, embora sendo o herdeiro legal, aceita ser banido por 12 anos. Durante seu exílio, sua esposa Sita é raptada por Ravana, o rei-demônio de Lanka, por vezes identificado como Ceilão, agora Sri Lanka. Rama, rumo ao seu resgate, solicita a ajuda do rei-macaco, que lhe fornece um exército de macacos para remover rochas, terra e árvores para construir uma ponte entre o continente indiano e a ilha. Rama cruza essa ponte, mata Ravana e resgata sua esposa. Diz-se, então, que ele cria uma sociedade praticamente utópica, de paz e prosperidade sem precedentes, baseada em sua capital Ayudhya.

Esses épicos não devem ser pensados como antiguidades sem qualquer importância presente ou futura. A Ayudhya de Rama, com atributos garantidos muito além do que o registro histórico parece justificar, é considerada um ideal a emular na política hindu atual. Os épicos desempenham um papel muito maior nas vidas das pessoas comuns em ao menos seis países asiáticos do que em seus equivalentes entre os ocidentais. Poucas pessoas em grande parte do sudeste da Ásia continental e em muitas partes da Indonésia, assim como no próprio continente indiano, não teriam ouvido histórias desses épicos desde a infância. Cerimônias e carnavais, que muitas vezes envolvem comunidades inteiras, celebram anualmente a vitória de Rama sobre Ravana. A arte, especialmente a pintura, a escultura e o teatro de sombras, usa extensivamente temas dos épicos, como o faz grande parte da literatura e do teatro. Embora a Indonésia seja predominantemente um país muçulmano, o Islã é a camada superior de uma sucessão de credos, e Ardjuna, um dos heróis do *Mahabharata*, é uma figura venerada e amada.

O sistema de castas é destinado a regular esse processo de avanço lento por meio de uma série de vidas. O conceito religioso inteiro seria sem sentido se os indivíduos pudessem se mover da condição social na qual nasceram, uma vez que a fé hindu afirma que eles não nasceram nesta vida por acidente, mas pelo ditame de um plano divino. O sistema de castas, portanto, é muito mais do que uma ordem social; está profundamente envolvido com as crenças religiosas do povo – possui uma inevitabilidade que reforça sua aceitação por aqueles que creem nele. Possui também fortes associações com as ocupações, com as castas muitas vezes se parecendo com as guildas profissionais da Europa Medieval.

À medida que os séculos passaram, as castas se dividiram em subcastas, e essas novamente em categorias ainda mais complicadas. Isso ainda ocorre na Índia hoje, mesmo que a discriminação de casta seja tecnicamente ilegal. Tive um casal de amigos indianos em Singapura, ambos instruídos, um médico e uma jornalista, de castas diferentes. Quando esse casal se casou, achou conveniente viver fora da Índia.

Enquanto isso, na Índia de hoje, os *dalits* – intocáveis – continuam a ser varredores, trabalhadores em couro e coletores de lixo, e são severamente destituídos em praticamente todos os aspectos, a despeito de tentativas do governo central de mudar as coisas. Mesmo dentro da pequena, mas crescente, classe média instruída, a casta ainda influencia fortemente os temas básicos como as alianças matrimoniais.

A implementação de políticas nacionais, especialmente em um tema tão fundamental como a casta, é ainda mais difícil devido a um regionalismo efetivo resultante da multiplicidade de línguas e dialetos da Índia. A mídia impressa, o rádio e a televisão operam geralmente em sua própria área, em vez de como redes nacionais. As forças políticas possuem as mesmas restrições, perpetuando, assim, as fortes influências regionais já definidas pela história e pela tradição. No século VI a.C., o filho de uma próspera família *xátria* com o nome de clã de guatama cansou da camisa de força do hinduísmo e renunciou a sua esposa, casa e família para se tornar um andarilho. Após seis anos de meditação e estudo, acreditou ter atingido a perfeição no sentido espiritual, tornando-se, assim, conhecido como "o iluminado" – o Buda. A filosofia que deixou, de modo algum é a única heresia desse período, embora tenha se tornado muito difundida e importante.

O budismo, originalmente um desdobramento e uma interpretação dos princípios "hindus", tornou-se imensamente diverso e maleável. Mesmo que sua prática varie amplamente de região para região na Ásia, é basicamente um guia para a conduta e não uma crença religiosa, baseado principalmente na tolerância, gentileza e moderação. Na verdade, o que ele chama "o caminho do meio" é seu fundamento. Ele busca o abandono do ódio, da inveja e da raiva, e o cultivo da pureza e da bondade.

Embora esses sentimentos sejam agora lugares bastante comuns, deve-se levar em conta que o budismo precedeu o cristianismo em mais de 500 anos, e foi um tremendo passo adiante em um mundo que havia, até então, aceitado geralmente sem questionar o princípio do olho por olho e dente por dente; um mundo no qual a crueldade e a injustiça eram simplesmente pressupostas. Essa nova filosofia, nascida nos contrafortes do Himalaia, tornar-se-ia uma influência profunda por toda a Ásia. Uma outra religião importante dessa época, ainda importante na Índia, é o jainismo, que afirma a não violência como um princípio importante. Foi provavelmente uma influência sobre Gandhi quando defendeu a não violência durante o conflito indiano pela independência mais de 2.000 anos depois. Os jainistas acreditam que tudo na natureza possui uma alma. Concentrados principalmente no Estado de Gujarat, foram sempre comerciantes, sendo, portanto, relativamente ricos e influentes.

Por quase 200 anos, Punjab foi uma província do grande Império Persa, até que, no século IV a.C., o rei persa Dario III fosse derrotado pelo aventureiro soldado macedônio Alexandre, cujos elefantes percorreram as passagens elevadas das montanhas do Indocuche e cruzaram o Rio Indus em 326 a.C. A morte de Alexandre logo depois levou seu império de pouca duração a um fim, mas um de seus generais, Seleuco Nicator, foi capaz de assumir o controle da parte asiática, incluindo a província indiana. No final do século, Seleuco Nicator negociou a província indiana por 500 elefantes com um administrador vigoroso, indiano por nascimento, chamado Chandragupta.

Esse homem fundiu grande parte do norte da Índia em um Estado único pela primeira vez. Há algumas informações disponíveis sobre ele nos fragmentos restantes da descrição escrita do grego Megástenes, enviada por Seleuco Nicator como seu mensageiro à capital de Chandragupta, onde fica hoje a cidade de Patna. A dinastia fundada por Chandragupta é chamada Mauria e foi baseada em uma cidade que, como Megástenes nos conta, estendia-se ao longo de cerca de 15km das margens do Ganges e cerca de 2,5km terra adentro. Ele considerava esse um lugar agradável e bem-ordenado, e sua descrição é a de um povo – ou, melhor, de uma classe alta – habituada à graça e à beleza. Havia jardins grandes e agradáveis, nos quais eram cultivados jasmins, hibiscos, lírio d'água e lótus por sua beleza e perfume; lagos e piscinas de banhos, onde o ar era refrigerado pelas fontes; e grutas artificiais para relaxamento.

Havia um serviço público organizado, com funcionários especializados em coleta de impostos, inspeção de trabalhos de irrigação, construção de estradas e atividades similares exercidas e pagas pelo Estado, quase inteiramente, deve ser dito, para seu próprio benefício financeiro. Essa burocracia elaborada possuía inclusive um departamento de guerra com seções especializadas para lidar com assuntos como elefantes, cavalaria e atividades navais.

A despeito do luxo com o qual estava cercada, o próprio regime de Chadragupta era estritamente ordenado – dizem que lhe sobravam apenas 4 horas e meia das 24 para dormir. Administrar seu império o mantinha completamente ocupado e a maior parte de seu tempo era dedicada a conceber e receber os registros da elaborada rede de espiões que mantinha. Ele temia constantemente por sua vida, mudava-se regularmente para evitar assassinos, e nunca saía em público sem escolta armada. Ele viajava em uma liteira de ouro carregada por elefantes, acompanhado por seus guardas, abanadores, seguradores de cântaros e de guarda-sóis, que parecem ter sido invariavelmente mulheres. A rota de seu avanço era delimitada por cordas, e Megástenes registrou que era morte instantânea para qualquer um que colocasse o pé dentro delas.

O Império Mauria atingiu seu zênite sob o governo do neto de Chandragupta, Ashoka. Ele foi um grande construtor, mas em vez de madeira, como seus precursores, construiu com pedras, e assim, pela primeira vez desde Harappa, edificações e esculturas foram construídas de modo a durar até nossa época. Das numerosas colunas de pedra que Ashoka estabeleceu, o capitel de uma, com suas figuras de quatro leões, é usado como o emblema do atual governo da Índia.

Contudo, Ashoka é lembrado principalmente porque mudou do absolutismo cruel e amoral para instituir reformas revolucionárias e notáveis, únicas no mundo de sua época. A conversão de Ashoka aos caminhos da paz é considerada o resultado de uma experiência das realidades da guerra durante uma expedição contra o reino vizinho de Kalinga. Nessa guerra se estima que cerca de 100.000 pessoas tenham morrido, com pelo menos o mesmo número de prisioneiros. Ashoka foi profundamente influenciado por esse episódio de violência e perda e pelo budismo, que se espalhou, como resultado de seus esforços missionários, à Birmânia e ao Sri Lanka. Uma delegação foi inclusive enviada ao Egito.

Ashoka foi muito dado à criação de inscrições de preceitos morais. Trinta e cinco dessas inscrições ainda existem em cavernas e nos monólitos previamente mencionados. Um sistema de lei e ordem pública, sem paralelo anterior é atribuído a ele, voltado para a proteção dos doentes, desarmados e indefesos, e para a comodidade de viajantes. Hospedarias planejadas para viajantes ao longo das estradas – ainda uma característica de vários países asiáticos – foram um dos serviços públicos que instituiu. Ele dedicou muita atenção às estradas, plantando bosques para sombreamento e cavando poços, e construiu hospitais para cuidar dos doentes e incapacitados, que, até então, morriam, a menos que fossem socorridos por uma caridade casual. Havia inclusive um corpo de juízes de circuito que viajava pelo reinado resolvendo disputas. Nessa época, o budismo desenvolveu sua divergência mais importante em relação ao hinduísmo, sua rejeição ao sistema de castas (exceto no Sri Lanka). Descrições clássicas da vida de Ashoka por periodistas budistas o apresentam como uma figura sagrada.

Qualquer que seja a verdade disso, parece haver pouca dúvida de que foi um homem com alguma força pessoal de caráter, com um senso de humanitarismo raro em sua época. O Império Mauria declinou rapidamente após sua morte.

Cinco séculos de pequenos estados regionais sucederam-se, iluminados brevemente por um império greco-báctrio no norte da Índia sob o governo de um rei chamado Menander. Moedas e estatuária dessa escola Gandharan mostram uma influência mediterrânea inequívoca e influenciaram permanentemente a arte budista.

Do século IV ao VII, grande parte da distinção e ordem do império de Ashoka reapareceu nos impérios Gupta. Esse período é notável pelas belas pinturas, como as das cavernas Ajanta, sua sofisticada escultura e seu teatro sânscrito, especialmente as peças de Kalidasa, um poeta e dramaturgo que é considerado por alguns como comparável a Shakespeare. *Sakuntala*, de Kalidasa, baseada em parte no *Mahabharata*, foi traduzida em várias outras línguas e assumiu seu lugar na literatura mundial. Tão prolífica e variada foi essa produção literária que há fortes evidências de que tenha sido o trabalho de uma escola de escritores, possivelmente três pessoas. O *Kama Sutra*, que permaneceu popular ao redor do mundo até hoje por expressar explicitamente elementos eróticos da religião hindu, também data desse período.

Esse foi o auge do budismo na Índia, a época dos mosteiros e universidades dos grandes ensinamentos que se tornaram famosos por toda Ásia. Um desses, Nalanda, considera-se que tenha tido cerca de 4.000 alunos no século VII. Peregrinos vinham de lugares distantes como a China para estudar neles. Um desses peregrinos, Faxian, que passou dez anos na Índia no século V, descreveu uma sociedade pacífica, bem organizada e próspera com leis e impostos moderados. Embora o hinduísmo fosse uma vez mais a crença da casa governante, a poderosa e influente sociedade budista coexistiu pacificamente com eles.

Os padrões de educação eram elevados entre a pequena classe instruída e desenvolvimentos importantes em álgebra e aritmética (incluindo o sistema decimal de nove números e o zero) ocorreram na Índia no século VII. Essas inovações, por tanto tempo conhecidas como "árabes" no Ocidente, parecem, de fato, ter sido aprendidas com os indianos pelos árabes. Há também evidência de que o conceito do zero, que apareceu na Índia nessa época, possa ter se originado ainda mais ao leste, talvez na Indochina.

O budismo entrou em um tipo de declínio no final da era – em troca, houve uma renovação da influência e autoridade da casta hindu *brâmane*. Invasores do norte – os mesmos hunos que foram um motivo de preocupação para os chineses – atacaram com sucesso o Estado Gupta, que foi fragmentado em várias unidades menores em meados do século VI.

Enquanto isso, o poder e a cultura hindu haviam permeado apenas muito lentamente o sul da Índia. Essa área de densa selva tropical, quente-úmida, e de vida selvagem perigosa, com tigres e cobras gigantes, exerceu pouco apelo aos invasores predadores das montanhas. Contudo, sociedades independentes se desenvolveram no sul.

As primeiras comunidades do sul do continente indiano foram baseadas em cidades da costa marítima e em um próspero comércio marítimo. Parece provável que já em 500 a.C. barcos de pesca haviam evoluído em pequenas embarcações marítimas, envolvidas no comércio com lugares tão distantes como Birmânia e Malásia. Reinos importantes surgiram, como o Império Tâmil dos cholas, que dominou grande parte da Índia Peninsular no século XI, e que se tornou uma potência marítima com considerável influência no sudeste da Ásia. O Estado chola parece ter sido relativamente esclarecido e avançado, com um sistema de aldeias autogovernadas, geração de impostos, grandes mecanismos de irrigação e uma literatura e arquitetura tâmil distintivas.

O enorme templo piramidal que os tâmeis construíram em honra ao deus Shiva é ainda um grande marco na cidade de Tanjore, e inscrições em suas paredes são uma fonte importante de informações – ou prováveis informações – sobre os cholas. O Chola certamente parece ter sido o maior e mais influente Estado na Índia por volta do fim do primeiro milênio, especialmente ao longo do reinado do Rei Rajendra no século XI. Grande parte dessa riqueza extravagante, uma grande quantidade da qual foi dedicada a ornamentar e manter o templo Tanjore, foi obtida com expedições predatórias contra os vizinhos do Estado Chola.

Essas exportações da região – entre elas marfim, tecido de algodão, pimenta e outras especiarias, diamantes, pérolas, macacos e pavões, incluído um comércio considerável com Roma, evidenciado pelas numerosas moedas romanas –, foram encontradas no sul da Índia. Mas a exportação mais consequente foi a influência cultural e arquitetônica indiana ainda tão evidente em grande parte do Sudeste Asiático.

4
O antigo Sudeste Asiático: os navios da Índia

As primeiras jornadas dos mercadores aventureiros indianos foram provavelmente passagens lentas rentes à baía da costa bengali, sempre à vista da terra. Seu primeiro contato com o Sudeste Asiático se deveu provavelmente menos à iniciativa do que aos fatos geográficos. A arte de navegar era na verdade elementar, e foi apenas em épocas relativamente recentes que uma das importantes invenções – como navegar eficientemente no vento – se desenvolveu.

Quando a primeira frota indiana de navios mercantes deixou a costa, foi forçada a ir onde o vento a levou. Na passagem externa, entre os meses de junho e novembro, esse vento é o da monção sudoeste, que sopra com constância notável, dia após dia, semana após semana. Ele ainda move muitas embarcações à vela ao longo daquelas águas. Simplesmente ao seguir a favor e ligeiramente longe do vento, um navio atracaria naturalmente na ponta de Sumatra ou da Península Malaia. Tendo chegado, os primeiros aventureiros indianos acharam difícil voltar, uma vez que o vento persiste do sudoeste até os meses de dezembro a maio, quando sopra com igual constância do nordeste. Assim, os mercadores aventureiros foram preparados para ficar onde quer que atracassem até que a monção mudasse. Foi provavelmente desse modo que seus costumes, religião e arte começaram a se espalhar em direção ao leste, até a costa marítima chinesa do Vietnã.

Seria subestimar seriamente os povos do Sudeste Asiático formular a hipótese simples de que os costumes indianos foram transplantados para sociedades primitivas. O ponto provavelmente foi que os governantes ou pretensos governantes tenham visto vantagens em uma religião e uma cultura que pudessem promover seus próprios interesses, e que possuíssem uma sabedoria política eficiente, embora maquiavélica. Os mercadores indianos e os sacerdotes missionários estavam de fato provendo rajás ambiciosos com um modelo de sociedade na qual as elites pudessem controlar e usar o povo comum. Os membros dessa elite eram, caracteristicamente, pescadores ou produtores de arroz irrigado – provavelmente muito bons – que já possuíam sistemas muito avançados de autogoverno local.

Os sítios arqueológicos do nordeste tailandês dão evidências de sociedades agrícolas que usaram bronze tão avançadas como as de outras partes do mundo, talvez já em 3000 a.C. Uma colina de seis acres que surge dos campos de arroz em Non Nok Tha revelou evidências de cultivo de arroz e fundição em bronze – uma fábrica que produziu enxós em moldes de areia em duas partes. Objetos de ferro foram datados em 500 a.C. Tambores cerimoniais em bronze belamente trabalhados, produzidos do século VI a.C. por quase mil anos em Dong-son, no que é agora o Vietnã do Norte, foram usados em muitas partes do Sudeste Asiático, e têm sido encontrados inclusive na Nova Guiné. A arqueologia do Sudeste Asiático ainda está em seus primeiros estágios, de modo que há poucas dúvidas de que novas descobertas a serem realizadas revelarão uma imagem mais clara dessas primeiras sociedades.

A ampla dispersão dos tambores de Dong-son indica um comércio marítimo próspero antes da era cristã. Há evidências de comércio marítimo malaio até a China já em 300 a.C. e de sua participação no comércio de canela por volta de 100 a.C. Dessa experiência marítima inicial foram desenvolvidas embarcações de comércio muito grandes – com capacidade de 400 toneladas, com dois a quatro mastros e cascos de caravelas construídos sem pregos ou parafusos. Em 1965, presenciei vários novos navios muito semelhantes a esses, usando pinos de madeira para fixar as laterais de cada tábua, sendo ainda construídos, ao longo da costa Pattaya do Golfo da Tailândia. Acredita-se também que artesanatos, como a complexa criação de tecidos batique, tenham influência indiana anterior.

Assim, na discussão que segue sobre "reis" e "estados" convém não superestimar a importância do efeito total desses sobre a maior parte da sociedade, ou, igualmente, a dos "enxertos culturais". Como as fontes escritas existentes lidam quase sempre com esses reis e estados, e são mais ocupadas com encômio do que com fatos, é difícil na verdade traçar o desenvolvimento e a história das pessoas comuns. Apesar disso, vale a pena a tentativa.

Isso pode ser empreendido por meio de um estudo das sociedades aldeãs do Sudeste Asiático tal como são hoje – suas lendas, crenças e costumes, e as evidências de resquícios arqueológicos. As deduções a partir dessas evidências são auxiliadas por uma suposição razoável de que essas sociedades mostram todos os sinais de terem permanecido estáveis e basicamente sem mudanças por períodos muito longos, possivelmente milhares de anos. São também sociedades nas quais padrões complexos e formais de relações pessoais parecem ter existido por muito tempo. Isso em si teria tendido a tornar a influência cultural indiana aceitável e inclusive bem-vinda. A profusão extraordinária de cenas esculpidas no massivo templo-montanha javanês, Borobudur, criado há mais de 1.300 anos, retrata cenas de pesca, mercado, trabalho e agricultura, muito similares ao que pode ser visto na vida cotidiana hoje.

O Sudeste Asiático pré-histórico dá evidências de uma diversidade considerável de ocupações de sociedades primitivas que utilizavam ferramentas remontando ao menos a 30.000 anos. Poderíamos assumir que esses foram ancestrais de povos australoides indígenas, cujos remanescentes podem ser os tímidos povos caçadores de baixa estatura, classificados como negritos, que ainda são encontrados em áreas remotas de floresta tropical da Malásia, Tailândia e Filipinas. Outros se moveram para a Nova Guiné e Austrália.

À época dos primeiros contatos com a Índia, contudo, as ilhas e as linhas costeiras haviam há muito sido ocupadas por pessoas de tipo malaio. Basicamente, mongoloides vieram do sul da China, por meio de um processo gradual de osmose cultural que deve ter levado vários séculos. Os primeiros contatos indianos foram provavelmente com aldeões malaios que viviam próximos ao mar em estuários ou lagos. Eles produziram ferramentas belamente acabadas e polidas de pedra muito dura, foram excelentes navegadores com algum conhecimento de astronomia e, por isso (como agora), navegaram em longas, estreitas e graciosas embarcações a vela com considerável habilidade. Essa tradição marítima é ainda muito importante. Para os marinheiros malásios ou indonésios de hoje, sua embarcação é mais um modo de vida do que simplesmente para trabalho – como podemos ver ao longo dos pantanais da Singapura litorânea, onde a corrida de modelos de barcos de regatas leves, muito rápidos, chamados *jukongs*, é um importante esporte malaio, e sua construção uma arte.

Em lugares como Brunei e Palembang, seu modo de vida persiste, sob muitos aspectos, sem mudanças. Alguns, como o povo buginês, passa a vida inteira em suas embarcações. As pessoas que vivem em aldeias muitas vezes constroem suas casas sobre palafitas em pantanais, de modo a estarem completamente cercadas de água na maré alta. A maioria é de pescadores. Além disso, para se alimentarem, dependem muito do coco, que se desenvolve ao longo das praias e nas várias ilhas dessa região. Essa cultura de estuário é encontrada particularmente em lugares onde o solo é pobre, como grande parte da Península Malaia e do Kalimantan (Bornéu).

Principados frouxamente organizados nas fozes dos rios eram considerados como os bailiados pessoais, e a arrecadação de impostos, a propriedade pessoal, do governante e da *clique* que o apoiava. A história malaia pré-colonial é fundamentalmente uma crônica tediosa e repetitiva das rixas, guerras e disputas desses insignificantes principezinhos. Muitas vezes esses principados resultavam de alianças de piratas que saqueavam navios mercantes que ali passavam – algo que persistiu até épocas modernas.

Solos ricos, encontrados em terras planas, pântanos drenados ou encostas onde a água é disponível, foram dedicados desde o início ao cultivo de arroz "molhado" ou *padi*. Na verdade, esse cultivo de arroz irrigado é tão antigo que em algumas partes do Sudeste Asiático as terras mais apropriadas foram dedicadas a ele, e populações em expansão parecem ter sido compelidas a regiões montanhosas, a aproximadamente 3.000 anos atrás. Nas montanhas ao norte de Luzon, a principal ilha das Filipinas, encontramos um complexo projetado de campos de arroz escalonados e canais de irrigação de desenho intrincado e tão grande que transformou completamente as laterais das montanhas. Sua construção, que se considera ter iniciado há mais de 2.000 anos, ocupou muitas gerações. Não se sabe por que esse povo, o ifugao, decidiu deixar as planícies e começar a surpreendente tarefa de escalonar essas enormes áreas de montanhas. É possível que tenham feito isso para escapar da malária, uma vez que o

41

letárgico mosquito anófele, que porta essa febre, raramente é encontrado em áreas mais altas que 600m do nível do mar. Contudo, a história cultural do povo ifugao em épocas recentes indica que a construção dos terraços e o cultivo do arroz neles seja central para sua estrutura social e religião. Parece provável que a construção dos terraços tenha sido para o ifugao o que a construção de templos ou de pirâmides foi para outros povos.

Mas, qualquer que seja a razão, o ifugao foi um povo notavelmente determinado e engenhoso. Se esses terraços tivessem sido colocados de ponta a ponta, estender-se-iam por cerca de 19.000km. Primeiro, um muro de pedras com cerca de 15m de altura era construído e a terra detrás dele escavada. A trincheira resultante era então preenchida com barro, de modo a reter a água, depois nivelada com areia e terra. Um outro terraço como esse era construído acima e abaixo desse, até que todas as encostas estivessem cobertas com terraços paralelos como escadarias gigantes, projetadas para seguirem as curvas de nível. Junto a essa habilidosa engenharia, o ifugao mostrou um conhecimento considerável de hidráulica. As cascatas e inundações das encostas eram captadas com canos de bambu sendo usadas para fornecer um suprimento de água para os terraços de arroz. O crescimento florestal era controlado nas divisões para impedir inundações rápidas e erosão.

Embora essas estruturas ifugao sejam de especial interesse devido à sua idade e extensão, campos de arroz escalonados como os deles podem ser encontrados em quase toda parte no Sudeste Asiático, e são um indicativo de sociedades altamente habilidosas e cooperativas. A cultura do arroz *padi* é, em si, um negócio técnico e exigente. Sem dúvida, a arte de selecionar as variedades melhores produtoras deve ter começado há muito tempo, e o costume de cultivar pela primeira vez em canteiros e depois transplantar as mudas deve ser quase tão antigo.

Há evidências de que esse trabalho foi, em alguns casos, executado sob supervisão de uma autoridade central. Isso ocorreu no grande Império Khmer do Camboja, mas parece principalmente ter sido empreendido por aldeões em seu próprio benefício. Isso requeria um grau considerável de cooperação entre famílias, especialmente na negociação da alocação de recursos hídricos e na construção dos elaborados sistemas de irrigação tão frequentemente utilizados. Esse foi também o modo pelo qual os sistemas complexos de relações devem ter se desenvolvido, fornecendo uma estrutura ética estável, contínua, necessária para sociedades densamente populosas cumpridoras da lei. Havia hierarquias sociais definidas, favorecendo os idosos e presumivelmente sábios. Decisões, quando necessário, eram feitas tipicamente por esses conselhos de anciões com base em discussões até que o consenso fosse atingido – não em um voto da maioria, o que seria considerado socialmente vulgar.

Sempre houve uma forte tradição de responsabilidade conjunta por todos os membros de um grupo. As pessoas doentes são cuidadas por seus vizinhos. Se a casa de uma família é incendiada, toda a aldeia ajudará a construir uma outra. O cuidado das crianças se estende para fora de núcleos familiares a várias outras pessoas e especialmente para a família estendida, na qual os vínculos são mais estreitos.

Tudo isso é muito mais do que de interesse acadêmico, não somente porque é ainda o modo como as coisas geralmente são fora das cidades, mas também porque o consenso é uma parte importante da consciência nacional e da política. É uma razão importante pela qual a democracia de estilo ocidental não foi bem-sucedida na Ásia, na verdade em alguns lugares é inclusive polidamente condenada como sendo o governo "da metade mais um".

Até que ponto essas ideias retroagem não se sabe. Postulou-se que o berço da civilização foi o Sudeste Asiático, ou, mais precisamente, Sunda, os mares rasos que ligam as ilhas ao continente que eram terra seca durante as eras do gelo. Stephen Oppenheimer, em seu *Eden in the East* (1998), argumenta persuasivamente, embora de modo algum conclusivamente, que, quando Sunda foi inundado no final da era glacial, uma civilização que cultivava arroz, talvez inclusive trabalhasse em bronze, tivesse se deslocado em diversas direções para criar, ou influenciar, aquelas regiões como a Mesopotâmia e o Vale Indus, que são convencionalmente consideradas as civilizações mais antigas.

Os métodos de cultivo de arroz *padi* estão estreitamente entremeados com as religiões animistas – ou seja, a adoração de deuses que correspondem/controlam as forças elementares da natureza junto a uma crença de que praticamente tudo contém uma força vital, uma "alma". Religiões posteriores, provenientes da Índia, em geral, não as substituíram, mas simplesmente acrescentaram a elas uma camada superior. Mesmo na Tailândia, onde o budismo é praticamente universal e a religião do Estado, antigas crenças animistas são difundidas. Uma dessas diz respeito a uma mãe do arroz, sem cuja aprovação as safras não podem ser bem-sucedidas. As crianças tailandesas ouvem histórias sobre Mae Phra Phosop, e são advertidas de que se não comerem todo o arroz que lhes é dado ela pode se ofender e recusar enviar as chuvas que sustentam a vida para o próximo plantio.

E isso não ocorre somente em aldeias remotas. Ao final da Segunda Guerra Mundial a Corporação Elétrica Tailandesa em Bangcoc atingiu o estágio no qual não podia mais obter a lenha e a casca de arroz usuais para manter seus geradores funcionando. Assim, decidiu-se a usar o próprio excedente de grãos de arroz. Antes que isso pudesse ter sido feito, uma cerimônia religiosa budista, assistida por dois ministros de gabinete e outros dignitários, foi organizada. O principal oficial budista que falava nessa cerimônia pedia a permissão de Mae Phra Phosop para usar parte do generoso grão para combustível. Ele implorava para que ela não ficasse brava e os afligisse com sua ira. "Mae Phra Phosop sempre nos proveu de alimento", ele dizia. "Que agora possa nos dar mais bençãos pelo suprimento de calor, por meio do qual possamos obter luz e energia para mover os bondes".

O *Ramayana*, originário do século VI a.C., faz referências ao que parece ser o Sudeste Asiático, mas essas poderiam ter sido adições posteriores, talvez no século II a.C. O ponto indica a vagueza das evidências sobre as quais hipóteses sobre esse período têm de ser feitas.

A primeira descrição detalhada de um Estado indianizado vem de um registro chinês do século III. O Estado era Funan, localizado no grande delta do Rio Mekong no que é agora o sul do Vietnã, estrategicamente sobre a rota comercial entre Índia e China. A capital de Funan, Vyadhapura, foi uma base pirata e um entreposto portuário no território plano e pantanoso adequado para o cultivo do arroz. Ela se espalhou ao longo das margens dos manguezais, e aqui suas várias embarcações eram atracadas. O registro chinês diz que a capital era uma cidade cercada de paredes de barro de tamanho considerável, com um povo de pele escura e cabelos crespos. Neste povo havia artesãos habilidosos, que exportavam joias forjadas em ouro e prata, sândalo e pérolas. Funan parece ter sido considerada relativamente sofisticada para sua época, mas para os chineses isso possuía vantagens e desvantagens – muitas vezes seus juncos mercadores, que navegavam em direção ao oeste até o Sri Lanka, eram atacados por seus velozes navios piratas. Contudo, seus músicos, que visitavam a China no século III, eram altamente considerados lá. Seus governantes usaram o sânscrito e impuseram julgamentos por ordálio, como carregar uma corrente incandescente ou mergulhar as mãos em água fervente.

Funan, que foi provavelmente uma frouxa aliança de aldeias próximas à costa sudeste onde atualmente é Phnom Penh, parece ter estendido sua influência além do Vietnã para partes do que são agora o Camboja e a Tailândia. Escavações nesse local têm revelado medalhões e ornamentos de estilo romano. De um ponto de vista cultural e religioso, seu importante legado foi uma crença em uma linha de governantes chamados os Reis da Montanha, que persistiu em civilizações posteriores em várias partes do Sudeste Asiático.

Seguindo ao seu declínio por volta do século VI, seu monopólio comercial foi usurpado por uma outra cidade estuário chamada Shrivijaya, provavelmente no lugar da atual Palembang, em Sumatra. Como Funan, era próxima a campos de arroz férteis e foi, portanto, capaz de abastecer navios visitantes. Shrivijaya prosperou com o patrocínio da China, que necessitava de um Estado "tributário" forte nessa área-chave. Um peregrino chinês chamado Yiqing, que visitou o lugar no século VII, disse que mais de 1.000 monges budistas viviam lá, e seus governantes – uma vez mais, Reis da Montanha – possuíam ligações com a universidade budista em Nalanda, na Índia.

Shirivijaya motivou muita especulação como o maior império naval indonésio, mas isso se baseia em evidências muito escassas. Contudo, ela parece ter sido um ponto central para o comércio de noz moscada, cravo e outras especiarias, madeira perfumada, especialmente sândalo, e pérolas, e um importante porto intermediário no tráfico, na verdade muito pequeno, entre Pérsia, Índia e China. Parece ter prosperado basicamente por ter sido capaz de unir o *orang laut*, os piratas marítimos das águas circundantes, e de ter garantido, com isso, que não atacariam os navios mercantes. Shrivijaya foi atacada em 1025 d.C.

pelo Império Chola indiano, possivelmente por ter feito exigências muito exorbitantes aos navios cholas. Embora tenha se recuperado disso, terminou caindo na obscuridade no século XIV.

Um outro reinado importante floresceu na Java Central no século VII, e deve ter sido apreciável porque construiu o tremendo monumento chamado Borobudur. Esse enorme santuário budista é uma série de quase 5km de terraços construídos sobre uma colina natural. As galerias desses terraços são flanqueadas com pedras nas quais milhares de baixos-relevos foram esculpidos com uma habilidade maravilhosa. Existem cerca de 400 estátuas do Buda, e a estrutura é coroada por um templo no topo achatado da colina.

Um outro templo não muito distante, Prambanan, mostra cenas do *Ramayana* e era hindu, em vez de budista. Foi construído no século IX pelo reino mataram javanês central, no território muito produtivo de cultivo de arroz. Contudo, embora inscrições nesses monumentos, intricados artefatos de ouro e o uso da cunhagem indicassem uma sociedade variada e sofisticada para sua época, a história de fato dessas antigas sociedades javanesas é na verdade obscura, e, com base nas evidências presentes disponíveis, é provável que permaneça assim. Elas parecem ter sido alianças regionais baseadas em estruturas aldeãs existentes.

No norte do Camboja, não distante da fronteira tailandesa, estão as ruínas de vastas construções, cuidadosamente construídas com pedaços intricadamente esculpidos e unidos de arenito esverdeado, alguns dos quais pesando toneladas. Elas estão localizadas em Angkor Thom, que foi possivelmente a maior cidade no mundo pré-industrial. Foi a capital dos reis khmer, e é o vestígio do que foi a civilização mais impressionante, embora hostil, do Sudeste Asiático.

É relevante que, quando o senescente rei do Camboja, Norodom Sihanouk, retornou de uma estada em Pequim ao seu país em 1997, voou diretamente para Angkor em vez de para a capital Phom Penh, para orar por paz entre as facções em guerra no Camboja. Ele fez isso porque Angkor foi a cidade de seus ancestrais – essa é também a razão para a notável influência pessoal que manteve em seu país ao longo de muitas décadas. Há uma presença contínua sobre essas ruínas que ainda parece ter o poder de mexer mesmo com a pessoa menos imaginativa, embora mais de 500 anos tenham se passado desde que os construtores a abandonaram.

Ao longo desses séculos ela foi confinada em uma luta perdida contra a selva. Estação após estação, desde que a cidade foi abandonada, a selva avançou ao longo dos campos de arroz altamente desenvolvidos servidos por um dos melhores sistemas de irrigação jamais construídos, os pássaros deixaram cair sementes sobre as paredes desmoronadas, e, agora, grandes figueiras e árvores frondosas, com raízes amplas e reforçadas, emaranham-se sobre os portais, com suas raízes se enfrentando com faces esculpidas. Todo esse tecido de lenta decadência é envolvido em uma luz verde de aspecto submarino, filtrada através do suspenso dossel de folhas. Todavia, as ruínas transmitem um senso de futilidade. As galerias estreitas e hostis levam a lugar nenhum. Somente um Estado escravagista do tipo mais terrível poderia ter forçado as pessoas a moldarem e elevarem esses enormes blocos de pedra. Grupos de prisioneiros e escravos, impelidos pela espada e pelo açoite, construíram-nas.

Um visitante chinês à corte khmer no final do século XIII, Zhou Dakuan, disse que os membros da tribo de colinas vizinhas eram muitas vezes capturados e vendidos como escravos. Ele comenta que eram considerados como animais e que muitas famílias possuíam mais de uma centena deles. "Se cometem uma falta, são espancados", escreveu Zhou. "Eles inclinam a cabeça e não ousam fazer o mínimo movimento". Esse registro descreve as áreas maravilhosamente desenvolvidas de cultivo de arroz situadas nos dois grandes lagos artificiais, o Baray Oriental e o Ocidental, que marginam Angkor, e um intricado sistema de canais que usam a água do Rio Siem Reap.

A sociedade khmer foi baseada em uma aristocracia altamente organizada e em uma lei selvagem. Muitas vezes o julgamento era por ordálio, e a punição era sumária e severa. Os frisos belamente esculpidos dos templos Bayon e Angkor Wat estão ainda bem preservados e apresentam uma imagem vívida da sociedade khmer. Eles mostram rinhas de galo, homens jogando xadrez, escravos cortando pedras, garotas dançando, cenas de vida familiar íntima, procissões e cenas de batalha com navios de guerra, arqueiros e elefantes.

O povo khmer se assenhoreou de grande parte do que agora é o sudeste do continente asiático. Sua influência se estendeu para o leste até o mar chinês, para o oeste através do que é hoje a Tailândia até a fronteira birmanesa e, para o sul, até o Istmo de Kra. Os nomes dos reis khmer, como os de certos monarcas hinduizados em Java, terminam todos com o sufixo *varman*, que significa protetor. Isso dá uma noção de seu papel, que era percebido como oferecendo proteção espiritual e física para a maioria dos cultivadores de arroz que os serviam.

A construção de Angkor começou durante o reinado do século VIII de Jayavaraman II, que foi possivelmente preparado para ser rei pela corte dos Shailendra na Java Central. Na cultura angkor, portanto, há uma vez mais evidências de que a tradição predominante dos Reis da Montanha, consagrando a crença de que a prosperidade de cada povo está diretamente vinculada à personalidade sagrada do rei. Cada rei era solicitado a criar um templo de montanha, uma edificação com terraços e torres nas quais ele seria sepultado após sua morte – um costume que está entre os mais antigos conhecidos da raça humana, visto também nos reinos antigos da Mesopotâmia.

Essa crença resultou na surpreendente reunião de enormes edificações nas selvas cambojanas que são agora consideradas as principais maravilhas do mundo. O mais famoso é ao vasto templo Angkor Wat, de cerca de 1,6km, a maior construção religiosa do mundo. Foi tão bem construído no século XII que permanece praticamente intacto. Embora a própria cidade tenha sido abandonada, Angkor Wat permaneceu em uso, e era um considerável mosteiro na época em que os franceses tomaram conhecimento dele em 1850. O friso pictórico ao longo da parede do santuário interno é esculpido com uma notável destreza artística.

Essas coisas, é claro, existem em outros lugares, mas o friso no templo Angkor Wat, de cerca de 2,4m de altura, estende-se continuamente por mais de 800m.

Poucas coisas aqui são de tamanho natural. Mesmo as mãos esculpidas de figuras são tão massivas que são muitas vezes mais do que um homem poderia erguer. É provável que essa mania por construir tenha terminado enfraquecendo o reino tanto que não pôde mais controlar seus inimigos. Aqui, uma vez mais, é possível também que o mosquito anófele, desenvolvendo-se nos grandes lagos de irrigação, tenha trazido pragas catastróficas de malária. Uma vez que apenas os templos de pedra sobreviveram, onde as pessoas dessa cidade de fato viveram era incerto até que um radar por imagem da Nasa (a Administração da Aeronáutica Nacional Americana e do Espaço) revelasse os vestígios de uma considerável rede de canais e ruas ao norte do complexo de templos, que deve outrora ter sido repleto de casas de madeira. Essas imagens de radar indicavam o enorme tamanho de Angkor para uma cidade de sua época – ela cobria cerca de mais de 640km², e pode ter tido aproximadamente 1 milhão de pessoas. Em 1431, um povo vassalo, pertencente ao grupo chamado os tailandeses, que havia chegado ao Sudeste Asiático vindo do sudoeste da China, saqueou Angkor após um cerco de sete meses. Em 1434, a capital foi movida e finalmente estabelecida a cerca de 240km ao sul nas margens do Rio Mekong em Pnom Penh, que ainda é a capital cambojana. A pressão militar dos tailandeses, que haviam construído um império considerável situado na cidade de Ayudhya, e fatores econômicos relacionados ao comércio com a China, parecem ter influenciado a decisão de abandonar Angkor. Esse foi um processo refletido, relativamente gradual, e não a repentina catástrofe dramática, conjecturada por alguns historiadores. Há uma teoria segundo a qual o tamanho total de Angkor tenha perturbado tanto a ecologia da área ao seu redor que deixou de ser viável.

O Vietnã do Norte possuía fortes conexões com a China, com a qual faz fronteira, desde ao menos o século II a.C. Vestígios neolíticos indicam uma população de tipo indonésio, mas artefatos em bronze posteriores de considerável destreza artística são associados a uma migração do povo mongoloide do sul da China para o delta do Rio Yuan. A população cresceu de forma constante à medida que os pântanos do delta eram projetados para o cultivo de arroz irrigado. Em 111 a.C., a região se tornou uma província da China chamada Annam, que significa "reino do sul". A influência chinesa direta continuou a moldar a sociedade norte-vietnamita por mil anos até que, com o fim da dinastia chinesa Tang, a região do delta do Rio Yuan se tornou independente. Como a China, o Vietnã do Norte era confuciano, com todos os mecanismos correspondentes de sistemas de tributação, devoção aos pais e respeito pelos ritos estabelecidos.

Uma olhada no mapa mostra imediatamente as características geográficas que várias vezes resultaram no fato de o Vietnã ser dividido em dois ou mesmo em três países. A estreita "cintura" costeira que bordeja as montanhas do Laos possui apenas cerca de 64km de largura, e separa duas regiões com marcadas diferenças étnicas e culturais.

O sul, constituído substancialmente das planícies e do grande delta do Rio Mekong, era parte do império de Angkor. A linha costeira norte, ao longo da estreita cintura, era o considerável império de um povo náutico, racialmente malaio, os cham, cuja sociedade já havia adquirido uma influência cultural indiana no século II d.C., e que persistiu por 1.300 anos. Esse não foi um império, mas uma vez mais uma frouxa federação de povoados de fozes de rios.

Champa comercializou especiarias e marfim, mas foi principalmente conhecida e temida por sua pirataria dirigida ao comércio costeiro transitório. Isso atraiu uma considerável irritação dos chineses, cujos navios eram quase sempre os que eram atacados, que, consequentemente, organizaram várias expedições punitivas. Champa se destacou também como um centro de comércio de escravos. Registros de guerras contínuas dos cham com seus vizinhos provavelmente foram, muitas vezes, referências a incursões contra comunidades vizinhas para obter prisioneiros de guerra para revenda. Podemos ver que, como com outros reinos do Sudeste Asiático, o poder estava vinculado à posse de um grande número de pessoas, em vez de grandes extensões de terras.

A julgar por sua arquitetura, Champa possuiu vínculos culturais consideráveis com Angkor, com a qual, no entanto, estava constantemente em guerra. Uma pressão militar constante veio da China, também, após os cham renunciarem à soberania chinesa no século VI. Contudo, foi o avanço vietnamita do norte que finalmente levou a influência cham a um termo. Eles foram praticamente destruídos como uma força política pela guerra persistente com os vietnamitas do norte a partir do século XI e por uma invasão mongol em 1283. Contudo, seus descendentes permanecem um grupo étnico distinto no Vietnã e no Camboja.

A Dinastia Tran no Vietnã do Norte não somente atacou Champa, mas foi bem-sucedida em reverter a invasão mongol dirigida por Kublai Khan. Vários séculos de guerras intermitentes com a China se seguiram, e, então, com o século XV, veio talvez a dinastia mais bem-sucedida e a primeira genuinamente vietnamita. Foi a Dinastia Le, que, após infligir uma derrota final aos chams em 1471, começou a se espalhar lentamente no delta do Mekong.

Na época dos primeiros contatos com os europeus, contudo, os imperadores da Dinastia Le tornaram-se testas de ferro, e a tendência natural do país a se dividir havia uma vez mais se afirmado. Duas famílias, a Trinh no norte e a Nguyen no sul, tornaram-se os centros reais de poder. Enquanto isso, o Camboja havia declinado tanto em população como em influência, e se tornara uma mera dependência do Vietnã.

5
China: a nação eterna

A história da China está entre as mais notáveis da humanidade; seus vales de rios têm sido o local de uma sociedade que não somente mostrou continuidade e consistência por cerca de 4.000 anos, mas foi também inventora do papel, da imprensa de tipos, das armas de fogo, do banco de crédito e da moeda de papel, do leme de navegação e de compartimentos à prova d'água para navios, da produção de aço em altos-fornos e dos sistemas de comportas para canais, dentre muitos outros fundamentos e atribulações do mundo moderno. A transferência dessas coisas para a Europa foi lenta, porém importante.

O *status* da China como o país mais populoso do mundo não é novo. Ela tem sido assim por milênios. Todos os chineses, incluindo aqueles que vivem muito longe de sua pátria, são conscientes desse sentido de continuidade, de uma cultura que resistiu ao tempo e à adversidade como nenhuma outra instituição humana o fez, e são profundamente influenciados por ela. Os líderes comunistas da China não são exceção. Na época da maior necessidade financeira do Estado, quando havia sido abandonado pela União Soviética, uma opção teria sido vender os artefatos de ouro sólido e incrustados de pedras preciosas imensamente valiosos das tumbas da Dinastia Ming próximas a Pequim. Mas isso não foi feito. Em vez disso, as tumbas foram cuidadosamente restauradas e mantidas, com todos os seus tesouros ainda em ordem.

A durabilidade e a individualidade da cultura chinesa se devem a vários fatores, dos quais a geografia está entre os mais importantes. A China, ao leste da coluna de montanhas da Ásia Central, não possui a vulnerabilidade imediata da planície do norte da Índia. Essas grandes montanhas, com os desertos ao seu norte e o Oceano Pacífico ao leste, foram uma formidável barreira entre a China e o resto do mundo, insulando-a até o desenvolvimento relativamente recente da navegação eficiente. Contatos comerciais com o Ocidente antes do século XIX foram exíguos, e seus efeitos, especialmente na China, são muitas vezes exagerados. Seus contatos mercantis com outras partes da Ásia foram muito mais importantes.

Ao norte das montanhas encontramos planícies áridas, levemente habitadas e desertos colossais. Esses dificultam as viagens e o comércio por via terrestre. Tribos de nômades se moveram através deles, mantendo uma pressão constante nas fronteiras da China e muitas vezes invadindo-a. A Grande Muralha foi construída e reconstruída ou estendida inúmeras vezes para mantê-las fora. Todavia, diferente de alguns daqueles que invadiram a Índia, os "bárbaros", que foram bem-sucedidos em ocupar a China, não tiveram um grande efeito sobre sua cultura. A civilização chinesa foi capaz de absorvê-los, mesmo quando foram conquistadores.

Essa resiliência cultural foi auxiliada pelo fato de a civilização chinesa ter uma poderosa força vinculante – uma língua escrita comum e um corpo de literatura de grande antiguidade que pode ser lido em qualquer lugar na China, independentemente das muitas diferenças dos dialetos falados. Grande parte dessa literatura está ocupada com o modo pelo qual as pessoas deveriam viver e se comportar. Ela teve uma influência notável, que se estendeu para além da China, particularmente ao Japão, Coreia, Vietnã e Singapura, e é o pano de fundo para o que veio a se chamar "valores asiáticos".

A tenacidade da civilização chinesa também tem muito a ver com sua religião básica, o culto ancestral. Essa crença antiga enfatiza o dever de os filhos cuidarem dos pais, tanto antes como depois da morte – quando são considerados ter as mesmas necessidades que tinham quando vivos. O bem-estar das almas humanas – uma alma inferior existindo desde a concepção, uma alma mais elevada a partir do nascimento – depende da realização de sacrifícios, que podem ser levados a cabo apenas pelos filhos. Se as almas são cuidadas, elas podem exercer influências malignas ou desafortunadas sobre os vivos. Um efeito do culto ancestral era tornar as famílias chinesas fortes, forças unidas capazes de grandes esforços mútuos na consecução de objetivos comuns. Essa resiliência do clã e da família permanece uma qualidade importante do povo chinês moderno.

A partir de aproximadamente 10000 a.C. as sociedades passaram a se desenvolver relativamente rápido na China sob condições climáticas mais quentes, assim como em outras partes do mundo. O registro arqueológico revelou traços de sociedades agrícolas desenvolvidas por volta de 5000 a.C. As dos vales dos rios Wei e Huang no norte cultivaram painço no solo leve e poeirento chamado loess, que pode ser cultivado por muitos anos antes de se exaurir. As do sul cultivaram arroz em campos irrigados. Há evidências de aldeias antigas localizadas nas baías e lagoas da costa do sul, que dependiam da pesca e de outros frutos do mar. Pequenos vilarejos se converteram gradualmente em cidades, cercadas tipicamente por muros fortificados de terra socada. No baixo Yangzi, as casas de madeira, longe de primitivas, usaram uma habilidosa carpintaria, incluindo o sistema de caixa e espiga.

Vestígios de seda remontando aproximadamente a 4.000 anos foram encontrados, mas o custo e esforço consideráveis para produzi-la teria restringido seu uso a artigos de luxo. O cânhamo era geralmente utilizado para tecidos do dia a dia, uma vez que o algodão talvez tenha sido introduzido a partir da Índia somente em 600 d.C. As mais antigas lançadeiras para tecelagem também datam dessa época antiga. Cerâmicas de 2500 a.C. encontradas no norte da China possuem proporções graciosas, com decorações geométricas em várias cores de considerável destreza artística. Nessa época, o jade já estava sendo trabalhado em ornamentos.

A cultura chinesa, portanto, possui origens diversas, não tendo se desenvolvido exclusivamente no norte, como os clássicos sugerem. Na Bacia Sichuan mais a oeste da Província de Sichuan, próximo aos planaltos do Tibete e cercada pelas montanhas e platôs elevados, estão as ruínas de Baodun, uma sociedade enigmática, mas plenamente brilhante, para sua época, mesmo pelos padrões mundiais, uma vez que data aproximadamente de 2500 a.C. Uma área urbana, Sanxingdui, próxima a Chengdu, na região superior de Yangzi, revelou sítios de sepultamento e fundações de casas que evidenciam uma cidade avançada e sofisticada cobrindo cerca de mais de 1,6km^2 – possivelmente a maior cidade do mundo naquela época. Por volta de 1250 a.C. era mais de quatro vezes esse tamanho, com edificações que sugerem comércio especializado utilizando oficinas e fornos para cerâmica.

Contudo, é mais de uma tonelada de artefatos extraordinários – de bronze, ouro, jade e marfim – encontrados em duas sepulturas, que tornou Sanxingdui um sítio arqueológico de interesse internacional, e indicou a natureza única de suas artes. As cabeças e máscaras humanoides, por vezes feitas em ouro, são de um desenho tão bizarro e inusual que poderiam ser de um outro planeta. Suas sofisticadas árvores de bronze, nas quais pequenos pássaros se empoleiram, e as flores desabrocham, e suas vasilhas rituais ornamentadas são de padrões técnicos e artísticos tão elevados quanto qualquer um conhecido no mundo daquela época. Essa sociedade parece não ter deixado quaisquer registros escritos. Passou a ser estudada com cuidado apenas a partir de 1985.

Contudo, outros sítios foram descobertos próximos a Chengdu, como aquele na aldeia de Jinsha, a aproximadamente 40km ao sul, revelando artefatos que mostram que são claramente da mesma cultura. De acordo com os anais chineses, o Estado antigo e importante de Chu, que data de 1.000 a.C., havia expandido seu controle sobre a maior parte do sul da China por volta do século V a.C., prosseguindo essa expansão até ser enfraquecido por uma burocracia corrupta e ser absorvido durante a primeira unificação da China pela Dinastia Qin. Isso acompanhou um conflito militar épico, no qual se estima a participação de mais de um milhão de soldados. A divisão tradicional da história chinesa em "dinastia" é conveniente, mas necessita ser considerada com cautela. A queda de dinastias por vezes, mas nem sempre, provoca caos social nacional. Houve geralmente ilhas de prosperidade e ordem nas quais a cultura chinesa progrediu – e mesmo floresceu. Apesar disso, a história chinesa formal postula três dinastias antigas – a Xia, a Shang e a Zhou – que supostamente começaram durante uma vaga "idade do ouro". A Xia permanece, no domínio do mito abundante e promissor, como o reino do Império Amarelo, em uma época em que o mundo era considerado perfeito. Contudo, peças de cerâmica cinza encontradas na Província de Shaanxi evidenciam uma sociedade pré-bronze

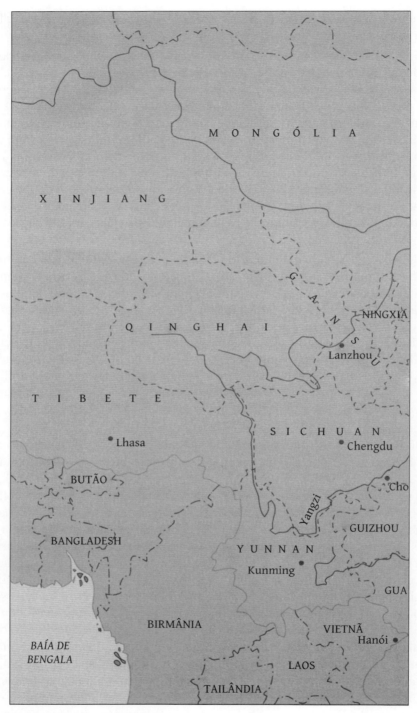

Mapa 2: China e Coreia

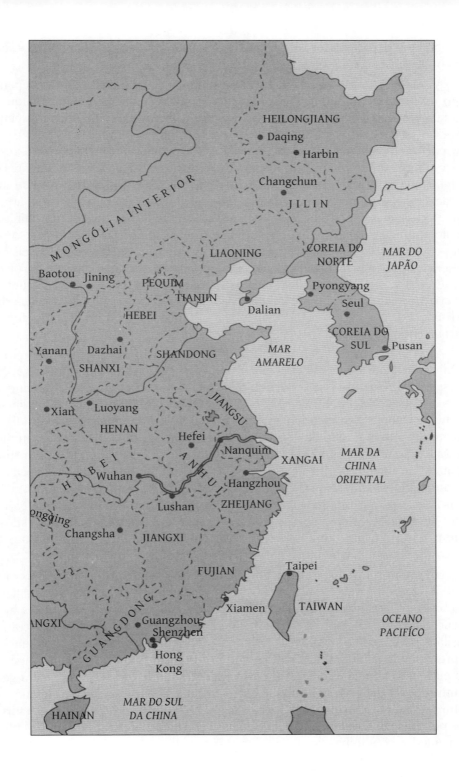

que poderia corresponder à da Dinastia Xia. Com a Dinastia Shang uma visão um pouco mais clara é possível.

As realizações dessa época sugerem um avanço brilhante e muito repentino na arte, tecnologia e ordem social. Se essas realizações têm qualquer coisa a ver com o contato com Sanxingdui é conjetural. No começo do século XX, ossos e cascos de tartaruga com inscrições vendidos em Pequim para propósitos medicinais foram reconhecidos como sendo muito antigos. As inscrições neles eram de um padrão estranho e arcaico. Esses "ossos oraculares", originalmente usados para a predição de acontecimentos futuros, mostram caracteres – e numeração decimal – tão relacionados à escrita chinesa atual que poderiam ser considerados seus antecedentes. Como na escrita chinesa contemporânea, esses textos não utilizam um alfabeto que representa sons, mas caracteres individuais – figuras – para ideias, eventos, objetos passíveis de descrição por palavras. Na verdade, eram já uma escrita altamente desenvolvida. É possível estabelecer o significado de muitos caracteres, embora algumas inscrições sejam apenas parcialmente decifráveis. Elas fornecem evidência da existência de muitos governantes mencionados nas histórias tradicionais como pertencendo à Dinastia Shang.

A cultura Shang, situada no vale do Rio Huang, deixou vários bronzes belamente trabalhados, que indicam que o norte da China fizera um grande avanço nessa época. Quando isso se tornou completamente apreciado, uma busca por suas origens começou. Entre 1928 e 1937, escavações em Anyang, na província do norte Henan, identificaram a última capital Shang da Dinastia Yin, fundada provavelmente por volta de 1300 a.C. De 1951 em diante o trabalho contínuo nessa região revelou uma cidade Shang anterior em Zhengzhou, provavelmente datando de cerca de 1500 a.C. Ela possuía massivas muralhas de terra socada, de aproximadamente 16m de largura, cercando uma área de cerca de 1,6km². Nos fornos para cerâmica, dentro dos quais foram encontrados selos de barro para decorar jarros em padrões, como o dragão, grades e espirais quadrados, que persistiriam na futura cerâmica chinesa. Havia também ossos bovinos e cascos de tartaruga com caracteres escritos gravados.

Há evidência de uma classe governante rica e poderosa, com tumbas impressionantes, provavelmente para os reis, contendo armas e urnas cerimoniais em bronze – assim como covas com corpos decapitados de cavalos, cães e humanos (talvez prisioneiros). Crânios humanos parecem ter sido usados como vasilhas para bebida. As crenças religiosas Shang eram animistas, com deuses representando a lua, o sol, o vento e outros fenômenos naturais, mas o começo do culto ancestral já era discernível. O papel do rei de conduzir ritos para garantir prosperidade agrícola era um outro atributo Shang a ser levado adiante no futuro. O exército Shang usava arcos e flechas com cabeças de bronze, e quadrigas puxadas por cavalos. A seda era usada como tecido, os bichos-da-seda eram alimentados com folhas de amora, como são até hoje.

Os registros históricos mencionam que o último rei shang finalizou seu reinado em 1122 a.C. A Dinastia Shang foi seguida por uma linha menos distinta, a Zhou, que governou um reino fronteiriço. Seus membros foram nobres, que mantiveram apenas uma autoridade formal sobre as famílias que haviam auxiliado a fundação da dinastia. Durante os nove séculos de governo nominal da Dinastia Zhou, as famílias feudais se tornaram mais poderosas e o papel dos reis se tornou mais formal e ritualístico. Alianças e conquistas levaram à emergência de meia dúzia de principados importantes, dando ao norte da China uma organização política semelhante à da Europa feudal.

Foi uma época de tremendo crescimento, durante a qual os estados chineses emergiram dos estados primitivos. A cultura Shang havia sido a de uma pequena aristocracia, mas agora a educação e a arte se tornaram a preocupação de um setor maior da comunidade. Uma classe comerciante rica emergiu no que deve ter sido uma das maiores cidades de sua época, com populações de mais de um quarto de milhão. Enormes sistemas de irrigação, envolvendo centenas de canais, foram construídos. A primeira cunhagem passou a ser utilizada. No início, ferramentas de metal – enxadas, facas, pás – foram um meio de intercâmbio. Essas foram em breve substituídas por pequenas réplicas em bronze, que se tornaram a primeira moeda da China. O uso do ferro por volta de 600 a.C. deve ter dado um ímpeto considerável à sociedade chinesa. Ele foi fundido e forjado em gadanhas, machados, serras, agulhas e armas, muito mais afiadas e duras do que o bronze em uso até aquela época. Artesões que trabalhavam com jade usavam serras de fio e furadeiras de diamante.

A escrita floresceu, e pela primeira vez se tornou mais do que adulação das casas reais. Livros-texto, poesia e tratados sobre medicina, as artes, matemática e teoria política eram todos parte de um grande florescimento intelectual. O instruído, capaz de ler e escrever, tornou-se – como continuaria a ser dali em diante – um objeto de respeito e autoridade. Essa foi a época de Confúcio, que é dito ter vivido entre 551 e 479 a.C. Seu nome era na verdade Kong Fuzi, do qual Confúcio é uma versão latinizada.

Muitas pessoas conhecem Confúcio, ainda que somente devido aos seus frequentemente citados *Analectos* (compilados, na verdade, após sua morte), dos quais esses são típicos:

> Aquele que comete um erro, e não o corrige, comete outro erro. Uma mente superior é familiar à retidão; uma mente má é familiar ao ganho.

Como se dá com muitas figuras da história, os fatos da vida de Confúcio são obscuros. Contudo, se o professor letrado vivesse hoje, provavelmente teria sido considerado um radical perigoso devido à sua admonição básica de que o bem-estar do povo era mais importante do que os privilégios de uma classe governante. Os governantes do pequeno Estado de Lu, no qual ele vivia, não gostavam dessas ideias, nem pôde Confúcio, durante muitos anos de deambulação, persuadir outro líder a aceitá-las. Ele insistia com seus alunos para que estudassem poesia, música e história, de modo a ampliarem suas mentes, uma tradição que continuou quase até tempos modernos no grande serviço público chinês, o mandarinato. O fato de ele ter sido um dissidente, embora fosse reverenciado por seus alunos, indica que tenha sido provavelmente um homem de considerável força pessoal de caráter, com uma mente inovadora e revolucionária.

É irônico que o confucionismo chinês posterior fosse tudo menos essas coisas. De seu enorme corpo de escritos, notavelmente pouco veio do próprio Confúcio. O confucionismo, por muito tempo o sistema ético guia da China, foi desenvolvido no trabalho e pensamento de uma grande quantidade de comentadores subsequentes.

Mengzi, que foi ativo durante o primeiro quarto do século IV a.C., foi um desses comentadores. Sua visão tinha por base a fé na bondade última da natureza humana. A ele é atribuído um artifício político prático chinês – o conceito do "Mandato do Céu" –, embora haja indícios muito anteriores de seu desenvolvimento. Essa ideia é a da qualificação do poder absoluto do governante. É considerado como moralmente justificável, e mesmo louvável, revoltar-se contra um regime cruel, injusto ou mesmo desafortunado. Em outras palavras, um governo é ao fim justificado por seu sucesso, sua habilidade em manter uma sociedade razoavelmente próspera e estável. Um imperador, por sua vez, é justificado por sua probidade, seu caráter moral elevado, já que somente uma pessoa assim seria capaz de interceder junto às forças do Céu para assegurar a prosperidade.

Em vez de votar em eleições, esse se tornou um meio de submeter governos à vontade do povo. As concessões recentes do Partido Comunista chinês, especialmente as econômicas, não são inconsistentes com essa tradição. O hábito do governo comunista chinês de se descrever como "correto" – ou seja, moralmente confiável – pode também ter uma conexão. Em contraste com Mengzi, um segundo comentador antigo importante, Xunzi, considerava a natureza humana como fundamentalmente má, em necessidade de melhoramento por meio do bom governo, do estabelecimento de um conjunto de regras de conduta e do exemplo moral elevado dos governantes. Os padrões sociais estilizados formais da China, mantidos nos tempos modernos, devem muito a ele.

O mundo chinês dessa época consistia de uma dúzia ou mais de pequenos e grandes estados agrupados ao longo dos rios Huang e Wei, que constituíam Zhongguo – o País Médio –, além de vários outros, nas fronteiras oeste e leste, que eram considerados culturalmente inferiores. Para além daí se encontra o mundo dos "bárbaros". Dos estados fronteiriços, os mais importantes eram Chu e Qin, no extremo noroeste. Qin era tradicionalmente um bastião contra as hordas mais a oeste que eram uma ameaça perpétua à área rural chinesa ocupada e às cidades ricas. Não é à toa que as fortes muralhas e fortalezas eram o traço mais surpreendente das cidades chinesas.

Os ideais atribuídos a Confúcio eram suspeitos em sua própria época por aqueles que detinham e influenciavam o poder, os pragmáticos enérgicos que realmente decidiam a política dos estados. Longe de considerar a humanidade como nobre e suscetível de um exemplo moral, eles acreditavam que um sistema legal rigidamente imposto era o melhor meio de governo. Essa escola "legalista" atingiu sua maior influência no Estado de Qin, o que não surpreende. Na Dinastia Qin, a efetividade militar era considerada de suprema importância. A população inteira estava sujeita a conscrição sem aviso-prévio: os homens para lutarem, e as mulheres e idosos para carregarem suprimentos e trabalharem nas fortificações. O exército era equipado com uma elaborada maquinaria de cerco: torres altas de madeira sobre rodas, aríetes, manganelas e dispositivos similares destinados a arremessar enormes pedras nas muralhas de barro de cidades sitiadas.

Por volta do século III a.C., a Dinastia Qin tinha os "bárbaros" em suas fronteiras sob controle, e foi capaz de usar sua eficiente máquina militar contra seus vizinhos mais cultivados, porém, menos marciais, do leste. Sob o governo articulado de seu jovem rei e de seu principal conselheiro, Li Si, ela acabou triunfando. Nem todos os sucessos da Dinastia Qin foram militares, pois Li Si era um habilidoso maquinador. Sua negociação foi um fator importante em uma série de vitórias que levaram a nada menos que à primeira unificação da China. O rei da Dinastia Qin se renomeava agora Shi Huangdi – o Primeiro Imperador – em 221 a.C.

Seus administradores tiveram ao menos a virtude da energia, dedicando-se à sucessão de reformas que transformaram a China – um nome que, incidentalmente, deriva de Qin. A largura dos eixos de carruagens foi padronizada, um sistema de pesos e medidas uniformes e de cunhagem foi introduzido, e – imensamente importante – a escrita chinesa foi reformada para torná-la mais concisa e prática e, além disso, padronizada. O império foi ligado por estradas que devem ter sido as maiores obras de engenharia mesmo para os padrões atuais. Qin também transpôs as antigas linhas feudais de autoridade e estabeleceu um sistema administrativo eficiente, embora despótico, baseado na divisão em 36 províncias, cada uma controlada por três funcionários especializados subordinados ao imperador.

Comunicações eficientes e disciplina rígida se tornaram a base da unidade. Para reduzir ainda mais o poder das grandes famílias, o imperador confiscou todas as suas armas. Uma enorme pilha de bronze foi derretida e convertida em 12 estátuas, cada uma pesando em torno de 70 toneladas, que foram colocadas no palácio de verão, Afang. Estima-se que a edificação de Afang tenha envolvido uma força de trabalho de cerca de 250 mil trabalhadores.

Li Si persuadiu o imperador a emitir um decreto determinando que livros do passado, exceto por alguns textos técnicos, deveriam ser destruídos. Qualquer um que não queimasse seus livros em 30 dias seria marcado e condenado a trabalhos forçados. O argumento que Li Si apresentou ao rei não era, contudo, completamente desproposital. Enfatizando que os príncipes feudais estavam continuamente em guerra, ele argumentava: "Por que deveríamos segui-los? O império foi pacificado, a lei provém de uma única autoridade, o povo tem trabalho, mas os intelectuais continuam a estudar o passado, provocando dúvidas e problemas". Os livros dos clássicos, compilados com grande esforço e quase insubstituíveis, eram volumosos e difíceis de esconder. O papel ainda não estava em uso, e os livros eram praticamente inscritos em tábuas de marfim, tiras de bambu e placas de madeira. No início, quando intelectuais desafiaram o decreto, mais penalidades foram introduzidas. Diz-se que uma enorme cova foi cavada, e 460 deles foram enterrados vivos nela.

Então Shi Huangdi mereceu o ódio de gerações sucessivas de intelectuais chineses, uma vez que "queimou os livros e enterrou os intelectuais". A história dessa vilania, sem dúvida, nada perdeu no relato, mas não se sabe realmente até que ponto a reputação do Primeiro Imperador foi adornada por escritores posteriores. Certamente, desenvolveu-se uma grande quantidade de histórias, muitas fantasiosas, em torno de seu nome. Conta o mito que balestras autoarremessantes guardam as passagens subterrâneas em sua tumba, e que rios e lagos de mercúrio a cercam.

Embora se afirme por vezes que Shi Huangdi tenha construído a Grande Muralha, grande parte dela já existia antes de sua época. Contudo, ele reconheceu sua importância como uma defesa contra os bárbaros, e melhorou enormemente a antiga estrutura. Isso envolveu trabalho forçado de vastas hordas de pessoas por um período de mais de 12 anos, durante o qual milhões de trabalhadores morreram. O trabalho na Grande Muralha era uma punição comum e muito temida. A muralha existente é uma construção mais recente da Dinastia Ming.

Um elaborado sistema de sinalização foi usado pelas guarnições militares na muralha, para trazer reforços a qualquer ponto de ataque. Tão logo os velozes cavaleiros apareciam detrás de uma nuvem de poeira para o oeste, fogos de sinalização eram acesos. Durante o dia, montes de palha úmida eram usadas para enviar colunas de fumaça para cima, e à noite os fogos eram coloridos por meio de sais metálicos – a base da invenção chinesa dos fogos de artifício.

A crueldade do governo de Qin, bem como a extensão da revolução que afligiu a China, condenaram-no de antemão. Muito antes de sua morte o imperador vivia constantemente com medo e nunca revelava em qual de sua rede de palácios passaria a noite. Seu medo da morte o levou a uma profunda preocupação com a imortalidade e a uma busca por uma poção que a assegurasse. Ele morreu em 210 a.C. enquanto fazia uma expedição ao seu império. Tal era o medo de que o fato de sua morte levasse a uma revolta, que ela foi oculta até que seu corpo – com uma carga de peixe podre – pudesse ser levado de volta à capital.

O extraordinário escopo e poder desse regime foram confirmados pela descoberta, em 1974, próximo à cidade de Xian, dos Guerreiros Sepultados – um exército parcialmente enterrado de cerca de 6.000 arqueiros, soldados de infantaria e de cavalaria, feitos em terracota e em tamanho natural, localizados em várias covas enormes que haviam sido cobertas com toras de pinho subsequentemente destruídas pelo fogo. Quadrigas de bronze e muitos outros artefatos que estão ainda sendo desenterrados nesse sítio confirmam que isso é parte do mausoléu de Shi Huangdi, no qual se estima que cerca de 250 mil artesões trabalharam. Sete esqueletos humanos também recuperados podem ser os dos filhos de Shi Huangdi, assassinados no golpe palaciano após sua morte, o que enfraqueceu ainda mais a dinastia.

Embora o atual governo chinês tenha decidido que a colina substancial – na qual se acredita estar abrigada a sepultura de fato do Primeiro Imperador – não será ainda escavada, outros trabalhos arqueológicos em torno do complexo revelaram uma tecnologia muito avançada para o mundo de sua época, especialmente em metalurgia. Espadas de bronze foram feitas com alto conteúdo de estanho, resultando em lâminas de considerável afiação e dureza. Após mais de 2.000 anos, algumas não mostram sinais de corrosão e parecem ter sido revestidas com esse propósito, provavelmente com cromo. Altos-fornos estiveram em uso para produzir aço de alta qualidade. A produção de aço desse tipo não ocorreria por outros mil anos na Europa.

Aqui, também, parecem estar as origens da alquimia que iria fascinar a Europa um milênio depois, e usando grande parte dos mesmos métodos e materiais. Como os alquimistas, os investigadores chineses dessa época muitas vezes também encontraram um fim prematuro, seja por envenenamento por mercúrio, com o qual eram fascinados, ou comendo pó de jade ou cogumelos e fungos que cresciam em altas montanhas.

Os herdeiros e apoiadores de Shi Huangdi não foram capazes de manter o império, e todos os membros de sua família foram assassinados. Li Si foi executado publicamente, tendo sido cindido em dois. Seguiu-se um período de confusão e guerra civil durante o qual um general chu de origem camponesa, Liu Bang, fundou a dinastia chamada Han, que instituiria grande parte do padrão que a China seguiria até quase os tempos atuais. Liu Bang, considerado de temperamento agradável e muito popular com o povo, negociou pacientemente para conseguir a obediência dos nobres à Dinastia Han, entretanto manteve os princípios básicos do Estado Qin, e, o que é mais importante, sua habilidade para levantar imensas receitas por meio de tributação eficiente. Um imposto de capitação que tinha de ser pago em moedas foi imputado a cada chinês, mesmo crianças pequenas, e os adultos também estavam sujeitos à corveia e à conscrição militar. A burocracia com responsabilidades claramente definidas foi mantida, mas seu recrutamento passou a reconhecer os valores da educação e da habilidade nos funcionários. Eles eram muitas vezes nomeados em pares para limitar seu poder. Essas tradições seriam um traço contínuo da história chinesa.

A despeito desses esforços por paz e conciliação, no início, o Estado Han teve de lutar desesperadamente para sobreviver. Ao norte e a noroeste, exércitos "bárbaros" xiongnu de mais de meio milhão de homens estavam esperando do lado de fora da Grande Muralha. Liu Bang enfrentou essa ameaça com um grau de sucesso por meio de diplomacia e suborno em vez da guerra. Foi apenas no reinado de meio século de duração do Imperador Wudi, que começou 60 anos depois, que os inimigos da China foram subjugados e ela se tornou, pela primeira vez, um império de proporções e poder importantes em termos globais. Os chineses se chamavam os homens de Han para se distinguirem de grupos minoritários nas áreas externas. É uma dinastia particularmente favorecida como um modelo histórico pelo governo comunista, talvez devido às similaridades entre as origens de ambos.

Os clássicos confucianos reapareceram e foram feitas cópias de fragmentos excedentes que haviam sido secretamente enterrados, escondidos em fendas de paredes ou sob vigas de telhados, ou retidos nas memórias de anciãos. A despeito desses esforços meticulosos para recriar o passado, muito havia mudado. O esforço persistente para centralizar o poder havia destruído tudo, menos as antigas famílias, e as longas guerras durante o começo da Dinastia Han haviam empobrecido a China. Os imperadores do início da Dinastia Han mantiveram o sistema provincial e interferiram regularmente nos assuntos, supervisionando-os, dos antigos estados feudais. Foi basicamente esse gênio da administração Han para dividir e governar que permitiu à China os séculos de paz necessários para se transformar em uma grande potência.

A população cresceu rapidamente e se espalhou mais longe ao sul. O aumento do uso da irrigação e a construção de canais e de esquadras de embarcações fluviais tornaram possível o crescimento e a distribuição de mais arroz do que era necessário para a mera sobrevivência. Todavia, a maior parte dessa riqueza adicional foi para prover um estilo de vida luxuoso para os funcionários letrados, muitos dos quais vinham das antigas famílias feudais. Registros da época indicam que a vida era geralmente desesperada e precária para os camponeses, que viviam frequentemente com dívidas. Taxas de juros eram avidamente elevadas e, para sobreviverem, eram muitas vezes forçados a vender sua terra e mesmo seus filhos para serem escravizados. Como um último recurso os homens fugiam para as florestas, compelidos ao roubo, juntando-se a um dos tantos bandos de bandidos temidos por viajantes. Além de um mês de trabalho por ano que os camponeses deveriam prestar às empresas públicas, também eram sujeitos à conscrição por dois anos no exército. Durante esse serviço, eram providos apenas do necessário à sobrevivência, não sendo, portanto, pagos.

Foi dentro das cidades muradas que as artes e graças floresceram, baseadas em um excedente geral que lá havia de mercadorias em relação à demanda. O historiador do século I Ban Gu exigiu para a capital, Changan (atualmente a cidade chinesa de Xian), que uma muralha de aproximadamente 160km cercasse seus escritórios, palácios e subúrbios, com jardins aquáticos e parques contendo rinocerontes de Kanji (sudeste da Índia), pássaros de Chaldea e unicórnios de Annam!

O Império Han controlava os bárbaros não somente na Grande Muralha, mas muito além dela, adentrando a Bacia do Tarim e o Tibete quase até os limites da Índia. Ele utilizava uma cavalaria armada, com longas lanças, para um efeito devastador. Provavelmente a primeira indústria de produção em larga escala do mundo tenha equipado esse exército. Pontas de flechas em ferro ou bronze foram manufaturadas aos milhões, uma vez que cada soldado teria ao menos 100 flechas para suas balestras. Essas armas eram instrumentos altamente desenvolvidos, e permaneciam mais letais e efetivas que as armas de fogo ainda no século XIX. De interesse particular era o mecanismo de lançamento gatilho e corda, produzido em bronze massivamente para especificações eficientes e precisas.

Contudo, essas expedições militares não foram designadas para fundar um império, mas para subjugar as tribos nômades, levando-as para o extremo oeste, de modo a não serem uma ameaça à China. Tornou-se uma atitude chinesa confirmada que o controle de estados vizinhos era um pré-requisito para a segurança da China.

À medida que a era cristã despontava, a China já havia repercutido no mundo do Ocidente, embora ambos dificilmente a conhecessem. O mundo agora tinha dois impérios, o da Dinastia Han e o da Roma Imperial, que era ligeiramente menor. O senso chinês do século II d.C. estima sua população em 58 milhões de pessoas. Havia contatos comerciais entre os dois impérios, incluindo um gosto caro e difundido em Roma pela seda chinesa, que certa vez ameaçou exaurir suas reservas de ouro. Mais importante foi o deslocamento das tribos nômades para o oeste, que terminou tendo efeitos perturbadores na Europa e na Índia.

As maiores contribuições para a tradição chinesa foram desenvolvidas durante a Dinastia Han. Uma das mais importantes foi uma ênfase no mérito e na educação e não no nascimento como uma qualificação para um alto posto. Isso estava associado ao poder crescente do governo central. Diferente da Europa, o feudalismo praticamente desapareceria nesse estágio inicial. Houve também uma grande revivificação do confucionismo. Esses dois fatores, o governo nacional organizado cada vez mais por uma *intelligentsia* e o uso dos clássicos confucianos para justificar – e mesmo santificar – o sistema de governo, levaram ao desenvolvimento daquele grande serviço público conhecido como o mandarinato, o instrumento administrativo mais longevo e talvez o mais bem-sucedido que a humanidade já viu. Sua influência e tradições são ainda aparentes na China de hoje, e podem se tornar ainda mais no futuro.

Na época da Dinastia Han, o mandarinato já havia desenvolvido muitas de suas características duradouras, incluindo exames sobre os clássicos, e a adoção da ideia confuciana de que a pessoa educada deveria ser guiada pela força do exemplo e não pelo medo da punição. Ele havia desenvolvido também um desprezo pelo comércio e pelo que o Ocidente chama "iniciativa privada". Para os intelectuais confucianos isso parecia oposto aos verdadeiros valores morais. A devoção aos pais – o respeito e apoio dos filhos em relação aos pais, os deveres das esposas para com suas sogras – era uma importante ideia confuciana, que deveria permear todos os níveis da sociedade na época.

A despeito da desaprovação dos intelectuais, houve por vezes um capitalismo quase desenfreado e a acumulação de grandes fortunas por comerciantes.

Contudo, esses processos provocaram tamanhas convulsões da economia devido à "monopolização" e à especulação com alimentos e à cunhagem ilícita de moeda, que o Estado Han terminou por restringi-los. Obras públicas expressivas e grande parte da indústria doméstica e sistemas de distribuição importantes passaram a ser controlados pelo Estado. Antes que os controles fossem novamente impostos, os capitalistas nas indústrias de ferro e sal vinham fazendo imensas fortunas. O governo nacionalizou essas indústrias e ordenou que seus antigos proprietários as administrassem em prol do Estado. A associação entre capitalismo e controle estatal que emergiu na China é agora, portanto, um tema recorrente na história chinesa, e não deve provocar surpresas. Na verdade, parte dos problemas econômicos que o Estado Han enfrentava não distam muito daqueles que emergem hoje na China.

A invenção do papel no século II foi um importante avanço. A escrita se tornou uma ocupação quase universal entre as pessoas educadas na época da Dinastia Han, e foi dada uma atenção especial à história. A arte da fabricação de papel se espalhou lentamente para o oeste, atingindo a Europa 1.000 anos mais tarde. O confucionismo Han desenvolveu sua preocupação com sistemas de ritos e relações complexos em praticamente cada área da vida, um desejo por um universo harmonioso ordenado, que, uma vez estabelecido, permaneceria para sempre imutável. A ideia do governante como um exemplo civilizado e virtuoso para seus súditos, um tipo de líder moral, tornou-se firmemente desenvolvida. A essas alturas o confucionismo estava longe de Confúcio. A doutrina devia muito não somente à horda de comentadores após sua morte, mas também a outras fontes – precursoras dos conservacionistas modernos, dentre os quais o taoismo é novamente popular –, e mesmo ao aparentemente antitético taoismo, uma filosofia da época da Dinastia Zhou, que via os humanos simplesmente como parte da natureza a cujas forças misteriosas eles deveriam se adaptar, mudando o mínimo possível o que dissesse respeito a elas.

Música e filosofia eram consideradas tão estreitamente associadas que o cálculo adequado dos graus de tonalidade na escala musical era considerado essencial ao funcionamento apropriado do governo. Por isso, matemáticos e filósofos tinham a tarefa de calculá-los. Isso sugere a importância atribuída a uma harmonia geral do universo nos assuntos humanos. Os movimentos da lua, dos planetas e das constelações eram estudados muito cuidadosamente por razões similares. A matemática foi desenvolvida a um grau elevado, com Zhang Heng tendo calculado o valor de *pi* em 3,1622 no século II d.C. Naquela época, ele inventou também o primeiro sismógrafo de que se tem notícia no mundo. Não é sem interesse que em 2000 o governo chinês tenha anunciado a descoberta de um sanitário han de 2.000 anos, com água corrente, um assento de pedra e um apoio para o braço, questionando, assim, a alegação do encanador inglês, Thomas Crapper, de ter inventado esse mecanismo no século XIX.

O Governo Han se tornou tão estreitamente associado ao confucionismo que a decadência de um envolveu o colapso do outro. Houve uma aversão massiva pelo formalismo do confucionismo e pela corrupção extensiva na corte imperial à medida que o grupo de eunucos ostensivamente alistados para guardar o harém se tornou uma influência importante sobre os imperadores. Muitas pessoas se voltaram para o recém-chegado budismo e ainda mais para o anárquico taoismo. O taoismo está por trás da grande revolta campesina do século II dos Turbantes Amarelos, na qual se acredita que milhões perderam a vida e que precipitou o declínio da Dinastia Han. Inundações, fome e pobreza enfraqueceram cada vez mais a nação chinesa. As tribos de "bárbaros" aproveitaram a oportunidade, ocupando grande parte do norte da China. Os chineses fugiram para o estrangeiro e ainda ligeiramente povoado sul. Cada um dos assim chamados "Três Reinos" – Wei, Shu e Wu – alegou ser o sucessor legítimo da Dinastia Han, mas as guerras incessantes a que se dedicaram tiraram outros milhões de vidas, resultando em um severo declínio da população chinesa. Eles permaneceram uma parte importante da cultura chinesa moderna, devido principalmente à imensa popularidade de um longo romance histórico, o Romance dos Três Reinos, escrito por Luo Guanzhong no século IV. Enquanto isso, o budismo, que chegou à China através das rotas de comércio no século I d.C., ganhara adeptos rapidamente. A forma de budismo que veio para a China foi a escola *mahayana*, que é muito diferente da mais ortodoxa *theravada* da Birmânia e da Tailândia. O budismo *mahayana* era uma religião já dotada de mágica, deuses e santos, conhecidos como *bodhisattvas*, que adiavam sua conversão a um estado de perfeição divina de modo a poderem interceder no Céu em prol dos humanos. Ele postulava um paraíso no qual os humanos recebiam esperança de uma vida muito melhor. Uma *bodhisattva* chinesa universalmente reverenciada e característica é Guan Yin, a deusa da misericórdia e exemplo de virtudes femininas. Certos aspectos do confucionismo, como o culto ancestral e o culto da família, foram incorporados ao budismo chinês, que, à medida que se dirigiu ao leste, mostrou-se uma das filosofias humanas mais flexíveis e maleáveis. Foi nessa forma sinizada que começou seu movimento posterior em direção ao leste através dos estreitos mares das ilhas do Japão.

6
O Japão antigo e a Dinastia Tang na China

Os habitantes originais desse pequeno grupo de ilhas montanhosas ensolarada, porém frias, ao largo da costa da China, não eram o povo conhecido agora como o japonês. Evidências arqueológicas recentes indicam ocupação já em 15000 a.C. por uma raça enigmática que produziu cerâmica e pode ter sido a primeira aldeia agrícola do mundo – beneficiando-se, ao que tudo indica, de uma breve fase de calor durante a última era do gelo. Assim, qualquer que seja a estrutura que tenham constituído, ela parece ter sido obliterada pela eclosão de um frio extremo. Os cacos de seus potes de cerâmica não revelam muito mais sobre eles além de indícios de que pescavam e cozinhavam peixe. O registro identifica, mais tarde, caçadores-coletores que, por volta talvez de 5000 a.C., estabeleceram pequenos assentamentos agrícolas, e cuja datação de carbono de sua cerâmica simples de fundo pontudo ou redondo remonta a aproximadamente 10000 a.C. Durante a era glacial precedente as ilhas japonesas, parte de uma cadeia de montanhas que contornam a costa continental asiática, eram unidas a esse continente, possibilitando a passagem livre de animais e humanos.

Os ancestrais dos japoneses de hoje foram integrantes muito tardios do país. Nas ilhas, encontraram um povo diferente deles – de estatura baixa, corpo muito peludo, pele clara e uma língua diferente de qualquer outra no mundo. Esse povo, o ainu, era considerado de origem caucasiana devido a essas características. Comparações genéticas recentes indicam vínculos com os povos da Sibéria russa. Embora o ainu levasse uma existência primitiva de caça e pesca, resistiu ferozmente aos intrusos. Contudo, os japoneses, originalmente assentados na ilha do extremo sul, Kyushu, terminaram impelindo esses primeiros habitantes em direção ao norte. Agora, somente uma pequena comunidade ainu de cerca de 20.000 integrantes permanece na ilha do extremo norte, Hokkaido.

Uma vez que os primeiros japoneses não eram alfabetizados e não tiveram uma tradição histórica, há poucas informações confiáveis sobre esse período inicial. Quando chegaram e exatamente de onde vieram permanecem conjeturas. Eles eram, contudo, mongoloides, quase certamente entrando no Japão a partir da China por meio da península coreana – embora existam também sinais intrigantes de uma conexão étnica com o Sudeste Asiático. A língua japonesa possui vínculos com as línguas indonésias, mas a semelhança mais surpreendente é na forma da construção do templo sagrado mais antigo do Japão, em Ise, consagrado à deusa do sol, Amaterasu, a principal deidade do xintoísmo.

Para um templo que atrai tal veneração, o templo de Ise é modesto – não mais do que uma pequena cabana construída com postes e vigas de madeira que sustentam um único e pesado outão de sapê, fixado sobre cerca de 50 pilhas de toras de madeira. Acredita-se que o templo seja uma cópia exata do tipo de casa construída pelos japoneses quando chegaram pela primeira vez às suas ilhas. A cada 21 anos ele é derrubado e reconstruído com ciprestes novos, especialmente selecionados, de modo que a cópia e o original sejam considerados idênticos. Ele é muito similar às construções ainda encontradas em partes do Sudeste Asiático, especialmente na Ilha de Sulawesi, no leste indonésio, e em Sumatra.

Essa sociedade japonesa antiga é chamada *yamato*, cujo nome deriva da região interior da grande cidade portuária de Osaka na Ilha de Honshu. Contudo, ela se originou provavelmente a oeste em Kyushu e depois se moveu gradualmente ao noroeste, ao longo das margens do mar interior. Ela construiu grandes tumbas subterrâneas em uma variedade de formas, nas quais pequenas figuras em terracota chamadas *haniwa* foram encontradas. Essas estatuetas indicam que guerreiros *yamato* usaram cavalo e armadura. Sua religião, que parece ter postulado deuses com base nas forças da natureza – em particular o sol –, veio a ser conhecida como xintoísmo, que significa "o caminho dos deuses".

Os contatos mais antigos com a civilização chinesa foram hostis. Contudo, o comércio terminou ocorrendo e um pacto de amizade foi concluído com dois estados coreanos, Paekche e Silla, no século IV. Houve também uma considerável migração de famílias extensas inteiras, bem como de artesãos e intelectuais da Coreia atormentada pela guerra. Suas lealdades ao clã foram mantidas no novo país e três ou quatro dessas famílias se tornaram poderosas o bastante para manipular a linha imperial. Na verdade, ao menos um dos primeiros imperadores pode ter sido coreano. Registros escritos aparecem somente no século XV, quando a escrita chinesa passou a ser usada, por isso as crônicas dos primeiros tempos não podem ser consideradas confiáveis. Contudo, há pouca dúvida de que os coreanos, eles próprios influenciados grandemente pela cultura chinesa, tenham sido um importante fator na formação da sociedade japonesa inicial.

Um sumário muito breve servirá para indicar tudo o que é de alguma importância na área do mito. A deusa Amaterasu emerge como a deidade mais importante. Seu neto, Ninigi, é dito ter descido da Alta Planície para governar entre os humanos. O neto de Ninigi, Jimmu, é reverenciado como o primeiro de uma linha supostamente contínua de 125 imperadores japoneses considerados do mesmo sangue semidivino. Por isso, embora os imperadores chineses fossem mortais e governassem somente enquanto mantivessem o Mandato do Céu, os imperadores japoneses governavam por direito divino, que é passado automaticamente aos seus descendentes. Para preservar essa continuidade, os imperadores japoneses devem estar "acima das nuvens", indiferentes à política cotidiana, na qual, portanto, não possuem influência.

O tema da divindade do imperador não é assim tão simples quanto parece. Ele não é considerado um deus no sentido ocidental, mas uma figura humana que possui, mais do que qualquer outra pessoa ou objeto, a qualidade que os japoneses chamam *kami*, cujo significado cru é elevação ou superioridade. *Kami* é uma qualidade espiritual que pessoas e objetos – e mesmo as ilhas do Japão – possuem em quantidades diferentes. Esse conceito é importante porque representa uma qualidade distinta do povo japonês – uma crença de que o principal valor do indivíduo é como uma unidade na totalidade do Japão. Ela passou a ser expressa na extraordinária lealdade – muitas vezes, testada até à morte – dos servos japoneses para com seus senhores, na disposição dos pilotos camicases japoneses para morrer arremessando seus bombardeiros contra os deques dos navios americanos durante a Segunda Guerra Mundial e, em tempos mais recentes, nas relações quase feudais entre grandes complexos industriais japoneses e seus trabalhadores.

A religião japonesa oficial, o xintoísmo, é essencialmente animista, embora possua características práticas que desempenham um papel importante no pensamento e na vida dos japoneses de hoje. Uma dessas características é uma insistência no asseio pessoal como companheiro necessário da santidade. O culto em um templo xintoísta envolve a purificação tanto no sentido físico como no espiritual. A primeira é atingida pelo banho em água corrente e, a segunda, simplesmente pela passagem sob vários arcos cerimoniais chamados *torii*, que abarcam os caminhos que levam aos templos.

Uma outra manifestação do xintoísmo que se tornou parte do caráter japonês é uma preferência revigorante pela simplicidade e comedimento. Seus templos são usualmente pequenas estruturas de madeira natural, deixadas deliberadamente sem pintura – uma chave para a predileção japonesa por esse material. A deidade é representada por um símbolo, muitas vezes um espelho de bronze polido, mas por vezes uma espada ou a joia *magatama*, que representa a regalia que se acreditava ter sido entregue a Ninigi por Amaterasu. Somente o imperador, certos membros de sua família ou seu emissário especial podem passar pela cortina de seda da entrada para o templo de Ise, pois seus símbolos sagrados devem sempre ser filtrados da visão das pessoas comuns. Alguns templos xintoístas não são construções. Dentre eles estão uma cascata, uma rocha e uma montanha.

O ideal xintoísta de simplicidade – eludindo, ao mesmo tempo, o direto, o óbvio ou ostentoso – é a motivação de todas as suas formas de arte: onde os ocidentais veem beleza em exibições agrupadas de flores, o purista japonês admiraria um único botão. Há outros aspectos do xintoísmo que não são tão interessantes, como uma indiferença pela vida e sofrimento individuais, e uma atitude marcial envolvendo grande crueldade, muito em evidência várias vezes na história japonesa.

O Japão é um país montanhoso, com poucas áreas amplas de terra plana. Somente 13% de seu território é arável. Por isso, desde os tempos remotos, uma intensidade notável teve de ser aplicada ao cultivo da terra, de modo que se pudesse retirar dela até a última grama de alimento. Quem viaja através do

Japão vê constantemente nos elaborados terraços cultivados em tantas colinas o resultado de várias gerações de trabalho dedicado. O Japão antigo não teve de enfrentar essa restrição. Era uma simples sociedade de clãs, ainda muito pequena em número, quando se voltou para a China como seu primeiro modelo civilizado.

Embora no primeiro milênio da era cristã a Europa estivesse submersa na Idade das Trevas, esse foi um período de luzes na Ásia, e em nenhum outro lugar mais do que na China. Sob o governo das dinastias Sui e Tang, a China se tornou a sociedade mais forte, mais populosa e mais avançada que o mundo jamais vira. Contudo, seria muito errado concluir que os séculos entre o declínio da Dinastia Han e a ascensão da Dinastia Sui foram algum tipo de interregno – esse foi um período de tremendo crescimento tanto econômico como cultural, com sociedades fortes e diferentes, sob muitos aspectos, desenvolvendo-se no noroeste e no Vale Yangzi, e uma difusão importante da influência chinesa no sudeste da Ásia.

Um segundo tema importante foi a substituição do confucionismo por um complexo amálgama de budismo e taoismo. A partir do século IV, a China seria, por 400 anos, uma sociedade budista. Poderíamos inclusive dizer que um dualismo ainda aparente na China hoje, evidenciado pela resistência do Movimento Falung Gong à supressão do Estado, seja parte de uma disputa milenar entre o behaviorismo formal do confucionismo e o desejo pelo misterioso, mágico, individual e contemplativo tão distintivo das outras duas grandes religiões. Na verdade, não seria demais descrever essa era como "verde" no sentido contemporâneo, ou, na verdade, seus poetas – como os Sete Sábios da Floresta de Bambu – como "boêmios" em sua aversão aos ritos, políticas e convenções. A primeira pintura de paisagem do mundo, mais de mil anos antes de se desenvolver na Europa, derivou diretamente da visão taoista da natureza como notável, e mesmo sagrada, e um lugar de liberação do espírito humano.

Os séculos de estados independentes deram lugar, em 589, a uma breve dinastia preparatória, a Sui, que uma vez mais uniu a China. Como na Dinastia Qin, os feitos da Dinastia Sui se deveram grandemente às qualidades de seu fundador, o Imperador Wendi. Seu sucessor, Yangdi, estabeleceu uma importante fundação econômica para o futuro ao construir uma enorme rede de canais de irrigação e transporte, dentre eles a finalização do Grande Canal de aproximadamente 1.770km, ligando os rios Yangzi e Huang. Contudo, essa obra, considerada por alguns como sendo o maior projeto de engenharia do mundo na época, foi realizada a um enorme custo humano de cerca de um milhão de camponeses conscritos para o trabalho. Nada era pequeno em relação a essa rede de transporte fluvial, cuja parte ao sul ainda se encontra em uso. Os canais eram tipicamente com mais de 30m de largura, com estradas bem construídas ao longo deles. Mas Yangdi talvez seja mais razoavelmente criticado por seu envio de enormes e desastrosas expedições para lutarem contra o Estado cada vez maior de Koguryo na Coreia. O imperador foi assassinado em 618 por seus próprios cortesões, e um general do comando do noroeste o sucedeu, dando início à Dinastia Tang.

Essa dinastia introduziu um padrão de administração na China, que perdurou quase sem alterações até o começo do século XX e que estabeleceu o sistema de recrutamento do mandarinato por meio de concursos públicos muito difíceis. A China, em várias épocas durante seu longo passado, fez experiências com o direito codificado, e tinha consciência de suas deficiências. A alternativa era vista como confiar decisões sobre temas legais e administrativos a um corpo composto de membros altamente qualificados e amplamente educados, que os controlaria rigorosamente com um sistema de inspetorias que seria mudado regularmente de um posto a outro mais distante. Essa elite administrativa eram os mandarins, nunca numerosos para um país do tamanho da China, mas com imensos poderes em seus bailios regionais. A "lei" que eles administravam era baseada no costume e no precedente. Referências a qualquer dinastia chinesa como um governo induz ao erro. Os governos modernos existem basicamente para fazer e emendar leis. As dinastias chinesas e seus burocratas mantinham a lei e a ordem, mas seu propósito principal, por outro lado, era aumentar as receitas.

Mais do que nunca a arte da escrita graciosa e elegante era requerida do administrador erudito. O principal exame para o grau *jinshi*, que manteve sua posição até o século XX, testava habilidades literárias – especialmente da composição e da poesia – além das administrativas. Essa tradição não desapareceu. Mao Tsé-Tung escrevia poesia, como qualquer um que passou pelo aeroporto de Pequim na década de 1970 saberia – uma tradução de seu poema "A neve" era exibida proeminentemente em uma parede.

A Era Tang foi talvez a dos poetas melhor conhecidos. Du Fu foi um poeta erudito, muito respeitado pela *intelligentsia* da época, mas o impetuoso e rebelde Li Bo teve maior apelo internacional ao longo do tempo. Um rebelde contra a autoridade constituída e sem qualquer interesse pelos estudos, Li Bo, além de mulherengo, foi, como seus companheiros – os Oito Imortais da Taça de Vinho –, um bêbado contumaz. Apesar disso, o poder e a paixão de seus versos impressionavam até mesmo o imperador, ainda que sua filosofia taoísta de adoração da natureza fosse diretamente antitética ao ideal confuciano. Acredita-se que Li Bo tenha se afogado, ao se inclinar em um barco tentando abraçar o reflexo da lua no Rio Yangzi.

A China, uma vez mais, tornou-se militarmente poderosa. Todo Tibete, a bacia do Rio Tarim e mesmo partes do Afeganistão passaram ao domínio chinês. Embora o exército Tang usasse soldados de infantaria que eram camponeses conscritos, sua linha de frente era a cavalaria, o que era muito tradicional nas estepes, usando arqueiros que podiam efetivamente lançar flechas enquanto galopavam. Mesmo que essa expansão de influência fosse precária – devido a longas linhas de suprimento e conflitos com o crescente poder árabe –, o resultado geral foi ter pacificado a Ásia Central tão completamente que os comerciantes pudessem usar as rotas terrestres sem medo desnecessário de saques ou atrasos.

Esse foi o auge da Rota da Seda. Um fluxo constante de caravanas de mulas e camelos carregados, dentre outras coisas, de papel, seda, pólvora, especiarias, condimentos e chá para o Ocidente. A jornada era longa e perigosa, durante a qual era necessário percorrer a temível extensão de 1.600km do Deserto de Taklamakan. Sem o mal-humorado camelo asiático de duas corcovas, capaz de sobreviver sem água por duas semanas seguidas, esse comércio dificilmente teria sido possível. Ouro e prata persas belamente trabalhados, mirra, pedras preciosas, tapetes turcos e objetos de vidro vinham do Ocidente para a China. Houve também o começo do comércio marítimo, particularmente do porto ao sul de Guangzhou. Ele foi depois considerado como desolado, perigoso e desagradavelmente quente, mas era um ponto conveniente de entrada na China para os navios e grandes embarcações persas, de cerca de 60m de comprimento, provenientes do Sri Lanka. Seda e porcelana eram os principais produtos de exportação.

Essa foi uma época de importante transferência cultural para o Oriente Médio e, portanto, para a Europa, tanto da China como das universidades budistas na Índia. Essa transferência não foi somente de uma via. A capital, Changan, tornou-se a principal metrópole do mundo no século VIII, e provavelmente também o repositório mais importante de conhecimento. Foi certamente a maior, com mais de um milhão de habitantes. Havia muitas bibliotecas em Changan, e há evidências de um conhecimento sobre, e um vívido interesse em, outras partes do mundo e seu pensamento – o culto de Zaratustra da Pérsia e o cristianismo nestoriano entre eles. Nenhum desses surtiu efeito na China, mas o Islã, no auge de sua fase missionária, terminou atraindo milhões de adeptos entre os povos fronteiriços da China, muitos dos quais ainda são muçulmanos.

Os primeiros livros do mundo foram impressos usando blocos de madeira, nos quais todos os caracteres para uma página completa eram entalhados. O livro impresso mais antigo do mundo que sobreviveu – uma cópia do Sutra Diamante budista, descoberta em 2004 – data de 864 d.C. Os chineses fizeram experiências com a prensa de tipos móveis no século XI, mas a abandonaram como impraticável devido ao grande número de caracteres chineses. (No dicionário Xangxi de 1716, há 40.545 caracteres.) Contudo, os coreanos mais tarde prosseguiram com ela.

A China Tang tinha seus rebeldes, seus excêntricos e não conformistas, os quais foi hábil em acomodar. Mas foi, em geral, uma sociedade ordenada e regulada, baseada no controle estatal da economia e do transporte de mercadorias. Sob muitos aspectos, a China antiga estava desaparecendo. A ênfase se dirigia cada vez mais para o sul, onde as ricas terras de arroz do Vale Yangzi estavam criando uma nova prosperidade. Embora enormes esforços fossem dedicados à construção de canais e estradas para levar essa nova riqueza para o norte, os dias de Changan já estavam contados.

A crença chinesa de que era um dever religioso ter muitos filhos forneceu uma reserva quase inesgotável de força de trabalho para obras públicas. A cerca de cada 16km ao longo do sistema de estradas provenientes de Changan foram construídas estações de correio, que forneciam cavalos e outros recursos para mensageiros do governo.

Em 755, intriga e discórdia dentro da própria corte imperial – famosamente, envolvendo uma cortesã, Yang Guifei – resultaram em uma grande guerra civil que durou oito anos, a Rebelião de An Lushan. O Estado Tang foi severamente enfraquecido por esse conflito, do qual nunca se recuperou de fato. Uma deterioração contínua, associada a uma crescente transferência de poder aos senhores regionais e a um enfraquecimento da política estrangeira da China, terminou com o eclipse da dinastia em 907. Os "bárbaros" do norte tomaram conta de grande parte do norte da China, e no sul ex-governadores militares estabeleceram seus próprios estados. Houve uma grande quantidade de conflitos e rebeliões, cujos efeitos negativos foram agravados por secas e enchentes regionais.

Durante a Dinastia Tang, a influência muito considerável do budismo nos assuntos chineses foi vigorosamente controlada. No começo da dinastia, seu fundador, o Imperador Gaozu, emitiu decretos declarando o confucionismo e o taoismo como as religiões favorecidas pelo Estado, reprovando o budismo como uma religião estrangeira. No século IX, o *establishment* budista – isento de impostos e considerado muito rico – passou a ser mais regulado por Taizong, o segundo imperador, que restringiu suas influências nos assuntos seculares, sistematicamente, desmantelando-o. Milhares de templos e mosteiros budistas foram destruídos, e suas enormes propriedades, desapropriadas pelo Estado. Milhões de acres de terras foram confiscados e centenas de milhares de monges e monjas, forçados a retornar à comunidade leiga.

Enquanto isso, a influência desse grande e sofisticado vizinho sobre o Japão havia sido irresistível. À medida que a cultura chinesa florescia, as missões do povo *yamato* se tornaram mais frequentes, a despeito dos perigos da jornada nos brutos navios japoneses de tipo batel da época. Muitos daqueles que retornaram trouxeram livros, que abrangiam dos clássicos confucianos a tratados sobre medicina e história. Essas foram as principais vias pelas quais a cultura chinesa foi transferida para o Japão. Uma grande influência adicional veio do fluxo regular de migrantes chineses e coreanos ao Japão. Eles eram muito mais educados e cultos do que os japoneses, e foram acolhidos como associados e consultores dos chefes *yamato*. Eles foram capazes de ensinar os líderes japoneses a ler e escrever em chinês, a despeito de sua dificuldade e incompatibilidade básica com a língua japonesa.

No começo do século VII, o regente de governo da imperatriz, o Príncipe Shotoku, encorajou um grande esforço missionário budista no Japão, e provavelmente proclamou as origens divinas da família imperial pela primeira vez. No ano de 646, não muito depois de sua morte, as reformas conhecidas como *taika*, ou grande mudança, foram instituídas, sob a iniciativa de um admirador da China Tang, Fujiwara Kamatari. A Família Fujiwara seria de grande importância no Japão nos tempos modernos. As reformas *taika* tinham em vista fortalecer o governo imperial às custas dos clãs regionais, por meio de uma burocracia complexa. Essas reformas seguiram estreitamente mudanças similares na China, na qual toda terra era conferida ao imperador, realocada entre os camponeses e tributada. Essas modificações no Japão foram realizadas e policiadas por um serviço público com base no mandarinato. O costume de tornar o serviço militar compulsório parte da carga tributária dos camponeses foi copiado. Uma vez que o exército japonês não tinha inimigo externo contra o qual lutar, os conscritos eram usados como trabalhadores em obras públicas.

Um desses projetos foi a construção de uma capital, Nara, semelhante a Changan. A Imperatriz Genmyo começou esse trabalho em 694, copiando o arranjo de Changan de ruas retas transversais, seus estilos de arquitetura e jardins paisagísticos. A música Tang também foi importada, e embora tenha desaparecido na China, foi preservada ao longo dos séculos na corte japonesa. Nara foi a primeira grande cidade no Japão – ainda que seus ambiciosos planos iniciais nunca tenham sido completados –, e deu seu nome à era sucessora de sinização da sociedade japonesa.

O Imperador Shomu dedicou sua vida e grande parte das energias de seu povo a boas ações inspiradas pelo budismo. Grande parte delas foram em benefício da comunidade: asilos de mendicidade, hospitais, paragens de beira de estrada para viajantes, melhoramento de estradas e pontes. De menos valor prático foi a construção de uma estátua do Buda de cerca de 16m de altura e 560 toneladas, a maior estátua de bronze do mundo e ainda uma grande atração turística em Nara – embora seja dito ter sido muito alterada em relação ao original devido a um terremoto, muitos incêndios e uma negligência geral durante 1.500 anos de história. Um surto de varíola, que chegou ao Japão através da China, foi tão severo que inspirou o imperador a construir a estátua na esperança de que pudesse afastar a doença. Esse trabalho se tornou a grande preocupação de Shomu, com um enorme custo econômico ao Japão.

Ao menos sete grandes mosteiros se desenvolveram no entorno de Nara. Esses se tornaram rapidamente centros de considerável influência e riqueza. Os abades armavam seus monges como um meio de proteger os mosteiros contra bandidos, mas mais tarde usaram esses pequenos exércitos agressivamente, inclusive para exigir concessões do imperador. Foi provavelmente a pressão budista que induziu o Imperador Kammu a mover a nova capital em 794. No início, ela foi chamada Heian, significando paz e prosperidade, porém mais tarde ficou conhecida simplesmente como a capital – Quioto –, nome que guarda até hoje.

O Período Heian presenciou uma certa exaustão do ímpeto dado à civilização japonesa pela China. Contatos regulares diminuíram com o declínio da Dinastia Tang, e cessaram completamente em 894. O espírito das reformas *taika*, de fato, evanesceu muito antes. A burocracia se tornou uma cópia subserviente da chinesa, embora carecendo de suas tradições. O Japão retrocedeu ao feudalismo. Um a um dos governadores provinciais e outros altos funcionários obtiveram isenções de tributação sobre terras e as usaram para proclamar maior independência e poder, o que terminou resultando em um padrão de feudos quase autônomos.

A família imperial passava agora cada vez mais ao controle do clã Fujiwara. Daí para a frente, as táticas Fujiwara eram: casar-se regularmente na família imperial e depois forçar abdicações em favor dos herdeiros de tenra idade. Isso resultou em longos períodos de regência Fujiwara e a família se tornou efetivamente governante do Japão. Esse controle da nação por uma dentre várias facções poderosas e concorrentes se tornou característico do Japão e ainda se manifesta nas *ha* – facções – no Japão moderno que constituem grande parte de seu *establishment* político.

Embora Quioto continuasse a ser a capital até 1869, dessa época em diante os imperadores, com raras exceções, foram pouco mais do que prisioneiros – símbolos abstratos de *kami* herdado, muito sagrados para agirem por sua própria iniciativa ou para serem abordados por pessoas comuns. A aristocracia agrupada em torno do imperador deambulou fora do contato com o povo, e, como a corte francesa antes da revolução, dedicou seu tempo e recursos quase exclusivamente à busca da arte e dos bons modos.

Essa sociedade é descrita em estilo claro e penetrante em um romance notável chamado *A história de Genji*, escrito por Murasaki Shikibu, que foi uma integrante da corte japonesa, provavelmente no começo do século XI. Ela também manteve diários, que acrescentam ao seu retrato de uma sociedade vazia, amoral e afeita ao luxo, por vezes capaz de expressão artística considerável, mas, principalmente, ocupada ou aborrecida com trivialidades. Os cortesãos temiam e desgostavam dos modos rudes do resto do país e, para um funcionário, ser enviado da corte para as províncias era considerado uma desgraça e o banimento para um modo de vida praticamente insuportável.

Contudo, a realidade era que o poder agora residia cada vez mais nas regiões longe de Quioto. Novas áreas de assentamento e cultivo estavam surgindo e as grandes famílias feudais se tornavam mais poderosas. Entre elas estavam dois clãs dominantes – ambos desdobramentos da linha imperial – que envolveram o Japão em seu equivalente das Guerras das Rosas. Essas duas famílias, a Taira e a Minamoto, envolveram-se em um conflito para substituir o poder declinante da Família Fujiwara, que havia sido enfraquecida por dissensões internas. No começo, a Família Taira teve algum sucesso, mas finalmente seu inimigo, sob o comando de Minamoto Yoritomo, foi vitorioso. Em 1185 ele estabeleceu uma ditadura militar que se chamou *bakufu* – que significa governo de campo. Esse regime foi estabelecido longe de Quioto, na cidade de Kamakura, não longe da presente Tóquio. Assim, o Japão foi colocado em um caminho de militarismo feudal que se estendeu ao longo do século XX.

Os grandes clãs militares haviam se fortalecido devido ao que foi considerado a vergonhosa derrota dos exércitos japoneses durante uma revolta particularmente obstinada da minoria ainu no século VIII. Essa derrota, em 790, foi a última a ser imposta ao exército japonês até que a sorte mudasse na fase Pacífico da Segunda Guerra Mundial, mais de 1.100 anos depois. A conscrição massiva foi introduzida para subjugar os ainu, que nunca mais seriam uma ameaça aos japoneses. Em meados do século X, essa tradição militar havia desenvolvido um código sob muitos aspectos comparável à ordem de cavalaria durante a assim chamada era da cavalaria na Europa. No Japão, ela foi baseada em uma casta hereditária de soldados, os *samurais*, que deveria dominar a sociedade japonesa nos tempos modernos.

Embora o Período Kamakura tenha sido de governo militar, teve feitos artísticos distintos, especialmente na pintura de paisagem e na escultura, com os primeiros sinais de um estilo emergente significativamente diferente dos chineses. É típica uma vívida estátua do *kami* do trovão, Rai-Jin, que ainda se encontra em Quioto. Ela emerge com uma vitalidade crua e mesmo cruel: a boca aberta em um grunhido mostrando dentes selvagemente expostos; com a mão direita levantada pronta para golpear; olhos arregalados e nariz bulboso.

Foi nesse estágio que a tradição militar se fundiu ao budismo, especialmente a Escola Zen com sua ênfase na ação e insistência na simplicidade. Ela exige de seus adeptos uma disciplina rígida, privação e grande coragem. Ela evita a lógica – preferindo, em troca, os paradoxos – "Qual é o som de uma mão aplaudindo?" Assim, não é possível descrever o Zen acuradamente em conceitos familiares aos leitores ocidentais. A disciplina, a privação, a coragem e longos períodos de meditação calma requeridos de seus adeptos são destinados a criar neles, por fim, uma experiência interna que está além da descrição verbal e que é a essência espiritual do Zen. Essa iluminação interna é chamada *satori*. O budismo nichiren também reforçou significativamente a tradição militar, e, como a outra forma popular de budismo japonês, o da Verdadeira Terra Pura, obrigava seus adeptos a observâncias pouco mais que perfunctórias – no caso do primeiro, garantir a salvação simplesmente pela recitação de um determinado texto, o Sutra de Lótus.

A arquitetura japonesa desenvolveu o estilo simples, esparsamente ornamentado que permanece típico até hoje. Em outras artes, notadamente o arranjo de flores, a cerimônia formal do chá e o desenho de jardins, um igual comedimento veio a ser praticado. Um jardim clássico consiste de nada mais do que 15 pedras cuidadosamente colocadas em uma área de areia branca rastelada.

Com o tempo, o espírito da era parece ter inspirado inclusive a família imperial. O Governo Kamakura foi encerrado em 1333 pelo Imperador Go-Daigo. Após algumas desventuras, suas forças foram capazes de atacar e derrotar o *bakufu*. Após tomarem, com muita cerimônia, os tradicionais copos de vinho de arroz japonês, *saquê*, os líderes e 1.000 seguidores do *bakufu* cometeram o suicídio cerimonial pelo lento e doloroso processo do haraquiri.

Go-Daigo, contudo, não governou por muito tempo. Seu próprio general, Ashikaga Takauji, que havia sido grandemente responsável pela campanha contra o *bakufu*, usurpou o poder em 1338. Uma fase de guerra quase constante seguiu-se. Os *shoguns*, ou regentes, Ashikaga foram patronos consideráveis das artes, mas lamentavelmente incapazes de administrar. Sob seu governo, a sociedade japonesa se dissolveu em guerra civil e banditismo. No século XV, Quioto foi saqueada e incendiada. Como quase todas as suas edificações eram de madeira, grande parte da capital foi destruída.

Durante a confusão, membros da família imperial tiveram, por vezes, que mendigar e vender sua caligrafia para se manterem vivos. Dois ramos competiram pela sucessão. Uma vez mais, houve um certo paralelo com a história chinesa à medida que a sociedade se extraviou na anarquia. Seria necessário aguardar um século por aqueles que a trariam de volta à ordem.

7
O despertar da Europa e o desafio do Islã

A Europa Medieval era constituída ainda, em grande medida, por pequenas aldeias e cidades-castelo um pouco maiores, espalhadas pelas florestas. Para esse punhado comparativo de povos incultos, a Ásia era pouco mais do que uma lenda. Embora alguns intelectuais fossem vagamente conscientes de que grandes civilizações florescessem lá, seus conceitos eram basicamente os de uma região de eventos estranhos e sobrenaturais, produzidos por personalidades grotescas ou colossais.

Uma figura assim foi o Presbítero – ou, mais comumente, preste – John, um monarca cristão que se acredita ter governado, em algum lugar na Ásia, um império de riqueza e poder fabulosos, administrado por 72 reis súditos. Supunha-se que ele possuísse poderes e aparatos mágicos, um dos quais seria um espelho no qual podia ver eventos acontecendo em qualquer lugar de seu reino. É sintomático do estado de civilização na Europa que essas histórias fossem aceitas com aparente credulidade não somente por camponeses, mas inclusive por intelectuais e reis.

Ao longo do primeiro milênio um vínculo tênue com a Ásia havia sido mantido. O Império Veneziano, que dominava o Adriático, tornou-se o término europeu de três rotas de comércio: uma trilha de caravana ao leste do Mar Negro, uma rota terrestre e marítima de Damasco, e uma outra rota através do Mar Vermelho. O comércio com o Leste foi essencialmente pequeno em volume, devido ao pequeno porte e lentidão das embarcações, e porque as rotas terrestres seguiam uma dispersa cadeia de oásis, cruzando desertos terríveis e regiões de tribos predatórias. Somente luxos caros como seda, porcelana fina e especiarias valiam a pena carregar nessas condições, mas a demanda contínua e vigorosa por elas mantinha o comércio vivo, a despeito de todas as dificuldades. Especiarias, especialmente pimenta, estavam em alta demanda em uma Europa que não possuía um modo confiável de preservar carne, para eliminar traços de contaminação durante os longos invernos. Outras especiarias eram consideradas altamente medicinais.

A eficiência das rotas terrestres dependia muito das condições políticas. Elas foram rapidamente afetadas pelo advento, já no século VII, de uma religião nova e militante baseada em um deus, Alá. Essa fé islâmica se instalou rapidamente no Oriente Médio. Era ainda regional na época de seu fundador, Maomé, mas se desenvolveu rapidamente sob o controle de seu amigo de longa data e apoiador, Abu Bekr, que se tornou o primeiro *califa*, ou sucessor, de Maomé.

O Islã se dirigiu para o leste através das tribos nômades itinerantes, ganhando rapidamente adeptos por meio de sua escolha inflexível de conversão à fé ou morte. Ele absorveu e adaptou o sofisticado Império Persa e penetrou nas fronteiras da China. A oeste, ocupou a Espanha, Portugal e metade da França, oferecendo um desafio inequívoco e uma civilização brilhante que ajudou a libertar a Europa de sua apatia e ignorância. O comércio degenerou nas rotas terrestres; um comércio florescente ao sul da China se desenvolveu predominantemente em embarcações árabes e persas.

Apesar disso, a nova religião árabe não havia se difundido até o Sudeste Asiático em sua forma original. Ela havia sido adaptada e liberalizada consideravelmente na Pérsia (agora Irã), antes de se propagar ao norte da Índia e depois para a Malásia e Indonésia por mercadores que atuavam através do porto entreposto de Cambay. É por isso que existem diferenças importantes no mundo moderno entre nações islâmicas, especialmente com relação às mulheres. Mais ao leste, no Paquistão, elas são desencorajadas, se não proibidas, de se educar; geralmente são restringidas aos seus lares e forçadas a vestir o *xador*, o feio e inconveniente manto que cobre o corpo todo, caso se aventurem a sair em público. Na Indonésia e Malásia muçulmanas, as mulheres não sofrem essas restrições. Na verdade, o povo minangkabauer de Sumatra é matrilinear, com as mulheres controlando substancialmente as famílias e responsáveis por suas finanças e propriedades.

A cultura muçulmana estava em seu auge por volta do final do primeiro milênio. Foi a captura islâmica de Jerusalém em 1076 que levou os estados europeus à grande, embora desastrosa, aventura das Cruzadas. Contudo, no fim, foram hordas mongóis que terminaram capturando a brilhante metrópole muçulmana de Bagdá em 1258. A dinastia muçulmana dos turcos otomanos continuava a apresentar um obstáculo efetivo ao comércio marítimo europeu com o Leste por passar a dominar o leste do Mediterrâneo e do Mar Vermelho a partir do século XV. O acesso indireto à Índia e às Ilhas das Especiarias ainda tinha de ser obtido através de rotas terrestres, mas era lento e caro. Uma rota marítima que pudesse ser percorrida completamente por navios europeus seria muito melhor.

Em 1453, os turcos otomanos capturaram e usaram como capital Constantinopla (agora Istambul), até aquela data a sede do último e truncado Império Romano. Durante os próximos 50 anos, os turcos fizeram concessões a um Estado italiano, Veneza, o que lhe conferiu um monopólio quase completo do comércio asiático. Os mercadores de Veneza enriqueceram, dando aos outros estados da Europa um incentivo ainda maior para quebrar esse monopólio. Esse ímpeto antiveneziano e antimuçulmano, combinado a uma ambição, metade religiosa e metade comercial, de estabelecer contato com o Império de Preste John, induziu um esforço de toda uma vida em um príncipe português, Henrique o Navegador, a buscar uma rota marítima para o leste através da costa oeste da África.

Henrique encorajou os estudos marinhos em Sagres, no canto sudoeste de Portugal, onde os mapas, instruções e métodos de navegação quase esquecidos do passado foram cuidadosamente reexaminados. Os capitães de navios portugueses estudaram atentamente o *Guia para a Geografia* preparado pelo alexandrino Ptolomeu no século II. Henrique foi auxiliado pelos genoveses, ansiosos para suplantar Veneza.

Os navios de madeira, muitas vezes de cerca de 40 toneladas, tragicamente muito pesados e instáveis, dirigiram-se para a tormentosa costa leste da África. Muitos se perderam, mas a dura experiência, trazida com as vidas dos navios e homens, levou a importantes avanços na arquitetura naval. Uma embarcação mais leve e rápida, chamada caravela, e desenhos maiores – a carraca armada e mais tarde o galeão – foram desenvolvidos e, a despeito de seu manejo difícil, eram capazes de sobreviver às tempestades do Atlântico. Esses navios maiores também tornaram possível pela primeira vez o comércio de grandes quantidades de mercadorias, em lugar de artigos leves de luxo.

Em 1487 Bartolomeu Dias atingiu e circundou a extremidade sul da África – o Cabo das Tormentas. Com muita alegria, foi renomeado Cabo da Boa Esperança. Em 1498 Vasco da Gama chega à Índia, e a avidamente buscada rota para o leste se expõe. Portugal não perdeu tempo em explorá-la, despachando seis expedições entre 1501 e 1505. A maior delas consistia de 20 navios tripulados por 2.500 homens, conduzidos pelo primeiro vice-rei do leste, Francisco d'Almeida. Foram feitos esforços para afastar os intrusos, mas os portugueses venceram uma importante batalha naval ao largo do porto no noroeste indiano de Diu em 1509. No ano seguinte os portugueses estabeleceram sua base em Goa, e a armaram como uma fortaleza.

A infiltração europeia da Ásia havia começado, e com ela uma nova era. Os lucros nas primeiras expedições foram tão grandes que a parte do membro mais baixo da tripulação poderia equivaler a uma pequena fortuna. O pequeno carregamento de especiarias trazidas por Vasco da Gama em 1499 pagou várias vezes o custo inteiro da expedição.

Outras nações europeias também estavam determinadas a buscar aventura e fortuna no Oriente. O começo do ano de 1520 encontrou os três pequenos navios instáveis comandados por Fernão de Magalhães quatro meses e milhares de quilômetros fora de seu porto de origem em Sevilha. Navegando a oeste, ele fez desembarques nas Filipinas em março, e mais de dois anos depois um navio, o *Vittoria*, voltou para casa para se tornar o primeiro a navegar ao redor do mundo. Ao final do século uma colônia espanhola localizada em Manila, nas Filipinas, foi firmemente estabelecida.

Os monarcas ingleses Tudors desenvolveram a tradição marítima criada por séculos de pesca no tormentoso Mar do Norte. Henrique VIII trouxe italianos para orientar projetos de navios oceânicos, e ofereceu um prêmio em dinheiro para subsidiar a construção de novos navios mercantes. Quando Francis Drake retornou em 1580 de sua viagem ao redor do mundo, trouxe um pacote de cravos adquiridos em Ternate nas Ilhas Molucas, conhecidas depois como Ilhas das Especiarias. No último dia de 1600, a Companhia das Índias Orientais foi fundada, com um Alvará Real que dava a ela o monopólio do comércio com o Oriente. A Holanda seria a próxima no campo. Em 1602, formou sua própria Companhia das Índias Orientais, com o então imenso capital de mais de 500.000 libras. Em 1619, os holandeses estabeleceram uma base na aldeia fortificada em Java chamada Jacarta. Eles a renomearam Batávia.

A vantagem geográfica das nações do Atlântico sobre as do Mediterrâneo, especialmente Veneza, foi a de estabelecer o padrão para a era colonial. Um dos grandes – "poderia ter sido" da história – foi, em 1504, o fracasso em fazer frutificar a deliberação por um Canal de Suez por parte do Conselho Veneziano dos Dez. Se o canal pudesse ter sido construído na época, em vez de 300 anos depois, a importante relação da Ásia com a Europa teria sido muito anterior, e talvez em termos mais igualitários.

Esse período de exploração e expansão comercial também trouxe pela primeira vez o questionamento e especulação crus sobre as forças econômicas. Os primeiros teóricos, que mantiveram uma influência persistente, embora diminuta, por vários séculos, eram chamados bulionistas. Eles acreditavam que a prosperidade de uma nação estava relacionada à quantidade de barras de ouro e prata que era capaz de acumular. Um passo adiante foi dado pelos mercantilistas, que sustentavam que esse acréscimo de barras poderia ser melhor obtido por meio da manutenção de uma balança favorável de comércio com tantas áreas externas quanto possível – em outras palavras, tirando mais do que colocando. Uma das áreas mais lucrativas de comércio foi a de escravos – cerca de oito milhões capturados a força e enviados apenas para a América, e talvez ainda mais 2 milhões que morreram durante o transporte em condições pavorosas nos navios de escravos. A exploração de outras raças em breve encontrou racionalização filosófica, notadamente do botânico sueco do século XVIII, Carolus Linnaeus. Linnaeus, que era altamente considerado na Europa, declarou firmemente a superioridade biológica das raças brancas, e isso foi utilizado por vezes para justificar as atrocidades que viriam.

O mercantilismo foi a justificação para uma política seguida pelos tempos modernos, que assumia que as colônias eram especialmente valiosas como lugares perpetuamente explorados por sua riqueza em benefício do país conquistador. O controle político autocrático, amparado pela força armada, foi usado para assegurar que o sistema fosse mantido. Isso, dentre outras coisas, levou ao Boston Tea Party e à perda das colônias americanas da Inglaterra. Seus efeitos na Ásia terminariam não sendo menos profundos.

8
Maré alta na China: as dinastias Song, Mongol e Ming

Em 1206, um povo da Ásia Central, os mongóis, reuniu-se em conferência e elegeu um novo líder, Genghis Khan. A escolha foi prudente, uma vez que esse homem já possuía uma reputação elevada como estrategista militar entre um povo notório por sua habilidade e impiedade na guerra. Sob a liderança de Genghis Khan e seus sucessores os mongóis constituíram o maior império que o mundo jamais vira, ocupando a maior parte da massa de terra eurasiana. A seção chinesa desse vasto império foi governada diretamente pelos Grandes Khans, o próprio Genghis, e seus sucessores. As regiões do extremo oeste eram praticamente autônomas, mas seus governantes deviam uma lealdade simbólica ao Grande Khan.

A descrição mais detalhada do Império Mongol vem do aventureiro veneziano Marco Polo, que alegou estar a serviço do Grande Khan, naquela época Kublai. A visão de Marco Polo do Grande Khan e de seu império é sempre favorável e muitas vezes subserviente. Isso não surpreende, uma vez que foi empregado de Kublai. Ele muitas vezes exagera, seu senso de geografia é vago e, mais decepcionante de tudo, atribui a Kublai uma enorme e sofisticada civilização que fora de fato a criação do governo chinês anterior.

A subjugação da China pelos mongóis, então governada pelos cultos, refinados e liberais imperadores Song, deve ser reconhecida como um dos maiores eventos da história. Embora na época da conquista a Dinastia Song ocupasse somente a metade sul do país, a população sob seu governo já havia ultrapassado a marca de cem milhões, tornando-a a maior nação do mundo.

O simples fato da conquista em 1279, 44 anos depois da invasão inicial e três anos depois de uma amarga luta, foi, portanto, um evento retumbante em termos mundiais, e muito mais ainda suas implicações para o futuro da China, que, dessa época em diante, iria se desviar cada vez mais da cultura ideal que tanto admirava e da qual a Dinastia Song chegou tão perto. Haveria apenas mais uma dinastia nativa, a Ming, porém, por mais poderosa que fosse, tornou-se preconceituosa, introvertida e conservadora. A conquista mongol, portanto, foi a semente dos grandes desastres chineses dos séculos XIX e XX.

Um breve período de militarismo no norte da China seguiu-se ao colapso da Dinastia Tang no começo do século X. Houve muitas guerras e destruição, mas os ensinamentos e tradições da China foram preservados no sul mais pacífico, especialmente nos estados Tang e Han, fundados pelos governadores provinciais que assumiram o controle à medida que a autoridade central declinava. Essa autonomia considerável dos governos provinciais, um tanto constante na história chinesa, ainda está em evidência hoje.

Em 960, um outro general foi aclamado imperador, mas dessa vez o fundador, Zhao Kuangyin, foi um negociador tão hábil que persuadiu os governadores militares regionais a se tornarem parte de uma China unida. O Estado Song que ele fundou não foi apenas mais duradouro do que seus predecessores, mas também deu continuidade a um esplendor extraordinário para o mundo de sua época. A manufatura chinesa, especialmente de fina porcelana, era objeto de desejo pelo mundo e era responsável por um imenso comércio de exportação pelos padrões da época. Guangzhou se tornou um dos maiores exportadores do mundo.

A impressão de livros se tornou lugar-comum e muitos cidadãos possuíam bibliotecas, séculos antes da produção da Bíblia de Gutemberg – o primeiro livro impresso conhecido da Europa, em 1456. A impressora chinesa usava blocos de madeira entalhados – por volta do século XI foram impressas obras empregando mais de 100.000 desses blocos. Observadores ocidentais do século XVII notaram que entalhadores chineses conseguiam completar uma página no mesmo tempo em que um tipógrafo europeu levava para ordenar manualmente os tipos móveis. O sistema de blocos de madeira também tinha a vantagem de as ilustrações poderem ser feitas na mesma página. O efeito dessa técnica era muito bom e, ao final, a impressão em quatro ou cinco cores foi desenvolvida.

Essa habilidade para reproduzir tanto palavras como figuras relativamente rápido e a baixo custo deu um tremendo impulso às artes, especialmente a pintura e a literatura. Os trabalhos de mais de 1.000 poetas Song são conhecidos. A impressão foi utilizada extensamente para panfletos de todos os tipos de assuntos, e para produzir papel-moeda. A prensa de tipo móvel, inventada por Pi Cheng no século XI, foi usada na China de certo modo no século XIV, mas terminou sendo considerada como impraticável devido ao grande número de caracteres chineses.

A apreciação do mundo de seu débito para com a China Song ainda está aumentando. Não existe, por exemplo, qualquer registro europeu da explosão da supernova de 1054 que resultou na Nebulosa do Caranguejo, mesmo que a estrela tenha se tornado tão brilhante a ponto de poder ser vista facilmente à luz do dia. Todavia, de acordo com o astrônomo britânico Fred Hoyle, a ciência moderna deve muito aos cuidadosos registros que os astrônomos da China Song realizaram desse evento. Manchas solares, estudadas pelos europeus pela primeira vez em 1610, haviam sido observadas e registradas nos anais chineses 59 vezes durante os 1.500 anos anteriores. Isso tornou possível para os astrônomos modernos calcular o ciclo de atividade solar durante aquela época.

A China Song foi pioneira de vários aspectos das economias modernas, usando papel-moeda, cheques, notas promissórias e banco de crédito para facilitar o comércio entre cidades. Ela desenvolveu a inoculação contra a varíola, mantinha iluminação e limpeza urbanas, sanitários públicos e serviços de proteção contra incêndio nas cidades; fornecia hospitais, asilos de mendicidade, orfanatos e asilos para idosos que eram financiados por fundações para garantir receitas inalienáveis; e realizou uma quantidade notável de invenções que iam desde granadas de mão e balestras de repetição a máquinas hidráulicas nas maiores siderúrgicas do mundo.

Importantes manuais cobrindo quase todas as áreas da ciência – arquitetura, matemática, geografia, medicina e horticultura. Havia um livro técnico sobre cultivo de cítricos e em 1242 o primeiro livro conhecido sobre medicina forense foi publicado. O assim chamado sistema "arábico" de numeração de dez dígitos foi usado na China por volta da mesma época em que apareceu entre os árabes, motivando a especulação de que tenha se originado em algum lugar na Indochina. Havia uma ciência entusiástica da arqueologia que pesquisava antigas moedas, cerâmicas e bronzes chineses. A enorme biblioteca no palácio imperial abrigava quatro obras celebradas – uma antologia literária que remontava a quatro séculos, uma enciclopédia de mil capítulos, uma vasta coleção de fábulas e histórias estranhas, e uma antologia massiva de textos e ensaios políticos.

O sistema de recrutamento do mandarinato por meio de concursos públicos se tornou completamente desenvolvido, iniciando, assim, uma aristocracia de inteligência em vez de família e riqueza. O fato de a habilidade de funcionários aspirantes a pintar e a escrever poesia ter sido testada foi muitas vezes malcompreendido. Os concursos eram basicamente para a habilidade administrativa, mas se esperava que os mandarins fossem "completos" – habilidosos em todos os aspectos.

A porcelana levemente ornamentada e simplesmente decorada, como seu tom celadon verde, a pintura delicada e a poesia sutil da Dinastia Song foram no passado rejeitados como "primitivos" por críticos ocidentais anteriores, criados no ornamentado gosto vitoriano. Foi somente o Ocidente moderno que reconheceu na arte Song uma sofisticação da qual ele próprio se aproximou.

Um dos mais eminentes magistrados eruditos do período, Su Dongpo, amargurado por uma série de reveses em sua carreira, escreveu isso sobre o nascimento de um filho:

> As famílias, ao terem um filho, pedem que seja inteligente.
> Mas eu, em virtude da inteligência, destruí minha vida inteira.
> Assim, espero apenas que a criança resulte ignorante e estúpida,
> E termine uma vida pacífica como ministro de gabinete.

As forças motrizes da sociedade Song foram sua agricultura intensiva e altamente organizada e a manufatura, com a produção de seda, cerâmicas, grandes quantidades de ferro, chá, álcool, livros impressos, papel e produtos laqueados, dentre outras coisas. Os campos de arroz foram enormemente melhorados pela técnica de plantio de mudas e pela criação seletiva de variedades de alto rendimento. Esses fundamentos criaram grandes cidades, algumas com mais de um milhão de pessoas, ao longo de rios, canais e costas marítimas, e a maior marinha mercante do mundo. Os navios chineses possuíam até cinco mastros, quilhas retráteis, lemes de popa balanceados e compartimentos a prova d'água, e podiam carregar até mil pessoas. A armação de popa a popa do junco e o leme de popa suspenso chineses tornavam esses navios não apenas mais fáceis de navegar, mas também mais fáceis de navegar na direção do vento. Experimentos com outras formas de embarcações, especialmente para águas internas, foram vários, e incluíam rodas de paletas operadas por manivela. Alguns possuíam até 25 dessas manivelas, ligadas por barras de conexão metálicas. Mapas e diagramas acurados listavam as profundidades das águas.

As cidades forneciam toda forma de prazer e satisfação: teatros, teatros de sombras, apresentações de macacos acrobáticos, lojas de vinhos, casas de jogos e bordéis abertos até o amanhecer. Ver os primeiros botões das ameixeiras, à luz de uma lua de primavera, sobre campos de neve, era um ritual popular – na verdade, poetas e pintores Song eram praticamente obcecados pela pureza e simplicidade dessas flores.

Zhang Zhi, um rico diletante da época, estabeleceu uma lista do que combinava ou não com botões de ameixeira. Vento forte, chuva contínua, sol quente, poesia ruim, fofoca sobre acontecimentos correntes, discussão sobre assuntos financeiros e edificação de telas púrpuras diante das flores eram inaceitáveis. A lista das coisas que combinavam com os botões de ameixeiras incluíam sombra moderada, garoa fina, sol do amanhecer, preparar chá e jogar xadrez em um tabuleiro de pedra (de acordo com Maggie Bickford, em um artigo em *Orientations*).

O declínio do budismo foi seguido por um interesse renovado no confucionismo. Esse neoconfucionismo, que colocou uma grande ênfase sobre a ordem na sociedade, estabeleceu padrões rígidos que persistiram ao longo do século XX. Embora fosse destinado ao estabelecimento do confucionismo como uma ética para suplantar o budismo e o taoismo, sob muitos aspectos terminou sendo uma síntese dos três. O novo sistema certamente se afastou muito do pensamento de seu fundador nominal. Na verdade, o próprio Confúcio foi praticamente deificado. Para ele, como para o sol e a lua, eram feitos os sacrifícios de segundo grau ou "intermediários".

Contudo, o confucionismo permaneceu baseado no culto ancestral e no culto da família. Embora possuindo aspectos religiosos, seus principais efeitos eram éticos e conservadores. Esse respeito pelos ritos e definições de conduta estabelecidos terminaram levando ao estreitamento da mentalidade oficial e à relutância a mudanças tão responsáveis pelos desastres chineses do século XIX. Tudo isso se aplicava mais à classe oficial do que às pessoas comuns – durante a época da Dinastia Song, as influências budistas persistiram entre elas, e sem dúvida contribuíram muito para a liberalidade e abertura dessa dinastia.

O Estado Song teve muitos problemas com seu exército, ainda que despendessem imensos recursos com ele. O serviço militar não era considerado altamente como uma profissão – "Não se transforma ferro bom em pregos nem bons homens em soldados". Durante o período entre o colapso da Era Tang e a ascensão da Dinastia Song, a China sofreu enormemente com depredações dos líderes militares e os mandarins trataram de manter os militares em seu lugar. O exército passou a ser utilizado mais para pilhagem do que para batalha. Não possuía cavalaria, e não tinha a organização perspicaz e a completa desconsideração pela vida humana dos mongóis.

Os métodos mongóis de guerra total foram raramente equiparados até ali ou desde então. Quando conquistaram o Estado do norte, Jin – um evento que já tinha forçado a Dinastia Song a recuar para o sul –, eles praticamente o depopularam. Sua capital, Pequim, foi quase destruída, depois incendiada. As tropas mongóis tinham ordens para exterminar a população das cidades que oferecessem a menor resistência, e o destino de algumas cidades do noroeste da China foi um exemplo aterrador. Algumas delas jamais foram habitadas novamente, permanecendo isoladas até hoje. Não surpreende que a capital Song do sul, Hangzhou, tenha se rendido em 1276.

O mundo populoso e rico da China apresentava um extremo contraste para os mongóis. Eles eram em grande medida analfabetos e pobres, e contavam cerca de três milhões. A vitória colocou a serviço dos conquistadores alguns servidores públicos astutos e hábeis, que foram capazes de convencer os mongóis de que seria melhor para eles manterem a sociedade chinesa como era e lucrar com a cobrança de impostos. Não somente a cultura chinesa foi em grande medida preservada como também foi capaz de exercer uma influência sobre os mongóis que refinou e educou ao menos alguns deles. O grande líder mongol, tão admirado por Marco Polo, Kublai Khan, foi sinizado desse modo e desenvolveu uma liberalidade e interesse pela arte e cultura chinesas que teriam impressionado seus precursores.

Os mongóis, que assumiram o título dinástico dos Yuan, construíram uma nova capital, ao estilo chinês, na Mongólia Interior, chamada Shangdu – a cidade que se tornou conhecida no Ocidente como Xanadu. Assim, os conquistadores, embora tenham se esforçado para reter sua própria identidade, foram em grande medida absorvidos pelos conquistados. O estilo chinês se espalhou para fora da China e se tornou popular em outras partes do Império Mongol. A disciplina militar imposta inicialmente pelos conquistadores inclusive permitiu que a China crescesse fisicamente. O que agora é a Província de Yunnan foi um reino separado chamado Nanzhao até 1253, quando seu povo tailandês foi impelido para o sul nos vales do Laos e outras partes do sudeste do continente asiático.

À medida que o Império Mongol penetrava o leste da Europa, parece provável que o conhecimento da tecnologia chinesa levado para o oeste desse modo tenha influenciado a Renascença europeia. Certamente os técnicos e soldados chineses fizeram parte dos exércitos mongóis – o exército que sitiou Bagdá em 1258 era comandado por um general chinês. Coisas como o leme de proa suspenso, o carrinho de mão, a bússola marinha e a pólvora apareceram pela primeira vez na Europa no final do século XIII, e o primeiro papel foi produzido, portanto, na Itália.

Kublai foi incapaz de invadir o Japão apesar de duas grandes expedições que enviou contra aquelas ilhas em 1274 e 1281. Tufões sazonais dispersaram sua frota, com pesadas perdas. Esse grande vento, ou *kamikaze*, era considerado pelos japoneses como intervenção divina. Em 1945, enquanto os navios dos Aliados se aproximavam das ilhas japonesas, o mesmo nome foi usado para os bombardeiros suicidas que foram deliberadamente arremessados contra os deques dos navios de guerra.

No começo do século XIV, o governo mongol já havia começado a enfraquecer, com sua natureza parasítica ficando cada vez mais óbvia após a morte de Kublai em 1294. Os líderes mongóis tinham uma preocupação curiosa e entusiástica com os aspectos místicos e, por vezes, obsceno, do budismo tibetano. Os lamas tibetanos se tornaram influentes na corte chinesa e foram capazes de obter enormes doações que contribuíram enormemente para o tamanho e riqueza de seus mosteiros. Os tibetanos haviam escapado da destruição e assassinato em massa ao aceitarem voluntariamente a suserania mongol. O controle chinês do Tibete continuou sob o governo dos manchus de 1706 até a queda da dinastia em 1912.

Em 1333, uma série de períodos de fome inusualmente severos iniciou e persistiu por uma década. Os estoques de grãos se esgotaram rapidamente. Então, em 1351, o Rio Huang rompeu suas comportas, levando para o mar milhares de acres de terra produtiva e destruindo centenas de aldeias. Em 1356, o papel-moeda havia se tornado sem valor e sua impressão foi descontinuada. A população diminuiu para talvez 80 milhões.

A dinastia mongol havia se tornado à época decadente, com disputas frequentes sobre a sucessão imperial, e uma fase militarista começou, na qual governadores distritais proclamavam sua independência. A pressão sobre os camponeses se tornou extrema, incitando tumulto e rebelião por toda parte. Esses se tornaram quase gerais sob a liderança de uma sociedade secreta chamada os Turbantes Vermelhos a partir de cerca de 1350 em diante, e terminou levando à queda dos mongóis e à sua expulsão da China. Alguns desses movimentos de massa, que foram fortemente influenciados pelo budismo *theravada*, lutavam por uma restauração da Dinastia Song.

Desde tempos remotos, a revolta camponesa havia sido a resposta natural da China para governos tirânicos ou ineficientes, e, também, o que é bastante sombrio, para pressões de população. A superpopulação, combinada ao fracasso do governo central, resultava em fome. Isso, por sua vez, levava a insurreições. À medida que a sociedade se tornava mais desorganizada, a população era enormemente reduzida pela fome, massacres e doenças. Quando a estabilidade era retomada sob um novo regime, o ciclo recomeçava.

Quando os camponeses chineses eram pressionados o bastante para se revoltarem, organizavam-se em sociedades de assistência mútua, que permaneciam adormecidas por muitas décadas ou mesmo séculos, para se tornarem ativas somente quando as circunstâncias exigiam. Essas sociedades eram tão firmemente baseadas que mesmo os mandarins hesitavam em interferir nelas. A mais antiga e famosa das sociedades secretas que organizavam os camponeses, a Lótus Branco, parece ter desempenhado um papel consolidador nas revoltas camponesas que expulsaram os mongóis.

O ímpeto principal da revolta veio do sul. Lá, Zhu Yuanzhang, que em breve expulsaria os mongóis da China, começou sua carreira. Ele foi um órfão de origens humildes, que mais tarde se tornaria um monge budista e comandaria um grupo rebelde apenas por meio da força de sua personalidade, habilidade na arte da intriga e o apoio dos Turbantes Vermelhos. Ele se concentrou na consolidação de uma área importante de poder em torno da estratégica cidade do Rio Yangzi, Nanquim, que ocupou em 1356. Doze anos mais tarde, quando dominou o sul da China, enviou um enorme exército ao norte para Pequim. Os mongóis fugiram antes sem lutar. Eles haviam controlado a China por quase 70 anos; seus sucessores permaneceriam por quase três séculos.

O humilde aventureiro camponês se tornara agora imperador, dando a si mesmo o nome de reinado de Hongwu, que significa "vasto feito militar". Ele chamou a dinastia que iniciou em 1368 de Ming, que poderia ser traduzida como "brilho". Como se poderia esperar da natureza de suas origens e carreira, a autoridade de Hongwu foi direta, brutal e decisiva. Diz-se que possuía uma natureza altamente desconfiada e um temperamento furioso, impondo a pena de morte mais ou menos por capricho. Embora um administrador hábil, Hongwu se recusou a ter um primeiro-ministro, e quando mandarins justos com um senso de dever se aventuravam a objetá-lo, ele ordenava seu espancamento com bastões de bambu, muitas vezes até à morte. Isso estabeleceu um padrão de governo autoritário para o futuro, em contraste com a política do consenso da Dinastia Song.

Podemos traçar paralelos entre as primeiras décadas da Dinastia Ming e as primeiras décadas do atual governo comunista na China. Ambos enfrentaram a necessidade de restaurar um sistema agrícola complexo quase em ruínas, empregaram uma autoridade impiedosa para garantir que o trabalho necessário fosse feito, e ambos exigiram que o povo plantasse uma enorme quantidade de árvores – em torno de um bilhão, conforme algumas autoridades. Com um olho na restauração da tradição marítima da Dinastia Song, Hongwu ordenou o plantio de ao menos 50 milhões dessas árvores para produção de madeira para a construção de navios.

Hongwu permaneceu fiel a Nanquim, que agora se tornara a capital. Após sua morte, o trono foi herdado por seu neto de 16 anos, que foi imediatamente contestado por seu tio, o Príncipe Yan, um chefe militar lotado em Pequim e responsável por guardar as fronteiras do norte. Ele tomou Nanquim em 1402, tornando-se imperador sob o nome de reinado Yongle. Dezenove anos depois ele construiu uma nova capital em Pequim – a Cidade Proibida – que, na época o extremo da China, apresentava uma vulnerabilidade que terminaria se mostrando perigosa e, finalmente, fatal para a dinastia. A nova estrutura foi um custo enorme simplesmente em termos de materiais de construção e mão de obra. Além disso, situar a capital em Pequim não somente a colocava perto de tribos de saqueadores do outro lado da Grande Muralha, como também envolvia um enorme custo de manutenção de estradas e canais para o sul, incluindo importantes reparos e extensões ao Grande Canal. Finalmente, passou a encorajar a tendência persistente do sul à autonomia.

Em seu livro de 2002, intitulado *1421 – The Year China Discovered the World*, Gavin Menzies descreve o suntuoso banquete pela inauguração da nova capital como indicativo da

> posição da China no ápice do mundo civilizado. Em comparação, a Europa era atrasada, rude e bárbara. O casamento de Henrique V com Catarina de Valois ocorreu em Londres apenas três semanas após a inauguração da Cidade Proibida. Vinte e seis mil convidados foram recepcionados em Pequim, onde comeram um banquete de dez pratos servido em pratos da mais fina porcelana; apenas seis mil convidados estiveram presentes nas núpcias de Henrique, onde lhes serviram peixe seco (bacalhau salgado) sobre rodelas de pão velho que serviam como pratos. [...] O exército da China, que contava um milhão de soldados, portava armas de fogo; Henrique V poderia colocar cinco mil homens no campo, armados somente com arcos, espadas e lanças.

Yongle tinha, de fato, herdado um vasto poder – o império era agora maior e mais populoso do que a Europa inteira, e sua riqueza e recursos, muito maiores. Ainda que tivesse se desviado de seu ideal de governo, a China estava agora no auge de seu poder material. De nenhum modo isso é mais vigorosamente indicado do que pelas grandes expedições marítimas empreendidas durante o reino Yongle, e comandadas pelo Almirante Zheng He. Os registros chineses declaram que os maiores navios, em grande medida réplicas da frota da Dinastia Song, tinham cerca de 121m de comprimento e 46m de largura – isso os tornaria os maiores navios de madeira jamais construídos no mundo. Eram equipados para permanecer no mar por muitos meses. Os chineses já conheciam os perigos do escorbuto e carregavam grandes quantidades de frutas cítricas nos navios para proteger a tripulação. Lontras, especialmente treinadas para guiar peixes para as redes, eram carregadas e usadas para fornecer suprimentos de alimento fresco; unidades de dessalinização eram instaladas para destilar água do mar.

Os navios chineses cobriram toda a Ásia – na verdade distâncias tão longas como o leste da África – e ao final do primeiro quarto do século XV haviam trazido para casa lealdade simbólica e presentes de dezenas de principados asiáticos. De acordo com registros chineses uma girafa viva foi trazida da África para Pequim, e dada como presente ao imperador.

Uma comparação importante pode ser feita entre o poderio marítimo chinês e a frota portuguesa que levou d'Almeida à Índia em 1505. Com seus 20 navios e 2.500 homens foi a maior frota a navegar da Europa para a Ásia. Exatamente um século antes, em 1405, o Império Ming enviara sua primeira frota à Índia. Ela consistia de 62 navios e aproximadamente 30.000 homens, e foi apenas a primeira de sete dessas expedições. Diz-se que a frota total Ming chegou a ter aproximadamente 4.000 navios, ao menos 400 deles navios de guerra maiores. A outra frota mais poderosa do mundo, na época, de acordo com Menzies, era a de Veneza, que poderia reunir 300 galés de construção leve movidas a remo e bastante inadequadas para navegação não costeira.

É interessante especular sobre a possível configuração dos eventos, caso os navios da Europa, vindo para a Ásia um século mais tarde, tivessem-na encontrado já controlada por uma marinha chinesa, guardando um império marítimo chinês. Visto desse modo, a interrupção das grandes expedições marítimas da China em 1433 se tornou um fato de grande importância na história europeia e asiática. Yongle possuía todos os meios ao seu dispor para dominar o mundo e estabelecer as fundações de um imenso império, exceto a vontade de fazê-lo. Ele usava suas grandes frotas casualmente, quase como brinquedos. Olhava, sempre com ansiedade, para o norte. A ideia de dominar permanentemente o sul e sudeste da Ásia parece nunca ter passado pela sua mente.

Os chineses achavam que no seu mundo já tinham atingido a perfeição e passaram a considerar todas as outras nações, com uma arrogância e desconfiança casuais, como "bárbaras". O termo *Zhongguo* – "Reino do Meio"– durante tanto tempo usado pelos chineses como o nome de seu país, assumiu novas conotações à medida que o viam cada vez mais como o centro do mundo, com nações tributárias agrupadas ao seu redor. Após 1430, os chineses foram proibidos de deixar o país sem licenças especiais. No século XVI, os prenúncios de problemas futuros vieram com a revivificação da unidade mongol sob um líder forte, Altan Khan, que organizou ataques devastadores na região de Pequim em 1550. Um tratado de paz foi celebrado com a China em 1570, mas a ameaça do norte permaneceu.

Em 1514, os primeiros navios portugueses chegaram à China. Os primeiros encontros foram muitas vezes desafortunados, uma vez que os portugueses quase sempre misturavam comércio com pirataria, confirmando geralmente a desconfiança chinesa nos europeus. Quando um posto de comércio foi estabelecido em Macau em 1557, foi cuidadosamente policiado pelos chineses, e os europeus foram restritos à sua base remota em uma península isolada ao sul. Apesar disso, havia exceções, notadamente, intelectuais jesuítas como Matteo Ricci, que viveram na China por longos períodos, e cujos escritos forneceram o primeiro intercâmbio cultural e técnico importante com a Europa. Acredita-se que o desenvolvimento nas praias ventosas holandesas no século XVII de iates terrestres – na época, os veículos de transporte mais rápidos do mundo sem dúvida – tenha sido inspirado pelo costume chinês de acoplar velas a carrinhos de mão.

O contato terrestre com a Europa veio do noroeste, quando o moscovita Ivã IV se dirigiu para o leste a partir dos pântanos do Volga, na época a fronteira da Rússia. Dentro de mais um século, o expansionismo russo deu à China um vizinho novo e perturbador e disputas de fronteira que persistiriam nos tempos modernos.

Quaisquer que sejam os defeitos da Dinastia Ming, ela governou um Estado vasto e intensamente produtivo. Sua maior catástrofe foi o terremoto de 1556 – considerado o pior do mundo – que matou cerca de 830.000 pessoas. Grande parte das antiguidades que os turistas veem na China hoje provém da Era Ming, incluindo as tumbas subterrâneas da dinastia nos subúrbios de Pequim e a maior parte da atual estrutura da Grande Muralha.

A Dinastia Ming não mostrou sinais sérios de fraqueza até que os reinos dos últimos quatro imperadores entrassem em sua fase de deterioração entre 1620 e 1627, quando o Imperador Tianqi reinava. Ele tinha apenas 15 anos quando chegou ao trono e foi dominado por um oficial predatório, Wei Zhongxian, que usou seu poder para enriquecer e eliminar qualquer oficial honesto ou corajoso que tentasse se opor a ele. Os arquitetos da queda da Dinastia Ming foram um temível exército de eunucos, provavelmente cerca de 70.000 deles até o final da dinastia. Administrando a vida elaborada e ritualizada da corte, eles usavam sua posição para acumular riqueza e poder a qualquer custo, incluindo o assassinato em massa de seus oponentes, intimidação e às vezes o assassinato secreto de imperadores.

Quando o último imperador Ming, Chongzhen, chegou ao trono em 1528, fez um esforço final desesperado para reorganizar o governo, mas as coisas tinham ido longe demais para uma reforma. As pessoas competentes e honestas já haviam sido destruídas e o partidarismo egoísta e sínico impregnado havia erodido o apoio da dinastia. A Pequena Era do Gelo, que provocou recessão e fome ao redor do mundo, também teve efeitos severos na China, e é considerada por alguns estudiosos como um fator do declínio da Dinastia Ming. O clima muito frio e secas severas durante a primeira metade do século XVII provocaram um sofrimento tão severo que a população pode de fato ter diminuído.

Longe das intrigas de Pequim, o povo sofreu com um colapso na administração, um aumento nos impostos e com a tirania de funcionários que estabeleceram um feio padrão para o futuro. Já os camponeses estavam em revolta. Quando um de seus líderes populares tomou a capital em 1644, o imperador, em desespero, não pôde ver outra rota possível senão a morte. Enforcou-se no galho de uma árvore, do lado de fora de um gracioso pavilhão de três níveis que ainda se encontra na Colina do Carvão, de Pequim.

9
China: maré baixa

O poder para substituir a Dinastia Ming já estava esperando – ao norte, como Yongle temia. Em 1538, um líder habilidoso chamado Nurhacu havia persuadido um grupo de tribos nômades a se juntarem a uma união predominantemente militar, a confederação manchu. Quando, em 1644, Pequim cedeu ao chefe militar chinês Li Zicheng, um dos vários que explorou e exacerbou a desordem social e pobreza predominantes, os manchus se aproveitaram de um último conflito entre Li e os legalistas Ming para invadir a China sem resistência. Quando entraram em Pequim, com o apoio dos generais Ming, insistiram no início que estavam lá para apoiar a autoridade legal, mas quando um príncipe Ming foi proclamado em Nanquim, declararam guerra contra ele e proclamaram seu próprio filho imperador da China. Dezessete anos mais tarde, o príncipe Ming foi forçado a se exilar na Birmânia, mas os agentes manchus, completamente conscientes dos perigos de um pretendente Ming vivo, perseguiram-no mesmo lá e o mataram, estrangulando-o com a corda de um arco.

Os manchus nunca permitiram que os chineses esquecessem que eram um povo conquistado. Eles exigiram que todos os homens raspassem a parte frontal de suas cabeças e usassem seu cabelo em um rabo – melhor conhecido, talvez, como um rabo de cavalo – como um signo de sujeição. Os manchus não tinham permissão para trabalhar, exceto como funcionários públicos e soldados, e o povo chinês tinha de alimentar esse grupo grande e não produtivo, localizado em todas as cidades e grandes centros urbanos. Não lhes era permitido casar com chineses e a capital original manchu em Mukden foi mantida.

A despeito dessas precauções, no século XIX o manchu havia se tornado um pouco mais do que uma língua da corte e os invasores estavam, essencialmente, sinizados. Os chineses haviam demonstrado novamente sua notável habilidade para assimilar um conquistador. Essa fusão cultural já era evidente no final do reinado do segundo imperador, Kangxi, em 1722. Poeta e erudito com um profundo interesse em todos os aspectos do conhecimento, Kangxi encorajou os missionários jesuítas cristãos a viverem na China. Muitos deles permaneceram por anos, inclusive adotando nomes chineses, protegidos pela gratidão do imperador e pelo respeito que tinha por seus conhecimentos, pois os jesuítas o haviam curado da malária, usando casca de cinchona (quinino) que sua ordem havia trazido da América do Sul. Apesar disso, quando os jesuítas se opuseram a ritos chineses estabelecidos, o imperador desencorajou a atividade missionária cristã, que praticamente cessara no começo do século XIX.

Sob muitos aspectos os séculos da Dinastia Manchu podem ser considerados social e culturalmente uma extensão da Dinastia Ming. No entanto, a China se expandiu para sua maior extensão territorial no século XVIII, com a conquista de grande parte da Província de Xinjiang e com a suserania renovada sobre a Coreia e grande parte do Vietnã – 13 milhões de quilômetros quadrados, comparados aos 10 milhões da China de hoje. O interesse do Imperador Kangxi pela arte e ciência europeias foi reciprocado na Europa, onde muitas formas culturais e artísticas passaram por uma fase de *chinoiserie*, um interesse por coisas chinesas, bem como por copiá-las.

A preocupação chinesa com a guerra civil no Tibete levou a uma invasão em 1720, à introdução de um candidato chinês como Dalai Lama e ao estabelecimento de guarnições militares e de uma residência oficial do governo. Naquela época, o Tibete deixara de ser o Estado militar impiedoso que, no século XVII, havia controlado um império que chegou a se estender através de grande parte da Ásia Central ao norte da Birmânia e da Índia. Suas tendências militaristas foram em certa medida mitigadas pelo advento do budismo que, com o animismo muito antigo *bon*, permanece a base da religião tibetana. Contudo, por quase mil anos, com breves interlúdios de unidade, o Tibete foi destroçado por dissensões internas. Uma fase particularmente amarga do conflito civil no começo do século XVIII levou à intervenção do Imperador Kangxi.

Embora reformador, sob alguns aspectos, Kangxi manteve os concursos públicos, que se tornavam agora cada vez mais formalizados e apoiavam completamente a ética confuciana. Aparentemente, a prosperidade e a ordem continuaram a ser mantidas durante o governo de seu neto, que assumiu o nome de reinado de Qianlong. Durante seu reinado de 60 anos a China mostrou poucos sinais do colapso que muito em breve lhe sobreviria. A dinastia era agora, para todos os propósitos práticos, chinesa. Qianlong se orgulhava de seu apoio às artes chinesas, especialmente a poesia, a pintura e a caligrafia. Deixou não menos que 40.000 poemas curtos que compôs, e foi um hábil cavaleiro e arqueiro.

Grandes melhoramentos na agricultura e enormes exportações de cerâmica, chá, produtos têxteis e produtos laqueados tornaram a sociedade chinesa estável e próspera – e mesmo rica – durante o século XVIII. Somente em suas últimas décadas os processos de decadência se tornaram aparentes. A China estava passando por tremendas mudanças. A mais importante foi o enorme crescimento populacional, que havia atingido 320 milhões em 1800 – quase o dobro da Europa. As populações estavam crescendo ao redor do mundo, mas no Ocidente o desafio foi enfrentado por uma febre de experimentos e pelo rápido desenvolvimento de novas habilidades e tecnologias. O governo chinês, contudo, foi restringido por um árido conservadorismo. Diante do grande turbilhão de forças por mudanças, apenas tenuemente reconhecidas e indubitavelmente temidas, voltou-se firmemente para o passado e resistiu a quaisquer tentativas de inovações.

Uma consequência mais séria foi a falha em melhorar ainda mais os métodos agrícolas. A superpopulação levou ao cultivo intensivo da terra até que se exaurisse e não mais produzisse grãos. Novas áreas para plantio eram geralmente destruídas pela erosão tão logo limpas. Os chineses foram banidos das pradarias pouco povoadas da Manchúria porque tinham de ser preservadas como a pátria Manchu.

O mandarinato também se deteriorou, e se encontrava agora distante de seu ideal de liberais cultos administrando sabiamente e com moderação. Em troca, vestidos com seus trajes de oficiais, os mandarins viajavam por seus domínios em palanquins de ouro, escoltados por homens com chicotes que fustigavam qualquer um que obstruísse o caminho ou falhasse em se curvar prontamente em sinal de obediência. Punições inusuais e cruéis se tornaram comuns, e eram ministradas por razões insignificantes. A morte não era o bastante. Os homens tinham as solas dos pés fustigadas até gangrenarem, ou suas cabeças eram confinadas na canga – um quadrado de madeira pesada que lhes tornava impossível alimentar-se ou cuidar de si – e eram deixados a morrer lenta e dolorosamente.

A desconfiança manchu em relação ao sul levou o governo a proibir o comércio estrangeiro, exceto de Guangzhou, que tinha uma localização ruim em relação às fontes dos produtos principais de exportação: o chá e a seda. A administração se tornou cada vez mais preguiçosa e débil. Piratas pilhavam a costa, mas pouco foi feito para os controlar. Quando Qianlong morreu em 1799, seu favorito, Heshen, foi impedido de assumir, acusado de acumular uma enorme fortuna espoliada da administração, e forçado a cometer suicídio.

Todavia, todos esses abusos, o clamor social e os problemas econômicos, não levaram a reforma e correção, mas, ao contrário, a um conservadorismo ainda mais repressor. A pobreza aumentava ano a ano à medida que a população crescia, e períodos de fome de proporções alarmantes se desenvolveram a partir de variações sazonais muito moderadas. A pobreza rural se deteriorou gradualmente até seus completos horrores – o abandono de crianças recém-nascidas nos campos à noite para morrerem, a venda de crianças para escravidão, a crescente rapacidade de funcionários e proprietários de terras, eles próprios lutando à beira do abismo. Em 1795, a pobreza era tão aguda nas províncias de Shanxi, Hubei e Sichuan que a Sociedade Lótus Branco provocou uma grande revolta camponesa que não seria controlada pelos próximos nove anos. Dois desesperados atentados à vida do imperador foram empreendidos, em 1812 e, novamente, em 1814, acarretando sérias represálias.

A China não estaria em paz por um século e meio. Bandidos e exércitos manchus sob o controle dos chefes militares marcharam através do infeliz interior do país, invadindo e destruindo plantações, incendiando aldeias, pressionando conscritos ao seu serviço. Assim, o maior país do mundo, a sociedade que havia se orgulhado de sua superioridade e civilização, mergulhara num declínio. Houve outros declínios antes, mas nunca com as mesmas implicações, pois esse coincidiu ainda com a chegada dos desprezados "bárbaros" europeus.

    Portanto, ó rei, com relação à vossa solicitação de enviar alguém para permanecer na capital, embora não esteja em harmonia com as regulações do Império Celestial, achamos também que isso não representa vantagem alguma para vosso país. Assim, [...] garantimos que vossos emissários de tributos retornassem seguramente para casa. Vós, ó rei, deveríeis simplesmente agir em conformidade aos nossos desejos, fortalecendo vossa lealdade e prometendo obediência perpétua.

Com essas palavras, Qianlong se dirigiu ao colérico George III da Inglaterra quando, em 1793, o governo britânico enviou sua primeira missão oficial à China para estabelecer um ministro residente* na corte manchu. A ficção de que todos os representantes estrangeiros chegaram como portadores de tributos e lealdade foi mantida ao longo desse período de contato inicial com o Ocidente. Além disso, a China poderia falar a partir da complacência da autossuficiência. Não havia o que desejasse do mundo exterior. Foi, então, tomada a decisão de cessar completamente o comércio com os estrangeiros.

A Grã-Bretanha, contudo, estava ansiosa para comercializar mais extensivamente, especialmente para vender ópio na China, e as pressões aumentaram rapidamente após a abolição do monopólio da Companhia das Índias Orientais em 1833 ter trazido uma concorrência vigorosa entre várias companhias pelo retorno lucrativo do comércio de chá. Isso inevitavelmente colocou as duas nações em rota de colisão. O governo chinês passou a ficar preocupado com o rápido crescimento do hábito do ópio, especialmente quando começou a escoar a prata – a moeda efetiva da China na época – para fora do país. O comércio, declarado ilegal em 1729 e com as importações proibidas em 1800, ainda assim continuou a florescer. Em 1838, Pequim enviara um mandarim, Lin Zexu, como comissário especial para encerrar a importação de ópio através de Guangzhou, que ainda era a única porta pela qual os estrangeiros tinham permissão de usar. Naquele ano, as importações de ópio haviam atingido o total massivo de mais de 1.000 toneladas por ano, e o número de usuários habituais fora estimado em cerca de dez milhões. O fato de que muitos desses eram soldados e funcionários aumentou o desconforto do governo chinês.

Clípers e barcos velozes britânicos, especialmente construídos, como o *Thermopylae*, o *Nightingale* e o *Cutty Sark*, deslocavam-se da China para Londres a velocidades de até 18 nós. Como esses barcos haviam sido construídos para serem velozes e não para suportarem mais carga, requeriam uma mercadoria que pudessem carregar economicamente tanto na ida como na volta. O ópio, com seu alto valor para seu peso e sua forte demanda na China, satisfazia essa especificação e era cultivado na Índia especialmente para o comércio com a China.

---

* No original, *resident* (residente), ou, na expressão completa (adotada nesta tradução), *resident minister* (ministro residente), é um agente do governo britânico que estabelecia residência permanente em outro país. Como representante do governo, tinha, oficialmente, funções diplomáticas que assumiam muitas vezes uma forma indireta de governo [N.T.].

O Comissário Lin tentou negociar o controle do comércio. Ele inclusive escreveu para a Rainha Vitória, dizendo: "Se houvesse pessoas de outro país que transportassem ópio para vender à Inglaterra e seduzissem vosso povo a comprar e fumá-lo, certamente vós odiaríeis isso profundamente e ficaríeis amargamente perturbada". Não tendo havido resposta, Lin determinou o confisco de todos os estoques de ópio mantidos em Guangzhou. Em junho de 1840, um esquadrão naval britânico silenciou as baterias chinesas que protegiam a foz do Yangzi. Em seguida, os dois grandes portos de Xiamen (Amoy) e Ningbo foram ocupados. Alarmadas, as autoridades regionais concordaram provisoriamente em restaurar o comércio, mas Pequim repudiou a decisão e, em janeiro de 1841, a guerra foi retomada.

O bombástico secretário de Relações Exteriores da Grã-Bretanha, Lorde Palmerston, solicitou autorização do parlamento para uma expedição punitiva para compelir os chineses a retomarem o comércio. "Os chineses", disse ele, "devem aprender e se convencer de que se atacarem nosso povo e nossas fábricas serão atacados". William Gladstone, na época um membro da oposição, pensava diferente, dizendo: "Uma guerra mais injusta em sua origem, uma guerra mais calculada em seu progresso para cobrir esse país de uma desgraça permanente, não conheço, e nunca li sobre... Nossa bandeira... se tornou uma bandeira pirata para proteger um tráfico". O parlamento aceitou a moção para uma expedição punitiva por somente nove votos.

Os navios de guerra britânicos foram capazes de subir o Yangzi até o ponto, próximo a Nanquim, onde o Grande Canal encontra o rio. Com o sul da capital indefesa sob as armas da frota estrangeira e com as baterias que guardavam a entrada do Grande Canal silenciadas, a gravidade da situação não poderia mais ser oculta da corte. Em meio à frota britânica havia algo novo e mortal – o encouraçado a vapor *Nemesis*, que, com seu baixo calado e manobrabilidade, permitia-lhe fazer enormes estragos.

A China foi forçada a propor a paz e, como resultado do Tratado de Nanquim, concordou relutantemente em retomar o comércio. A Grã-Bretanha já havia tomado Hong Kong (Xianggang) como uma base, e que agora era cedido a ela. Não somente Guangzhou, mas também quatro outros "portos de tratado" seriam abertos ao transporte marítimo britânico. O comércio de ópio floresceu, as importações dobraram entre 1830 e 1850. Os comerciantes americanos traziam ópio da Turquia e plantações de papoula na China se proliferaram rapidamente. Esses eventos e a injustiça fundamental de impor drogas narcóticas aos chineses são elementos muito importantes da história ensinada nas escolas chinesas e continuarão a ser no futuro. Figuraram proeminentemente também nas celebrações e na cobertura midiática chinesas para marcar o retorno de Hong Kong para a China em 1997. Os ocidentais lidando com a China sob qualquer aspecto se encontrariam em desvantagem caso revelassem ignorância, ou carecessem de uma apreciação adequada, das Guerras do Ópio e suas consequências.

O Tratado de Nanquim se mostrou insatisfatório. Os chineses consideraram que ele lhes havia sido imposto a força, por isso, não viam a razão pela qual não devessem evitar seu fornecimento caso pudessem. A imposição de tratados similares em benefício de vários países europeus e dos Estados Unidos aumentou sua fúria.

Essa aparente intransigência chinesa resultou em mais uma guerra em 1856, destinada a forçá-la a obedecer. Uma vez mais a China foi facilmente derrotada, e teve de aceitar termos ainda mais humilhantes com o resultante Tratado de Tianjin. Agora, a importação do ópio fora legalizada, estrangeiros tinham permissão para viajar a qualquer parte da China e os missionários cristãos foram liberados a atuar onde quer que escolhessem. Todas essas medidas foram aceitas pelos chineses, mas com um amargo ódio subjacente, especialmente devido à última delas, que permitia aos "fantasmas pálidos" professarem uma ética cristã militante para competir com o confucionismo. Mesmo que tenha havido muitos convertidos e os missionários tivessem feito muitas coisas boas (fundação de hospitais, escolas e orfanatos para as milhares de meninas recém-nascidas deixadas a morrer lentamente de frio), um sólido núcleo de oposição a eles persistiu, e foi veladamente encorajado pelos mandarins.

A resistência aos tratados provocou novamente a guerra em 1860. Uma missão conjunta anglo-francesa de 38 integrantes havia ido a Pequim em virtude de um acordo de salvo-conduto para discutir o impasse sobre os termos do tratado. Eles foram presos sob as ordens da corte, e 20 deles morreram em agonia. Foram amarrados com cordas novas, e em seguida foram molhados para que as cordas encolhessem lentamente. Uma expedição anglo-francesa combinada marchou a Pequim. A cavalaria manchu, que recebera instrução para atacar, foi aniquilada de uma distância segura pela artilharia francesa. Pequim capitulou e o imperador e sua esposa, Cixi, que se tornaria em breve a imperatriz viúva, fugiram. O belo palácio de verão, próximo à capital, foi sacado e destruído como vingança pela morte dos prisioneiros. Um dos membros da força que executou esse trabalho foi um oficial chamado Charles Gordon, que mais tarde se tornaria famoso por sua defesa de Cartum no Sudão, e sua trágica morte lá. Gordon escreveu para sua mãe: "Você dificilmente imaginaria a beleza e magnificência dos palácios que incendiamos. Doeu no coração da gente queimá-los. De fato, esses palácios eram tão grandes e estávamos tão premidos pelo tempo que nem pudemos saqueá-los cuidadosamente. Enormes quantidades de ornamentos de ouro foram queimadas, considerados como latão".

Essa foi a última tentativa dos manchus de resistirem à dominação estrangeira abertamente, e as potências ocidentais começavam agora a dividir a China em "esferas de influência". Somente a inveja entre as potências, cuidadosamente cultivada pelos chineses, impediu a completa partição do país. Nominalmente, ela foi autorizada a permanecer independente. Contudo, o governo manchu era agora nos termos dos estrangeiros. Esses incluíam o controle estrangeiro do comércio e receitas chineses – a sustentação principal do governo. Um inglês, Robert Hart, foi inspetor-geral da alfândega por mais de 40 anos desde 1863.

Tendo assegurado a obediência da Dinastia Manchu, as potências agora a apoiavam contra rivais competidores, em particular os rebeldes taiping. Eles foram liderados por um professor de escola visionário chamado Hong Xiuquan, que, em 1851, nomeou-se imperador de uma dinastia rival. O novo regime, que atraiu um enorme apoio do sul antimanchu, foi baseado substancialmente nas ideias que seu fundador havia adquirido dos tratados cristãos. A revolta Taiping foi, na verdade, uma importante guerra civil, similar àquelas que haviam levado à fundação das dinastias Han e Ming. Alguns observadores veem nela a primeira manifestação em grande escala do crescente descontentamento e do desejo por reformas; uma precursora da revolução comunista que ocorreria um século depois.

Embora defendesse ideias de liberdade, incluindo a igualdade de gêneros e a redistribuição de terras aos camponeses, convém não considerar os taiping sob uma perspectiva tão idealista. Por exemplo, recrutas para seu exército tinham de memorizar o Pai-nosso e os Dez Mandamentos em três semanas, sob pena de execução; e as esposas e filhos da guarnição militar manchu em Nanquim foram queimados vivos após a queda da cidade.

Os taiping obtiveram um vasto apoio inicial. Seus exércitos varreram o norte em direção ao Rio Yangzi e podem muito bem ter deposto a Dinastia Manchu, mas pelo apoio da dinastia obtiveram dos europeus canhoneiros, artilharia e o "Exército Sempre Vitorioso", conduzido por oficiais britânicos. Vale a pena observar, contudo, que os taiping não eram muito apoiados no norte da China, e perderam muito dessa iniciativa após sua captura de Nanquim. Hong dali em diante se retirou em um labirinto confuso de misticismo religioso e opressão religiosa. Os taiping provocaram uma ampla oposição no interior devido ao seu hábito de destruir templos budistas e taoistas. Uma vítima notável foi o Pagode de Porcelana de nove andares e cerca de 76m de altura em Nanquim, coberto com azulejos brancos e ouro.

O custo da revolta, bem como outros – durante 15 anos houve um Estado muçulmano em Yunnan –, para a China foi espantosamente alto; foi estimado que entre 20 e 40 milhões de pessoas foram mortas ao longo de 23 anos dessa enorme convulsão – isso representa talvez o maior número de pessoas mortas em conflitos na história. Muitas cidades foram destruídas e as condições se tornaram rapidamente piores no interior devastado. A China, que havia sido uma economia industrial substancial, agora reverterá a uma economia em grande medida agrária – e insuficiente – devido ao enorme dano às infraestruturas complexas.

Os exércitos manchus eram tão ineficientes que foram feitos esforços para melhorias – armamentos modernos foram trazidos e instrutores alemães recrutados. Mas, além de não bastarem, chegaram muito tarde; essas medidas não puderam evitar a derrota da China pelo Japão em 1895 em uma guerra pelo controle da Coreia, que, há muito, era um Estado tributário chinês. O resultante Tratado de Shimonoseki obrigou a China a entregar Formosa (Taiwan), as Ilhas

Pescadores e a estratégica Península Liaodong da Manchúria. O Japão agora tinha um espaço no próprio continente chinês.

A natureza decisiva da vitória japonesa levou muitos intelectuais chineses a acreditarem que a única chance de sobrevivência da China como uma nação independente fosse um processo urgente de modernização como aquele pelo qual o Japão estava experimentando. Um deles, Kang Youwei, conseguiu persuadir o jovem imperador chinês a decretar em 1898 uma série de ordens que iniciaram um processo semelhante de reforma. Em troca, a imperatriz viúva, apoiada pelos mandarins, agiu antes que as novas medidas entrassem em vigor. O imperador foi aprisionado até sua morte dez anos mais tarde. Kang Youwei fugiu da China na última hora, mas seis de seus associados foram executados. Kang era um tipo de socialista utópico – seus escritos previram uma condição humana na qual os estados-nação se renderiam ao governo mundial; a propriedade privada e a família seriam abolidas; os casamentos durariam somente um ano; as crianças seriam criadas em enfermarias.

Em 1900 veio a última e violenta reação do antigo regime – o ataque aos estrangeiros e, em particular, cristãos, pelos chamados boxers. Os boxers, membros de uma sociedade de origens camponesas chamada Punhos Harmoniosos e Justiceiros, foram encorajados pela imperatriz viúva e alguns de seus apoiadores em um esforço final para "destruir os estrangeiros". Na verdade, aqueles que mais sofreram foram os "discípulos do diabo", os convertidos cristãos chineses, dos quais 16.000 foram mortos. Bandos de boxers armados, após atacarem missionários europeus em muitas partes da China, dirigiram-se para Pequim, destruindo a delegação alemã e matando o ministro. Todos os europeus se dirigiram à quadra da embaixada, que resistiu a um cerco por quase dois meses. Em agosto, a China foi invadida por uma força internacional, incluindo japoneses, que capturou Pequim, liberou as embaixadas e encerrou efetivamente a rebelião. A corte chinesa fugiu para Xian, no noroeste. Enormes reparações exigidas pelas potências ocidentais completaram a ruína da economia chinesa.

Era impossível que a antiga ordem sobrevivesse a esses acontecimentos por muito tempo. Parecia ser mantida apenas pela força de vontade de ferro da imperatriz viúva. Contudo, mesmo ela podia ver a inevitabilidade da mudança. Em 1901, ordenou reformas em importantes direções, notadamente nos métodos de educação. Em 1904, os antigos concursos públicos, baseados em estudos confucianos e no pomposo e altamente formalizado "ensaio de oito partes", foram abandonados. Escolas de estilo ocidental foram introduzidas e aceitas avidamente pelos chineses. Em 1910, havia 35.000 dessas escolas, ensinando a mais de meio milhão de alunos os rudimentos de uma educação moderna. Muitos outros chineses estudavam no exterior, especialmente no Japão.

Os mais jovens, educados nessa nova tradição, tornaram-se profundamente preocupados com o futuro de seu país. O material da mudança estava agora estabelecido, uma mistura explosiva aguardando que acendessem o pavio – o que também não tardaria a ocorrer. Mais tarde, em 1908, o imperador cativo morreu sob misteriosas circunstâncias, provavelmente envenenado pelos mandarins da corte. Tornou-se óbvio que a envelhecida imperatriz viúva estava próxima do seu fim – ela morreria no dia seguinte, tendo nomeado o infante Puyi o décimo imperador manchu. Somente três anos mais tarde, ainda na primeira infância, o último dos manchus foi deposto.

O contraste entre a China e o Japão nesse estágio é muito importante. Como o Japão, a China poderia ter sido transformada em uma economia moderna e suas agonias ao longo do próximo meio século poderiam ter sido evitadas. Mas não era para ser. A falta de visão e o conservadorismo daqueles que governavam a China, bem como as extorsões dos predadores ocidentais, condenaram-na a décadas de caos e pobreza que estavam agora por vir.

10
Os três criadores do Japão e o Período Tokugawa

O Japão, como uma nação unificada, foi a criação de três oportunistas e traidores, ardilosos o bastante para trapacear e confundir a multidão de nobres regionais que, no século XVI, controlavam o país, e fortes o bastante para estabelecer uma marca que duraria por muitos séculos.

Os *xóguns* Ashikaga, atuando como regentes da família imperial, trouxeram caos político ao Japão, mas também – talvez a única vantagem do governo fraco – rápidas mudanças na cultura em geral devido à liberdade que o governo fraco dá a indivíduos e famílias fortes. Embora pobres administradores, os Ashikaga foram grandes patronos das artes, que floresceram, surpreendentemente, em condições de guerra quase constante. Isso culminou em um conflito sangrento amargo e em grande medida desnecessário, as Guerras Onin, que em 1467 iniciaram um padrão de conflitos civis que continuariam por quase um século.

Muitas das antigas famílias foram destruídas e o poder foi concentrado nas mãos de cerca de 150 nobres sobreviventes. Cidades cresceram em torno dos castelos que eles construíram – originando muitas das cidades regionais no Japão de hoje. Essas figuras poderosas, chamadas *daimiôs*, tornar-se-iam um fator importante na vida japonesa dali em diante. Fortunas surgiram e declinaram rapidamente, e nesse ambiente fluido a antiga estratificação feudal da comunidade se tornou turva. Em alguns casos, líderes de bandidos surgiam da obscuridade pela simples força de personalidade, vindo a obter grande influência. O relaxamento da autoridade central possibilitou aos camponeses se libertarem de seus senhores por algum tempo e as revoltas foram frequentes. Algumas dessas levaram à criação de novas regiões de poder. Contudo, eram os camponeses que suportavam o impacto das condições econômicas deterioradas, exacerbadas por pragas de gafanhotos, inundações e secas. Dezenas de milhares morreram de fome durante o século XV.

Foi esse mundo de estados distintos, quase autônomos, controlados pelos *daimiôs*, que os portugueses encontraram quando chegaram ao Japão, em meados do século XV, em busca de prata. Falando de um modo geral, os *daimiôs* estavam dispostos a comercializar. Eles ficaram intrigados com o mosquete e viram rapidamente a importância que poderiam ter na luta pelo poder. Quase ao mesmo tempo os japoneses aprenderam a copiar essas armas e a produzi-las para si. A tradição do Japão de considerar a produção de armas uma arte se manifesta nos mosquetes tanto longos quanto curtos, delicadamente entalhados em prata, produzidos nessa época.

O herdeiro de um pequeno principado na região de Nagoya foi um dos primeiros a ponderar a importância das armas de fogo. Esse homem, Oda Nobunaga, equipou um exército com mosquetes tão logo herdou sua pequena herança. Ele usou uma combinação habilidosa de força, intriga, traição e alianças de casamento para estender sua influência, até que em 1586 fosse capaz de conquistar Quioto. Ele consolidou sua posição construindo um grande castelo nas encostas de uma montanha – uma fortaleza quase impenetrável de um tipo nunca visto no Japão até então. A partir dessa base segura, lançou um ataque ao complexo budista centenário no Monte Hiei que, nessa época, equivalia a milhares de edificações – quase uma cidade. Nobunaga o destruiu completamente, massacrando 1.000 monges e seus dependentes em um único dia em 1571, sem uma sombra de piedade, dando fim, assim, a um grupo de pressão tradicional. Não há evidências de que Nobunaga tenha sido particularmente um homem religioso. Sua antipatia pelo budismo e seu interesse pelo cristianismo provinham igualmente de motivos políticos.

Os monges católicos da ordem jesuíta haviam chegado ao Japão imediatamente depois dos comerciantes portugueses. O cristianismo floresceu numa velocidade surpreendente, e o número de convertidos em breve chegaria a centenas de milhares, representando todas as classes, dos *daimiôs* para baixo. O apoio de Nobunaga sem dúvida ajudou. Um outro grande persuasor foi a associação de trabalho missionário com comércio – muitas vezes os próprios monges controlavam as operações comerciais.

Em 1582, Oda Nobunaga estava no auge em seu quinquagésimo ano no poder, quando foi atraiçoadamente assassinado por um de seus generais. Ele foi vingado por um outro general, um homem vigoroso e arrogante chamado Hideyoshi. No início, Hideyoshi governou como regente do neto infante de Nobunaga, usurpando a liderança um ano depois. Contudo, seu papel foi construir a fundação que Nobunaga havia estabelecido – ele comandava um exército de um quarto de milhão de homens ao final de uma década. Ao apoiar assim os *samurais*, reduziu os camponeses quase a uma condição de servos, proibindo-os de deixar suas terras e os forçando a entregarem todas as suas armas.

Tanto Nobunaga como Hideyoshi eram leais à linha imperial e em momento algum tentaram usurpar as funções dos imperadores. Na verdade, ambos governaram em nome do imperador, provavelmente porque compreendiam o quanto o sistema do imperador reforçava a rígida estrutura social. Os *daimiôs* no poder nessa época permaneceram em suas posições e os *samurais* – cerca de um em cada dez membros da população – foram confirmados como uma classe militar especializada que os desafortunados camponeses eram obrigados a apoiar e a obedecer sem questionar. Enormes habilidade e esforço foram exercidos para produzir as finas lâminas de aço das espadas dos *samurais* – as posses mais importantes da classe guerreira, que adquiriram uma grande importância simbólica e são ainda consideradas importantes obras de arte. Pedaços de ferro e de carvão de pinho puro eram pacientemente martelados e misturados até que, após centenas de repetições, resultasse um aço de alto carbono, que poderia ser afiado como uma lâmina.

Como seu predecessor, Hideyoshi havia estado favoravelmente disposto com relação aos cristãos, mas próximo ao final do século sua atitude mudou. A nova fé talvez estivesse crescendo muito rápido para seu gosto e ele desconfiou que os jesuítas tivessem ambições políticas. Em 1567, promulgou um decreto ordenando que todos os missionários estrangeiros deixassem o país em vinte dias. Por dez anos ele imporia essa nova lei apenas esporadicamente, mas o problema do cristianismo emergiria novamente após os japoneses pilharem o navio de um galeão espanhol desviado de seu curso de Manila para o México. O capitão espanhol se opôs vigorosamente, falando aos japoneses sobre o poder que a Espanha imperial havia ganho através do uso da Bíblia e da espada. Quando disseram isso a Hideyoshi, ele concluiu que os missionários poderiam liderar um esforço para obter o controle político estrangeiro do Japão. No ano seguinte, 1597, crucificou seis monges franciscanos espanhóis, três jesuítas portugueses e 17 cristãos japoneses depois de tê-los torturado e mutilado.

Hideyoshi era um fanfarrão de origem inferior, um aventureiro, um tipo de *bon viveur* e exibicionista. Dava enormes festas no grande castelo que construiu em Osaka, deleitando-se em exibir-se com seus utensílios – inclusive suas maçanetas – de ouro puro. Parece ter sentido necessidade de ação constante para manter sua posição. Essa talvez tenha sido a razão para a expedição que lançou contra a China em 1592, sem qualquer ideia clara do vasto poder do Império Ming. Ele avançou através da Coreia, que resistiu vigorosamente aos japoneses. A China tomou a decisão sem pressa de enviar um exército. Cruzou a fronteira no Rio Yalu no começo do ano seguinte e forçou os japoneses a se retirarem. Contudo, voltaram alguns anos depois. As hostilidades continuaram intermitentemente, até que a morte de Hideyoshi, em 1598, pusesse fim ao despropositado conflito. Os coreanos, cuja cultura e perspectiva eram praticamente chinesas, ressentiram-se amargamente desse ataque gratuito do povo que chamavam *wa* (anões), que provocou imensos distúrbios e centenas de milhares de mortes.

Como seu predecessor, Hideyoshi deixou um herdeiro, seu filho Hideyori, que ficou aos cuidados de dois regentes. Esses homens, contudo, envolveram-se em um conflito por poder que terminou em uma grande batalha em Sekigahara em 1600, em que o vitorioso foi um Tokugawa chamado Ieyasu. O clã Tokugawa passaria agora a controlar o Japão por dois séculos e meio, até os tempos modernos.

Hideyori, que havia sido traído desse modo pelo homem ao qual seu pai confiara seu cuidado, refugiou-se com seus apoiadores em um grande castelo em Osaka. Sua fortaleza central de oito andares e vários oitões era protegida por uma série de fossos e muros – com o externo medindo cerca de 3.200m – e

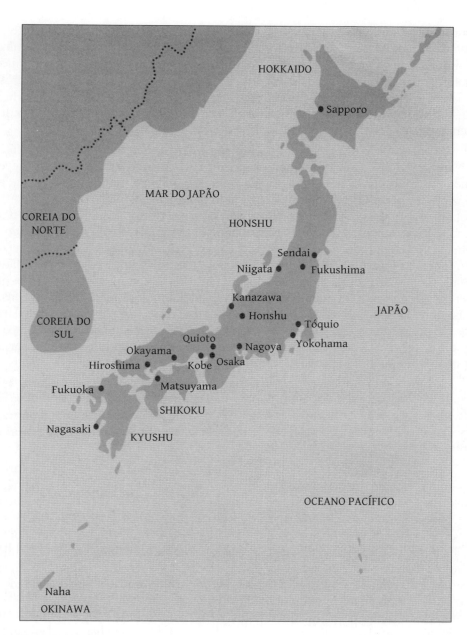

Mapa 3: Japão

era praticamente inexpugnável. Ieyasu a cercou por dois anos, e finalmente a tomou astuciosamente em 1615. Ele havia prometido a Hideyori e sua família condições de trégua favoráveis, persuadindo-os, assim, a enfraquecerem suas defesas. No final de um ataque surpresa traiçoeiro somente um dos membros da família de Hideyori permaneceu vivo – seu filho de 8 anos, Kunimatsu. Cruel até o fim, Ieyasu matou inclusive essa criança, o último integrante da família de seu antigo mestre.

Assim começa o período conhecido como Tokugawa, durante o qual a elite governante impôs um conservadorismo de ferro e o governo de repressão e medo por todo Japão. De uma população de 20 milhões, cerca de um em cada dez era *samurai*. Os camponeses, a vasta maioria e o esteio da economia quase totalmente agrária, não tinham permissão para se educar. Era-lhes ordenado o que cultivar e como, serem frugais, diligentes e submissos, e eram tributados em até 70% da produção. Em contraste com a sociedade matrilinear no começo do Japão, as mulheres eram agora compelidas a um estado de quase escravidão. Seus direitos de propriedade haviam sido removidos e seus esposos – livres para serem tão promíscuos quanto quisessem –, podiam agora matar suas esposas, caso lhes fossem infiéis ou mesmo se as considerassem preguiçosas em seus deveres domésticos. Mesmo erguer os olhos e encontrar o olhar de um homem que não fosse o de seu esposo era proibido. Um esposo poderia se divorciar a qualquer momento, mas não a esposa.

Assim, foram tomadas medidas que congelaram a cultura japonesa de tal modo que apresentaria 250 anos depois uma cena aparentemente medieval para os olhos surpresos da Europa do século XIX. O Japão de hoje parece moderno, inclusive ocidentalizado, mas, sob a superfície, os séculos Tokugawa ainda o influenciam.

Em Quioto, Ieyasu vivia no Castelo Nijo, cercado por um fosso e uma forte muralha, em uma pequena casa de madeira que se distinguia por seus painéis coloridos e belamente decorados e "pisos rouxinol" – tábuas dispostas de modo a emitirem guinchos quando pisadas, anunciando a aproximação de um possível assassino. Contudo, os últimos Tokugawa evitaram Quioto e, em troca, instalaram-se na pequena aldeia de pescadores de Edo. A cidade que cresceu lá é agora Tóquio, onde as muralhas do castelo *xógum* ainda circundam o palácio imperial. Durante o Período Tokugawa, ela se tornou uma das maiores cidades do mundo, com mais de um milhão de habitantes.

A vida urbana floresceu sob circunstâncias curiosas. O novo *bakufu* – governo da tenda – entendeu que sua existência contínua dependia muito da sujeição ao grande *daimiô*, especialmente os "nobres de fora" que haviam se oposto a Ieyasu em Sekigahara. Ieyasu exigiu que assinassem regulações limitando seu poder e permitindo uma supervisão estreita inclusive de seus assuntos pessoais. Eles eram obrigados a deixarem suas esposas e famílias em Edo enquanto estavam ausentes, e lhes era exigido que passassem um determinado período do ano na capital. Junto às grandes rodovias, como a famosa Tokaido entre Quioto e Edo, guardas trabalhando em barreiras especiais checavam constantemente o tráfico, procurando por "mulheres saindo de e por armas entrando em" Edo.

Um elaborado sistema de espionagem foi introduzido para monitorar as grandes famílias. A menor suspeita de deslealdade poderia levar ao confisco de parte, se não da totalidade, das propriedades dos *daimiôs*. Não lhes era permitido entrar em alianças de casamento, construir novos castelos ou mesmo reparar os antigos sem a permissão do governo central. A obrigação de passar períodos regulares em Edo levou não somente à expansão da cidade, mas também ajudou a manter os *daimiôs* muito pobres para provocarem problemas. Toda grande família tinha de manter um estabelecimento lá. De fato, à medida que os séculos passaram, o Japão foi empobrecido para pagar pela infraestrutura e entretenimentos da cidade.

O fluxo de dinheiro em Edo, proveniente da pesada tributação sobre os camponeses, criou uma classe comerciante rica e uma indústria de entretenimento variada – ambas inovações no Japão. Uma família ocupada originalmente na fabricação de saquê, o vinho de arroz japonês, diversificou suas atividades com a distribuição de arroz, comércio geral de varejo e depois negócios bancários. Um samurai chamado Yataro Iwasaki estabeleceu uma linha de transporte marítimo que se expandiu rapidamente após o Japão se abrir novamente para o mundo. Essas foram as origens de Mitsui® e Mitsubishi®, dois gigantes industriais do Japão atual. Um complexo de entretenimento chamado *ukiyo*, "o mundo flutuante" – casas de chá, tavernas, apresentações de bonecos, bordéis, teatros, banhos públicos e circos – se acumularam em Edo para servir aos ricos e ociosos. Há restaurantes em Tóquio que servem hoje os mesmos pratos – sem variação – que eram servidos na época. Entretenimento mais especializado também era disponível – lutas de sumô e teatros, o teatro cabúqui. Como suas produções eram muito frequentemente vulgares e eróticas, o *kabuki* proibia o emprego de atrizes no cabúqui, de modo que os papéis femininos tinham de ser feitos por homens. Costumes brilhantemente coloridos, música e dança animadas faziam parte das produções de cabúquis, que se tornaram enormemente atrativos para o público comum.

Então, havia as garotas dos banhos e as gueixas, uma classe especializada de prazer feminino. Garotas pequenas particularmente bonitas eram vendidas para casas de gueixas, e cuidadosamente treinadas nas artes sociais – arranjos florais, a longa e formal cerimônia do chá, canto, dança. Sua ocupação era, portanto, a de companhias pagas para homens ricos.

Os Tokugawa, desde cedo, consideraram perigosos quaisquer contatos estrangeiros, e isolaram o Japão do resto do mundo. Um primeiro passo nessa direção foi exterminar a influência estrangeira mais importante – o cristianismo. Anteriormente, o comércio e a atividade missionária haviam estado intimamente associados. Era uma época de intensa rivalidade comercial e religiosa entre as nações protestantes e católicas da Europa, e Ieyasu não conseguiu evitar ser influenciado por isso. Ambas as facções tentavam fazer com que ele desconfiasse da outra. Finalmente, parece ter sido impressionado pelo fato de os ingleses e holandeses não terem trazido com eles uma atividade religiosa organizada como os jesuítas. O fato de que muitos daqueles que defenderam o Castelo de Osaka fossem cristãos aumentou suas desconfianças. Em 1614, ele ordenou que todos os missionários estrangeiros deixassem permanentemente o Japão.

Contudo, foi o segundo Tokugawa, Hidetada, que começou uma grande campanha de torturar e matar cristãos, que se estendeu ao longo de duas décadas. Muitos sacerdotes, e algumas das congregações, aceitaram seu destino cruel como mártires e ao menos 3.000 pessoas morreram, dos modos mais agonizantes. Eram imersos em água cáustica, atirados sobre grades incandescestes, atirados em covas com cobras venenosas, ou, mais comumente, crucificados de cabeça para baixo. Pessoas suspeitas de serem cristãs eram levadas a pisotear sobre uma foto de Cristo ou da Virgem Maria, e eram torturadas até que concordassem em renunciar sua fé ou morressem.

A cidade de Nagasaki havia se tornado um foco para o cristianismo japonês, quase todas as pessoas na cidade e seus arredores haviam sido convertidas. Foi aqui que a perseguição atingiu seu clímax terrível. Má administração local e uma ruinosa arrecadação haviam levado as pessoas dessa região a se rebelarem em 1637, e a revolta inevitavelmente foi associada à fé cristã. O daimiô local, Matsukara, era um homem de crueldade e brutalidade inusuais mesmo para aqueles tempos, notório por seu hábito de cozer pessoas vivas nas fontes quentes da região. Os camponeses eram comparados a sementes de gergelim – quanto mais fossem espremidos, mais entregariam. Quase tudo era tributado – portas, prateleiras e velas, entre outras coisas, e a chocante tortura da dança Mino era aplicada àqueles que não podiam pagar. Tendo suas mãos amarradas atrás das costas, eram vestidos com uma grande capa de palha que era então incendiada.

Desesperados com a perseguição religiosa e com os níveis ruinosos de tributação, 37.000 cristãos e suas famílias se reuniram em uma antiga fortaleza chamada Hara, na Península Shimabara, e combateram até o fim uma força de 100.000 samurais Tokugawa que cercaram o castelo por três meses. O fim veio em abril de 1638. Daqueles ainda vivos na fortaleza, somente um, um traidor aprisionado nos calabouços, foi mantido vivo. Por ordem de Hidetada um navio holandês havia usado suas almas para romper as paredes da fortaleza. Quinze mil homens das forças do governo foram mortos.

Esse terrível confronto civil, que ainda é lembrado nas artes populares do Japão de hoje, teve dois efeitos importantes. O primeiro foi convencer os *bakufu* de que o único modo de preservar a sociedade japonesa era separá-la tão completamente quanto possível dos contatos com europeus. Os japoneses foram proibidos de deixar o país. Aqueles que deixaram enfrentavam a pena de morte caso voltassem. Os construtores navais foram proibidos de construir qualquer coisa maior do que embarcações costeiras. Após a revolta de Shimabara, os comerciantes portugueses no Japão foram obrigados a deixar o país e avisados que seriam mortos caso fizessem qualquer tentativa de contato. Na época que os comerciantes foram expulsos, os japoneses ainda lhes deviam somas consideráveis. Um navio enviado de Macau (na costa sul chinesa) em 1640 para tentar coletar o dinheiro foi incendiado e 61 membros de sua companhia, decapitados. Os 13 poupados foram enviados de volta a Macau com instruções "para não pensarem mais em nós, exatamente como se não estivéssemos mais no mundo".

Os navios espanhóis já haviam sido avisados para se afastarem e em 1623 a Inglaterra abandonou seu posto de comércio como não lucrativo. Somente os holandeses tinham permissão para permanecer e foram confinados a uma pequena ilha artificial chamada Deshima, no Porto de Nagasaki. Uma vez ao ano tinham permissão para deixar essa ilha para oferecer presentes ao xógum em Edo. Normalmente eram tratados com respeito, mas por vezes eram forçados a dançar, saltar e rolar como se estivessem bêbados – essas indignidades eram destinadas, aparentemente, a demonstrar a falta de refinamento dos europeus. Atualmente, milhares de japoneses visitam por ano um parque temático multimilionário "holandês" em Nagasaki.

Os *bakufu* haviam feito distinções entre comerciantes europeus e asiáticos, com Ieyasu encorajando o comércio com o sudeste da Ásia, onde a demanda pela prata do Japão era alta. Nas primeiras três décadas do século XVII, cerca de 400 jornadas de comércio foram feitas pelos navios japoneses, que viajavam a distâncias tão longas como a capital tailandesa de Ayudhya. Essa cidade tinha sua própria comunidade japonesa, abrigando mais de mil residentes.

O segundo maior efeito do extermínio do povo no Castelo Hara foi o de intimidar a população a ponto de que muitos aceitariam qualquer privação e indignidade por puro medo. Nenhuma força por reformas ou mudanças era provável que persistisse. A sociedade japonesa, agora substancialmente removida de qualquer influência externa, avançava nos termos ditados pelos xóguns. Embora restritivo, isso ao menos impôs algum tipo de paz, ainda que os camponeses pesadamente tributados e muito maltratados se revoltassem de tempos em tempos. A diversificação agrícola e uma agricultura mais intensiva resultou em uma economia modestamente expandida, embora tenham ocorrido várias fomes que provocaram milhares de mortes nos séculos XVIII e XIX. A natureza autocrática do governo encorajava extremos de autoritarismo que são quase inacreditáveis; dentre eles, o exemplo mais celebrado são as medidas introduzidas por Tsunayoshi, o assim chamado xógum "cachorro". Preocupado por não ter um herdeiro, um profeta lhe disse que essa situação continuaria até que uma campanha de bondade fosse introduzida a todos os animais, em particular os cachorros, pois o xógum havia nascido no Ano do Cachorro. Pelos próximos vinte anos um conjunto de regulações proibiria que animais fossem mortos ou maltratados. Abrigos caninos seriam construídos fora de Edo para abrigar 50.000 cães. E todos os japoneses, quando falassem com um cachorro, teriam que se dirigir a ele como "Honorável Cachorro".

A despeito das restrições do Governo Tokugawa e de sua tradição de comportamento público contido e formal, o povo japonês adquiriu um certo espírito sarcástico e vulgar – uma ambivalência aparente ainda hoje. Ao final do século XVIII, um profundo respeito pelo ensino e pela literatura resultou em um índice de alfabetização relativamente alto. Próximo ao fim do Período Tokugawa, considerava-se que cerca de metade dos meninos e talvez 10% das meninas estivessem frequentando escolas, embora isso provavelmente não tenha ocorrido entre os camponeses, pois somente os mais ricos dentre eles podiam arcar com o envio de seus filhos para as escolas dos templos. A publicação de livros era um mercado florescente, mas, como os modestos rendimentos da maioria das pessoas tornavam proibitiva a posse de bibliotecas pessoais, bibliotecas de empréstimos, muitas vezes carregadas nas costas dos seus proprietários, eram populares. Havia uma rigorosa censura de livros com qualquer crítica ao regime. Quando o autor Santo Kyoden publicou três sátiras populares, foi sentenciado a 50 dias algemado e seu editor foi pesadamente multado. Tais acontecimentos afastaram a maioria dos escritores de controvérsias, levando-os ao extravagante, vulgar e exótico. A ficção erótica era muito popular.

O Governo Tokugawa utilizava os samurais para impor suas ordens – tinham o direito inclusive "de matar e partir", de não ter de responder por assassinato diante da lei. Como tem havido uma tendência lamentável a romantizar os samurais e o *bushido*, o assim chamado culto à honra, em programas de televisão para crianças, entre outras coisas, cabem aqui alguns fatos equilibradores.

A chocante tortura que distribuíam, muitas vezes a pessoas completamente inocentes, indica um desejo sádico de matar do modo mais doloroso e prolongado possível. Por exemplo, piratas capturados nos Estreitos da Coreia eram cozidos vivos em caldeirões de cobre. As mortes terríveis concebidas aos cristãos eram executadas por samurais. Daimiôs que viajavam entre Edo e Quito eram acompanhados por vários, mesmo centenas, de samurais vassalos. Qualquer aldeão que se recusasse a se prostrar abjetamente no chão ao lado da estrada estava propenso a ser literalmente cortado em pedaços pelos samurais. Horrivelmente mascarados e vestidos com uma armadura de couro e aço, os samurais eram uma força coerciva especializada que predava seu próprio povo.

Contudo, no começo do século XIX, sua imagem formidável estava muito diminuída. A classe não havia lutado conflito algum desde a revolta Shimabara de 1637, e se tornara uma caricatura do que fora. Embora fingissem desprezar a crescente classe de comerciantes e banqueiros, o poder real estava cada vez mais se movendo na direção desse setor mercantil. Os grandes daimiôs e muitos dos cada vez mais corruptos e preguiçosos samurais vieram a se endividar profundamente com os comerciantes. Assim, a chegada do século XIX viu pressões e tensões no Japão que auguravam mudanças no futuro não tão distante.

Uma pequena minoria de intelectuais que, a partir de 1716, foi autorizada a importar livros holandeses através do posto de Deshima, adquiriu um conhecimento puramente teórico dos avanços que a Europa estava fazendo. Observou-se que mais navios pareciam estar aparecendo ao largo da costa. Em 1895, um navio russo ficou por meses ao largo de Nagasaki, buscando permissão para desembarcar um enviado oficial, mas no fim teve que partir sem sucesso. Em 1824, a tripulação de um baleeiro britânico desembarcou, matou bovinos, e parece de um modo geral ter se comportado de forma desordeira. Isso levou a uma renovação, em 1825, do decreto determinando que qualquer estrangeiro que desembarcasse fosse morto. Em 1838 um navio americano foi bombardeado.

Os japoneses não ignoravam completamente do mundo externo. Estavam cientes e alarmados com as notícias sobre as Guerras do Ópio e dos tratados desiguais que haviam sido impostos à China, e compreendiam que os samurais, com seu armamento antigo e a completa falta de experiência em guerras, não poderiam defender o Japão contra os temíveis ocidentais. A resultante insatisfação pública com o regime seria exacerbada por quatro anos de desastres climáticos e as resultantes fomes de 1833. Mesmo nessa época havia um criticismo considerável à ética neoconfuciana do *bakufu* como estrangeira e "não japonesa", e uma ressurgência entre estudiosos da ideia de que os imperadores eram realmente, como os antigos mitos diziam, descendentes da deusa do sol e praticamente divinos.

Contudo, grande parte dos japoneses desejava muito que o mundo externo desaparecesse, não se podia negar. As ilhas isoladas com sua atmosfera Rip van Winkle* haviam se tornado uma fonte de curiosidade intensa. Em 1846, uma missão americana, conduzida pelo Comodoro Biddle, foi forçada a partir sem negociar o acordo de comércio que buscava. Assim, na próxima vez que os americanos chegaram, deixaram claro que estavam com uma força apropriada. Em 8 de julho de 1835, o Comodoro Perry entrou no Porto Uraga, de Edo, com um esquadrão de dois navios e duas corvetas, a maior com 2.400 toneladas e carregando 16 canhões. Sob os canhões desses navios Perry foi capaz de entregar uma carta do presidente dos Estados Unidos requerendo que alguns portos japoneses fossem abertos para comércio. Em 16 de julho, os "navios pretos" zarparam, deixando o Japão em uma agitação confusa. O Comodoro Perry havia se comprometido a retornar no próximo ano para buscar a resposta dos *bakufu*. A resposta foi afirmativa, embora cautelosa, e levou à abertura de dois pequenos portos distantes de Edo; apenas um gesto simbólico. Mas a América deu seguimento, enviando como seu primeiro oficial representante Townsend Harris, um homem astuto, assertivo, porém diplomático, que, após muita negociação paciente, conseguiu obter uma audiência em 1857 com o xógum Iesada. Essa audiência foi seguida por um tratado abrangente, não somente com os Estados Unidos, mas com outras nações. A Europa se tornou fascinada pelo Japão; Verdi escreveu *Madame Butterfly*.

Esses tratados com estrangeiros foram assinados sem a aprovação do imperador e daqueles que o aconselhavam em Quioto ou da maioria dos daimiôs, e

---

* Referência provável a um conto sobre personagem homônimo, escrito por Washington Irving e publicado em 1819, baseado em contos germânicos que Irving conheceu, ouviu e aprendeu durante um período que passou na Europa [N.T.].

por isso provocaram uma oposição generalizada, erodindo ainda mais o apoio aos *bakufu* e estabelecendo firmemente duas palavras, *sonno-joi* – "reverencie o imperador, rejeite os bárbaros" –, como sentimentos nacionais populares.

Os séculos de isolamento haviam terminado, e com eles toda pretensão de que a sociedade do Japão fosse estática – uma ilusão que o *bakufu* estava lutando para manter. Não surpreende que uma grande vítima da mudança tenha sido o próprio xogunato, suplantado por uma restauração do imperador japonês a uma posição de primazia nacional simbólica. Essa reversão ao passado foi planejada não pelos comerciantes ricos, mas por samurais desapontados, levando o Japão a meio século de militarismo e agressão desenfreados.

Parte II
O "FARDO DO HOMEM BRANCO"

11
Os dominadores e os dominados

Os séculos XIX e XX viram o desenvolvimento do imperialismo em uma escala nunca antes vista. As longas e traumáticas guerras napoleônicas haviam acabado, a Europa estava se industrializando e havia avanços radicais nos meios de transporte, notadamente no transporte marítimo e ferrovias, e em poder naval. Um fator crucial na conquista dos impérios foi o desenvolvimento de armas leves mais letais. O técnico em maquinário agrícola americano Richard Gordon Gatling desenvolveu uma metralhadora que disparava 350 tiros por minuto, um novo mecanismo para assassinato em massa que foi rapidamente adotado por todas as potências coloniais. Pela primeira vez, nativos inclinados a resistir poderiam ser – e foram – dizimados às centenas.

Por esse e outros meios se tornou tecnologicamente possível que uma única nação dominasse grande parte do mundo. Em sua extensão material máxima durante a década de 1930, o Império Britânico ocupava aproximadamente um quarto da superfície de terra do planeta, habitado por 500 milhões de pessoas, na época quase um quarto da população mundial. Para onde quer que se olhasse no mapa do mundo, havia manchas vermelhas marcando o império no qual o sol nunca se punha.

Esse império, como aqueles das outras grandes potências europeias, estava substancialmente na Ásia. As colônias britânicas lá consistiam no que agora são sete países: Índia, Paquistão, Bangladesh, Sri Lanka, Birmânia, Malásia e Singapura. Havia outros pequenos assentamentos, como Hong Kong, e também esferas de influência em países nominalmente independentes, mas preparados a aceitar orientação britânica.

A dissecção imperial da Ásia seguiu um padrão geométrico definido. O Império Britânico ficava no extremo oeste, estendendo-se ao leste desde a Índia através da Birmânia até as pequenas e posteriores possessões na Malásia. Além da Tailândia, mantida independente como um Estado intermediário e duas vezes privado de parte de seu território, havia a Indochina francesa, agora Vietnã, o Camboja e o Laos. A Holanda controlava a metade ocidental do arquipélago do Sudeste Asiático – o que é agora a Indonésia. As 400 ilhas no extremo leste se tornaram as Filipinas, colônia primeiro da Espanha e mais tarde dos Estados Unidos.

A China era uma laranja muito grande para qualquer Estado europeu sozinho engolir inteira ou, na verdade, para permitir que seus rivais o fizessem.

Em troca, ela foi dividia em "esferas de influência". As potências imperialistas exigiram importantes concessões em portos grandes como Xangai ao longo da costa chinesa. Esses se converteram em cidades grandes, nas quais um recurso aparentemente inexaurível de força de trabalho barata levou a uma industrialização e acumulação massivas de sofrimento humano, pobreza e doenças.

O Japão manteve sua independência somente porque "ocidentalizou" sua economia e indústria com velocidade e energia notáveis e ganhou o respeito dos dominadores ao se tornar uma potência colonial, anexando a Coreia, Taiwan e a Manchúria. A Tailândia, sob o controle sagaz de seus reis chakri, escapou ao *status* colonial a se curvar aos ventos – abrindo mão de território onde isso parecia vantajoso – e aceitando orientação europeia – especialmente britânica.

Essa organização geográfica da Ásia para se adequar aos dominadores, inspirada grandemente por uma rivalidade incessante e perturbadora entre eles, teve algumas consequências estranhas e por vezes desastrosas. Em toda parte que se olhasse na Ásia as anomalias persistiam – povos divididos entre duas ou mais nações, minorias isoladas da maioria de sua raça, fronteiras que desafiam os fatos da geografia... As tensões provocadas por essas coisas são influências importantes e ativas na Ásia de hoje e terão efeitos futuros imprevisíveis. Mas para o colonialismo é provável que a Indonésia pudesse ter sido mais do que um país. Sumatra poderia ter se associado à Península Malaia tão estreitamente semelhante aos seus vizinhos, terras e povos. Java e Madura, com suas densas populações e culturas distintas, poderiam ter constituído um segundo. As ilhas ao leste e as Filipinas poderiam ter constituído um terceiro.

Existem povos das tribos da colina no noroeste da Índia que são etnicamente idênticos a outros agora birmaneses. A fronteira entre o Afeganistão e o Paquistão divide os pachtuns. Há uma minoria substancial no sul da Tailândia. O povo do noroeste da Tailândia é laosiano por língua e tradição. A Índia está mostrando indicações de divisão em três regiões de interesse diferentes e, ao longo de sua história como uma potência independente, influências regionais encontraram espaço naqueles que buscam a unificação. Aproximadamente todas essas anomalias resultaram da organização dos impérios coloniais, na qual os estados sucessores insistiram como uma base para suas próprias fronteiras.

A manipulação dos dominadores da economia das colônias para os seus próprios fins foi imposta pela associação de soldados e comerciantes tão típica da era colonial (a Companhia Britânica das Índias Orientais mantinha divisões civis e militares distintas), e por uma política de desencorajar ativamente o desenvolvimento político nos povos coloniais. O uso e a imposição de monopólios eram uma prática econômica típica. O *raj* britânico exerceu uma força severa quando Gandhi desafiou o imposto indiano sobre o sal. Para padrões modernos, muitos desses monopólios seriam julgados criminosos – aqueles formados para vender ópio são exemplos notórios. Por exemplo, em 1867, a contribuição feita pelas Índias Orientais ao governo dos Países Baixos foi quase exatamente a quantia levantada pelos monopólios governamentais com ópio e sal e com a administração de lojas de penhores. Embora o Laos fosse uma colônia, mesmo em 1945, sua exportação principal era o ópio, e durante a ocupação japonesa da Coreia a produção de drogas era legal. Em torno do ópio, álcool e sal estavam monopólios governamentais tão lucrativos que dobraram a receita colonial na primeira década após seu estabelecimento. As exportações de ópio da Índia não cessaram até 1909. Embora os dominadores tenham ganhado dinheiro com o ópio, sua produção raramente foi criticada e livremente utilizada em medicamentos patenteados, e é somente porque as receitas cessaram que a campanha contra ele como uma droga ilegal se tornou tão estridente.

Estima-se que a saída de capital do sudeste da Ásia apenas sob a forma de lucros das colônias tenha sido de cerca de U$ 3.007 milhões em 1930. Em 1925, 51% de todas as importações da Índia vinham da Grã-Bretanha, embora as exportações indianas representassem 52% de tudo na Indochina. As economias das colônias foram manipuladas de modo a poderem ser uma fonte barata e proveitosa de materiais brutos, enquanto o desenvolvimento industrial foi retardado para desencorajar a competição com as indústrias dos dominadores. A Índia, antes da era colonial a maior fornecedora de tecidos de algodão do mundo, perdeu essa posição no século XIX para a massiva indústria têxtil que se desenvolveu nas Midlands inglesas. Efetivamente, a porção asiática do PIB mundial caiu de mais de 60% em 1800 para menos de 20% em 1940. Esse enorme declínio não foi acidental. Enquanto a indústria e as economias dos dominadores prosperavam, as das colônias estavam deliberadamente restritas.

Essas políticas econômicas contribuíram para grandes mudanças sociais nas colônias. As mais importantes foram uma conversão massiva das terras para produção de grãos para exportação, rápido crescimento populacional e subdesenvolvimento – uma falta de recursos materiais adequados e somente uma pequena e limitada parcela de pessoas com formação. Esses continuam sendo hoje problemas comuns na maior parte das antigas colônias, e são as origens de milhões de mortes evitáveis, especialmente de crianças, e de doenças e pobreza. Economias desequilibradas e uma elevação da demanda por mão de obra barata para trabalhar na expansão das plantações levou a população a um rápido crescimento. Java e Madura, com cinco milhões de pessoas em 1815, duplicou sua população uma geração depois, dez vezes a população no tempo da independência, mais de vinte vezes agora. Houve aumentos similares em todas as regiões de "plantações" da Ásia.

O desenvolvimento de recursos humanos – educação – variou de lugar para lugar, mas em nenhum sequer começou a se aproximar daquele nos países dos dominadores. No final da era colonial, quando praticamente o mundo inteiro fora das colônias era alfabetizado, a vasta maioria dos povos dominados permanecia analfabeta.

Uma situação muito semelhante ocorreu com a infraestrutura material. Algumas estradas, ferrovias, instalações portuárias e cidades estavam se desenvolvendo, mas essas, pagas através das receitas coloniais, eram destinadas a satisfazer as necessidades e interesses do dominador. O desenvolvimento era geralmente muito abaixo daquele atingido fora das colônias. Em 1950, o que poderia ser considerado o final da era colonial, as três maiores nações asiáticas, China, Índia e Indonésia, tinham um total de cerca de 61.000km de ferrovias, comparadas com cerca de 349.000km nos Estados Unidos e com cerca de 381.000km na Europa. Estatísticas sobre estradas, fábricas, estações de geração de energia e outros recursos dos estados modernos indicam um subdesenvolvimento igual ou mais sério.

O fato de as colônias serem consideradas propriedades do país dominador é, portanto, central. O primeiro objetivo do sistema colonial foi ganhar dinheiro. As colônias foram negócios, administrados por empreendedores, ao longo de grande parte de sua história, independentemente do alvoroço kiplinesco* em contrário. Já em 1913, J. Dautremer, o autor de um livro padrão, *Burma under British rule* (*A Birmânia sob o governo britânico*), escreveu: "As colônias são países que foram conquistados. Elas são a propriedade do país que as administra, governa e desenvolve suas riquezas para seu próprio lucro. Como a colônia é a propriedade da nação, não tem direito algum de ser colocada no mesmo patamar do país governante". Essas afirmações são em geral típicas de atitudes publicamente expressas naquela época.

Os governos coloniais perpetuaram uma disparidade grotescamente grande de riquezas e privilégios nos povos asiáticos, uma situação que persiste nas nações modernas. Antes do colonialismo, a estrutura social básica era a da pequena comunidade de aldeias, com tradições antigas de ajuda mútua e de decisão por consenso moderando a autoridade de famílias dominantes. Geralmente, a terra era disponível a qualquer um que quisesse trabalhar nela. Mas os novos governantes trouxeram com eles os conceitos do Estado europeu e uma exigência de posse privada da terra, de modo que pudesse ser tributada eficientemente. Um homem na aldeia se tornava chefe, e cobrava impostos em prol da autoridade central, que o apoiava com força militar. Esse novo sistema criou uma massiva disparidade financeira, um considerável absentismo rural e uma camada inferior de famílias pobres e sem terra. Quando os tempos estavam difíceis, como durante a grande depressão da década de 1930, essa alienação da terra acelerou tipicamente ao estágio onde em muitos lugares mais da metade dos aldeões careciam de terra o bastante para sustentarem-se e as suas famílias. Seu único recurso era trabalhar como lavradores para os ricos.

Podemos dizer que os britânicos fizeram as maiores contribuições de valor para suas colônias, especialmente no século XX. É razoavelmente claro que a contribuição do governo holandês na Indonésia foi a menor. Eles deixaram no enorme arquipélago apenas cerca de 4.800km de ferrovias, comparado com os cerca de 26.000km na Índia. Os holandeses se recusaram a reconhecer, mesmo

---

* Referência provável a Joseph Rudyard Kipling, escritor, poeta e jornalista inglês do final do século XIX [N.T.].

em um estágio posterior, a possibilidade de as Índias Orientais se tornarem independentes, considerando somente um Estado dentro da comunidade dos Países Baixos a ser governado pelos 250.000 holandeses que viviam lá.

Pode haver pouca dúvida de que a história relativamente ordeira da Índia e da Malásia desde a independência, por exemplo, tenha se devido aos esforços feitos durante a era colonial tardia para formar algumas pessoas locais na área de negócios e administração, e para fornecer uma estrutura administrativa razoável. Que esses tenham sido basicamente para o benefício da máquina de negócios colonial não vem ao caso. Por outro lado, os problemas caóticos da Indonésia durante suas primeiras décadas de independência se deveram grandemente à falta de esforços desse tipo. Esse fator é difícil de superestimar e quem quer que busque compreender a Indonésia deve ter isso em mente. No começo da Segunda Guerra Mundial em 1939, a taxa de alfabetização era de apenas 7%. Os que tinham formação, em muitos casos, haviam sido enviados por suas famílias para escolas no exterior. Mas, mesmo quando retornavam para a Indonésia, encontravam apenas posições subordinadas.

É justo acrescentar, contudo, que na Indonésia, como em outros lugares, o movimento nacionalista surgiu entre a diminuta classe educada. Igualmente, pesquisadores universitários das potências coloniais foram em grande medida responsáveis por trazer à atenção desses nacionalistas as glórias do passado. Arqueólogos franceses decifraram pacientemente a história das vastas edificações de Angkor e começaram o trabalho de restaurar as ruínas da cidade do grande Khmer. Estudiosos holandeses fizeram o mesmo pela Indonésia. As tradições de Shrivijaya e Majapahit, que passaram a significar tanto para os nacionalistas, jamais poderiam ter sido recuperadas, mesmo na extensão presente, se não fosse pelo trabalho desses entusiastas holandeses. A posterior sociedade indonésia pré-colonial, por exemplo, não tinha qualquer noção do significado do grande monumento de Borobudur, simplesmente evitando-o como "um lugar de fantasmas".

Os movimentos nacionalistas foram, portanto, organizados e perpetuados substancialmente por uma pequena minoria educada nas ideias ocidentais sobre política. Por décadas a língua do Congresso indiano foi o inglês. Seu líder, Jawaharlal Nehru, foi educado na Inglaterra e a redação da constituição indiana foi baseada em precedentes ocidentais. Ho Chi Minh recebeu formação sobre o comunismo na França. Sukarno, da Indonésia, foi alfabetizado em várias línguas europeias e lia extensamente teoria política europeia. Mas o futuro pode muito bem situar-se em outra parte, como alguns estadistas asiáticos reconhecem. Recordo-me de há muitos anos ter ouvido um discurso proferido por um arquiteto da Singapura moderna, Lee Kuan Yew, no qual ele previa a chegada de novas forças políticas, ainda desconhecidas, e o eclipse de líderes educados no Ocidente como ele próprio. O começo desse processo é agora aparente.

Uma segunda contribuição do colonialismo foi o estado de direito. A Europa obteve seu conceito de um sistema legal codificado, obrigando igualmente todos os cidadãos, dos romanos. As atitudes em relação à lei na Ásia, com poucas exceções, foram muito diferentes, sendo a lei quase invariavelmente consuetudinária e não codificada. Nos principados do Sudeste Asiático, a lei era geralmente um instrumento tão selvagem e injusto que as pessoas hesitavam em utilizá-la. Na China, havia uma lei para os privilegiados, um outro código muito mais duro para as pessoas comuns, e – caso possamos acreditar em clássicos literários como o *Jin Ping Mei* – pronta e regularmente influenciado por suborno. No Japão, a classe dos samurais tornou-se praticamente imune à lei.

Durante o período colonial, grande parte das potências europeias impôs seus próprios sistemas legais aos territórios subordinados por tempo o bastante para educar um grupo importante de pessoas locais nesses métodos legais. Lugares como o Japão e a Tailândia, mesmo não sendo colônias, acharam benéfico aceitar os sistemas legais ocidentalizados, porque, caso não o tivessem feito, o princípio muito odiado da extraterritorialidade, sob o qual os estrangeiros eram imunes à lei local, teria continuado.

12
O sudeste da Ásia: os europeus e os impactos chineses

Muitos capítulos poderiam ser dedicados, sem muitos ganhos, às sucessões dinásticas, impérios transitórios e guerras constantes que, ao longo dos séculos, constituem as crônicas do Sudeste Asiático. Contudo, como as fontes primárias lidam quase exclusivamente com os assuntos das famílias governantes, e frequentemente mostram escassa consideração pela credibilidade e, muito menos, pela verdade – por exemplo, dizem-nos que um rei vietnamita, Phat Ma, endireitou um pilar caído em um templo em ruínas simplesmente ao olhar para ele –, são tipicamente não confiáveis.

A história real dessa região é o fluxo e refluxo da vida aldeã; a sucessão de várias gerações de pessoas comuns, humildes, analfabetas, mas obstinadas, sem grandes posses, cultivando pacientemente arroz de acordo com os métodos e rituais já tão antigos que seu começo foi esquecido, e dedicadas tão pacientemente às tradições e formas de arte de importância considerável. Na década de 1930, a Europa se tornou fascinada por essas qualidades na ilha indonésia de Bali – um modo de vida envolvendo realização pessoal em uma ou mais das artes, um mínimo de posses pessoais, uma indiferença por mais dinheiro do que o necessário, uma consideração apropriada com relação à tranquilidade pessoal e harmonia social. Existe, é claro, também um lado negativo – conservadorismo, forte pressão sobre os indivíduos a se adequarem, uma quase completa falta de privacidade pessoal, e, por trás de uma aparência externa de tranquilidade, um potencial para crueldade e violência coletiva selvagem.

Essas coisas são, sob muitos aspectos, típicas das aldeias do Sudeste Asiático na maior parte de seus diversos contextos. Para elas, as pessoas reais, os conflitos e as ambições de seus mestres guerreiros traziam aborrecimentos de tempos em tempos, mas não muito mais do que isso. As figuras dos reis pareciam quase olímpicas: deuses, cujas ações, muitas vezes tirânicas e usualmente imprevisíveis, eram, de um modo um tanto mágico e vago, ligadas à prosperidade geral do reino e à produtividade do solo. Quanto aos grandes assuntos do Estado, as pessoas eram em grande medida impotentes – e usualmente ignoradas. Pouco mudou. Crônicas contemporâneas – a mídia moderna – quando se ocupam de algum modo da Ásia, quase invariavelmente informam sobre as atividades das classes dominantes que vivem em capitais que podem constituir, no máximo, 5% da população asiática.

Apesar disso, nos séculos XVI e XVII, partes do Sudeste Asiático passaram por uma fase considerável, embora agitada, de urbanização, com várias cidades excedendo populações de 100.000. Malaca era uma dessas antes de sua ocupação pelos portugueses em 1511. Esses entrepostos mercantis, que incluíam Achém, Makassar (Ujung Pandang) e Ayudhya, eram comparáveis em tamanho a grandes cidades europeias daquela época. Londres tinha então menos de 200.000 pessoas. Localização importante nas rotas de comércio e áreas rurais altamente produtivas foram as maiores razões econômicas para esse crescimento urbano. Uma outra foi o desvio de grande parte da riqueza rural e da força de trabalho para propósitos dos governantes. Na Tailândia, por exemplo, a corveia poderia equivaler a quase metade do tempo de trabalho dos camponeses, para apoiar um exército e uma enorme burocracia e para executar a construção física de cidades como Ayudhya.

Grande parte da população dos portos de comércio era transiente, obrigada a permanecer por meses em um período até que as monções mudassem. As pessoas necessitavam de, e pagavam por, comida, acomodação e outros serviços durante esse tempo. Elas também proviam os governantes das cidades-Estado de uma fonte confiável de receita, com importações e exportações tributadas em cerca de 5 e 10%. Esse crescimento urbano se mostrou frágil. Dependia tenuemente da autoridade dos reis ou imperadores, que era frequentemente disputada, especialmente em tempos de sucessão. Conflitos civis amargos e prolongados nessas épocas, e guerras destrutivas entre reinos vizinhos, reduziram grandemente essas cidades em expansão, ou mesmo, como no caso de Ayudhya, foram deixadas à sua própria sorte. Muitos de sua população eram escravos capturados em guerras, ou camponeses forçados a trabalho de corveia ou ao serviço militar. O enfraquecimento ou colapso de regimes afetou inevitável e rapidamente a estrutura urbana inteira. Durante essa fase de ocupação pelos portugueses, a população de Malaca caiu cerca de dois terços, e outras cidades que seriam utilizadas mais tarde como bases pelos colonizadores foram similarmente afetadas.

A evolução dos estados-nação na Europa não teve, portanto, sua contrapartida no Sudeste Asiático até recentemente, embora Birmânia e Tailândia tenham atingido um tipo de unidade. Essa circunstância fez muito para auxiliar os colonizadores. À primeira vista parece estranho que números relativamente pequenos de europeus tenham sido capazes de obter um espaço em países que eram basicamente fortes e populosos, e tinham um considerável e sofisticado passado econômico e cultural. A razão foi que em toda parte pequenos nobres locais brigavam como cães e gatos. Eles estavam muitíssimo prontos para fazer concessões a aventureiros europeus para usarem suas armas e navios contra um rival vizinho. Com muita frequência essas concessões envolviam as tarefas básicas críticas, mas mundanas, de administração, como a coleta de impostos. Contanto que algum dinheiro viesse para o sultão ou rajá, pouco importava que muito mais fosse extorquido dos infelizes camponeses pelos "coletores" de impostos.

Em paralelo à chegada dos europeus à cena estava uma outra invasão virtual de estrangeiros, os chineses no exterior, em número muito maior e quase certamente mais importantes no longo prazo. Seus descendentes no Sudeste Asiático excedem agora 20 milhões de pessoas. É provável que se o governo chinês tivesse apoiado seu povo no Sudeste Asiático tanto quanto os governos europeus apoiaram os seus, a evolução dos impérios coloniais europeus na Ásia poderia ter sido grandemente limitada. Mas o governo chinês não apoiou. Os manchus nada fizeram para ajudar ou apoiar os chineses, partindo para o que passou a ser chamado *nanyang* – oceano do sul –, nem para impedi-los. A pobreza, a ilegalidade e a injustiça foram incentivos poderosos para buscar uma nova vida no exterior, e durante os séculos de crescente influência europeia os chineses fizeram isso aos milhões. A toda parte que foram levaram consigo sua tradição de trabalho duro e de sinceridade de propósitos, construindo navios, abrindo minas de ouro e de estanho, emprestando dinheiro aos governantes, monopolizando os mercados de arroz, envolvendo-se em praticamente toda área de transações comerciais.

Mais de 600 juncos chegaram a Manila nos trinta anos seguintes ao seu estabelecimento como a capital colonial espanhola das Filipinas. Havia 10.000 chineses lá em 1586, comparados aos menos de mil espanhóis. Ressentido pelo fluxo de chineses, o povo local ofereceu resistência, com meia dúzia de massacres durante o século XVII. Apesar disso, a população chinesa de Manila havia chegado a 40.000 por volta de 1750.

A grande comunidade chinesa em Ayudhya talvez tenha sido a parte a mais sólida e próspera da cidade. O governo usava os chineses como coletores de impostos e administradores de empresas estatais. A maior parte do comércio da Tailândia naquela época era com a China, dando pouca oportunidade para os holandeses, franceses e ingleses de conquistarem um espaço inicial – um elemento importante na independência contínua, embora qualificada, da Tailândia durante a era colonial.

Na Batávia (agora Jacarta), o controle chinês do comércio e da manufatura se tornou quase predominante, e com o encorajamento dos holandeses uma grande minoria chinesa se espalhou pela Indonésia. Por volta de 1740, mais da metade dos habitantes da Batávia eram chineses. Muitos enriqueceram por meio de um sistema de tributação que concedia ao coletor de impostos o direito de cobrar uma série de impostos após ter oferecido a melhor oferta em dinheiro pela concessão. Tudo mais que ele pudesse arrancar da população era seu – incluindo impostos sobre portos, sal, ópio, jogo, e mesmo taxas sobre viagens dentro da colônia.

O ópio era um importante item de comércio. Seu uso era incomum no Sudeste Asiático até o final do século XVIII, quando os produtores britânicos da papoula em Bengala e os holandeses adotaram uma política deliberada de encorajá-lo. A administração holandesa comprava o ópio em Bengala para atender a seu monopólio na Indonésia, delegando a distribuição da droga a negociantes chineses. Isso foi enormemente lucrativo, com Anthony Reid (*Cambridge History*

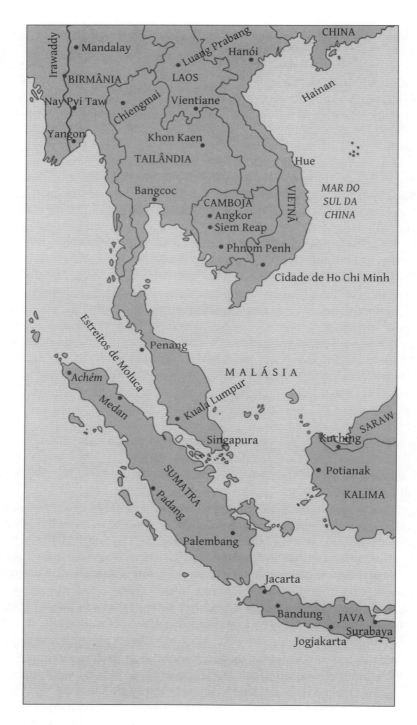

Mapa 4: Sudeste Asiático

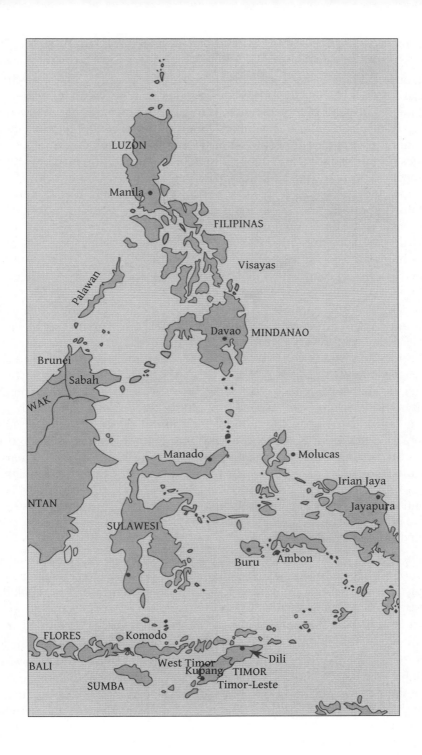

of Southeast Asia [*História de Cambridge do Sudeste Asiático*], p. 500) estimando que os lucros eram de cerca de 3.000% sobre o preço de custo de Bengala.

Houve várias consequências importantes da migração chinesa ao Sudeste Asiático. A mais óbvia foi a transplantação de uma população chinesa grande, amplamente dispersa e permanente para a região. Singapura, por exemplo, uma cidade-Estado grande, é praticamente chinesa. Um terço da Malásia é chinesa, e há minorias em todas as nações do Sudeste Asiático, muitas vezes chegando a milhões. Uma segunda consequência fundamental foi a dominação efetiva das transações comerciais no Sudeste Asiático pelos chineses no exterior. Embora as nações independentes tenham se oposto vigorosamente a isso, permanece um fator importante, com consequências consideráveis para o futuro à luz da emergência da China como uma das maiores economias do mundo. Um terceiro efeito, derivado dos dois primeiros, foi o ressentimento arraigado e violento dos povos nativos pelos chineses. Em milhares de aldeias do Sudeste Asiático os lojistas, agiotas e proprietários de terras são chineses, e são objetos de desconfiança, inveja e antipatia maldisfarçadas.

A destruição do reino de Nanzhao do sul da China por Kublai Khan conduziu um número crescente de tailandeses daquela área em direção ao sul. Essa migração estabeleceu vários grupos importantes e relacionados, que estão agora divididos entre vários países. Esses grupos são as tribos Shan do noroeste birmanês, os tailandeses, os laosianos e vários povos da província chinesa de Yunnan. Fronteiras nacionais herdadas das potências colonizadoras são frequentemente irreais. O Rio Mekong, por exemplo, no mapa parece ser uma fronteira lógica entre a Tailândia e o Laos. Contudo, como o rio é o principal meio de transporte em áreas com poucas estradas e sem ligações ferroviárias, e como o povo que é etnicamente o mesmo e fala a mesma língua vive em ambas as margens, ele é um fator que tende a unir em vez de dividir. Já em 1964, funcionários do governo tailandês na província tailandesa de Nogkai próxima ao Mekong encontraram aldeias nas quais os habitantes estavam firmemente convencidos de que eram laosianos e tinham fotos do rei do Laos em suas paredes como o objeto de suas lealdades.

Em direção ao oeste, os birmaneses gradualmente uniram a seção norte de seu antigo império, chamado Pagan, em torno de uma cidade chamada Ava, não distante da presente Mandalay. Esse império usou mercenários tailandeses, que terminaram estabelecendo seus próprios reinos no norte sob o governo de nobres hereditários chamados *sawbwas*. Esses reinos são os estados Shan, que ainda estão lutando para se independentizar da Birmânia.

A Birmânia conquistou uma coesão territorial importante sob o governo de sua linha final de reis, fundada por um soldado determinado e ambicioso chamado Alaungpaya, que havia sido um chefe de aldeia. Ele estabeleceu um porto de entreposto na cidade ao sul de Dagon, e a renomeou Yangou, que significa "a morada da paz" (Rangoon é uma tradução europeia desse nome). Em seguida, Alaungpaya encaminhou seus exércitos ao leste. Em 1760, enquanto dirigia um ataque aos tailandeses, foi morto quando um canhão explodiu próximo a ele. Contudo, seu exército manteve o ataque. Tomou a cidade tailandesa do norte Chiengmai em 1763, e quatro anos depois saqueou e incendiou a capital, Ayudhya, matando seu povo faminto depois de 14 meses de cerco.

A Birmânia era tão forte militarmente que foi capaz de resistir a ataques mesmo da China, quando o Imperador Qianlong enviou um exército à fronteira do Estado de Yunnan em 1766. Embora as colunas chinesas tenham avançado várias vezes pelos caminhos das colinas em direção à planície do Rio Irauádi, tiveram de recuar toda vez. Em 1770, os manchus foram obrigados a concordar com termos de paz. Os birmaneses tinham conhecimento da expansão britânica na Índia e ambos sabiam que uma colisão de interesses viria com o tempo, especialmente após a conquista birmanesa do reino de Arakan na Baía de Bengala no final do século XVIII. No começo do século seguinte, a Birmânia ocupou o Estado da grande colina de Assam, de modo a ganhar espaço na própria Índia. As coisas culminaram quando o assertivo General Bandula se preparou para atacar o grande e imensamente rico Estado de Bengala.

Antes que pudesse agir, a Grã-Bretanha desferiu o primeiro golpe. Em 1824, uma frota britânica fez um ataque surpresa em Yangon e a capturou facilmente. Assim começou a primeira guerra birmanesa. Bandula lutou bem, mas não tinha ideia da escala dos recursos por trás de seu inimigo. Como outras campanhas britânicas da época, a execução dessa foi criminalmente ineficiente. Constantemente assolada por doenças, a taxa de mortes foi espantosa; 15.000 soldados britânicos morreram, com exceção de algumas centenas, devido a doenças e ferimentos infectados. No fim, os birmaneses propuseram a paz. Eles pagaram uma indenização de 1 milhão de libras, embora a guerra tenha custado à Grã-Bretanha 13 milhões. A Birmânia também perdeu – e a Grã-Bretanha ganhou – uma seção importante da linha costeira birmanesa, e foi acordado que um ministro residente britânico deveria ser alocado em Ava, basicamente para estimular o comércio.

Os birmaneses não estavam de modo algum ansiosos por relações mais estreitas, e a paz não durou muito. De tempos em tempos se registrava na Índia que cidadãos britânicos em Yangon estavam sendo tratados desrespeitosamente, e os sentimentos se acirraram nos dois lados. Quando dois capitães marítimos britânicos foram presos sob acusações fabricadas de assassinato, o vice-rei britânico na Índia, o Lorde Dalhousie, enviou um esquadrão a Yangon sob o comando de um oficial naval temperamental, o Comodoro Lambert. Quando seu navio, o HMS *Fox*, foi atacado muito ineficazmente por uma bateria costeira, Lambert, agindo muito além de suas instruções, usou os canhões do *Fox* até que tivesse afundado tudo à vista que pudesse se assemelhar a um navio birmanês de guerra. Assim, a oportunidade para negociação passou imediatamente e a guerra se tornou inevitável.

A atitude de Lambert – sumarizando, como fez, a era jingoísta do colonialismo britânico – é evidente em sua carta ao governo da Índia: "É com profundo pesar que tive de iniciar hostilidades com a nação birmanesa, mas estou confiante de que o governo da Índia e o Lorde Dalhousie verão que era inevitável e necessário para vingar a honra da bandeira britânica". De fato, o governo da Índia e o Lorde Dalhousie não estavam contentes, mas tiveram de aceitar a segunda guerra birmanesa como um fato consumado. Constantemente sob fogo da pressão britânica, a funesta guerra se prolongou, levando finalmente à captura de Ava e à adição de várias outras províncias birmanesas ao Império Britânico.

A desmoralização resultante nada fez para melhorar a ética e a posição da dinastia governante. A corte em Mandalay se tornou notória por sua violência, injustiça e imoralidade sórdida sob o governo do Rei Thebaw, o último de sua linha, que sucedeu ao Trono do Leão após a morte de Mindon em 1878. Mindon não havia nomeado um sucessor e a intriga resultante pelo poder levou a um horrível massacre do príncipe e da princesa da casa real, adultos e crianças. Como em outras partes do continente do Sudeste Asiático, era proibido tocar a pessoa de qualquer linha da realeza, e, sacrilégio, derramar seu sangue. Por isso, as execuções ordenadas por Thebaw foram conforme a macabra tradição do passado. As vítimas eram primeiro costuradas em sacos de veludo vermelho e depois tinham seus pescoços quebrados por meio de golpes de tacos de sândalo.

Essa atrocidade alarmou profundamente os ministros residentes britânicos na Birmânia, provocando um protesto ao redor do mundo, e colocou o governo britânico sob uma forte pressão para pôr um fim ao desgoverno de Thebaw. Quase ao mesmo tempo Thebaw começou a fazer intrigas com os franceses na Indochina, com a ideia de jogá-los contra os britânicos. O governo britânico agora esperava somente por um pretexto adequado para a guerra, o qual Thebaw forneceria muito em breve. Uma disputa financeira surgiu entre a corte e uma grande companhia com monopólio da teca, a Corporação Comercial Bombaim-Birmânia. O governo britânico interveio, uma força expedicionária ocupou Mandalay em 1885, e no ano seguinte a monarquia foi deposta. A conquista da Birmânia estava completa. A conversão do palácio real em um clube britânico se tornou um símbolo irônico do novo *status* da Birmânia como uma mera província da Índia britânica.

O incêndio da capital siamesa, Ayudhya, destruiu uma das cidades mais bonitas e populosas do Sudeste Asiático – uma fonte de maravilha para os comerciantes europeus que a visitavam. Contudo, um pequeno exército tailandês foi capaz de sair das ruínas e, a despeito de mais quatro ataques birmaneses, retomou o controle do delta do Rio Chao Phraya, a tigela de arroz da região. Um oficial do exército, o General Chakri, tornou-se rei sob o título de Rama I. Começa assim a dinastia que ainda reina, como monarcas constitucionais, na Tailândia hoje.

A destruição de sua capital ensinou aos tailandeses uma amarga lição, e Rama I foi guiado principalmente por considerações estratégicas na escolha de um lugar para a nova capital. Ele decidiu colocar o amplo fluxo do Rio Chao Phraya entre ele e seus inimigos, e encontrou o lugar do qual necessitava em uma aldeia chamada Bangcoc. Estrangeiros ainda usam esse nome, mas os tailandeses chamam sua capital de Krungthep, que significa "a cidade dos anjos". Anciões que conheceram Ayudhya em sua glória foram chamados para aconselhar os arquitetos da nova cidade, pois a intenção era que se parecesse tanto quanto possível à sua predecessora. Ayudhya foi situada em um terreno baixo quase completamente cercado por uma grande curva do rio, entrecruzado por centenas de canais, que são chamados *klongs*. Foi assim que Bangcoc adquiriu os *klongs* que eram uma característica tão distinta, embora muitos tenham sido agora aterrados para possibilitar rodovias mais largas para o tráfico agitado de automóveis da cidade.

Os primeiros monarcas chakri continuaram a governar do tradicional modo bárbaro e despótico. O rei era considerado um deus, as pessoas tinham de se colocar em sua presença de quatro, e praticamente tocar sua pessoa significava morte. Seu título era "senhor da vida" e detinha poderes sumários sobre todos os seus súditos. Quando saía de seu palácio, que resplandecia com folhas de ouro e azulejos multicoloridos, as pessoas comuns se enclausuravam em suas casas para evitarem o risco de serem vistas com suas cabeças num plano mais elevado que a do rei, pois isso, mesmo que inadvertidamente, era uma ofensa capital.

Em 1848, um jovem funcionário, usando os serviços de um casamenteiro, buscava a libertação de uma jovem do vasto harém do rei, de modo que pudesse se casar com ela. A mera intenção foi interpretada como traição. Não somente o jovem e a jovem foram executados como também outras oito pessoas, uma vez que tinham conhecimento do que estava ocorrendo e não informaram a corte. Além de proteger os interesses do rei e da aristocracia, o governo se interessava apenas muito casualmente pela lei e ordem. Em casos civis, especialmente, a lei era tão parcial e ilógica que poucas pessoas tinham a temeridade de recorrer a ela.

Contudo, Siam se tornou uma potência importante no começo do século XIX, determinada a rivalizar a força militar da Birmânia, e expandindo em direção ao leste para grande parte do Laos e do Camboja. O país então não era pobre ou superpovoado. A maioria das pessoas vivia em pequenas aldeias ao longo de muitos canais, havia disponibilidade de terra para qualquer um que desejasse assumi-la, e o único ônus sério imposto pelo governo era a tributação. Durante o governo de Rama III, esse ônus se tornou maior porque o governo se desincumbiu do direito de arrecadar impostos – o assim chamado sistema de "coleta de impostos". Esses agentes, que eram principalmente imigrantes chineses, concorreram ao direito de coletar impostos e tinham permissão para ficar com o que quer que pudessem capitalizar acima de sua oferta. O sistema de impostos resultou em uma grande classe de escravos, talvez cerca de um terço da população. A maioria era de pessoas que haviam voluntariamente se tornado escravas por não pagamento de débitos. Eram livres para se transferir de um proprietário a outro e podiam resgatar sua liberdade simplesmente reembolsando o débito. Poucos escolhiam fazer isso porque escravos eram isentos de tributação.

Rama III concordou relutantemente com um acordo de comércio com a Grã-Bretanha em 1826. Os tailandeses fizeram o possível para ignorá-lo ou evitá-lo, porque não queriam cair como os indianos e birmaneses nas garras imperiais. Rama III viu que toda habilidade que pudesse congregar seria necessária para escapar à dominação colonial – essa se tornou a política da dinastia. Ela foi melhor executada pelo Rama IV, mais conhecido para o resto do mundo como Rei Mongkut, devido às reminiscências do uso desse nome pessoal pela governanta inglesa de seus filhos, Anna Leonowens. É uma pena que a imagem ocidental desse governante perspicaz e inteligente tenha sido tão influenciada pelo filme e pela comédia musical livremente adaptada do que foram, mesmo em sua forma original, observações muito imprecisas. O principal interesse de Anna pela história vem do simples fato de seu trabalho. Isso se originou da consciência de Mongkut de que seus descendentes poderiam evitar melhor as potências colonizadoras se falassem inglês. Seu juízo nesse assunto e em muitos outros mais relevantes foram razões importantes para a Tailândia permanecer ao menos nominalmente independente ao longo da era colonial.

Mongkut foi um monge budista por 27 anos antes de se tornar rei em 1851 aos 47 anos. Devido principalmente à sua reforma da organização budista na Tailândia, ela se tornou uma das ordens religiosas mais bem-organizadas do mundo. O próprio caráter de Mongkut foi formado por esses anos de disciplina monástica, dedicação à educação e renúncia, pois, como outros monges, ele era obrigado ao celibato e não poderia possuir outra propriedade além da túnica amarela, sandálias e algumas outras coisas básicas. Como rei, foi polígamo, porque era o costume, inspirado mais pela vantagem política de vincular várias famílias ao trono do que pelos desejos pessoais do monarca. Ele permitia que integrantes de seu harém casassem com outros em certos casos e há registros de que um homem que abduziu uma delas foi libertado por meio do pagamento de uma multa de cerca de U$ 5.

Siam foi posta a caminho de uma importante reforma durante seu governo, em grande medida por iniciativa sua, pois não era um reacionário forçado a reformas por um movimento nacionalista. Na verdade, teve de persuadir e encorajar seu povo a aceitar liberalidade e mudanças. Suas energias pareciam fluir em todas as direções. Ele fundou gráficas, encorajou missionários cristãos, promoveu a educação, decretou um sistema monetário moderno e democratizou a monarquia ao se tornar mais acessível ao povo.

Ele recebia bem a ajuda do Ocidente e aceitava conselheiros de vários países para auxiliá-lo na reforma das leis e instituições siamesas. Havia um limite ao que ele poderia fazer em um reino de 17 anos, mas naquela época ele deu a seu país um impulso para movê-lo do mundo medieval ao moderno. Mongkut foi um homem de considerável energia e curiosidade intelectual, e mesmo as circunstâncias de sua morte são típicas. Ele morreu em 1868, como resultado de uma febre que teve logo após retornar de uma expedição científica que organizara para ver um eclipse do sol. Seu epitáfio pode muito bem ter sido as palavras de um missionário inglês que descreveu seu governo como "o mais suave e melhor governo pagão sobre a face do globo".

A situação nos vizinhos de Siam do Leste, os estados indochineses que são agora Vietnã, Laos e Camboja, era muito diferente. Um grupo de missionários jesuítas franceses teve uma influência inicial e importante. Eles perseveraram, a despeito da considerável perseguição, e a comunidade cristã, quase inteiramente católico romana, chegou a centenas de milhares ao final do século XVII.

No último quarto do século XVIII, uma grande revolta irrompeu nas montanhas do Vietnã do Norte, espalhando-se para as planícies. Essa rebelião da Dinastia Tay Son foi uma expressão de descontentamento da massa com a alta tributação, a corrupção oficial e o duro governo dos mandarins. Foi o começo do fim de duas dinastias rivais no norte e no sul, a Trinh e a Nguyen. A Dinastia Trinh derrotada fugiu para a China; a Nguyen foi expulsa de Hue, sua capital vulnerável e não estratégica situada conforme as predições de astrólogos, indo se refugiar no extremo sul, que era então uma selva predominantemente despovoada.

Eles viveram como foras da lei nas ilhas do Golfo da Tailândia até que, finalmente, sua causa foi assumida pelo vigário apostólico francês Pignane de Behaine, que negociou um acordo com o governo francês para restaurar a Dinastia Nguyen no trono em troca de um monopólio de comércio e da cessão de certos territórios à França. No início, De Behaine teve dificuldades para persuadir as autoridades francesas na Ásia a implementarem esse acordo, mas terminaram mobilizando um pequeno exército mercenário francês que, usando armamento moderno, foi altamente efetivo. Não somente o reino do sul foi capturado, mas Hanói no norte foi também conquistada em 1802. A conquista do norte foi relativamente fácil, uma vez que os líderes Trinh já haviam sido substituídos pelo movimento popular Tay Son. A unidade do Vietnã sob um único governo foi, portanto, em grande medida o resultado da exploração francesa das facções rivais. Um tratado foi assinado em 1862 cedendo três províncias do sul à França e permitindo que missionários trabalhassem em qualquer parte do país. Seis anos mais tarde a França ocupou mais três províncias. Eles estabeleceram um protetorado sobre o Camboja em 1864, e, dezenove anos depois, sobre o Vietnã do Norte. Áreas tribais ao longo do Rio Mekong foram adicionadas em 1893 e receberam o nome de Laos. Essas colônias se tornaram conhecidas como a Indochina francesa.

13
O mundo malaio: Majapahit e Malaca

O império javanês de Majapahit, que existia por cerca de 200 anos desde 1293 d.C., foi um dos últimos grandes estados hinduizados da ilha do Sudeste Asiático, e provavelmente o mais lembrado. Nisso reside possivelmente sua grande importância, pois a tradição Majapahit foi adotada como parte de sua herança nacional pela Indonésia moderna. Alguns indonésios viram no Majapahit um império pan-malaio que poderia ser novamente realizado no futuro.

Há muito desacordo sobre quão grande o Majapahit na verdade foi. A tradição afirma que se estendia além de Java e Sumatra até grande parte da Malaia, das Celebes (Sulawesi) e mesmo a partes do que agora são as Filipinas, possivelmente também à Nova Guiné. Essas contenções são baseadas substancialmente em uma fonte suspeita: uma descrição do império escrita em 1365 pelo historiador da corte Majapahit, o monge budista Mpu Prapanca, em um longo poema panegírico.

O líder da independência da Indonésia e primeiro presidente, Sukarno, referia-se à descrição de Prapanca sobre Majapahit durante discussões — nos anos finais da ocupação japonesa da Indonésia durante a Segunda Guerra Mundial — quanto à forma que uma futura república independente poderia tomar. Nessas discussões, a Península Malaia, Bornéo e a Nova Guiné eram mencionadas como tendo sido outrora parte dos domínios de Majapahit. Embora seja extremo considerar isso como uma evidência das ambições expansionistas indonésias a todos esses territórios, a visão de um "novo Majapahit" parece ter permanecido nas mentes de alguns líderes indonésios.

Além de suas contribuições à ambição nacionalista, Majapahit teve conseqüências sociais importantes e duradouras na Java Oriental, que é ainda extensivamente hinduizada. Isso é especialmente verdadeiro sobre a classe aristocrática, ou *priyayi*. Essa região possui somente uma fina camada de islamismo sobre influências anteriores animistas e posteriores hindus, e Bali, que pode propriamente ser associada a ela nesse contexto, permanece quase inteiramente hindu. Não é sem interesse que o pai do Presidente Sukarno tenha pertencido à classe *priyayi* e sua mãe fosse balinesa.

No século XIV, o Majapahit se tornou um grande coordenador do comércio de especiarias com a Europa, estabelecido na cidade portuária Surubaya e no próprio Majapahit, a uma certa distância acima do Rio Brantas, em uma rica planície de cultivo de arroz. Parece ter sido uma confederação livre de conveniências entre estados produtores de especiarias autônomos que deviam lealdade apenas simbólica. Assim, longe de ser um império derivado de conquistas, Majapahit parece ter sido mais um reino que controlava, em um nível, Java Oriental, Madura e Bali, com extensos contatos comerciais recíprocos com ilhas indonésias que cultivavam especiarias; e, em outro, as relações de comércio com a China e com a Europa, via Egito, que passavam mercadorias a Veneza.

Majapahit teria estado em seu zênite durante o mandato do Primeiro-ministro Gaja Mada na parte final do século XIV. Independentemente dos fatos sobre isso, Gaja Mada é considerado um herói nacional. Uma das maiores universidades da Indonésia, estabelecida em Jogjakarta durante a luta por se independentizar dos holandeses, é uma das muitas instituições nacionais nomeadas em homenagem a ele. Majapahit declinou em importância após sua morte em 1364. Dizem que se achou necessário nomear quatro ministros para fazerem seu trabalho, mas a despeito de seus esforços o reino se encaminhou para uma fase de governo menos competente da qual jamais se recuperou. Como sempre, um forte inimigo estava pronto para se aproveitar da fraqueza. Foi provavelmente uma liga de príncipes muçulmanos, estabelecida no Porto de Demak, que conquistou Majapahit por volta de 1520.

Os muçulmanos que difundiram a fé de Alá no Sudeste Asiático eram principalmente indianos. Quando o islamismo atingiu a Indonésia e a Malásia estava substancialmente modificado em relação à fé ascética severa do deserto, e devido a isso foi mais prontamente aceito. A escola sufista mística do islamismo possui elementos de magia e uma certa flexibilidade que permitia a incorporação de crenças animistas antigas quando atingiu o Sudeste Asiático. E como o islamismo não tinha sacerdotes profissionais, os missionários eram usualmente comerciantes; a adoção do islamismo deu uma vantagem comercial definida a rajás locais ambiciosos.

Esses elementos têm implicações atuais importantes, tornando necessária uma grande distinção entre o islamismo da Indonésia e da Malásia e o do Oriente Médio, especialmente os ramos fundamentalistas. No Oriente Médio, Paquistão e Afeganistão, a ortodoxia muçulmana é conservadora e restritiva, enquanto na Indonésia a religião é muito mais flexível. As mulheres têm um alto grau de liberdade e independência pessoal, desempenham uma parte importante no governo e nos negócios, e não são limitadas em seus movimentos e liberdade para obterem formação.

Malaca, um porto da costa oeste nos estreitos que recebem seu nome, foi o último dos maiores impérios marítimos malaios, e o primeiro a ser situado na própria Península Malaia. De acordo com um observador português do século XVI, Tomé Pires, em seu *Suma Oriental*, Parameswara, o fundador de Malaca, pode ter sido descendente de Shailendra, do mesmo sangue da dinastia que havia governado Shrivijaya. Certamente, o desenvolvimento dos dois impérios foi similar, e ambos tinham o mesmo motivo comercial – a dominação do comércio dos Estreitos de Malaca. Singapura é seu equivalente moderno.

Atualmente, o rio de Malaca está assoreado e é usado somente como um refúgio para alguns barcos de pesca. A pacata cidade se abre sobre um trecho raso e lamacento do mar sobre o qual a monção leva uma sucessão interminável de ondas curtas e rápidas. Mas há 600 anos, os acessos tanto do rio como do mar eram prontamente navegáveis, fornecendo um porto conveniente para barcos a vela. O clima raramente era tempestuoso e as duas monções, os ventos do comércio dessa região, sopravam com notável regularidade.

Devido a isso, Malaca foi um local útil de parada para as armadas da Dinastia Ming. Paz e sua localização na principal rota marítima através do Sudeste Asiático lhe permitiram crescer rapidamente. Na verdade, a China decretou uma ordem para o principal inimigo potencial de Malaca, Siam, para não atacar a cidade. Nas duas décadas, a partir de 1411, cinco governantes malaqueses viajaram para a corte chinesa. Os muçulmanos gujarati da Índia desempenharam um papel importante em seu comércio vigoroso. Eles vinham a Malaca às centenas, usando toda eficiência de operações comerciais que distingue seus antecedentes na Índia hoje. Na verdade, o tecido de algodão e as especiarias indianas eram as principais mercadorias comercializadas. As receitas de Malaca vinham de um imposto de 6%, cobrado sobre o valor de todas as cargas admitidas.

Os primeiros navios portugueses a chegarem a Malaca, em 1509, encontraram a cidade no auge de sua influência. A chegada dos europeus provocou muito desconforto entre os muçulmanos gujarati, que, a partir de suas experiências fora da costa do leste indiano, conheciam um pouco dos métodos portugueses. Eles anteciparam uma concorrência comercial no Sudeste Asiático e persuadiram os governantes de Malaca a concordarem com um ataque repentino ao esquadrão europeu. Os portugueses foram forçados a se retirar, deixando para trás dois navios incendiados, muitos tripulantes mortos e 19 membros de um grupo de praia detidos como prisioneiros. A vingança não tardou muito. Dois anos mais tarde, o segundo vice-rei, d'Albuquerque, chegou a Malaca pessoalmente com uma frota de 18 navios, exigindo, com ameaça armada, a entrega dos prisioneiros portugueses e a compensação pelos navios que haviam sido destruídos.

Malaca decidiu resistir, e os portugueses, então, invadiram a cidade, após uma batalha severa que durou vários dias. A força europeia era pequena – como usualmente eram as forças europeias na Ásia –, mas sua disciplina, armas superiores e o apoio do poder de fogo dos navios lhe permitiram alcançar a vitória. Além disso, a resistência foi longe de geral. Muitos dos mercadores que viviam na cidade não tinham qualquer lealdade aos seus governantes – eles estavam interessados principalmente em terminar o conflito rapidamente de modo a retomar o comércio. Seguindo seu costume usual, os portugueses consolidaram sua vitória construindo uma poderosa fortaleza de pedras próxima à foz do rio. Sua entrada ainda pode ser vista em Malaca, cercada por verdes gramados em um parque defronte ao mar.

Os portugueses não permaneceriam muito tempo em Malaca antes que sua prosperidade começasse a declinar. Como a maioria das potências coloniais, seu objetivo básico era ganhar dinheiro, mas os portugueses estabeleceram padrões de rapacidade nunca igualados depois, condenando, assim, seu império na Ásia. Eles terminaram se tornando tão odiados por sua traição, crueldade e ganância que o transporte marítimo passou a evitar o porto. A maioria dos comerciantes gujarati passa então a se dirigir a portos ao norte de Sumatra. Uma outra potência europeia, a Holanda, iria se tornar a nêmesis dos portugueses. Os navios holandeses bombardearam Malaca em 1606, e dali em diante bloqueariam o porto mais ou menos continuamente. O comércio de Malaca se tornou quase inexistente, e mesmo a cidade terminou ficando sem alimento, pois dependia das importações de arroz de Java. Os holandeses, em uma aliança com os antigos governantes malaios, atacaram a cidade com força total em 1640, e seis meses depois a fortaleza capitulou.

Malaca nunca se recuperou, porque os holandeses não permitiram. Enquanto mantiveram Malaca ninguém mais pôde restabelecer seu comércio potencial, e assim as operações comerciais foram redirecionadas para as Índias Orientais (agora Indonésia) nas quais os holandeses estavam mais interessados. O governo militar holandês em Malaca foi duro, e muita miséria resultou da hostilidade entre os holandeses protestantes e os católicos malaios e eurasianos convertidos. Assim, a promessa inicial de Malaca não surtiu efeito. Ela se tornou uma das primeiras vítimas da era do imperialismo.

Contudo, não foi a única. Por 200 anos desde 1400 o Sudeste Asiático esteve envolvido em um comércio ativo com grande parte do mundo, transportado em navios chineses, indianos e árabes. Isso estava para mudar à medida que os colonizadores europeus assumiam o controle da região, usualmente por meio de ameaça armada. Além disso, a mudança climática – a Pequena Era do Gelo que provocaria pobreza, e mesmo a fome, em muitas partes do mundo – resultou em uma recessão do comércio global.

Embora o reino de Johore, no extremo sul da Península Malaia, tenha conseguido uma certa continuidade de governo, ele, também, foi fraturado por dissensão e conflitos. O resto da península reverteu aos pequenos e primitivos reinados ribeirinhos, passando por incansáveis alianças e guerras perpétuas, embora esporádicas, entre vizinhos. Os estados do norte se tornaram vassalos de Siam. Por um tempo, a dominância sobre grande parte do resto da Malaia foi exercida por uma raça de piratas marítimos, os bugineses de Sulawesi.

Os mercadores britânicos começaram a comerciar de um modo limitado com essa Malaia pequena e subpovoada durante o século XVIII. Um deles foi um capitão marítimo chamado Francis Light que, após muita argumentação, persuadiu a Companhia Britânica das Índias Orientais a estabelecer um porto em Penang, a pequena ilha montanhosa ao largo da costa noroeste. Esse assentamento, Georgetown, fundado em 1786, foi a primeira posição estabelecida britânica em solo malaio. Como era usual, o comércio foi a principal consideração. Os *East Indiamen*, como os navios da companhia eram chamados, necessitavam de uma base para interromper a longa jornada para, e da, China com chá. Esse comércio estava se expandindo rapidamente. O desenho do navio melhorou e o chá, desconhecido na Inglaterra antes da metade do século XVII, estava substituindo rapidamente o café e bebidas mais fortes em popularidade. Seu apelo à moralidade britânica, que se desenvolvia rapidamente, é descrito sucintamente na imagem do poeta William Cowper das "xícaras que alegram, mas não inebriam".

Thomas Stamford Raffles, que havia sido governador de Java durante as guerras napoleônicas, desembarcou em 1819 em uma ilha pequena e pantanosa ao largo da costa Johore, separada dela somente por um estreito e raso canal. Essa Ilha de Temasik, habitada apenas por alguns pescadores, parecia sem valor para o sultão de Johore, que concordou em alugá-la permanentemente. O novo assentamento, Singapura, rapidamente mostrou seu valor. Já em 1824, a data do primeiro censo oficial, mais de 10.000 pessoas haviam se estabelecido lá. Em 1824, as esferas holandesa e britânica de influência foram regularizadas por um tratado. A Holanda retirou suas objeções a Singapura e trocou Malaca pelo único posto britânico nas Índias Orientais, Bencoolen, em Sumatra. Dois anos mais tarde, Singapura era unida a Georgetown em Penang e Malaca como um território colonial separado, os Assentamentos do Estreito.

14
Indonésia: os últimos reinos independentes e a extensão do domínio holandês

Os mercadores aventureiros da Holanda começaram três séculos e meio de associação de seu país com as ilhas férteis, que chamaram Índias Orientais, sob uma nuvem de fumaça de canhão. Eles foram traiçoeiros, cruéis e rapaces, e desde o primeiro contato excitaram medo e ódio entre o povo local.

Sob esses aspectos, diferiram pouco de seus colegas mercadores europeus nessa região. Jornadas de um ponto a outro das Índias eram tão perigosas que geralmente somente criminosos e outros de caráter desesperado e moralidade incerta assumiriam os riscos. Por muitos anos uma perda média de um quarto das tripulações dos navios que comercializavam com as Índias era considerada normal. A primeira frota de quatro navios a chegar às ilhas em 1596 perdeu 145 membros de sua tripulação de 249 durante uma viagem de 14 meses. Muitas dessas mortes foram por escorbuto.

A exploração holandesa poderia nunca ter ido além da mistura casual de pirataria e comércio típico dessa primeira penetração da influência europeia não fosse pela visão ambiciosa de Jan Coen, que foi nomeado o primeiro governador-geral em 1618. Ele previu um vasto império comercial holandês no Oriente, com ramificações muito além das Índias. Coen conseguiu o controle do porto comercial de Djakarta na Java Ocidental e construiu lá uma poderosa fortaleza e uma minicidade holandesa. Suas filas de pequenas casas brancas agrupadas uma próxima da outra ao longo das margens dos canais lamacentos, com seus telhados marrons, vitrais e pesadas persianas, foram inspiradas por uma forte saudade da Holanda. Em 1619, essa cidade recebeu um antigo nome holandês, Batávia. O pequeno assentamento holandês, inicialmente, não questionou, e não poderia, os ainda poderosos governantes de Java. A cidade resistiu, com sucesso, a alguns de seus ataques preliminares, e então assinou acordos nos quais tecnicamente aceitava sua soberania.

Devido ao isolamento dessas ilhas em relação à Europa, suas especiarias sempre exigiam preços muito altos. Naquela época as Maluku (Molucas) eram o único lugar onde cresciam cravos, e a árvore da noz-moscada era encontrada exclusivamente em Banda e Ambon. Jan Coen usou uma mistura de persuasão e força para garantir um monopólio de seu lucrativo comércio. Ele, então, consolidou sua posição ao expulsar os competidores comerciais, especialmente os ingleses, das águas indonésias. Houve muitos incidentes obscuros, mas violentos, dos quais o mais lembrado é o assassinato de alguns comerciantes ingleses e seus assistentes chineses em Ambon em 1623. A despeito de uma subsequente batalha de palavras entre os governos holandês e inglês, a Companhia Britânica das Índias Orientais não estava interessada o bastante para financiar uma longa guerra. Os ingleses desapareceram das Índias, exceto por um único posto em Bencoolen, na Sumatra.

Os holandeses aplicaram controles rígidos à economia das ilhas, pois estavam determinados a não permitir que o preço dos cravos e da noz-moscada caísse devido ao excesso de oferta. Eles forçaram o povo local a derrubar e queimar suas árvores, até que a produção de especiarias tivesse caído a um quarto da colheita anterior. Os aldeões que resistiam eram cruelmente perseguidos e mortos, e suas casas incendiadas. A expedição de Coen contra Banda para garantir o monopólio de noz-moscada é um dos horríveis incidentes da história colonial. Os ilhéus resistiram bravamente, mas foram sobrepujados pelas armas superiores dos holandeses. Quinze mil foram mortos, e os sobreviventes foram forçados a cultivar as especiarias para os holandeses sob condições pouco melhores que a da escravidão. A companhia determinava o preço que pagaria, e forçava os cultivadores a aceitarem mercadorias do comércio da Batávia como pagamento.

Como essas mercadorias eram quase sempre sobrevalorizadas, esse sistema de escambo era muito desvantajoso para os indonésios. A prosperidade das ilhas diminuiu, e ao longo do século seguinte a população de Ambon declinou aproximadamente um terço. Tão profunda foi a amargura originada por essas políticas que, quando a demanda mundial por especiarias aumentou no século XVIII, mesmo medidas extremas não puderam induzir essas pessoas a aumentarem a produção de cravos e de noz-moscada. Finalmente, as árvores se desenvolveram na Índia e o monopólio holandês terminou.

Enquanto isso, o pequeno assentamento em Java era mantido precariamente. O último Estado indonésio antes do período colonial estava localizado em uma capital no interior, Mataram, na Java Central. Ela se tornou grande e poderosa durante a existência de um líder exemplar, o Sultão Agung, que chegou ao trono em 1623. De acordo com os registros da corte da época, ele se considerava o sucessor dos grandes governantes de Majapahit, embora fosse muçulmano. Por volta de 1625, governou toda Java, exceto por algumas pequenas áreas nas extremidades leste e oeste da ilha, que eram controladas por Bali e Bantam, um vigoroso Estado baseado no comércio de pimenta no oeste javanês. A sociedade de Bali, liderada por famílias hindu-javanesas que haviam fugido de Majapahit, mantinham uma oposição bem-organizada tanto a Mataram quanto aos holandeses, mantendo sua própria ilha e um pequeno enclave na Java independente.

Entre 1627 e 1630, Agung fez esforços determinados, por meio de traição e ataques diretos, para destruir a Batávia. Os exércitos de Mataram estabeleceram uma represa ao longo do rio que fornecia à fortaleza suprimento de água, e, quando tudo mais falhou, instituiu um cerco envolvendo milhares de soldados.

Contudo, esse exército massivo em breve também ficaria sem comida. O poder naval holandês era vastamente superior – os navios holandeses destruíram uma frota de 200 barcos que carregavam arroz – e em semanas o exército faminto de Mataram foi forçado a se retirar. Subsequentemente, foi assinado um tratado garantindo a existência continuada da Batávia.

De muitos modos, Mataram seguia as tradições do Majapahit e era provavelmente similar inclusive aos primeiros reinos javaneses. Ele é consequentemente de interesse porque havia muitas descrições suas escritas por observadores europeus. Mataram se parecia sob muitos aspectos aos reinos indianos de mais de mil anos antes de sua época – o primeiro sobre o qual possuímos descrições independentes. As observações do grego Megástenes sobre o Império Mauria no norte da Índia no século IV e daqueles holandeses que visitaram o *kraton* – o complexo palaciano – de Mataram, testemunham essa continuidade de tradição.

Uma similaridade era a guarda do rei, composta de mulheres armadas com lanças, que eram as únicas pessoas que tinham permissão para ficar próximas ao governante quando ele aparecia em público. Muito mais básico era o papel sacral do rei, seu lugar como um intermediário entre o povo e as forças temíveis e veneradas da natureza – que são impressivas o bastante em Java, com seus vulcões ativos e tempestades de raios repentinas e violentas, em alguns lugares ocorrendo em mais de 300 dias por ano. Somente o rei, apoiado pelos espíritos de seus ancestrais, poderia negociar com essas forças, das quais a prosperidade e segurança comuns tanto dependiam. Há ligações com o Leste Asiático nos *pusakas*, ou objetos sagrados – dos quais se acreditava que dependia o bem-estar do reino – escondidos em um lugar secreto dentro do *kraton*.

O sultão da vida de Mataram, e o de todos os príncipes javaneses de sua tradição, era cercado por magia e mistério. Acreditava-se que possuísse armas sagradas, como espadas, que poderiam torná-lo invulnerável. Ele passaria noites próximo aos túmulos de seus ancestrais, coletando influência mágica, e acreditava-se que obtinha poder dinâmico do próprio solo, de trovões e relâmpagos, e de outras manifestações da natureza. A despeito de ser educado no Ocidente e ter lido muito sobre teoria política europeia, o líder e primeiro presidente da independência da Indonésia, Sukarno, conscientemente seguiu essa tradição.

O sultão estava acima e além da lei. Se ele se comportasse de uma maneira peremptória, brutal e mesmo, por vezes horrivelmente criminosa, isso era visto pelas pessoas comuns como uma manifestação da divindade nele. Esperava-se que o governante vivesse de um modo mais extravagante, dinâmico e espalhafatoso do que as pessoas comuns – ser um grande femeeiro, dentre outras coisas. Devido a essa crença nas qualidades super-humanas, os governantes tinham poderes absolutos de vida e de morte mesmo sobre os de nascimento mais elevado, que parecem nunca ter sido questionados.

Alguns povos indonésios, embora aparentemente muito gentis, esconderam capacidades para violência que podem ser repentinamente empregadas com um furor assassino, descritas pela palavra *amuk* – louco. O assassinato violento de

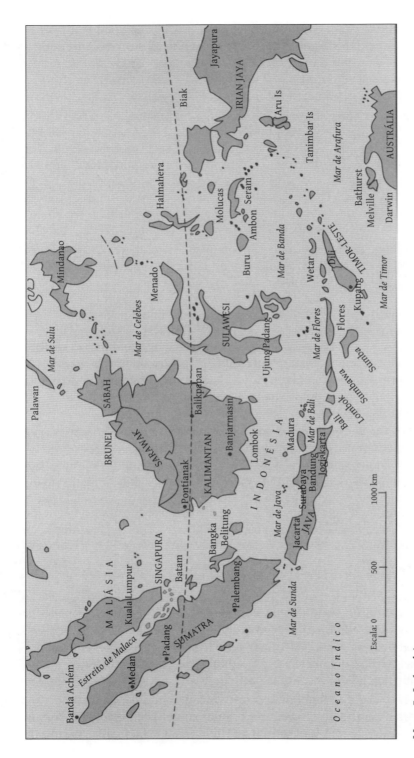

Mapa 5: Indonésia

cerca de milhões de pessoas após a queda de Sukarno em 1965 é indicativo disso. Observadores europeus ficaram chocados quando o comandante de Agung ordenou a execução sumária de 800 de seus soldados porque falharam na tentativa de tomar a Batávia. A aristocracia, constituída de príncipes da casa real e de estados associados, tinha de viver no *kraton* com o rei e poderia ser (e por vezes era) assassinada, bastando uma palavra dele diante da mais leve suspeita de deslealdade. O ódio real era infligido igualmente em toda parte sem piedade. Os camponeses sofriam, como sofreram em cada Estado feudal, e muitas vezes do mesmo modo. Eram tributados e suavam para apoiar o *kraton* e regularmente conscritos a lutarem nas guerras do rei. Como em toda parte no Sudeste Asiático, esses exércitos poderiam chegar a ter 100.000 ou mais, e as perdas entre eles eram muitas vezes altas. A população relativamente pequena da região antes de 1800 era atribuída a isso.

Contudo, Mataram foi consideravelmente próspera e teve um sistema legal definido. Observadores holandeses dizem que a região em torno do *kraton* era intensamente cultivada, com colina após colina construída em um complexo de terraços de campos de arroz irrigado. Vários milhões de pessoas viveram durante o governo de Mataram, em talvez 3.000 aldeias de cem famílias ou mais, cada uma cercada por seus campos. Era uma organização da vida rural ainda típica de grande parte da Ásia hoje. Embora Agung fosse muçulmano, não baseou a lei de Mataram somente na do Islã. As cortes religiosas existiam, mas a lei era uma mistura do código consuetudinário islâmico e javanês tradicional, chamado *adat*, que retém uma força considerável hoje.

O próprio *kraton* era uma coleção incoerente de edificações de tijolo vermelho, pedra e madeira, jardins, pavilhões e pátios. Certas partes dele eram semipúblicas. Grande parte do resto abrigava empregados do rei e nobres que eram mantidos constantemente sob seu olhar, de modo que não pudessem ter oportunidade de tramar rebeliões. Outras partes do *kraton* nunca eram abertas a visitantes ou a ninguém, senão aos funcionários mais elevados. O trabalho de construção para o governante era uma ocupação constante para grande parte da comunidade porque novos *kratons* eram requeridos constantemente. Há um eco interessante de Angkor no fato de que se esperava que cada novo governante construísse um novo *kraton*. Por vezes, a residência era mudada após a passagem de um certo número de anos, ou se o antigo *kraton* fosse contaminado por razões rituais.

Aqueles que refletem sobre as dificuldades da democracia indonésia, os privilégios assumidos como de direito por seus governantes e famílias, as vantagens econômicas que têm sobre as pessoas comuns, e a impiedosa dizimação de comunidades inteiras, como em Achém, Irian Jaya e Timor-Leste, podem também considerar até que ponto essas coisas são simplesmente parte de uma tradição duradoura que talvez provavelmente persista no futuro indonésio a menos que outras influências possam contê-las.

Os governantes de Mataram não consideravam os holandeses superiores, ou mesmo iguais. Inicialmente, foram bem-vindos porque a concorrência entre eles e os portugueses elevou os preços das especiarias. Contudo, o sultão tratava os holandeses com desprezo, porque eram mercadores, e os forçavam a esperar por horas no calor do sol antes de recebê-los. Por outro lado, os funcionários da companhia tratavam os governantes com deferência, regularmente lhes oferecendo presentes trazidos da Europa.

Entretanto, durante o reinado de Agung, os holandeses conseguiram se fortalecer. O terceiro governador-geral, Anthony Van Diemen, tomou Malaca dos portugueses. Isso, com a evicção dos britânicos, deixou a Holanda como a maior potência comercial nas Índias. Van Diemen e Agung morreram no mesmo ano, 1645, e o relacionamento entre a companhia e o Estado de Mataram começou a mudar. O sucessor de Agung, Amangkurat, foi um dos piores déspotas javaneses: fraco, autoritário e cruel. Ele ordenava a morte de qualquer um que visse como opositor, mesmo membros de sua própria família, e é notório pelo massacre de mais de dois mil "sacerdotes" muçulmanos que ele chamou para reunião. Em 1646, ele assinou um tratado que o tornava dependente dos holandeses em grande parte de sua renda. Seus excessos terminaram alarmando os líderes dos estados vassalos circundantes, que se voltaram contra ele. O governante de um desses estados comandou uma revolta que destronou Amangkurat. Seu *kraton* em Mataram foi incendiado, seus tesouros, pilhados, e ele morreu na obscuridade em uma casa aldeã, alegadamente envenenado com água de coco tóxica.

Seu sucessor, Amangkurat II – Amangkurat é um título e não um nome – que também era considerado fraco de caráter, foi restaurado ao poder por um exército holandês. O preço era o controle do Império Mataram pela companhia, que agora tinha tropas posicionadas permanentemente no novo *kraton*. Com a sujeição de Mataram, os anos de independência de Bantam também estavam contados. Os holandeses tiraram vantagem de uma querela na realeza para manipular a sucessão e o controle do Estado.

Assim, o século XVIII começou com o Império Holandês enormemente estendido. Embora os antigos reinos tenham perdido seu poder, os holandeses não perturbavam suas tradições e a organização social essencial. Os governantes e a aristocracia permaneceram em suas posições tradicionais, mas não tinham permissão para guerrear entre si. Os holandeses os usavam, de fato, como agentes. Os nobres se tornaram "regentes", responsáveis por exigir uma certa quantia de imposto dos camponeses, que tinha de ser repassada à companhia. As piores características dos estados independentes permaneciam – acrescentadas ainda da carga tributária que ia para os holandeses. Assim, a antiga relação social foi mantida nos tempos modernos, com a posição privilegiada do *priyayi* permanecendo ainda uma característica da sociedade javanesa.

A própria Batávia foi afligida durante uma centena de anos por uma febre contagiosa – provavelmente a malária – que provocou uma elevada taxa de mortalidade entre os colonizadores holandeses. O grande número de chineses assentados na Indonésia agora se tornara cada vez mais influente. Os "regentes" nomeados pelos holandeses eram usualmente preguiçosos e ineficientes, e tinham um desprezo pelos detalhes do comércio. Imigrantes chineses estavam prontos para agir como intermediários, desde que vissem um bom lucro nisso para si próprios. Pedágios de estradas internas, uma outra carga sobre as pessoas comuns, eram muitas vezes "coletados", como outras formas de tributação, para os chineses. Devido a essa relação direta com o povo no que veio a ser um papel extorsivo, os chineses passaram a ser desprezados e odiados. Essa atitude é ainda forte hoje, e se encontra por trás de episódios regulares de violência antichinesa desde a independência.

Como todas as instituições que existem por um longo tempo sem mudanças, a Companhia Holandesa das Índias Orientais gradualmente se deteriorou. Os chineses ganhavam dinheiro, mas a companhia ganhava cada vez menos. Ela foi dissolvida em 1799 devido a suas grandes perdas e custos fixos e um péssimo histórico de corrupção entre seus funcionários. O controle direto pelo governo holandês não melhorou a situação significativamente. A Holanda começou a se envolver na Guerra de Java, que se arrastou por cinco anos a partir de 1825. Foi provocada pela interferência holandesa na sucessão do importante Estado javanês de Jogjakarta. Um príncipe chamado Diponegoro, o mais velho de sua família, foi ignorado pelos holandeses, que instalaram um irmão mais jovem como sultão. Diponegoro comandou uma revolta que combinou muitas hostilidades diferentes, incluindo aquelas da aristocracia contra os holandeses e das pessoas comuns contra os chineses que eram seus opressores imediatos. A despeito de seus motivos vagos e mistos, a guerra foi intensa e destrutiva. Resultou na perda de 8.000 soldados holandeses e na morte de cerca de um quarto de milhão de chineses e indonésios – principalmente civis, não envolvidos de fato com a guerra.

Desde 1830 a Holanda estava envolvida em uma guerra em casa – uma revolta de nove anos de suas províncias belgas que completara a exaustão do Tesouro holandês, já exaurido pelas guerras napoleônicas. Para restaurar suas finanças a Holanda impôs sobre as Índias o sistema de cultivo, exigindo o plantio de um quinto de toda terra agrícola plantada de uma cultura determinada pelo poder colonial. Essa cultura se tornava propriedade do governo. Adicionada às cargas existentes, isso resultou em uma "pressão" tão severa sobre os camponeses que houve grandes surtos de fome em Java. O sistema de cultivo introduziu novas culturas na ilha – açúcar, café e o índigo, e mais tarde o chá, produzido inteiramente para exportação.

As vastas somas que emanavam da Batávia constituíram quase um terço do orçamento inteiro da Holanda por um período de 50 anos. Todavia, quase metade dessa receita vinha do sistema de cultivo. Uma outra grande soma vinha dos impostos sobre terras, impostos alfandegários e dos monopólios de sal, ópio e da operação de lojas de penhores. Pouco era dado em troca. Nenhuma tentativa foi realizada para desenvolver um sistema de educação básica de algum efeito, ou para formar indonésios nas profissões. A introdução de educação básica universal foi considerada uma ou duas vezes, no final do período colonial, mas desconsiderada como sendo muito cara.

15
A Índia sob dois senhores: os grandes mughais e a Companhia das Índias Orientais

Após o declínio do Império Gupta, nenhuma força unificadora comparável com ele emergiu por nove séculos, deixando o norte da Índia à mercê de qualquer bando de saqueadores que decidisse descer pelas alamedas. Em troca, são explícitos os reinos cruéis e extorsivos do norte indiano, como aqueles dos sultões muçulmanos de Deli, e os insignificantes impérios de inúmeros principezinhos belicosos, cada um predando um pedaço do país dominado por uma fortaleza central. Embora incessantemente preocupados com a guerra, esses governantes, os rajputs, contribuíram para a vulnerabilidade de seu país com seus conflitos, falta de um propósito comum e a retenção de métodos militares antiquados, embora românticos, contra inimigos que possuíam canhões e tinham desenvolvido o uso da cavalaria a uma ciência exata. Descuidada, na verdade suicida, a bravura não era a resposta mais efetiva para essas coisas. Era uma tradição dos rajputs, quando uma de suas fortalezas estava condenada a cair, queimar todas as suas mulheres e crianças vivas em uma pira funeral enquanto os homens partiam para encontrar a morte nas mãos de seus inimigos.

Muitos dos invasores que vinham da Ásia Central eram simples destruidores, como os hunos, que eram execrados na Índia assim como na Europa e na China. Os "bárbaros" posteriores eram mais cultivados, embora igualmente cruéis. Eram muçulmanos, praticando uma forma de islamismo derivada e influenciada pela cultura artística persa (iraniana). Para esses povos, a arquitetura ornamentada dos templos hindus, suas várias estátuas de deuses e deusas, rituais elaborados e uso da música para adoração, eram evidências de uma idolatria, cuja remoção, a ferro e fogo, era um dever religioso. Era uma versão do islamismo que se associava convenientemente à pilhagem. Em seu livro *Índia*, John Keay compara esses invasores pré-mughais aos europeus subsequentes: "Como os *sahibs* brancos do colonialismo europeu, os verdadeiros devotos do sultanato (Deli) viam a Índia simplesmente como uma fonte de riqueza, uma cena de aventura, e um tema de indignação moral cravejado de fantasia lasciva. Eles também, na verdade, eram colonialistas. Compromisso com os nativos era impensável além de absurdo" (p. 308).

O budismo na Índia teve seu declínio acelerado pelos invasores muçulmanos, que assassinaram seus pacíficos monges aos milhares e destruíram os grandes mosteiros de ensino. Nalanda, com mais de 10.000 monges e alunos no século XIII, foi saqueado, e milhares de seus ocupantes mortos. Os sobreviventes fugiram em direção ao norte para o Nepal e o Tibete. Um dos últimos, Vikramashila, foi demolido tão completamente que não restou sequer um traço de suas edificações de tamanho considerável.

Essa fase de conquista e brutalidade é compensada de algum modo por uma mistura de arte nativa e islâmica, notadamente a pintura e a arquitetura. A construção delicada dessa época, com seus pátios sombreados, paredes adornadas, jardins aquáticos e altos e graciosos minaretes, deveu-se muito à influência persa e ao desgosto dos conquistadores do ar limpo das montanhas pela umidade quente da planície indiana nos meses antes e durante as chuvas das monções. É um estilo ainda muito vivo, e que se estende para muito além da Índia, como a estação ferroviária em Kuala Lumpur e a extravagante mesquita de mármore em Brunei podem confirmar.

Parece provável também que a roda de fiar foi introduzida na Índia, a partir da Pérsia, por volta de 1350, beneficiando massivamente a indústria de algodão, que em breve proveria grande parte do mundo com seus tecidos de algodão.

A ordem e autoridade retornaram à Índia com o advento da dinastia muçulmana que a Europa chamou os Grandes Mughais. Eles acrescentaram *glamour*, esplendor e uma estranha coleção de lendas para a história do mundo, mas, mais do que isso, trouxeram uma unidade e estabeleceram métodos de governo que, sob muitos aspectos, prenunciaram os padrões de hoje. Em seu melhor, foi uma administração excepcionalmente competente para sua época.

Em 1525, com uma força de somente 12.000 soldados, o rei de Kabul, que se tornaria o primeiro imperador mughal, Babur, marchou pelos desfiladeiros de Khyber para conquistar a Índia. Ele encontrou um exército defensor de 100.000 homens no tradicional campo de decisão da Índia, a planície de Panipat, a cerca de 80km ao norte de Deli, e o venceu decisivamente. A vitória de Babur se deveu substancialmente à boa disciplina, a uma cavalaria altamente treinada e à posse de um trem de artilharia. Quinze mil soldados do exército indiano morreram naquela batalha. A julgar por seus próprios diários, Babur era aquela rara combinação: um visionário e um homem de ação quase com as habilidades de um general napoleônico. "Coloco meu pé no estribo da resolução, firmo minha mão nas rédeas da confiança em Deus e vou adiante", ele dizia, mas manteve um interesse atento na fundição e transporte de seu canhão de campo.

O povo do norte da Índia estava acostumado a essas incursões periódicas do norte. Quando Babur prosseguiu em direção a Deli, os indianos buscaram aplacá-lo presenteando-o com um enorme diamante, que alguns pensavam ser a grande pedra chamada agora Ko-hi-noor. Mas Babur não retornou às montanhas do norte – desenhou um jardim em Agra e fez outros preparativos para uma estada permanente, a despeito de reclamações em suas memórias de que não havia na Índia frutas interessantes, banhos e edificações graciosas, e que era úmida, quente e sem atrativos. Embora capaz de ações bastante duras, e mesmo cruéis, pelos padrões de hoje, Babur era moderado e culto para sua época.

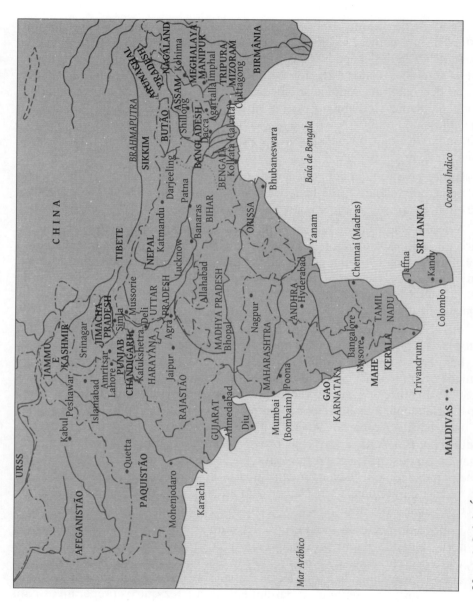

Mapa 6: Sul da Ásia

Era reflexivo e sensível, e com uma personalidade consideravelmente forte, que empregou completamente em persuadir seus seguidores com saudades de casa a permanecerem na Índia.

De acordo com uma crônica da época, quando o filho mais velho de Babur, Humayun, adoeceu seriamente, Babur seguiu um costume de seu povo de ofertar sua posse mais cara, sua vida, em troca da restauração da saúde de seu filho. Diz-se ter caminhado três vezes em torno do leito de Humayun e prometeu sua própria vida em troca. Humayun se recuperou, mas Babur morreu aos 47 anos. Humayun, seriamente viciado em ópio, teve pouco dos poderes de liderança de seu pai e esteve prestes a perder o império. Passou quase toda sua vida em trânsito, fazendo intrigas, lutando ou fugindo de seus inimigos. Um astrônomo entusiasta, em 1556 Humayun morreu ao resvalar e cair da escada enquanto descia de seu observatório. Seu filho, Akbar, foi feito refém várias vezes antes que a morte de seu pai o tornasse imperador aos 13 anos.

Contra todas as expectativas, todos os poderes de seu avô, e muito mais, retornaram à dinastia. Akbar trouxe um gênio raro à tarefa de controlar sua difícil herança. Durante seu reinado de cerca de 50 anos, até 1605, a Dinastia Mughal foi firmemente estabelecida, e inclusive integrada a elementos mais antigos da sociedade indiana. Embora tenha sido muçulmano durante a maior parte de sua vida, Akbar saiu de seu caminho para ganhar o respeito e assistência dos líderes tradicionais hindus e, à medida que as décadas passaram, inclusive os intolerantes e selvagens príncipes rajput passaram a servi-lo lealmente. Akbar foi astuto o bastante para ver que orgulho e autoestima eram as motivações de suas vidas, e os persuadiu ao lhes conceder símbolos de prestígio – o direito de tocar seus tambores na capital, que era um privilégio da realeza, ou de adentrar a sala de audiência real completamente armados.

Akbar usou-os em seu serviço civil, que era organizado com escalas categorizadas e fixas de salário de modo que os funcionários não tivessem que depender de suborno e extorsão para seus ganhos. Por isso sua regularização da tributação, a padronização de pesos e medidas e o aprimoramento do código legal tornaram a Índia relativamente pacífica e próspera. A tributação dos camponeses foi limitada a cerca de um terço do produto bruto e o detestado imposto *per capita*, cobrado de não muçulmanos, suspenso. A Índia mughal se tornou uma das principais fontes de riqueza global, e seu maior porto, Surat, um dos mais movimentados do mundo, exportando enormes quantidades de tecido de algodão – em breve, o calicô seria encontrado em grandes quantidades em quase todo lar europeu e britânico. Ouro e prata para pagar por esses tecidos, seda, melaço, salitre e índigo – em alta demanda para tingir uniformes militares – e também enormes exportações de grãos, fluíam para a Índia de todas as partes do mundo. Essa riqueza derivava do vasto recurso de força de trabalho. Nessa época a população da Índia chegou a mais de cem milhões – ao menos três vezes maior que a de toda Europa Ocidental.

Infelizmente, a vívida mente de Akbar se voltou para um inquieto misticismo à medida que envelheceu. Ele estabeleceu uma nova religião, um culto da corte baseado na suposição de sua própria divindade, que buscava combinar islamismo e hinduísmo. Ele chegou ao ponto de inclusive usar os símbolos da casta* e o fio sagrado dos nascidos duas vezes. Isso alarmou os ortodoxos entre seus seguidores muçulmanos, e um período de reação se estabeleceu após sua morte.

Foi um infortúnio a mais que seu herdeiro, Jehengir, fosse de temperamento cruel e tenha revertido a formas de punição como esfolamento vivo e empalação. Durante o reinado de Jehengir, em 1615, Thomas Roe comandou uma delegação britânica à corte mughal. Os presentes que levaram foram desdenhados como bagatelas, e Thomas não conseguiu tanto quanto esperava. Contudo, Jehengir formou uma admiração pelo quietamente corajoso inglês, que teimosamente se recusou a bater sua cabeça três vezes no chão diante do mughal, a forma requerida de respeito. Roe conseguiu fazer alguns arranjos comerciais e consolidou o primeiro posto mercantil britânico, que havia sido estabelecido pelo Capitão Will Hawkins em Surat em 1609.

A extravagante riqueza da dinastia esteve em sua maior abundância durante o reinado do filho de Jehengir, Shah Jahan, que é lembrado principalmente porque sua grande e duradoura paixão por uma mulher inspirou uma das mais belas edificações do mundo. O imperador era completamente dedicado à sua esposa, Mumtaz Mahal. Quando ela morreu durante o parto aos 39 anos, após lhe dar 14 filhos, Shah Jahan pôs 20.000 homens a trabalharem por 22 anos para construir seu memorial, o Taj Mahal em Agra, o mais famoso e belo de todos os monumentos indianos.

O último dos mughais a possuir mais do que uma sombra de poder foi um muçulmano devoto e preconceituoso, Aurangzeb, que danificou o império por meio do zelo religioso intolerante que marcou seu reinado de 1659 a 1707. Aurangzeb falhou em controlar a facção extremista muçulmana sempre presente, que buscava perseguir os hindus. Eles aproveitaram a oportunidade para saquear e queimar as casas e templos hindus, e para afastar os funcionários hindus de suas funções. Quando os protestantes hindus tomaram as ruas em grande número, foram subjugados pela força – em ao menos uma ocasião, enviando elefantes em direção a eles para pisoteá-los. Aurangzeb perdeu rapidamente o apoio dos príncipes rajput, dos quais o império tanto dependia. Seu inimigo mais persistente era a confederação maratha das montanhas do oeste da Índia, liderada por um chefe guerreiro chamado Shivaji. Seu nome é importante porque foi mais tarde usado pelos extremistas hindus como um símbolo de sua oposição ao islamismo indiano. A despeito de sua riqueza e pompa, seus 800 elefantes de guerra e um enorme exército, Aurangzeb perdia constantemente terreno para os rebeldes.

Em 1701, seis anos antes de sua morte, o imperador garantiu à Companhia Britânica das Índias Orientais o direito de coletar receitas da terra próxima a

---

* No original, *caste marks*. Símbolo na testa denotando o pertencimento a uma casta hindu particular [N.T.].

Kolkata (Calcutá), e sua influência no comércio de Bengala aumentou gradualmente dali em diante. Durante os 40 anos seguintes, oito imperadores mughais, cada vez mais fora do controle do império, sentaram no trono. Ao longo dessas décadas o reino se fragmentou à medida que, um a um, funcionários locais ou governadores estabeleceram estados praticamente autônomos. Assim, começaram os estados principescos, que durariam até o século XX. O maior desses estados se tornou tão populoso e rico quanto algumas das principais potências mundiais na época, o maior deles, o Estado indiano central de Hyderabad, cujos governantes hereditários, os nizams, tornaram-se durante um tempo os mais ricos do mundo.

Os mughais e seus administradores eram, claramente, uma superestrutura acima da, e apoiada involuntariamente pela, realeza indiana, que era muito diferente. A Europa do século XVIII falava em termos luminosos sobre os tesouros da Índia, mas na realidade a prosperidade exuberante dos mughais estava baseada na exploração e pobreza das massas. Após a morte de Akbar, os aldeões sofreram agudamente. A tributação mughal foi elevada a aproximadamente metade de toda produção, e mesmo essa não leva em conta as quantias adicionais extorquidas, menos formalmente, por coletores de impostos e proprietários de terras locais. Praticamente toda receita nacional que vinha para as mãos da classe governante era gasta em vida dispendiosa, pagamento de empregados e na criação de edificações privadas, tumbas e monumentos. Obras públicas como canais de irrigação, estradas e pontes, que teriam melhorado as vidas dos aldeões, não eram vistas como uma responsabilidade do Estado. Em troca, funcionários locais cobravam pedágios em pontos estratégicos, como vaus de rios e cruzamentos, para seu próprio benefício.

As aldeias, na época assim como agora, permaneceram sujas e empobrecidas, uma rede desordenada estabelecida nas planícies empoeiradas. Seu povo era pobre, vulnerável aos caprichos das estações e igualmente à cupidez de seus governantes, limitados em suas ambições e quase todos sofrendo de uma ou mais doenças debilitantes. As mulheres, fatigadas por sustentar famílias grandes quando elas próprias mal deixaram a infância, tinham sorte de chegar aos vinte anos. Aquelas que morriam jovens eram talvez mais afortunadas, uma vez que viúvas eram tradicionalmente queimadas vivas na pira funeral de seus esposos.

O sistema de castas se encontrava então completamente desenvolvido. Ele dividia a sociedade hindu em uma miríade de pequenos grupos, cada um deles buscando manter sua posição especial ou privilégios. Sob muitos aspectos, a casta equivale a uma sociedade exclusiva, com regras estabelecidas e disciplina impostas a todos os seus membros, e destinada a servir aos seus interesses. Muitas vezes o pertencimento a um grupo de casta está associado à ocupação, como as guildas na Europa, com as habilidades profissionais passando de pai para filho. Estreitamente associadas estão a influência e a autoridade da família estendida, ainda muito importante na Índia hoje. A Índia, a despeito de seus problemas e das chocantes desproporções sociais, desenvolveu uma cultura surpreendentemente diversa e vigorosa, reflexão de uma sociedade cheia de sutilezas e surpresas. Sua música e sua dança são distintivas, altamente desenvolvidas e formalizadas. Foram também difundidas, a ponto de as mesmas artes por todo Sudeste Asiático serem claramente derivadas do modelo indiano. As elegantes danças executadas nos degraus de Angkor Wat e em Bali se desenvolveram a partir de formas indianas. A arte indiana é uma parte da vida, intimamente ligada à vida cotidiana dos indivíduos, e não um "pacote" separado como no Ocidente, onde a apreciação das artes tende a ser um esporte para espectadores.

Talvez devido a isso grande parte da arte indiana seja efêmera – temos a sensação de que suas grandes obras sobreviveram quase por acidente. Existe um senso forte de que o ato de criação é que é importante, e não o trabalho terminado. Frequentemente, grandes quantidades de tempo e esforço são investidas em exibições para procissões, carnavais ou ocasiões religiosas, usando materiais temporários que são destruídos ou desconsiderados logo após estarem completos. É em grande medida a arte do momento, usando cor, forma, som, luz e fogo para criar um efeito tão vivo, e por vezes tão bizarro quanto possível.

Uma outra dimensão da cultura indiana é o misterioso, e mesmo milagroso, treinamento mental prolongado e baseado em meditação. Isso pode se manifestar em eventos físicos aparentemente impossíveis – pessoas que podem caminhar sobre o fogo sem serem queimadas, que foram enterradas vivas por longos períodos, que resistiram ao que para a maioria das pessoas seriam quantidades terríveis de ferimentos equivalentes a tortura, a interrupção dos batimentos cardíacos e da respiração por longos períodos. Quanto disso é genuíno e quanto é truque é difícil de determinar, e é uma área de controvérsia constante.

Durante o período inicial mughal, os primeiros postos comerciais europeus continuaram a existir de uma forma menor, mais ou menos por tolerância. Os mercadores não exerciam poder político nem o buscavam. Seu motivo era o comércio, sua ambição acumular capital o bastante para se aposentarem em casa no conforto tão logo possível. Esses "nababos" *nouveu-riches* excitavam o ressentimento e a curiosidade quando se aposentavam no interior inglês, em particular, por seu hábito adquirido de se banharem regularmente.

Durante o século XVII, três grandes postos foram estabelecidos pela Companhia das Índias Orientais. Esses, em ordem de sua fundação ou aquisição, foram: Fort St. George, que mais tarde se tornou Madras (Chennai), no Coromandel, ou costa sudeste; Bombaim (Mumbai) na costa centro-oeste; Fort William no Rio Hughli no delta do Ganges de Bengala. Fort William se tornaria mais tarde Calcutá (Kolcata), uma das maiores cidades do mundo e o lugar a partir do qual o império da Grã-Bretanha na Índia se desenvolveria amplamente.

O esforço para herdar o poder mughal foi intensificado com a chegada do século XVIII. No início, as circunstâncias pareciam favorecer os príncipes marathas hindus, mas eles eram muito egoístas e desunidos para tirar vantagem da situação. Alguns historiadores indianos modernos olham retrospectivamente para as campanhas marathas dessa época como uma rebelião hindu patriótica contra o Islã, mas os marathas não podem realmente ser vistos desse modo após a morte de seu líder Shivaji em 1680. Eles se tornaram mais interessados em pilhar do que em política, e seu poder foi interrompido em uma batalha com uma coalizão de invasores afegãos e os príncipes muçulmanos de Deli. Os afegãos emergiram dessa batalha, em Panipat, em 1761, como a força individual mais poderosa, mas não tinham pretensões sobre o império. Por isso, não ter havido um poder indiano forte e ambicioso o bastante para assumir o governo do país.

Nesse estágio, os britânicos também não tinham desejo de governar a Índia; na verdade, a política da Companhia das Índias Orientais era a de evitar envolvimento em políticas locais se possível. Essa não era necessariamente a visão de seus funcionários no local, que compreendiam o valor do poder político na promoção do comércio. Sua influência teve um efeito de longo alcance. Um deles, Robert Clive, iniciou uma cadeia de eventos que levaram à Índia britânica quando ele primeiro eliminou uma base francesa na costa Coromandel, por razões de rivalidade comercial, e depois interveio na sucessão em Bengala.

Um governante inexperiente de Bengala – contava apenas 19 anos – atacou o assentamento britânico em Calcutá. Dizem que ele trancou mais de cem pessoas em uma sala pequena, de cerca de 6m por 5m, durante uma noite tropical, tendo a maioria delas morrido nesse "buraco negro". A aparente enormidade desse evento, notadamente caracterizado e colorido em todas as histórias britânicas da Índia escritas durante o período imperial, depende de uma única fonte suspeita – a descrição de um dos sobreviventes, J.Z. Holwell. Ora, os "fatos" são disputados por vários historiadores modernos. O termo emotivo "buraco negro" era de fato gíria do exército britânico para uma prisão de quartel; provavelmente 64 pessoas foram para a prisão, e 21 sobreviveram.

Clive comandou uma expedição punitiva, reconquistou Calcutá, e derrotou um exército indiano muito maior em Plassey em 1757, basicamente devido a um pacto secreto com alguns dos comandantes indianos, notadamente Mir Jafar, para desertar. Clive, então com 32 anos, praticamente instalou Mir Jafar no trono. A retribuição foi o desembolso de mais de 1 milhão de libras do Tesouro bengalês, do qual Clive pessoalmente adquiriu a enorme fortuna na época de 250.000 libras. A Companhia das Índias Orientais estava agora em posição de controlar Bengala. Ela o fez por meio de funcionários locais nomeados e mantidos na função, depois consolidou seu poder político quando em 1765 cobrou do imperador títere o direito de recolher as receitas de Bengala, Bihar e Orissa, que equivaliam a aproximadamente 3 milhões de libras ao ano. As condições anárquicas ao longo de grande parte do país tornaram quase inevitáveis outros aumentos no poder britânico. Os três portos em rápido crescimento sob domínio e lei britânicos eram ilhas de relativa paz e ordem em meio ao caos, e atraíam negócios de todos os tipos.

Uma das fraquezas fatais do Império Mughal havia sido sua inabilidade de fomentar uma classe mercantil florescente com direitos e influência próprios, como a robusta classe média britânica que, naquele momento, estabelecia os fundamentos do império. Os mughais e seus governadores provinciais dominavam a manufatura e o comércio e forçavam os artesãos a trabalharem para eles quase de graça. Ainda que os mercadores tenham adquirido riqueza, não tinham posição nem privilégios. Essas famílias mercantis, que só queriam comercializar justa e legalmente, afluíam aos enclaves britânicos aos milhares.

A política britânica dessa época em diante foi destinada a subjugar todo subcontinente. Os próximos 50 anos seriam décadas de guerras regionais para conquistar as províncias indianas – notadamente a região Maratha no norte e Mysore no sul. Dois membros da Família Wellesley, Lorde Mornington e seu irmão Arthur – que mais tarde se tornaria o Duque de Wellington famoso em Waterloo – foram proeminentes nessas aventuras militares.

Bengala, em 1769-1773, passou por uma fome tão intensa que, na estimativa de Warren Hastings, um terço de seus habitantes morreu – provavelmente aproximadamente 8 milhões de pessoas, geralmente nas circunstâncias mais atrozes. Descrições contemporâneas falam de abutres, cachorros e chacais comendo aqueles fracos demais para se moverem, canibalismo e as agonias daqueles que tentavam sobreviver comendo casca de árvores e folhas. Após esse enorme desastre uma severa carência de força de trabalho perturbou o equilíbrio inteiro da posse de terras, e talvez um terço da terra de Bengala tenha deixado de ser cultivado por mais de uma década. Esse foi um dos períodos mais negros da exploração britânica da Índia, uma vez que a extração forçada de enormes somas em impostos dos camponeses foi mantida a despeito da extensão da fome. A arrecadação tributária foi de 1,38 milhão de libras em 1769-1770, enquanto o auxílio para alívio da fome oferecido pela companhia foi menos de 10.000 libras.

O Império Britânico e as receitas eram garantidos pelos impostos sobre a terra o os monopólios de sal e ópio, que eram tributados. A cobrança de impostos poderia chegar a 50 ou mesmo 80% da produção de um camponês. Se o imposto não fosse pago prontamente, a terra e os bens móveis eram sujeitos a apreensão. Contudo, em contraste com as agonias do interior, os enclaves urbanos britânicos prosperavam e cresciam rapidamente. A população indiana de Calcutá era mais de um quarto de milhão em 1788, a despeito de um grande incêndio em 1780 que destruiu 15.000 casas. Mumbai e Chennai não ficavam muito atrás.

A Companhia das Índias Orientais permaneceu uma empresa comercial, baseada no comércio e exploração. Altos preços eram pagos por postos como funcionários da companhia nas cortes de governadores indianos, e grandes fortunas eram feitas por meio da "coleta de impostos" dos desafortunados. A ostentação desses "nababos" retornados continuou a atrair comentários desfavoráveis em seu país. Clive, que se tornou o primeiro governador de Bengala, e seu sucessor Warren Hastings receberam críticas frequentes porque haviam feito enormes fortunas por meio do exercício de sua influência. Clive foi forçado a se defender diante do parlamento em 1772 e, após uma noite inteira de debate, foi exonerado. Dois anos mais tarde, cometeu suicídio em Londres. Uma controvérsia similar arruinou a reputação de Warren Hastings. Com o resultado, principalmente, desses escândalos, em 1773 o governo britânico aprovou um ato regulador que colocou as operações da Companhia das Índias Orientais sob supervisão da coroa. Embora a companhia tenha mantido seu monopólio comercial por outros 40 anos, o controle político passaria a ser dali para frente um assunto para um conselho de diretores em Londres, e um governador-geral na Índia, que respondiam ao parlamento.

A extensão do domínio britânico, embora muitas vezes no início tenha sido resistida arduamente, terminou sendo aceita amplamente sem dissensão porque os britânicos, embora ainda impondo tributação sobre a terra, usualmente a mantinham um pouco mais baixa do que havia sido cobrado anteriormente dos camponeses. Eles também lidavam diretamente com os proprietários de terras, em vez de utilizarem intermediários. Coletar essas receitas justamente requeria a administração de uma equipe inglesa treinada – essa foi a era do início real daquele grupo de britânicos dedicados, honestos, competentes e inacreditavelmente virtuosos, o Serviço Público Indiano. A partir de 1809, esses jovens, principalmente de escolas públicas, eram treinados na escola da companhia em Haileybury, onde aprendiam ao menos uma língua indiana, um pouco de história da Índia e uma noção de seu destino quase divino para governar e educar os "nativos incivilizados e atrasados". Sobre eles, escreve Rudyard Kipling:

> Tomem o fardo do homem branco
> Enviem seus melhores filhos
> Vão, condenem seus filhos ao exílio
> Para servirem à necessidade de seus cativos

Inabalavelmente convencidos de sua missão de governar, foram ao menos construtivamente reformistas. A cremação de viúvas foi declarada ilegal em 1829, embora ainda tenha continuado ilegalmente por muito tempo. Os pensadores e estadistas britânicos mais responsáveis começaram a sentir as implicações e responsabilidades mais amplas de seu vasto domínio. Em 1834, o celebrado historiador e ensaísta Thomas Macaulay, que havia sido empossado no Conselho Supremo da Índia no ano anterior, argumentou a favor de um sistema de educação, baseado na língua inglesa e nas tradições europeias, para produzir "uma classe, indiana em sangue e cor, mas inglesa em gosto, opiniões costumes e intelecto".

Essa minuta sobre educação foi severamente criticada, especialmente sua asserção de que "uma única estante de uma boa biblioteca europeia equivale a toda literatura nativa da Índia e da Arábia". Todavia, o inglês como língua oficial e veículo da educação, de 1835 em diante, deu à Índia, pela primeira vez, uma língua única que era entendida ao longo do país. Em alguma extensão, o persa, a língua da corte dos mughais, havia satisfeito essa exigência, mas era usada somente por uma pequena classe restrita. Uma variedade muito maior de pessoas aprendeu o inglês e o débito da Índia para com ele como um agente unificador é reconhecido por muitos indianos atentos.

Os conflitos mais amargos da fase expansionista vieram com as duas Guerras Sique, que por volta de 1849 resultaram no acréscimo dos cerca de 161.000km² da região de Punjab à Índia britânica – embora ao custo de mais de 2.000 vidas britânicas. Mas aquele ano também trouxe a "doutrina do lapso" – um dispositivo legal que requeria que qualquer Estado indiano passasse ao domínio britânico onde não houvesse um herdeiro natural. Os príncipes indianos sem filhos rotineiramente adotavam um herdeiro. Quando não havia mais essa opção, sete estados passaram ao domínio britânico ao longo dos próximos seis anos, acrescentando vários milhões de libras ao ano às receitas imperiais.

A educação nas tradições históricas da Europa durante uma fase de revoluções liberais levou a *intelligentsia* indiana em desenvolvimento a alguns conceitos novos e perturbadores – o nacionalismo, a democracia, a liberdade do indivíduo. Até essa época ninguém havia pensado a Índia seriamente como uma entidade, uma nação possível. Mas agora o fortalecimento do jugo imperial provocou sérias desconfianças entre tradicionalistas hindus e muçulmanos que não podiam agora estar em dúvida sobre as intenções britânicas de transformar a sociedade indiana.

Alguns historiadores, em particular, historiadores indianos, consideram o "motim" que irrompeu em 1857 uma consequência dessa inquietação, e o começo do nacionalismo indiano. Os *sepoys*, soldados indianos do exército de Bengala, atacaram seus oficiais e suas famílias. O levante começou em Meerut após os soldados nativos verem 85 dos seus serem presos por recusarem ordens para morderem os novos cartuchos dos rifles Lee Enfield, que haviam sido untados com gordura bovina e suína, um ato proibido aos muçulmanos e hindus respectivamente por suas religiões. Uma mudança na lei em 1856 permitindo que as viúvas se casassem novamente – algo contrário também ao costume religioso hindu – pode ter sido um fator contribuinte. Embora a escala da revolta tenha sido relativamente pequena e sua duração breve, o horror que provocou, especialmente com o assassinato das mulheres e crianças inglesas em Cawnpore, teve um tremendo impacto na Inglaterra. Deveríamos registrar que a retaliação britânica foi igualmente brutal e um tanto mais extensiva, envolvendo a destruição de aldeias inteiras, e o extermínio de famílias inteiras, muitas vezes completamente inocentes de qualquer envolvimento na rebelião.

The Great Mutiny (*O grande motim*), de Christopher Hibbert, derivado basicamente de registros contemporâneos cuidadosamente documentados, apresenta oficiais militares, especialmente o notório Coronel James Neil, sob uma luz muito desfavorável. Quando Deli foi ocupada pelos britânicos, foi praticamente destruída por incêndios e pilhagens indiscriminados. Milhares de pessoas foram enforcadas, alvejadas ou baionetadas. Um outro registro descreve como as aldeias, muitas delas próximas a Cawnpore, foram cercadas pela cavalaria, as mulheres e as crianças trazidas para fora e todos os homens queimados vivos em suas casas. Se tentassem escapar das chamas eram "despedaçados". O esfolamento de amotinados vivos foi ativamente proposto, embora não haja evidência alguma de que tenha de fato ocorrido. Em Londres, a Rainha Vitória, profundamente perturbada pela selvageria das represálias, fez um apelo público à moderação, e exigiu que todos os indianos "gozassem da proteção igual e imparcial da lei".

Houve um medo considerável de que a revolta pudesse se espalhar por toda Índia, embora no fim isso não tenha acontecido, a maioria dos regimentos *sepoy* permaneceu "firme". O exército naquela época consistia de pouco mais de 50.000 soldados britânicos e mais de 200.000 *sepoys* – uma desproporção a ser corrigida após o "motim". A "doutrina do lapso" foi abolida em 1858 por medo de que pudesse insuflar mais revoltas. Mais de 500 estados principescos seriam agora autorizados a continuar intactos sob a proteção britânica.

A rebelião de 1857 é um ponto conveniente do qual observar o declínio da influência de muitos dos aristocratas hindus e muçulmanos. Reformas agrárias britânicas, destinadas a tornar o recolhimento de impostos mais eficiente, perturbaram a natureza comunal interdependente das comunidades rurais e em troca substituíram proprietários de terra e classes de camponeses definidos. Em geral, os energéticos, inescrupulosos e pragmáticos se tornaram proprietários de terras e não a classe governante tradicional, que era muito orgulhosa para parecer ansiosa por ganho financeiro. Quando, em 1788, a depressão agrícola obrigou a venda forçada de 14% das terras de Bengala para saldar os impostos atrasados, os compradores pagaram em média menos do que a receita de um único ano. A terra comum, talvez 10% de toda terra da Índia, tornou-se propriedade privada, de modo a poder ser tributada, pressionando ainda mais a condição dos mais pobres. Uma importante pesquisa da Índia urbana no final da era colonial, na década de 1930, mostrou que somente 39% tinham o suficiente para se alimentar e que 20% praticamente passavam fome. A mortalidade infantil era quase um para cada quatro nascimentos, a expectativa de vida ao nascer, cerca de 30%.

Sob muitos aspectos a influência estava indo para a classe média mercantil, a nova classe de britânicos educados, baseada principalmente nas três grandes cidades da Índia britânica, mas especialmente em Calcutá. Essas eram quase invariavelmente das castas mais elevadas, e eram principalmente pessoas que, através da associação com seus senhores coloniais, tiveram as melhores oportunidades para melhorar seu destino. Podemos ver neles os ancestrais diretos da classe média e dos mais ricos da Índia de hoje.

Durante o final do século do domínio britânico, portanto, os indianos em média se tornaram mais pobres, os surtos de fome mataram mais pessoas, uma classe educada dependente de seus governantes prosperou e o jugo colonial sobre o país ficou mais forte. Em 1876, a Rainha Vitória foi proclamada imperatriz da Índia, não deixando dúvida sobre como os britânicos daquela geração viam seu destino imperial. De volta à vida pública após um longo período de luto por seu consorte, Príncipe Albert, a rainha se tornou uma apoiadora entusiástica da campanha do Primeiro-ministro Disraeli de fortalecer o Império Britânico por quaisquer meios. O poder imperial seria agora vigorosamente promovido, especialmente na Índia, a qual Vitória via como a principal joia de sua coroa.

Por mais autocráticos que os métodos fossem, grande parte desse esforço foi válida. Um sistema legal imparcial e codificado, bem-adaptado e grandemente baseado nas tradições locais, fez muito para reduzir a opressão e a injustiça. Linhas telegráficas e um serviço postal barato e eficiente foram desenvolvidos após 1850. Mesmo que o devoto deplorasse as ferrovias porque juntavam todas as castas numa proximidade chocante, os indianos não hesitaram em usá-las após a primeira linha de passageiros ter aberto em 1853. Os trens eram capazes também de transportar alimentos rapidamente, e isso ajudou a mitigar a intensidade da escassez de comida. Apesar disso, a pobreza rural continuava a aumentar, e em 1877 a Índia experienciou sua pior escassez de alimentos do século, que tirou talvez cinco milhões de vidas. Em 1883 um código foi desenvolvido, colocando a responsabilidade diretamente no governo de providenciar o adequado alívio à fome. Após a virada do século isso se mostrou razoavelmente efetivo, com uma exceção massiva e desastrosa – a fome de Bengala de 1943.

16
A Índia de Gandhi: a luta pela liberdade

As universidades para o ensino de humanidades ocidentais foram fundadas nas três principais cidades coloniais indianas – Calcutá, Mumbai e Chennai – em 1857, no mesmo ano do "motim indiano". Dos dois eventos, o primeiro foi possivelmente o mais importante, uma vez que o nacionalismo indiano se desenvolveu em grande medida entre os graduados dessas universidades. Durante os próximos trinta anos, aproximadamente 50.000 indianos foram aprovados nos exames de admissão que exigiam que o candidato fosse alfabetizado em inglês, o que ocasionou uma qualificação curiosa: "Bacharel em Artes reprovado". Ainda assim, 5.000 conseguiram obter o grau de Bacharel em Artes.

O cristianismo foi uma influência importante em Rammohun Roy, o primeiro reformador indiano importante. Foi ele que liderou uma campanha vigorosa que persuadiu o governo britânico a superar sua relutância em interferir nos costumes religiosos e proibir o costume do *suttee*, que obrigava, e muitas vezes forçava, uma viúva a ser queimada viva na pira funeral de seu esposo. Roy havia assistido à sua própria irmã morrer desse modo. Em 1828, ele fundou o Brahma Samaj, que buscava reformar a sociedade hindu pela introdução de ideais ocidentais que ele tanto admirava e pela abolição do sistema de castas. Suas ideias interessaram a cada vez maior classe média de funcionários e profissionais que deviam suas oportunidades aos britânicos.

Havia também uma preocupação com a posição depressiva e infeliz das viúvas sobreviventes. Elas eram condenadas quase a uma morte em vida, incapazes de se casar novamente e forçadas a viver o resto de suas vidas em um isolamento estéril. Suas dificuldades eram maiores porque por uma variedade de razões religiosas e sociais as meninas entravam em casamentos arranjados muito jovens. Normalmente, seus esposos eram mais velhos, e, em uma sociedade que então tinha uma expectativa de vida de cerca de 30 anos, as esposas frequentemente se tornavam viúvas mais jovens do que a média das meninas ocidentais se tornam noivas – por vezes com apenas 8 ou 9 anos.

O tema era, por si só, certamente importante. Contudo, também trouxe outra consideração que jogaria uma longa sombra sobre o futuro da Índia. Foi o conflito imediato entre os reformadores e as forças do conservadorismo religioso hindu, e a revelação de que as últimas eram facilmente as mais fortes. Os reformadores educados falavam muito, mas não se atreviam a desafiar de fato a disciplina de casta. Mesmo após a legalização do recasamento, as pressões religiosas e sociais geralmente o impediam.

A segunda onda de nacionalismo foi baseada em uma revivificação do próprio hinduísmo, como revelado nos épicos antigos. Isso veio com a fundação de várias organizações religiosas regionais, uma das quais foi a Arya Samaj, estabelecida em 1875 por Dayananda Saraswati, um sábio indiano que não falava inglês e não tinha formação ocidental. Ele retornou ao texto clássico "Aryan", o *Rigveda*, para sua inspiração, e tentou identificar um hinduísmo "puro" livre da contaminação das influências recentes. Esses movimentos religiosos foram de importância duradoura. Eles influenciaram muitos indianos a se oporem a reformas sociais introduzidas pelos britânicos baseados em que era melhor para os indianos primeiro obterem influência política e reformarem sua sociedade mais tarde. Por isso um hinduísmo revivificado se tornou um tema central do nacionalismo.

As poeirentas pilhas de tijolos de Harappa e Mohenjo Daro não eram ainda reconhecidas. Metade de um século se passaria antes que essas cidades em ruínas fossem reconhecidas como os remanescentes da primeira civilização indiana importante, e nenhuma indicação de sua significação estava disponível aos revivalistas hindus. Consequentemente, eles buscaram em retrospecto uma tradição para os escritos épicos dos últimos invasores da Índia falantes do Aryan, e assim atribuíram ao começo da sociedade indiana uma simplicidade pastoral muito diferente da sofisticação e urbanidade que as ruínas de Harappa indicam. Mesmo após a descoberta de Harappa, essas ideias iniciais tenderam a ser racionalizadas, e ainda persistem no sentimento de identidade nacional do indiano moderno – a crença em uma Idade do Ouro antes que a Índia fosse dominada por estrangeiros, na qual se acreditava que a felicidade e a simplicidade teriam prevalecido. Gandhi foi influenciado por essas ideias.

Havia também fatos materiais que davam ímpeto ao nacionalismo. De 1837 em diante, um número selecionado de plantadores ingleses teve autorização para ocupar terras e se estabelecer na Índia – havia quase 300 dessas plantações em 1870. Mesmo que estivessem sujeitos a certas condições – por exemplo, os plantadores terem de viver em suas propriedades – o próprio fato de que estavam lá era uma fonte de desconforto para os indianos. Houve muitas revoltas de camponeses de um tipo ou outro durante o século XIX, mas a Revolta do Índigo de 1860 esteve entre as mais importantes. Quando os plantadores europeus usaram métodos por vezes violentos e injustos para forçar os camponeses em Bengala a cultivarem índigo em troca de baixas recompensas financeiras, houve uma reação massiva que se aproximou à rebelião armada. Indianos educados e jornais recentemente fundados apoiaram os camponeses. Confrontados com o que se tornou em efeito um movimento político popular, o governo colonial finalmente limitou o poder dos plantadores e insistiu que quaisquer outras disputas teriam de ser decididas nas cortes.

Uma outra influência para o nacionalismo foi a pressão crescente da pobreza e da carência de terras entre os camponeses. Os próprios britânicos não usurparam a terra em maior medida, mas introduziram um sistema de posse de terra aberto a abusos. Em muitos casos as avaliações de impostos eram injustamente altas – por vezes se aproximando do dobro daquela praticada durante o governo de Akbar. Isso expulsou centenas de milhares de camponeses de suas terras, que passavam a posse para agiotas que executavam as hipotecas. As fomes persistiram, a despeito das medidas de alívio introduzidas pelo governo.

Um sentimento de concorrência entre as duas maiores comunidades, a hindu e a muçulmana, induziu ambas na direção da organização política. Um muçulmano educado, Seyed Ahmad Kahn, alertava seu povo já em 1883 sobre a natureza do problema comunal. "Se os britânicos deixassem a Índia", ele dizia, "quem seriam então os governantes? É possível que duas nações – a muçulmana e a hindu – possam sentar no mesmo trono e permanecerem no poder? Esperar que ambas permanecessem iguais é desejar o impossível e o inconcebível". Seyed foi o líder de um movimento para tirar o movimento islâmico indiano da apatia e desunião no qual tinha caído após o colapso da Dinastia Mughal. Devido aos seus esforços foi fundado o Colégio Anglo-oriental em 1875 em Aligarh, próximo a Deli, para fornecer um lugar no qual "os muçulmanos pudessem adquirir uma educação inglesa sem prejuízo em relação à sua religião". Quase todos os líderes nacionais do que se tornaria o Paquistão foram educados em Aligarh.

A primeira organização com o objetivo declarado de autogoverno indiano foi o Congresso Nacional Indiano. Seu sucessor político, o Partido do Congresso, conduziria a Índia à categoria de nação em 1947. Contudo, o primeiro Congresso, em 1885, estava longe de ser um partido político no sentido moderno. De seus 72 delegados, somente dois eram muçulmanos, e havia um sólido compromisso em estabelecer instituições políticas anglo-saxônicas na Índia. Os membros do Congresso nesse estágio não contemplavam a Índia como uma nação, mas como "uma nação em construção".

Contudo, um nacionalismo antibritânico militante também estava se desenvolvendo. Ele emergiu primeiro em Mumbai e foi fundado não somente na revivescência hindu, porém mais especificamente na do povo maratha que, sob a condução de seu grande líder Shivaji, havia desafiado os mughais no século XVII. O movimento ganhou tonalidades terroristas. Em 1896 a peste bubônica se espalhou do sul de Mumbai a Pune. Fortes medidas foram necessárias para controlá-la. Um oficial britânico chamado Rand usou soldados para evacuar casas consideradas infectadas e destruir a propriedade, se necessário a ponta de baioneta. No ano seguinte, um extremista assassinou Rand e um colaborador.

Os extremistas encontraram oportunidades renovadas durante o termo autocrático do gabinete do Lorde Curzon, o vice-rei de 1898. Curzon, um conservador dedicado, era homem de energia e eficiência incansáveis. Quase constantemente com dores, pois tinha de usar um dispositivo de couro e ferro devido a um problema nas costas, era dominador e sem tato ao ponto da rudeza. Não tinha paciência com "indianos políticos", e declarou um objetivo de "auxiliar o Congresso a uma morte tranquila. Duas medidas impopulares no final de seu termo levaram bengaleses educados a se oporem a ele. A primeira restringia sua influência na administração da universidade, a segunda dividia o enorme Estado de Bengala. A divisão foi ostensivamente para permitir um governo melhor para sua seção leste predominantemente muçulmana, a Bangladesh atual, mas foi vista por intelectuais indianos como uma simples situação de "dividir para governar". O protesto foi substancial, resultando em revoltas e demonstrações. Como não tiveram efeito algum sobre o governo, uma campanha chamada *swadeshi* foi organizada para boicotar as mercadorias britânicas, especialmente têxteis, e permaneceu uma tática favorita dos nacionalistas dali em diante.

A Guerra Mundial em 1914 se tornou o fim de uma era tanto na Índia como na Europa. Mais de um milhão de indianos foram recrutados pelas forças imperiais – milhares foram mortos no *front* ocidental na França pelo primeiro avanço alemão em Ypres. A influência sobre os indianos que retornaram da guerra é talvez mais graficamente ilustrada por um trabalho de ficção, o livro *The Ravi Lancers* (*Os lanceiros de Ravi*), de John Masters, que descreve a profunda desilusão com as ideias europeias provocada pela carnificina insensível da guerra. O esforço de guerra enfraqueceu seriamente a administração britânica na Índia, e a perda de um comércio considerável com a Alemanha e de outros mercados de exportação provocou uma severa recessão. A peste bubônica se espalhou pelo país em 1917, e no ano seguinte veio um flagelo ainda maior – a epidemia de influenza, que matou 12,5 milhões de indianos.

A consequente perturbação e amotinamento foram agravados pela extensão das leis de tempos de guerra para controlar revoluções e sedições. O Congresso em 1916 negociou um acordo notável no qual muçulmanos e hindus se comprometiam a apoiar a causa comum do governo interno para a Índia. O Congresso, até então o parceiro aquiescente e voluntário do governo imperial, passou a ser seu antagonista. Contra esse pano de fundo tumultuoso um novo ator entra no palco, uma figura de enorme importância não somente na Índia, mas no mundo todo.

Mohandas Gandhi, um guajarati que foi à Inglaterra em 1888 para uma formação em Direito, foi admitido na associação de advogados no Inner Temple* em Londres, três anos depois. Subsequentemente, foi à África do Sul e adquiriu uma reputação internacional como líder de um movimento que resistia à discriminação contra a minoria expatriada indiana que vivia lá. A atenção mundial foi atraída não tanto pela própria causa como pelos novos métodos de Gandhi de resistência passiva de massas. A aceitação paciente e não violenta de uma situação adversa havia sido por muito tempo uma tradição do hinduísmo, mas Gandhi, que havia lido Tolstoi e ficara impressionado com ele, acrescentou a isso a firmeza do conceito russo de uma não cooperação mais militante com o mal e destrutivo. Ele tinha 45 anos quando retornou à Índia em 1914 para trabalhar no Congresso, tornando-se seu líder inquestionável em 1920.

---

* Denominação comum da *The Honourable Society of the Inner Temple*. Uma das quatro *Inns of Court* (associações profissionais para advogados e juízes) em Londres [N.T.].

A extensão das leis antissedição de tempos de guerra precipitou sérias oposições. Gandhi reuniu apoio contra esses Rowlatt Acts*. Seu objetivo era um dia de jejum e oração e uma greve comercial, mas esse evento de 18 de março de 1919 levou a uma severa revolta em Amritsar, a cidade sagrada dos siques, na qual cinco europeus foram mortos e várias edificações incendiadas. Três semanas depois, um oficial do exército britânico, General Reginal Dyer, emitiu uma declaração avisando que quaisquer assembleias em Amritsar seriam dispersas a tiros.

Dois fatores são relevantes à situação. Um foi a ordem de Dyer de que todos os indianos que cruzassem uma rua na qual um europeu tivesse sido atacado deveriam rastejar, e a segunda, anotada no relatório da comissão de investigação posterior, foi que a proclamação de Dyer não havia sido lida em muitas partes de Amritsar. Assim, uma grande proporção da população não estava ciente do aviso.

No dia seguinte uma grande multidão se reuniu em uma praça fechada, chamada Jallianwalla Bagh, que poderia ser acessada e deixada somente através de algumas passagens estreitas. Embora a multidão estivesse desarmada, e ouvindo pacificamente um orador, o General Dyer ordenou que 50 atiradores gurkha com rifles começassem a disparar contra eles. Eles atiraram até que ficassem sem munição. O povo dentro da praça foi incapaz de escapar aos letais atiradores individuais, que foram tão efetivos que, dos 1.650 tiros disparados, quase todos encontraram um alvo, uma vez que 379 pessoas foram mortas e mais de mil feridas. Muitas eram mulheres e crianças.

A matança excessiva e brutal do massacre de Amritsar e suas consequências são de imensa importância, pois destruíram quaisquer sentimentos remanescentes de boa vontade e fé na Grã-Bretanha que tantos indianos educados haviam tido. O renomado autor indiano, Rabindranath Tagore, renunciou ao seu título de nobreza. Gandhi descreveu o governo britânico como "satânico". Essas reações se deveram não somente ao massacre, mas também ao fato de que tantos ingleses influentes aprovaram as ações de Dyer – com a Casa dos Lordes apoiando uma subscrição pública pelo jornal *Morning Post*, que levantou 26.000 libras em benefício de Dyer, que foi usado em parte para adquirir uma espada cravejada de joias. Rudyard Kipling foi um signatário. As repercussões eram ainda tão consideráveis que em 1997, enquanto fazia uma visita à Índia, a Rainha Elizabeth recebeu a informação de que não seria bem-vinda a Amritsar.

Em 1920, houve uma perturbação aberta na Índia. O Congresso decretou um ultimato: autogoverno completo em um ano ou desobediência civil em massa. Quando isso foi ignorado, Gandhi convocou a desobediência civil ao longo da Índia. Irrupções de violência coletiva, notadamente a queima de 22 policiais

---

* Legislação aprovada pelo Conselho Legislativo Imperial da Índia britânica, em fevereiro de 1919. Foram leis que permitiam que certos casos políticos fossem julgados sem júris e a prisão de suspeitos se desse sem julgamento [N.T.].

vivos em 1922 dentro de sua estação em Chauri Chaura, chocou Gandhi tanto que se retirou da campanha, recolhendo-se a um refúgio religioso para meditar. O resto da década passou sem maiores acontecimentos, embora uma tendência ominosa fosse a contínua deterioração das relações entre hindus e muçulmanos, com um número crescente de mortes provenientes de violência coletiva.

Durante a ausência de Gandhi da política ativa, a causa nacionalista foi liderada por um advogado bem-sucedido, Motilal Nehru, que havia abandonado uma vida de riqueza e privilégio para seguir Gandhi. Motilal Nehru morreu em 1931. Ele foi sucedido como líder do Congresso por seu filho Jawaharlal. Nascido em 1889, de ascendência nobre kashimiri, Jawaharlal Nehru teve todas as vantagens de um nascimento e ambiente privilegiados. Pertencente à casta *brâmane*, foi educado em Harrow e Cambridge e admitido na Associação de Advogados em 1912. Como seu pai, renunciou à sua carreira e forma de vida anterior pela causa nacionalista, permanecendo, porém, essencialmente um produto das formas ocidentais de pensamento e de uma educação inglesa. Ao longo de sua vida de imensa influência, impacientou-se com o tradicionalismo indiano e as barreiras de casta. Embora tenha lutado amargamente pela independência indiana, sua influência em sua forma final foi quase inteiramente derivada das tradições políticas ocidentais.

Gandhi e Jawaharlal Nehru eram amigos próximos e parceiros de trabalho. Quando Jawaharlal se tornou mais influente, Gandhi deixou a roda de fiar e teares de seu solitário *ashram* para retornar à batalha política. Em um ano veio uma outra convocação pela independência e uma campanha de desobediência civil. Gandhi começou essa campanha com um gesto inspirado: um protesto contra o muito odiado imposto do governo sobre o sal. Produzir e vender sal eram monopólios governamentais, e era ilegal para qualquer pessoa fazer isso. Em março de 1930, Gandhi, com 61 anos, liderou uma caminhada de cerca de 390km em direção à costa. A procissão cresceu constantemente em volume durante os 24 dias antes de atingir o Mar Arábico. Lá, ele removeu sal ilícito da praia. Exortou os indianos a fazerem seu próprio sal, e milhares fizeram isso ilegalmente.

O incidente foi típico do gênio de Gandhi, que atingia os corações e inspirava o entusiasmo de enormes massas de indianos. Os camponeses, que não haviam se envolvido formalmente no conflito nacionalista, haviam se considerado, por séculos, humildes demais para se interessar por temas de poder. Gandhi lutou ferozmente pelos pobres e oprimidos, e especialmente defendeu a causa de milhões de intocáveis da Índia. Essa preocupação profunda pelos desprivilegiados permitiu a Gandhi agir como uma ponte entre o povo e a *intelligentsia*.

O desafio do imposto sobre o sal foi vigorosamente reprimido. Em maio de 1930, 60.000 pessoas foram presas, incluindo Gandhi, Nehru e a maioria dos outros líderes do Congresso. Não muito depois de Gandhi ter sido preso, 2.500 indianos marcharam em direção à fábrica de sal do governo, próximo a Mumbai, onde, de acordo com o correspondente de um jornal, Webb Miller, que testemunhou o evento, inúmeros policiais nativos golpeavam suas cabeças com bastões [lathis] revestidos de aço. Nenhum dos participantes sequer ergueu a mão para se defender dos golpes. Eles caíam como pinos de boliche. A multidão de participantes à espera gemia e continha sua respiração em dor solícita a cada golpe. Aqueles derrubados caíam espichados, inconscientes ou contorcidos com crânios fraturados ou ombros quebrados. Os sobreviventes, sem romper as fileiras, silentes e tenazmente marchavam até serem abatidos.

Miller registrou que dois homens morreram e 320 ficaram feridos.

Incidentes como esse atraíram atenção e simpatia ao redor do mundo pela causa nacionalista. Dali em diante a Grã-Bretanha nunca mais pôde esquecer isso. As importações de tecido da Grã-Bretanha foram reduzidas à metade, e as receitas de outros produtos, como cigarros e bebidas, consideravelmente reduzidas. O Partido Comunista indiano, formado em 1930, cresceu firmemente, e, devido principalmente à influência de Nehru, o socialismo passou a influenciar fortemente o Congresso. A depressão mundial da década de 1930 afetou severamente a Índia à medida que as exportações caíam. Milhões de indianos abandonaram suas terras e migraram para as cidades, mendigando pelas ruas por meios meramente para sobreviver. O autogoverno provincial limitado foi introduzido em 1937. Ele resultou no treinamento de um grupo de administradores indianos experientes que seriam úteis à nova nação após a independência.

Houve também provisões especiais destinadas a encorajar os príncipes que controlavam os estados grandes e pequenos fora da Índia britânica – que governava um quarto da população total – a entrar em uma União Indiana. Disputas, egoísmo e aparente falta de visão mais ampla impossibilitaram que se beneficiassem dessa última chance para se unir e formar uma área importante de poder. Poucos anos mais tarde, desapareceram da história basicamente sem deixar saudades, excluídos do poder político, mas com alguns mesmo agora enormemente ricos e influentes dentro de seus próprios territórios.

Parte III
As nações modernas

17
A Segunda Guerra Mundial e o fim do império

Garantida a paz, em 1939, a era colonial poderia ter se prolongado por mais tempo na Ásia. Mas como ocorreu, os próximos seis anos de conflito veriam os impérios desmoronarem. Seu colapso, após o término da guerra em 1945, era somente uma questão de tempo.

O rápido avanço de Hitler – a *Blitzkrieg* – através da Europa colocou duas das maiores potências coloniais – França e Holanda – de joelhos. Esses países enfrentaram quatro anos de ocupação alemã, muitas vezes brutal, durante a qual a habilidade deles em manterem a máquina colonial se tornou praticamente não existente. A Alemanha ditou os tempos do governo interino das regiões coloniais asiáticas, e essas não poderiam ser mais do que perfunctórias diante do conflito contínuo da Europa. Por ora, as colônias se tornaram um tema secundário.

Nessa época, quase sem exceção, eram economias de plantação estreitamente vinculadas às de seus mestres coloniais. A força de trabalho enormemente aumentada resultante do rápido crescimento populacional dependia dessas plantações de grãos para exportação para poder sobreviver. A guerra na Europa provocou a interrupção do comércio e o desemprego generalizado, que com o tempo conduziu à privação quase universal, muitas vezes se estendendo à fome de fato. A autossuficiência conferida previamente pela agricultura tradicional havia sido por enquanto reduzida.

Além disso, havia um efeito moral. Em uma larga extensão, e particularmente na Índia britânica, o domínio colonial dependia mais de um respeito qualificado, contudo real, pelo país mestre e seus funcionários locais do que de compulsão militar efetiva. Após Dunkirk, a Grã-Bretanha ficou encurralada e a França e a Holanda foram ocupadas. Os mestres coloniais não pareciam mais tão poderosos para sujeitar seus povos, não estavam mais adornados de uma superioridade mística que lhes dava um aparente mandato para governar. Ficou claro que poderiam ser derrotados, não eram mais do que humanos.

A lição da afluência colonial também não fora perdida para os japoneses, que por uma década antes da Segunda Guerra Mundial haviam tido ambições de obter um império na Ásia. Em 1939, o Japão havia conquistado a Coreia, Taiwan, Manchúria e grande parte do resto da China, mas isso não era o bastante. O vácuo de poder no sul da Indochina francesa, um prolífico produtor de arroz, e as Índias Orientais holandesas, ricas em petróleo, ofereciam oportunidades tentadoras. Mas as tentativas iniciais do Japão de se expandir nessas áreas encontraram uma forte oposição de uma outra grande potência do Pacífico, os Estados Unidos.

Em 1941, quando o Japão ocupou a parte sul do que havia sido a Indochina francesa, os Estados Unidos retaliaram cortando o fornecimento de petróleo, do qual o Japão era quase totalmente dependente, e exigindo que se retirasse da China. Os japoneses rejeitaram essa exigência. Com reservas de petróleo o bastante apenas para manter sua frota de navios ativa por 18 meses, um avanço rápido em direção ao sul nos campos de petróleo das Índias Orientais holandesas se tornou central ao plano de guerra japonês.

Em novembro de 1941, ambos os lados sabiam que a guerra era praticamente inevitável, mas os americanos não tinham ideia de como começaria e qual poderia ser seu curso inevitável. Isso se tornou óbvio no amanhecer do dia 7 de dezembro, quando os japoneses lançaram um ataque malsucedido contra a base naval americana no Havaí, Pearl Harbor, com cinco minissubmarinos. Quatro deles foram afundados pelos destroiers americanos – efetivamente a primeira ação na Guerra do Pacífico. Seguiu-se uma sucessão de bombardeios muito destrutivos por mais de 300 aviões japoneses. Em duas horas, 21 navios de guerra haviam sido afundados ou severamente danificados, 350 aviões haviam sido destruídos, principalmente no chão, e mais de 4.000 americanos foram mortos ou feridos. Um aviso da aproximação japonesa foi ignorado, com o sinal do radar tendo sido atribuído a uma aeronave amiga. Como era domingo, a maior parte da defesa de Pearl Harbor estava desarmada ou não preparada.

A Segunda Guerra Mundial havia se estendido ao Pacífico. Os japoneses se moviam ao longo do Sudeste Asiático com uma velocidade assustadora. Em três meses haviam tomado as Filipinas, a Malásia e as Índias Orientais holandesas, e as ilhas do Pacífico ao norte da Nova Guiné. Singapura, que os britânicos consideravam inexpugnável, foi capturada com relativa facilidade, devido principalmente a um esforço confuso e inapto que culminou na rendição de 130.000 soldados aliados a uma força japonesa com metade desse tamanho. Isso se deveu à má administração e à ineficiência no nível de comando, e não à falta de coragem por parte das unidades individuais.

Os japoneses haviam dado prioridade aos porta-aviões, como opostos à mentalidade de couraçados que ainda ditava o planejamento naval britânico e, de um certo modo, americano. Sua força com porta-aviões para 500 aeronaves era a maior do mundo. Isso ensinou uma outra lição inicial e severa quando o couraçado britânico novo em folha *Prince of Wales* e o navio de guerra *Repulse*, que haviam zarpado de Singapura sem cobertura aérea, foram afundados em duas horas pelos porta-torpedos japoneses.

Em 1942, os japoneses haviam ocupado a Birmânia, chegando a Yangon em março daquele ano, ameaçando assim a Índia britânica. Quase metade dos 30.000 soldados aliados ficou para trás mortos ou perdidos durante uma retirada de cerca de 1.000km em direção à fronteira com a Índia. Somente o começo das chuvas torrenciais da monção impediu uma invasão da Índia. Quando os japoneses tentaram novamente invadir a Índia em 1944, encontraram uma resistência mais intensa, e após 80 dias de uma dura batalha foram forçados a recuar. Em direção ao sudeste, a ocupação de grande parte da Nova Guiné colocou a Austrália em risco. Os japoneses foram capazes de explorar os inestimáveis recursos de petróleo, borracha, minerais não ferrosos e alimentos das Índias Orientais holandesas e, por ora, exportavam-nos seguramente para o uso em suas indústrias de guerra.

Os japoneses tomaram milhares dos prisioneiros de guerra europeus, tratados com completa brutalidade nos campos, e os forçaram a trabalhar em projetos como a ferrovia Birmânia-Tailândia. Um dos piores episódios veio após a queda de Bataan, nas Filipinas. As guarnições americanas já estavam morrendo de fome e enfraquecidas, mas os japoneses as forçaram a marchar mais de 100km ao norte para um campo de prisioneiros. Cerca de 30.000 americanos e filipinos morreram durante as últimas horas da defesa de Bataan ou durante essa marcha. Outros 22.000 morreram no campo depois de dois meses. Embora esses prisioneiros atraíssem muita simpatia do povo nativo de suas ex-colônias, a lição ensinada novamente foi que os europeus não eram mestres superiores, mas poderiam ser reduzidos, e mesmo destruídos, por meio de indignidades e brutalidade terríveis.

Inicialmente, os japoneses se posicionaram como libertadores – estava para ocorrer um novo movimento pan-asiático liderado pelo Japão que terminaria levando à libertação das colônias como povos livres. Nesse estágio, o pequeno movimento de independência birmanês foi encorajado pelo Japão, e nas Índias Orientais Sukarno e outros líderes nacionalistas foram levados a acreditar que o fim da guerra traria uma nova nação independente, a Indonésia. Os japoneses organizaram e treinaram uma força militar que mais tarde seria o núcleo do exército que lutaria contra os holandeses pela independência indonésia.

Contudo, embora os japoneses tenham conquistado o império que buscavam, não puderam mantê-lo. Os surpreendentes cerca de 10 milhões de quilômetros quadrados que ocuparam tinham de ser policiados por somente 11 divisões militares – 25 outras foram mantidas na China para garantir a ascendência japonesa lá. Isso envolvia linhas de provisão de extensão e exigências impraticáveis as quais a capacidade industrial limitada do Japão não poderia satisfazer. Submarinos americanos provocaram uma baixa severa no transporte marítimo japonês. Em 1943, foram afundados dez vezes mais navios do que poderiam ser substituídos.

Embora a cidade de Darwin ao norte da Austrália tenha sido bombardeada, o país nunca foi invadido, principalmente devido à obstinada resistência de soldados australianos que interromperam o fluxo de japoneses nas montanhas cobertas de matas da Nova Guiné, e uma batalha naval no Mar Coral, na qual os japoneses foram, pela primeira vez nessa guerra, derrotados. Separados de suas linhas de provisões, somente 13.000 soldados japoneses na Nova Guiné terminaram sobrevivendo dos 140.000 que haviam sido enviados para lá. A enorme capacidade produtiva dos Estados Unidos entrava agora em cena, e em agosto de 1942 um ataque americano em Guadalcanal, nas Ilhas Salomão, levantaram a cortina de uma série de invasões marítimas ferozes e sangrentas que empurraram os japoneses ao norte.

Os japoneses resistiram com uma tenacidade quase insana – seus soldados haviam sido doutrinados com a convicção de que se render e ser feito prisioneiro era uma desgraça e uma traição ao imperador. Por isso, eles quase sempre lutavam até o último homem. Sobre os insignificantes cerca de 13km^2 da Ilha de Iwo Jima, 22.000 japoneses e 7.000 americanos morreram durante uma batalha de cinco semanas. Os japoneses tiveram baixas elevadas em quase toda parte – mais de um milhão de soldados e quase meio milhão de marinheiros morreram durante a guerra. Em Saipan, mil sobreviveram dos 32.000; no Atol de Tarawa nas Ilhas Gilberts todos os 4.800 dos fuzileiros navais japoneses foram mortos.

Em um duelo desesperado entre porta-aviões próximo à Ilha de Midway em 1942, a sorte oscilou de um lado e outro, sugerindo uma vitória japonesa até que, quase por acaso, um pequeno esquadrão americano – com apenas 37 bombardeiros de mergulho – encontrou quatro dos seis maiores porta-aviões japoneses vulneráveis enquanto reabasteciam e rearmavam seus aviões. Os quatro navios foram destruídos. Dessa época em diante os Estados Unidos passaram a ter a superioridade naval no Pacífico.

Uma consequência importante foi um colapso nas economias quase completamente agrárias das colônias. À medida que cada vez mais cargueiros eram afundados pelos submarinos americanos o comércio entre eles e o Japão declinava, e depois praticamente cessou. Em quase toda parte a pobreza seguiu o desemprego, mas a escassez efetiva de alimentos piorou a situação, provocando a fome em grande parte das ilhas do Sudeste Asiático. A malária, basicamente sob controle em 1939, tornou-se epidêmica em toda parte.

Enquanto os japoneses sofriam derrota após derrota, sua atitude com relação ao povo asiático nas colônias que haviam ocupado mudava significativamente. Agora, esses povos se tornavam sujeitos ao trabalho forçado e ao padrão usual da brutalidade japonesa, e como resultado qualquer simpatia que tiveram pelos japoneses desaparecera. As pessoas fugiam de suas aldeias em direção às florestas para escapar do declínio geral da lei e da ordem e da conscrição em massa para os grupos de trabalho japoneses. Movimentos de resistência se desenvolveram em quase toda parte. Esses bandos de guerrilhas, que atraíram o apoio e assistência dos Aliados, tinham geralmente um elemento comunista, derivado dos partidos comunistas estabelecidos durante as décadas de 1920 e

1930. Um desses, na Indochina francesa, foi o vietminh, comandado por Ho Chi Minh, que mais tarde conduziria o Vietnã à independência como um Estado comunista. Um outro foi o movimento comunista malaio, liderado por Chin Peng, que marchou nas celebrações do final da guerra em Londres, mas que mais tarde liderou suas guerrilhas durante a longa insurreição malaia conhecida como a Emergência.

A guerra no Pacífico terminou com a rendição do Japão em agosto de 1945, após as cidades de Hiroshima e Nagasaki terem sido destruídas, em um custo inicial de 170.000 vidas, pelo uso primeiro e único de armas nucleares em uma guerra. Mas, antes, o padrão sistemático de bombardeamento ordenado pelo general americano Le May havia transformado Tóquio e outras 65 cidades em infernos mortais. Esse bombardeio de saturação com bombas incendiárias infligiu um custo ainda maior do que os ataques nucleares – 260.000 civis foram queimados até a morte e mais de dois milhões de edificações foram destruídas.

As áreas ocupadas na Ásia não tiveram uma sorte muito melhor. Invasões e as políticas de "terra queimada" das potências europeias em retirada destruíram grande parte da infraestrutura já inadequada. A Birmânia, por exemplo, ainda não se recuperou da perda de ao menos três quartos de suas estradas, pontes e ferrovias. Mas uma coisa que não faltou foram armas, fossem as deixadas pelos exércitos em retirada ou as que foram lançadas de aviões para os combatentes da resistência. Essas serviriam, em alguns casos, para guerras civis cruéis; em outros, para o estabelecimento de exércitos armados.

Na maior parte das ex-colônias, movimentos de guerrilha estabeleceram governos interinos à medida que a ocupação japonesa terminava, e esperavam confiantemente pela rápida evolução de estados independentes. O comandante aliado supremo no Sudeste Asiático, Lorde Mountbatten, avisou os franceses e os holandeses que não poderiam retomar o governo colonial nos termos pré-guerra. Contudo, esse aviso foi em grande medida ignorado, levando a grandes hostilidades em ambas as ex-colônias. Os holandeses não persistiram muito, mas os franceses foram mais obstinados, combatendo o vietminh até sofrerem uma derrota esmagadora em um complexo de fortes de montanha em Dien Bien Phu em 1954. Dia após dia, aviões de transporte lançavam soldados paraquedistas para reforçar os fortes condenados. Os comunistas matavam quase todos antes que chegassem ao chão. Usando somente a força humana, moveram artilharia de montanha ao longo de um terreno extremamente difícil, até que as posições francesas fossem um alvo fácil. Quando Dien Bien Phu foi forçado a se render, 10.000 franceses foram feitos prisioneiros.

Esse evento – a primeira derrota de uma potência europeia para um movimento de resistência asiática – teve um tremendo impacto em todas as ex-colônias. O que poderia ser feito uma vez poderia ser feito de novo. Mas as esperanças iniciais de que a independência pudesse chegar pacificamente haviam sido abaladas em 1941. Um encontro histórico entre o Primeiro-ministro Churchill e o presidente americano Roosevelt produziu a Carta do Atlântico, que declarava "o direito de todo povo a escolher a forma de governo sob a qual viveria". Mas em um mês, falando na Casa dos Comuns, Churchill declarou que a carta não se aplicaria a quaisquer das colônias britânicas. França e Holanda continuaram a combater os nacionalistas em suas ex-esferas de influência.

A próxima década seria de conflitos, e no fim dela praticamente todas as ex-colônias haviam se tornado nações independentes.

18
Sul da Ásia: liberdade e pobreza

As nações asiáticas, com mais de meio bilhão de pessoas, são agora a maior fração de humanos no mundo. Consequentemente, o que acontece a elas deve ser um tema de preocupação global – ainda mais porque todos os cinco maiores países da região enfrentam problemas maiores e mais fundamentais do que outras partes da Ásia. Esses incluem uma taxa desconfortavelmente alta de crescimento populacional, algumas das mais baixas percentagens mundiais de alfabetização e altas incidências de pobreza e de doenças fatais ou incapacitantes.

Cerca de 250 milhões são ricos ou da classe média. A maioria deles está na Índia, com talvez dez a vinte milhões no Paquistão e Bangladesh. Seus estilos de vida contrastam fortemente com o de bilhões que vivem em moradias abarrotadas e precárias, que carecem de água potável e saneamento básico, que não são alimentadas adequadamente e que podem contar somente com os serviços médicos básicos. Alguns estudos indicam que os mais ricos estão cada vez mais ricos e os mais pobres mais pobres – e que parece haver pouco apetite entre os mais ricos por medidas que possam melhorar o bem geral, como impostos mais altos. Grande parte das melhorias na vida dos pobres tem vindo de organizações não governamentais, financiadas principalmente por doações no Ocidente. O grupo do Banco Mundial está também auxiliando. Com um empréstimo à Índia de U$ 26 bilhões durante quatro anos até 2013 – a maior quantia dirigida para um único país –, fornecerá outros U$ 3 a U$ 5 bilhões anualmente ao longo de quatro anos a partir de 2013, com ênfase particular no auxílio aos estados mais pobres.

Consequentemente deverá haver uma consequente melhoria nas condições de vida no sul da Ásia, e o governo ao menos em algumas partes da região está fazendo esforços nessa direção. O governo indiano fornece trabalho e subsídios que protegem a maioria dos pobres da completa destituição, mas pouco mais do que isso. De acordo com a London School of Economics, aproximadamente um quarto da população está excluída desses programas devido à "corrupção descontrolada e à obsessão do Estado com a burocracia, a despeito da condição generalizada de analfabetismo entre os cidadãos indianos mais pobres". Certamente, um visitante da região pode ver poucas evidências de mudanças, provavelmente devido à própria magnitude dos problemas. As decrépitas favelas que constituem a maior parte das maiores cidades parecem estar ainda mais abarrotadas e mais arruinadas do que há 30 anos. O crescimento industrial que fomentou o crescimento da classe média foi ecologicamente desastroso – uma cobertura pesada de fumaça das chaminés de fábricas e o crescente tráfego de veículos automotores, estradas e ruas sufocadas, e um ruído estrondoso constante. A beleza de Taj Mahal em Agra, cercado por favelas e uma paisagem inteira de edificações industriais sombrias, das quais uma centena de altas chaminés expele fumaça, caracteriza eloquentemente os problemas urbanos da Índia. Em muitos casos, a indústria paga muito mal seus funcionários, que trabalham longas horas em más condições em edificações muitas vezes perigosas. Acidentes desastrosos de fábricas, em decorrência seja do fogo ou do colapso efetivo de edificações, ocorrem regularmente. O colapso de um prédio de oito andares em Bangladesh em 2013 tomou mais de 1.100 vidas, principalmente de jovens trabalhadoras e seus filhos em creches no prédio. Havia mais de 3.000 pessoas abarrotadas produzindo vestimentas nesse prédio, que se sabia inseguro.

O uso do trabalho infantil é comum, a despeito de ser ilegal. O número de crianças abaixo de 14 anos trabalhando, muitas com 4 ou 5 anos, é estimado em cerca de 60 milhões na Índia, embora o governo admita somente 20 milhões. Jornadas diárias de 12 horas de trabalho são comuns, e há pouca consideração pela saúde dessas crianças. Danos oculares são muito prováveis para aqueles que trabalham longas horas na tecelagem de tapetes e a cegueira total não é incomum. Em Bangladesh, o número de trabalhadores infantis subiu de 2,5 milhões em 1974 para 6,6 milhões em 1996. Esse aumento é atribuído ao grande número de pessoas vivendo abaixo da linha de pobreza: 55 milhões. Na capital, Dhaka, mais de 100.000 crianças empregadas como trabalhadores domésticos tinham menos de 13 anos e algumas com apenas 5. De acordo com a Unicef, muitas crianças trabalham em lugares onde são expostas a produtos químicos e maquinários perigosos e com risco de queimaduras. O Instituto de Estatística paquistanês divulgou em 2012 que 3,8 milhões de crianças entre 5 e 14 anos estavam trabalhando no país – aproximadamente metade em trabalho agrícola.

O interior é um pouco melhor do que as cidades, constituído substancialmente de campos áridos, nos quais a produtividade do solo está declinando alarmantemente, e de aldeias, que a cada ano têm de abrigar mais pessoas nas mesmas condições miseráveis e partilhar alimentos que são cada vez mais limitados. 5% dos habitantes da aldeia detêm cerca de 40% da terra disponível para a agricultura – no Paquistão 4% detêm 36% da terra. Isso representa cerca do dobro da alienação de terra aos ricos desde a independência. A má nutrição aflige cerca de um terço da população indiana. 1,7 milhão de crianças morre a cada ano antes dos 5 anos – um relatório das Nações Unidas de 2012 diz que essa foi a maior incidência de mortalidade infantil no mundo. Sete milhões de mortes de crianças ocorrem no Paquistão. Contudo, a despeito de sua pobreza, Bangladesh estabeleceu de certo modo um recorde, reduzindo sua taxa de mortalidade de crianças com menos de 5 anos em dois terços desde 1990. Considera-se esse o resultado de uma assistência médica melhor e mais abrangente nos países vizinhos e de programas para instruir mães sobre boa nutrição.

E sob outros aspectos a imagem não é uniformemente depressiva. Há ilhas de esperança e prosperidade, como o Estado de Kerala ao sul da Índia, onde um bom governo e a participação comunitária resultaram em indicadores sociais melhores do que o resto da região, e o pequeno reino himalaico do Butão. Nenhum deles é rico, mas são indicadores vivos de que o progresso é possível.

O sul da Ásia enfrenta severos desafios de mudança climática. Duas nações, Índia e Bangladesh, partilham o enorme delta do Ganges, onde grande parte da terra está a pouco mais de 90cm do nível do mar. Essa é uma das partes mais densamente povoadas do mundo, acomodando cerca de 500 pessoas por 1,6km² – mais de 100 milhões de pessoas vivem nessa terra plana de inumeráveis riachos e rios entrelaçados.

Essa intensa pressão sobre a terra disponível e o declínio da fertilidade do solo se combinam para ameaçar com um sério problema de escassez de alimentos no futuro. Em anos recentes, inundações severas no Estado de Assam no norte indiano – para onde o Rio Brahmaputra leva regularmente inundações perigosas – já destruíram plantações de verão inteiras.

Embora o aumento do nível do mar seja a ameaça imediata, uma redução no fluxo dos dois grandes rios do Sul Asiático, o Ganges e o Indus, ameaçaria o fornecimento de alimentos a dezenas de milhões de pessoas. Centenas de geleiras nas montanhas do Himalaia sempre forneceram um fluxo constante ao longo do ano, perdendo águas de degelo aproximadamente na mesma proporção que a reposição por nevadas. Esses enormes rios de gelo estão agora diminuindo à medida que a temperatura global se eleva. À medida que diminuem, sua capacidade de "equilíbrio" se reduz, o que resultará em um padrão de inundações alternadas com secas. De acordo com alguns glaciologistas, em algumas décadas o fluxo do Rio Ganges cairá cerca de 90%, provocando escassez de água para 37% da terra irrigada da Índia, ameaçando a sobrevivência de 500 milhões de pessoas.

O Rio Indus, que fornece água a uma das maiores áreas irrigadas do mundo no Paquistão, é também altamente dependente da água do degelo glacial. Em 2012, o fluxo de água, abaixo de 20% do normal, não atingiu enormes áreas irrigadas, reduzindo a produção de alimentos em cerca de 40%. O Indus encontra o mar em um enorme delta em um território de baixa altitude, também ameaçado pelo nível do mar.

A religião é uma das maiores causas de violência fatal no sul da Ásia, com conflitos regulares entre seguidores das duas grandes religiões do mundo, o hinduísmo e o islamismo, provocando milhões de mortes. O que segue é em grande parte uma breve descrição do que é um problema complexo, mas pode servir para ilustrar as razões gerais por trás desse conflito perpétuo.

As duas religiões são antitéticas sob muitos aspectos. O islamismo é estritamente monoteísta, acreditando em uma deidade suprema, Alá. Sua escritura, o Alcorão, é considerada a autêntica palavra de Alá, a qual todos os muçulmanos devem aceitar sem reserva. Em contraste, o hinduísmo aceita uma perturbadora variedade de deuses e deusas, e não possui qualquer corpo de dogma que deva ser estritamente aceito. As duas religiões não aceitam ou mesmo mencionam uma a outra em suas escrituras, e filosoficamente têm muito pouco em comum.

O islamismo diz que Deus fala ao mundo através dos profetas – humanos divinamente inspirados, dos quais Maomé é o mais importante. Não há equivalente hindu. O sistema de castas, que define o lugar de cada um na vida, é básico ao hinduísmo. Os muçulmanos consideram todos iguais perante Deus. O islamismo possui um sistema estrito de lei religiosa, chamado *sharia*, que é considerado um guia estrito para muitos aspectos da vida. O hinduísmo não possui algo assim. Os muçulmanos acreditam que a vida é um tipo de teste, após o qual os indivíduos serão considerados em sua conduta e encaminhados ao paraíso ou ao inferno. Os hindus acreditam na reencarnação, pela qual as almas se movem de uma vida para a outra, e terminam possivelmente se libertando da condição humana. Os muçulmanos não podem produzir imagens de Alá ou de quaisquer de seus profetas. Por isso, estátuas e outras representações de deuses e deusas nos templos hindus serem considerados idolatria e blasfêmia para os muçulmanos. Parece ser um dever religioso destruí-los – algo que aconteceu muitas vezes no passado.

O número de muçulmanos na Índia vem crescendo. Eles constituíam 9% da população total em 1951, quase 14% em 2001, e cerca de 20% em 2013. Os muçulmanos na Índia são altamente urbanizados, constituindo 22% da população em Mumbai e 21% em Calcutá. Como tanto o Paquistão como Bangladesh são predominantemente muçulmanos, foi estimado que em 2065 os muçulmanos serão mais numerosos no sul da Ásia do que hindus e siques. Isso está provocando reações entre hindus que variam da ansiedade ao ódio frenético ao islamismo – uma página do Facebook, Hindus Against Islam (Hinduístas contra islâmicos), expressa esses ataques irracionais ao islamismo como sendo extremamente perturbadores. Os mísseis guiados da Índia, destinados a transportar armas nucleares, têm nomes associados à religião: Agni, o deus do fogo, e Prithvi, a deusa da Terra. O Paquistão possui um míssil de longo alcance chamado Ghauri, em homenagem a um dos primeiros invasores da Índia. Como a maioria das pessoas em ambas as nações se orgulha de possuir armas nucleares, a hostilidade contínua entre elas representa uma grande ameaça ao mundo.

19
Índia

Quando a guerra iniciou na Europa em 1939, a Grã-Bretanha teve pouco tempo livre para considerar a formação das forças políticas no sul da Ásia. Nehru havia previsto a guerra e havia dito no encontro do Partido do Congresso de 1936 que "se torna necessário [...] declarar agora nossa oposição à participação da Índia em uma guerra imperialista". Com o começo daquela guerra, o Congresso exigiu o imediato autogoverno em uma base a ser decidida por uma assembleia constituinte de indianos. Em 1942, a Grã-Bretanha enviou um membro socialista de seu Gabinete de Guerra – Stafford Cripps, há muito conhecido como um apoiador das aspirações nacionalistas indianas – para Deli. Cripps trouxera consigo um plano para uma Índia independente com *status* de domínio e o direito de se independentizar da Commonwealth, a ser estabelecido imediatamente após a guerra.

O Congresso recusou essas propostas categoricamente, aparentemente por iniciativa de Gandhi. Diz-se que descreveu as propostas de Cripps como "um cheque em branco de um banco falido", e que queria todas as forças da Commonwealth fora da Índia de modo que uma possível invasão japonesa pudesse ser combatida com uma campanha de resistência passiva. As palavras "Saiam da Índia" repentinamente apareceram em tinta branca rabiscadas em paredes e tapumes. Uma grande campanha de desobediência civil seria usada para pressionar a Grã-Bretanha. Contudo, as autoridades coloniais reagiram imediatamente com força. O Congresso foi declarado uma organização ilegal e todos os seus líderes foram detidos e encarcerados até o fim da guerra em 1945. As primeiras revoltas e sabotagens começaram em Mumbai e rapidamente se espalharam para outras partes da Índia. Prédios públicos foram reduzidos a cinzas, ferrovias e linhas telegráficas danificadas, e houve algumas sabotagens de instalações militares.

Assim surgiu o repentino ressentimento que ofuscaria os últimos anos de domínio britânico – uma triste mancha em um registro que contém tanto valor. Centenas de nacionalistas foram mortos – uma estimativa do Partido do Congresso menciona cerca de 25.000 mortos, com 3.000 feridos e 60.000 detidos antes que a "rebelião do Congresso" fosse reprimida. Mas o pior estava por vir. O ano de 1943 trouxe novos horrores com uma fome catastrófica em Bengala, a pior desde 1866. A fome, pouco noticiada na época devido à censura de tempo de guerra, ainda é, inexplicavelmente, em grande medida ignorada em muitas histórias da Índia e livros de referência padrão. Estimativas das mortes giram em torno de dois e quatro milhões – ambos os números muito maiores do que as mortes durante as guerras militares e civis do Império Britânico, que totalizaram cerca de meio milhão. Havia alimento adequado disponível em Bengala, mas foi retirado de um interior faminto para alimentar a Calcutá industrial.

Está bem documentado que aldeias de Bengala foram privadas de alimentos por especuladores, que receberam um mercado fácil pela demanda por arroz para alimentar o exército indiano, agora com dois milhões de soldados. Gandhi jejuou por três semanas em simpatia pelos bengaleses, mas seu gesto, considerável para um homem de sua idade avançada, foi ignorado. A exigência legal para declarar fome sob o Código de Fome também foi ignorada, com evidências de que isso foi feito para evitar o custo de aliviar o sofrimento da massa e o reconhecimento do total aterrador de mortes. Em vez de enviar estoques de alívio para a zona rural de Bengala, a administração britânica supervisionou uma enorme exportação de grãos e de arroz. Epidemias de cólera explodiram em meio à população enfraquecida, com altas taxas de morte em 1944. Lorde Wavell, que se tornou vice-rei em 1943, solicitou ao primeiro-ministro britânico, Winston Churchill, o envio de um milhão de toneladas de grãos a Bengala, mas Churchill parece não ter se sensibilizado. "Ele odeia a Índia e tudo relacionada a ela", Wavell comenta em seus diários. No fim, menos da metade dessa quantidade estava por vir. O sucessor de Wavell, o australiano R.G. Casey, organizou um grande programa de vacinações contra cólera e varíola.

Vários dos fatores mencionados acima sugerem uma política de "terra arrasada" britânica, destinada a negar recursos a Bengala para uma antecipada força de invasão japonesa, a um tremendo custo humano. Essas consequências acusam severamente os responsáveis pelas políticas britânicas da época, especialmente Churchill, e o fracasso em investigar e reconhecê-las levou ao descrédito dos subsequentes governos britânicos.

Tão grande foi a produção das novas indústrias na Índia durante a guerra, notadamente a enorme fábrica de aço Tata, que não apenas suspendeu a dívida indiana como deu à Índia de fato um crédito positivo em Londres de mais de 100 milhões de libras. Consequentemente, o fim da guerra viu o fim de qualquer justificação econômica para a continuação do domínio britânico. Em julho de 1945, o governo do período de guerra de Churchill foi derrotado, e o Partido dos Trabalhadores, que havia sido crítico à política da Índia por algum tempo, embarcou na tarefa de tornar a Índia livre. O novo primeiro-ministro, Clement Attlee, tentou tornar a Índia independente sem reservas, e foi pouco dissuadido pelo comentário de Churchill de que isso envolveria "o desmoronamento retumbante do Império Britânico com todas as suas glórias". Mesmo assim, a tarefa não se mostrou tão simples, com greves e manifestações continuando na Índia durante 1946.

Em meio a essa confusão, uma influência dominante foi a Liga Muçulmana, levada adiante por Jinnah, seu líder, que insistia em uma nação islâmica separada. "Teremos ou uma Índia dividida ou uma Índia destruída", ele dizia. "Forjamos uma pistola e estamos em posição de usá-la." Jinnah convocou um dia de ação direta em 16 de agosto. Essa seria uma ocasião ominosa e trágica, resultando na morte de 12.000 pessoas, 5.000 apenas em Calcutá, em condições de brutalidade aterradora. Em 1947, a Índia estava à beira de uma guerra civil. A partição não foi aceita como inevitável. Novas fronteiras foram traçadas com poucas chances de considerar os interesses e lealdades locais com algum cuidado. Todavia, a linha havia sido traçada, e rapidamente. Inevitavelmente, dividiu grupos de aldeia e clãs e isolou as terras irrigadas de suas fontes de água, em meio a uma miríade de outros problemas. Essa cirurgia crua levou a outro desastre, comparado ao qual os horrores coletivos do passado se tornaram irrisórios. Índia e Paquistão se tornaram domínios independentes dentro da Commonwealth em 14 de agosto de 1947. Ao mesmo tempo, ambos os países enfrentaram uma explosão de violência coletiva em uma escala sem precedentes. Nas regiões de fronteira de Punjab, que, como Bengala, fora dividida, milhões deixaram suas casas, enquanto fanáticos hindus, muçulmanos e siques os caçavam em um pesadelo de carnificina e destruição. Famílias inteiras morreram dentro de suas casas, enquanto centenas de aldeias foram incendiadas, e o caos prevalecendo em ambos os lados da fronteira encobria todo tipo de atrocidade – alguns dificilmente imagináveis. Trens abarrotados foram encontrados parados nas linhas sem uma única alma viva dentro deles.

Nenhuma estimativa acurada jamais foi possível sobre o custo humano desse terrível desastre, mas se acredita que cerca de um milhão de pessoas tenha perecido. No que foi provavelmente o maior deslocamento individual de população que o mundo jamais vira, ao menos seis milhões de pessoas cruzaram da Índia para o Paquistão, e um número ligeiramente maior migrou para outra parte.

A consideração desses eventos leva a uma pronta compreensão do ressentimento e desconfiança entre os estados vizinhos do sul da Ásia que levaram a guerra em várias ocasiões, vários conflitos militares, um confronto ao longo de uma das fronteiras mais pesadamente militarizadas do mundo e um dispêndio imoderado em armamentos, incluindo armas nucleares, por ambas as nações que poderia ter sido melhor direcionado para aliviar a pobreza e privação de tantas pessoas de seus povos.

Seguindo à tragédia coletiva em 1947, Gandhi, aos 78 anos, começou um jejum para forçar uma promessa dos líderes do Congresso de que as vidas e propriedades dos 40 milhões de muçulmanos ainda vivendo na Índia deveriam ser respeitadas. Cinco dias depois, Nehru e seus colegas deram essa garantia. Foi o último triunfo do homem que, embora desgostasse do título, havia se tornado universalmente conhecido como o *mahatma* – a "grande alma". Em 30 de janeiro de 1948, enquanto saía de uma casa em Deli, um homem assassinou Gandhi com três tiros. O assassino não era um muçulmano fanático, mas um mero *brâmane* de um partido extremista hindu, o Mahasabha. A ortodoxia hindu, então, finalmente cobrou sua penalidade do homem que lutou tanto para livrar a Índia de seus antigos ódios, superstições e preconceitos.

A história da Índia desde a independência pode ser melhor sumarizada – e talvez melhor compreendida – se olharmos para tendências amplas em vez de para uma enorme massa de detalhes políticos. As primeiras décadas foram difíceis, com a Índia capaz de alimentar seu povo somente por meio de massivas importações de alimentos e doações de outros países. A influência de Gandhi sobreviveu na pessoa de seu principal discípulo, Vinoba Bhave, que caminhou ao longo da Índia por anos persuadindo ricos proprietários de terras a darem mais de um milhão de acres de terra aos pobres. Grande parte dessa terra, contudo, era pedregosa ou sem muito valor, de modo que a missão de Bhave teve pouco efeito sobre a vasta massa de pobreza indiana.

Podemos argumentar que as políticas iniciais da era de Nehru, cujos efeitos perduram ainda hoje, eram erradas porque favoreciam o capital e não a indústria de mão de obra intensiva – fábricas de aço e cimento, em vez das urgentes medidas necessárias para melhorar as vidas do que agora equivale a cerca de meio bilhão de pobres rurais. Nehru, certamente, não estava sozinho nisso – uma situação similar resultou numa grande tragédia na China. Contudo, anos de controle firme pelo Partido do Congresso e uma duplicação da produção de grãos, devido ao uso de novas variedades de alta produtividade nas duas décadas a partir de 1965, levaram à melhora das condições da Índia a ponto de ela se tornar uma exportadora de alimentos após duas décadas importando-os. Apesar disso, mais recentemente, variedades de plantas da "revolução verde" se mostraram menos úteis e isso – combinado a perdas de fertilidade do solo devido à exaustão e ao crescimento incessante da população – aumentou os problemas relacionados à pobreza e à doenças, tanto nas aldeias como nas áreas de favelas em rápido crescimento nas grandes cidades.

Politicamente, as amplas tendências na Índia durante as décadas desde a independência foram maior regionalismo, fragmentação em uma multidão de pequenos partidos basicamente determinados por casta e localidade, uma diminuição da liderança nacional e um crescimento gradual, porém definido, do nacionalismo hindu. Especialmente após o declínio da Dinastia Nehru – dois primeiros-ministros dessa família, Indira Gandhi (não relacionada ao *mahatma*) e seu filho Rajiv foram assassinados – a corrente começou a correr contra o Congresso. Isso foi associado a um estado de emergência declarado por Indira Gandhi em 1975, durante o qual mais de 30.000 pessoas foram presas sem julgamento. Essa repressão severa havia sido precedida por um ano de greves, algumas das quais envolvendo cerca de milhões de trabalhadores. Uma campanha contra o movimento sindical foi vista amplamente como apoio governamental aos grandes conglomerados industriais, como Tata e Birla, que dominam o comércio indiano. Uma derrota do Congresso nas eleições de 1977 entregou a Índia à liderança incerta de uma aliança frouxa, o Partido Janata. Em 1980, o Janata havia se fragmentado em facções irreconciliáveis, e o Congresso recuperou o poder nas eleições daquele ano.

A Senhora Gandhi sobreviveria somente mais quatro anos. Mais tarde, em 1984, após uma disputa religiosa amarga e sangrenta com a comunidade sique, ela foi alvejada por metralhadoras nas mãos de dois de seus guardas, que eram siques. Isso levou a uma orgia de assassinatos coletivos, nos quais cerca de 10.000 siques perderam a vida, enquanto 50.000 fugiram para campos seguros ao redor de Deli.

O filho de Indira, Rajiv, um piloto de aviação, sucedeu-a. Seu primeiro ano como primeiro-ministro levou a Índia a uma aterradora tragédia, o pior acidente industrial do mundo. Quarenta toneladas de um gás venenoso, isocianato de metila, foram liberadas de uma fábrica pertencente a uma subsidiária da multinacional Union Carbide. À medida que esse gás foi carregado pelas áreas residenciais densamente povoadas em torno da fábrica, ao menos 10.000 pessoas foram mortas. Contudo, cerca de 30 anos mais tarde, Bhopal permanece ainda terrivelmente contaminada, com cerca de 12.000 toneladas de material tóxico ainda no solo. Ninguém foi capaz de estimar os efeitos continuados, embora existam altas taxas de câncer, doenças de pele e crianças com deformações congênitas na região. Manifestantes em uma assembleia em Bhopal em 2011 alegaram que mais de meio milhão de pessoas haviam sido envenenadas, mas esse número foi contestado.

Rajiv Gandhi levou a Índia a novas direções, a uma era de tecnocratas e não de socialistas, inspirados pelo racionalismo econômico da nova ordem mundial. O comércio andou bem, mas novamente pouca atenção foi dada aos pobres. Contudo, sua administração terminou sendo vista como muito próxima ao grande comércio, muito tolerante com evasão de impostos e subornos, especialmente em contratos de defesa. O mais flagrante foram pagamentos totalizando quase U$ 12 milhões aos funcionários da defesa e políticos pelos fabricantes de armas suecos, Bofors, para pressionar a venda de seus canhões 155mm como principal artilharia de campo indiana. O Congresso foi derrotado nas eleições em 1989, e Rajiv foi assassinado, em 1991, por uma bomba carregada por uma extremista tâmil – um resultado da intervenção da Índia na dura guerra civil no Sri Lanka.

Os três anos a partir de 1996 trouxeram uma incerteza política que necessitou de três eleições. Em 1996 uma coalizão liderada pelo partido nacionalista Bharatiya Janata – o BJP – assumiu o poder. Embora tenha ficado sem 19 das 272 cadeiras necessárias para uma maioria absoluta, esse resultado confirmou o declínio para o Congresso, que obteve somente 140 cadeiras, aparentemente encerrando seu domínio na política indiana. Em troca, o povo preferiu um partido baseado nas tradições e ideias hindus do passado, com forte organização e apoio nos níveis mais baixos da população, e com um maior compromisso com a indústria local em detrimento das multinacionais. Muitos dos membros do BJP também pertenciam ao Rashtriya Swayamsevak Sangh (RSS), uma organização jovem fundamentalista fundada em 1925, que fora descrita como um cruzamento entre os escoteiros e juventude hitlerista, e que havia sido implicada na violência passada contra a comunidade muçulmana.

As duas eleições subsequentes, em 1998 e 1999, trouxeram resultados ainda piores para o Congresso, então liderado pela viúva de Rajiv, Sonia Gandhi, que é italiana e cristã. O BJP também falhou em obter a maioria, dependendo de uma aliança de partidos regionais menores. Em um livro de 1998, *The idea of India* (*A ideia da Índia*), Sunil Khilnani diz: "A presunção de que uma ideia partilhada única da Índia – uma ideia e conceito unificados – existe, perdeu toda credibilidade [...]. As novas políticas da Índia são formadas com base em linhas regionais de raça e casta".

Esses resultados podem encorajar esperanças de que a diminuição da influência do *raj* britânico possa com o tempo abrir caminho para um governo mais próximo ao elemento mais duradouro da sociedade indiana – a aldeia. Contudo, a realidade é que a Índia é administrada por uma elite culta, o Serviço Administrativo Indiano – o *babu raj* – que funciona de modo muito semelhante ao serviço civil colonial. Seu conservadorismo e ineficiência contribuíram para o fracasso de todos os governos desde a independência para significativamente melhorar as vidas dos pobres. Talvez somente quando aquelas centenas de milhões puderem efetivamente influenciar eventos as melhoras tão necessitadas aconteçam. Isso poderia muito bem ser o *sarvodaya* que Gandhi defendia na época da independência – um abandono dos ornamentos e terminologia confrontantes da democracia de estilo ocidental, e a desmobilização do Partido do Congresso para abrir espaço para um sistema político de consenso baseado nas aldeias. Houve um movimento substancial nessa direção em 1992 quando os conselhos das aldeias – *gram panchayat* – foram estabelecidos. Há mais de um quarto de milhão desses, constituídos de 10 a 14 membros eleitos. Eles são responsáveis pelos serviços municipais como os serviços públicos de saúde, iluminação, fornecimento de água e escolas.

Aproximadamente 20.000 pessoas foram mortas e meio milhão deslocado em 2004, quando um tsunami resultante de um terremoto perto de Sumatra atingiu a costa indiana. As eleições naquele ano deram uma guinada inesperada, quando o BJP perdeu poder para uma aliança dominada pelo Partido do Congresso, embora o governo incumbente fosse reformista, havia rompido um acordo de paz com o Paquistão e criado condições para o crescimento econômico. Contudo, como as "condições de crescimento" dos anos anteriores haviam favorecido os mais ricos e feito pouco pela vasta massa de pobres, eleitores rurais e das castas baixas regressaram decisivamente ao Congresso. Embora a campanha de eleição do Congresso tenha sido liderada por Sonia Gandhi, ela se recusou a se tornar primeira-ministra porque houvera algumas controvérsias sobre seu nascimento estrangeiro. Em troca, o novo primeiro-ministro foi o economista Manmohan Singh, um ex-ministro de finanças sique a quem muitos atribuem reformas econômicas durante a década de 1990.

Sua Aliança Progressista Unida (APU) reteve confortavelmente o poder nas eleições em 2009, que ainda assim não obteve uma clara maioria com partido algum, com a APU conquistando 262 cadeiras das 543 no Lok Sabha – o parlamento nacional – enquanto o total do BJP caiu para 159. A APU também aumentou seus votos em 16 dos 28 estados. O Ato de Emprego Rural Nacional

(National Rural Employment Act), que garante 100 dias de trabalho por ano a trabalhadores casuais rurais, é considerado um fator importante nesse apoio elevado à APU. Contudo, o apoio aos partidos regionais aumentou – entre eles receberam um recorde de 53% dos votos totais. Uma pesquisa pós-eleições revelou que 70% dos entrevistados se consideravam mais leais à sua região do que à nação, com somente 14% pensando o contrário. Essa foi a maior eleição geral do mundo, com cerca de 60% de 3/4 de bilhão de pessoas aptas votando. O filho de Rajiv, Rahul, fez uma campanha expressiva, posicionando-se contra o extremismo hindu. Membro do parlamento desde 2004, esperava-se que Rahul, nascido em 1970, desempenhasse um papel importante no futuro político indiano. Ele foi eleito vice-presidente do Congresso em 2013.

Embora a Índia possua 50 cidades com mais de um milhão de pessoas, dois terços da população vivem em 640.000 aldeias. Essas são as pessoas que ditarão as direções políticas no futuro. Sua visão é regional e não nacional, e querem trabalho, um aumento regular na prosperidade para todos os níveis da sociedade, melhora no fornecimento de energia e melhor educação para seus filhos. Embora as crianças recebam um almoço para encorajá-las a permanecerem na escola, metade a abandona antes de completar o ensino secundário. Os padrões de ensino são muitas vezes baixos, e em alguns lugares não há quaisquer professores. A taxa de alfabetização é cerca de 70%. Há pouca oferta de comerciantes e profissionais como engenheiros e arquitetos qualificados. Quase metade das escolas da Índia é privada, e pais ansiosos são frugais e economizam para pagar suas mensalidades porque acreditam que uma boa educação dará a seus filhos as melhores chances na vida.

Os problemas ambientais na Índia são aterradores. Indústrias "poluentes" como curtumes despejam seus produtos químicos e outros resíduos diretamente nos rios, e em muitos lugares os esgotos não tratados são despejados em canais. De acordo com um relatório de 2012 da OMS, em torno de um quarto das casas indianas não possuía toaletes e cerca da metade da população defecava ao ar livre. A Índia possui uma próspera indústria farmacêutica, com fornecimento de antibióticos usualmente sem qualquer controle. Devido a isso, bactérias resistentes aos medicamentos estão se proliferando em esgotos e água potável – incubadores para "superbactérias". Deli é uma das piores cidades do mundo quanto à poluição do ar, rivalizando com Pequim. O tráfego é caótico, e congestionado na maior parte das cidades. Há uma alta taxa de acidentes rodoviários, resultando em 134.000 mortes em 2012.

Em maio de 1998, a Índia elevou as tensões regionais com cinco testes de bombas nucleares, incluindo o de uma bomba de hidrogênio acionada por fissão. O Paquistão rapidamente fez o mesmo, ambas as nações alegando que tinham sistemas de lançamento para essas armas. Diz-se que a Agni V, da Índia, testada em 2012, possui um alcance de aproximadamente 5.000km, e a do Paquistão, Shaheen I A, cerca de 3.200km. Acredita-se que a Índia e o Paquistão possuam cada um cerca de 100 armas nucleares operacionais. De acordo com o anuário de 2012 do Instituto Internacional de Estudo para a Paz de Estocolmo, "Índia e Paquistão estão aumentando o tamanho e sofisticação de seus arsenais nucleares [...] e ambos estão aumentando suas capacidades de produção de material físsil". Em 2012, o Centro Pulitzer expressou preocupação com relação a frouxa segurança e as confusas doutrinas militares na região, dizendo que "o perigo real para o mundo pode ser a desenfreada corrida nuclear entre Índia e Paquistão [...] um jogo da galinha nuclear"*. De acordo com a mesma fonte, uma guerra nuclear entre os países sul-asiáticos mataria 20 milhões de pessoas imediatamente, e colocaria ao menos 5 toneladas de fumaça na atmosfera superior, ameaçando um "inverno nuclear" global. Em 2012, o Paquistão insistiu em que estava diminuindo o limiar do uso nuclear, acrescentando pequenas armas de "campo de batalha" ao seu arsenal. Isso suscitou uma resposta da Índia em 2013, que reagiria massivamente tanto a um ataque "menor" quanto a um grande – "retaliação destinada a infligir danos inaceitáveis ao seu adversário [...] uma guerra nuclear limitada é uma contradição em termos".

E a Índia não está livre de problemas internos. Gangues armadas estão insuflando insurgências em cinco dos sete estados que constituem a região noroeste – estima-se que haja 26 grupos armados operacionais cujas insurgências provocam mais de mil mortes ao ano.

Embora grande parte da Índia não esteja lidando bem com a pobreza rural, existem algumas exceções. Uma delas é o Estado de Kerala, ao sul, que, embora muito pobre em termos de produto interno bruto, possui melhores indicadores sociais do que estados aparentemente mais ricos, como o de Punjab, principalmente devido a uma distribuição mais igual dos recursos econômicos disponíveis, especialmente terras. Em 1975, Kerala foi o primeiro Estado no mundo a eleger um governo comunista, e uma forte influência de esquerda persistiu desde então. Ele foi certificado pela ONU como completamente alfabetizado em 1991 – mais do que o dobro da taxa média indiana nacional –, possui um índice de crescimento populacional mais baixo do que o dos Estados Unidos e uma taxa de mortalidade infantil que é menos da metade da média indiana. A expectativa de vida, 71 para homens e 76 para mulheres, é mais de dez anos melhor do que a média indiana. As vantagens de Kerala parecem se dever a um extraordinário índice de ativismo comunitário, uma forte tradição de hierarquias matrilineares e um programa realista de reforma agrária. 95% dos 34 milhões de pessoas do Estado possuem terra da qual vivem – propriedades rurais são limitadas em 25 acres por família. Isso assegura o cultivo de alimentos suficientes para manter um índice de nutrição melhor do que o resto da Índia rural, onde a média de ingestão calórica caiu ominosos 8% entre 1983 e 2004, provavel-

---

* Referência provável ao jogo da galinha (*chicken game*) da Teoria dos Jogos, cujo princípio determina que, embora cada jogador prefira não desviar do outro, o pior resultado possível ocorre quando ambos não desviam [N.T.].

mente devido ao declínio da produção de pequenas propriedades. O Relatório de Desenvolvimento Humano da Comissão de Planejamento Indiana para 2011 descreveu essa como uma "situação séria a extremamente alarmante de fome". Os governos de Kerala parecem ter se concentrado em melhorar a qualidade de vida de seu povo em vez de no "desenvolvimento". As políticas em Kerala seguiram um padrão de alternância entre coalizões de esquerda e direita. Nas eleições gerais em 2011 para as 140 cadeiras do parlamento, a coalizão UDF liderada pelo Congresso venceu por uma maioria estreita de quatro cadeiras. Coalizões formadas amontoando vários partidos "dissidentes" são a norma, como em outros lugares na Índia.

Após décadas de severa pobreza e corrupção, a melhor governança agora está transformando a vida para 100 milhões de pessoas do Estado de Bihar, onde o Ministro-chefe Nitish Kumar, eleito em 2005, negociou com os insurgentes maoistas do Estado em vez de combatê-los, construiu hospitais, estradas e escolas, e conseguiu fazer com que mais meninas permanecessem na escola dando-lhes bicicletas. A economia de Bihar é agora uma das que crescem mais rápido na Índia, e é classificada como o Estado menos corrupto da nação. Nos seis anos até 2011 a renda média subiu quase 10% ao ano. Esse "milagre de Bihar" (editoria do *Times of India*, de 28 de julho de 2012), contudo, tem um caminho a percorrer – a renda *per capita* está ainda abaixo da média nacional, e embora o nível de pobreza tenha caído ligeiramente, Bihar permanece ainda o Estado mais pobre da Índia.

Como qualquer um que assistiu a alguns filmes de Bollywood observou, os homens indianos são descritos como entes superiores aos quais as mulheres devem se submeter. Os caracteres masculinos muitas vezes emergem como "meninos maus" que devem ser mimados ou perdoados por crimes contra as mulheres. Além da pobreza, o lado mais obscuro da vida indiana é o espantoso tratamento das mulheres como resultado dessas atitudes, muitas vezes eufemizadas como "patriarcais" – como a declaração da ONU coloca, a Índia é o lugar mais perigoso para se nascer mulher. Como grande parte disso é coberta, é impossível estimar o número de bebês meninas que são mortos em seu primeiro ano simplesmente porque são meninas, mas foi estimado em ao menos meio milhão por ano. Esse "infanticídio" é usualmente executado por mulheres mais velhas na família, que envenenam, sufocam ou privam de alimento a criança. Talvez tantas mais nunca cheguem a nascer. O aborto é legal na Índia – muito mais meninas do que meninos são abortados.

De acordo com o Departamento de Registros de Crimes Nacionais da Índia, 244.000 crimes contra mulheres foram registrados em 2012. Muitos desses foram estupros, frequentemente coletivos. A maioria das vítimas tinha menos de 14 anos; cerca de 10%, menos de 10. Contudo, a Rede de Segurança Dalit Internacional diz que esses números são extremamente infranotificados e que 90% das vítimas das castas mais baixas ocultam o crime por medo de retaliação e da aparente indiferença policial. É normal que uma mulher ao casar leve um dote com ela, muitas vezes grande o bastante para endividar sua família por anos. Disputas sobre dotes levam a um alto índice de "queima de noivas" – as jovens são molhadas com gasolina ou querosene e incendiadas como uma forma de retaliação pelo que a família do marido vê como falhas nos pagamentos de dotes. Mais de 8.000 casos foram reportados em 2012, com 91.000 na década até aquele ano, mas esses números são considerados muito inferiores à quantidade real desses assassinatos, que são muitas vezes disfarçados como "acidentes de cozinha". Em alguns casos, as mulheres foram mortas com seus bebês porque essa criança era uma menina. As taxas de condenação dos criminosos são abaixo de 20%.

A morte de milhões de meninas por uma ou outra das causas acima resultou em uma séria e crescente desproporção no número de homens e mulheres na Índia. Uma proporção de 947 mulheres por mil homens em 1991 havia caído para 914 por mil em 2012, com a ONU estimando que 15 milhões de meninas deixaram de nascer ao longo da última década. Com o índice de feticídio feminino aumentando severamente, essa situação irá inevitavelmente piorar. Acredita-se que o declínio no número de mulheres na comunidade seja um fator no alto índice de estupros na Índia. Contudo, é interessante notar que Kerala, com suas políticas esclarecidas, possui a maior proporção de mulheres com 1.058 mulheres cada para mil homens.

A Índia teve índices elevados de crescimento do produto interno bruto no começo do século – aproximadamente 9% ao ano –, mas em 2011 e 2012 caiu para menos de 6%-4,5% no último quarto de 2012. Economistas indianos estimam que uma taxa de crescimento de ao menos 8% seja necessária para propiciar trabalho suficiente para equilibrar o crescimento populacional. Como em outros lugares, o declínio na prosperidade tem sido atribuído a uma fraca demanda global, mas não somente a isso. Em "Farewell to incredible India" (Adeus à incrível Índia), a *Economist* observou (em junho de 2012), dizendo: "corrupção, confusão e burocracia enfureceram o comércio interno e prejudicaram os investimentos. O Estado está tomando empréstimos demais, expulsando empresas privadas e mantendo a inflação alta [...] a sombria conclusão é que agora as débeis políticas da Índia estão iniciando vários anos de crescimento econômico mais débil". Contudo, O Primeiro-ministro Singh disse em 2013 que acreditava que o atual declínio econômico era temporário, e que a economia iria se recuperar, embora houvesse problemas de "corrupção, inércia burocrática e o gerenciamento de um governo de coalizão".

Apesar disso, a rúpia indiana perdeu 15% no ano até agosto – isso significa que mercadorias essenciais como carvão, petróleo e minério de ferro estão custando mais caro. Alimentos básicos como farinha, cebolas e tomate se tornaram mais caros, com um impacto severo sobre os pobres. O crescimento parece estático em 4,5%, a inflação estava elevada em 10%, o déficit de contas-correntes aumentou em quase U$ 90 bilhões. Em um esforço para conter a "fuga de capital", o governo limitou o fluxo de capital e elevou o imposto sobre o ouro em 10%. A Índia é o maior importador de ouro do mundo – as 860 toneladas importadas em 2012 representaram 11% de todas as importações. Estima-se que existam 31.000 toneladas dele no país, cerca de U$ 1,4 trilhões, mas isso basicamente sob a forma de joias ou mantida em instituições religiosas. Diz-se que cerca de U$ 80 bilhões em ouro é mantido em um lugar, o Templo Balaji Tirupati em Andra Pradesh.

O futuro da Índia será em grande medida uma corrida contra o tempo – uma luta para derrotar a pobreza, a ignorância e as más condições de saúde diante dos severos desafios apresentados pela mudança climática, crescimento populacional e uma economia mundial volúvel.

20
Paquistão

De todos os estados do sul asiático, o Paquistão aparece com o maior risco de colapso social e político. O governo tem sido fraco, oscilando entre regimes "democráticos" incompetentes e corruptos e ditaduras militares autocentradas. As figuras importantes em ambos foram e ainda são membros de uma pequena elite rica intimamente ligada ao exército, governando uma vasta massa de pessoas desesperadamente pobres e desprivilegiadas. Cerca de dois terços dos paquistaneses trabalham na terra, muitas vezes em pequenos lotes de subsistência que mal podem provê-los com alimento suficiente, e, muitas vezes, como os arrendatários de ricos proprietários de terra absentistas, são pegos em um ciclo de pobreza e dívidas. Mais de 60 anos de Estado independente fizeram pouco para mudar isso. A população, 40 milhões em 1947, cresceu para 190 milhões em 2012.

Uma alta proporção da população do Paquistão é constituída de jovens, mas cerca da metade deles nunca consegue uma educação razoável – a Unicef estima que 30% das crianças paquistanesas tenham menos de dois anos de ensino formal. Mais da metade de suas mulheres nunca frequentou a escola. O pensamento predominante é o de que, como as meninas passarão direto de um isolamento prático na casa de seus pais à mesma condição na casa de seus esposos, não há sentido em educá-las. O Paquistão possui "escolas-fantasma", onde professores recebem seus salários, mas não vão trabalhar. Desde cedo meninos e meninas são segregados, há observância estrita da instrução muçulmana de que as mulheres devem evitar ser vistas próximas aos homens que não sejam os de sua família. A Unicef estima que quase metade de todas as crianças esteja sofrendo de má nutrição crônica e 15% são "agudamente malnutridas". De acordo com o Banco de Desenvolvimento asiático, mais da metade dos paquistaneses sobrevive com menos de U$ 2 por dia, e os 20% mais pobres estão pior do que estavam há vinte anos. A mudança climática já os está afetando fortemente, provocando chuvas de monções mais pesadas do que as usuais e alternando secas e inundações severas por quase todo ano.

A maior parte do país, incluindo sua maior cidade, Karachi, com 13 milhões de pessoas, é violenta e perigosa, substancialmente devido à inadequada e discriminatória aplicação da lei. Em seu livro de 2011, *Pakistan*, o jogador de *Test cricket** e ativista político, Imran Khan, concluiu que "uma ausência do domínio da lei jaz no coração de nossos problemas nacionais". Ele cita o subinspetor de prisões, Salimullah Khan, como dizendo que "60% das pessoas nos cárceres paquistaneses eram inocentes. Seu crime era sua pobreza". Mais de 30.000 pessoas foram mortas em violência relacionada ao terrorismo nos quatro anos até 2012, 7.000 em Karachi, uma cidade vítima de gangues criminosas que possuem estreita associação com o comércio local. De acordo com a comissão dos Direitos Humanos da nação, ao menos 675 mulheres foram mortas nos primeiros nove meses de 2011, algumas após serem vítimas de estupro individual ou coletivo. A maioria desses crimes era dos assim chamados "crimes de honra", que ocorrem quando as mulheres entram em associações que suas famílias desaprovam. A nação é atormentada por dissensões, e atentados suicidas que matam cerca de 100 pessoas ocorrem regularmente.

Esse Estado instável e corrupto, que depende ainda pesadamente de ajuda estrangeira, possui cerca de 90 a 100 armas nucleares, quase o mesmo número de seu vizinho, a Índia, e ambos possuindo sofisticados sistemas de lançamento. A hostilidade entre esses dois grandes estados sul-asiáticos tem persistido por décadas, levando a várias guerras pelo disputado Estado da Caxemira, onde mais de um milhão de soldados em ambos os lados estão de fronte um do outro. Esse impasse nuclear representa uma grande ameaça ao mundo, uma ameaça demonstravelmente mais imediata do que, por exemplo, as ambições nucleares do Irã ou da Coreia do Norte.

Embora o Paquistão seja geralmente considerado parte do sul da Ásia, geográfica e culturalmente é um território de fronteira entre o Oriente Médio e a Ásia. Ele partilha uma fronteira com o Irã e a língua oficial, urdu, é estreitamente relacionada ao árabe e ao persa. Contudo, a maioria das pessoas nas áreas tribais fala dialetos locais. O Paquistão possui vínculos estreitos com os estados ricos em óleo do Oriente Médio, especialmente o Irã, e com a China, dos quais recebe assistência econômica. A grande maioria dos paquistaneses é muçulmana, e o país é um Estado islâmico. Isso significa que os ensinamentos do Corão, incluindo a *sharia*, as leis religiosas, influenciam profundamente todos os aspectos de sua vida.

Quando ocorreu a partição da Índia britânica em 1947, a nova nação do Paquistão consistia de duas áreas do território separadas por quase 1.600km da Índia: o Paquistão atual e a seção preponderantemente muçulmana de Bengala, que é agora Bangladesh. Esse país curiosamente dividido enfrentou problemas imediatos. Como todas as decisões administrativas eram tomadas anteriormente em Deli, não havia transporte ou serviços de comunicação organizados. As relações com a Índia eram tensas e frequentemente hostis. As primeiras guerras

---

* Forma mais longa de *cricket*, disputada em nível internacional, com duração limitada de cinco dias [N.T.].

esporádicas com a Índia pelo Estado da Caxemira começaram em 1947 e se arrastaram por dois anos. A Caxemira se tornou parte da Índia porque tinha um rajá hindu, embora a maior parte do povo seja muçulmana. A Caxemira, que terminou dividida em duas zonas ocupadas por forças indianas e paquistanesas, permanece um problema intratável. Em 1951, o primeiro-ministro da nação, Liquat Ali Khan, foi assassinado por um extremista pachto, por razões ainda não claras, embora o motivo possa ter sido a situação da Caxemira. A crescente instabilidade política ao longo dos próximos seis anos resultou em mais de uma década de lei marcial e ditadura impostas pelo comandante militar, Ayub Khan.

Um apoiador do livre-mercado e da iniciativa privada, Ayub Khan acreditava firmemente que era o papel do exército controlar os políticos, uma ideia ainda corrente entre os militares paquistaneses. Ele construiu alguma infraestrutura necessária, incluindo represas e geradores hidrelétricos, e o começo das indústrias que, com investimento estrangeiro, resultou em uma economia crescente, embora a partir de uma base muito pequena. Contudo, sua vitória em uma eleição presidencial em 1965 foi ofuscada por alegações de fraude eleitoral, resultando principalmente de um sistema de "democracias básicas" – conselhos regionais – que ele havia introduzido em 1960. Sua reputação sofreu quando uma tentativa de tomar a Caxemira em 1965 fracassou. A guerra terminou em 17 dias sem qualquer conclusão clara. Com sua popularidade e saúde declinando, renunciou em 1969, entregando o poder a outro general, Yahya Khan.

Yahya Khan foi presidente por dois anos. Sua demissão de muitos funcionários públicos e a substituição desses por oficiais militares, bem como a perseguição incansável de seus oponentes políticos o tornaram impopular. Manifestações pela independência no leste do Paquistão foram reprimidas pelo uso da força, mas isso somente fortaleceu a determinação dos combatentes pela liberdade. A crise se aprofundou quando um enorme desastre natural – um grande ciclone e marés de tempestade – atingiu o leste do Paquistão em 1969. Mais de meio milhão de pessoas foram mortas em uma das piores catástrofes naturais que o mundo já vira. Yahya Khan foi muito criticado pelo fracasso do Paquistão em fornecer ajuda diante do sofrimento e devastação que seguiram. Em troca, o exército paquistanês começou uma campanha organizada de repressão do movimento de independência. Isso envolveu um grau de violência e o massacre de civis inocentes quase sem paralelo na história por sua brutalidade. Provavelmente cerca de meio milhão de pessoas foram mortas, embora algumas estimativas afirmem cerca de três milhões. Centenas de aldeias foram incendiadas e milhares de mulheres estupradas, torturadas e mortas. Em um incidente na capital leste, Dhaka, mais de 500 mulheres foram retiradas da universidade e de suas casas e levadas a força para bordéis militares. Há evidências de uma política deliberada para matar indiscriminadamente o maior número possível de integrantes da elite intelectual e política, bem como hindus. Professores universitários foram identificados nos primeiros poucos dias, e, com centenas de professores de escolas, jornalistas, engenheiros e artistas, sistematicamente torturados e mortos.

A Índia, alarmada com esses excessos e com a fuga de 10 milhões de pessoas através de sua fronteira, interveio. Quando seu exército entrou no leste do Paquistão foi capaz de derrotar as forças paquistanesas em duas semanas. Noventa mil soldados paquistaneses se renderam e foram feitos prisioneiros. O leste do Paquistão se tornou uma nação independente, como Bangladesh.

Yahya Khan e o exército estavam tão desacreditados pelas atrocidades cometidas no leste e pela pobre demonstração de força contra as forças indianas que sua influência declinou severamente, com o defensor da democracia Zulfikar Ali Bhutto se tornando primeiro-ministro após novas eleições. Sua primeira tarefa foi recuperar os soldados mantidos em campos de prisioneiros de guerra na Índia – isso envolvia a aceitação de uma paz que reconhecesse a independência de Bangladesh. Ele também reescreveu a constituição, tornando o papel do presidente apenas cerimonial, e restaurando a democracia parlamentar. Bhutto, no entanto, cometeu alguns erros que se mostraram perigosos no ambiente paquistanês. Socialista, nacionalizou muitas indústrias e serviços muito rapidamente – uma política que resultou em uma estagnação econômica nacional – e usou o exército para reprimir um protesto na província do Baluquistão, provocando milhares de mortes de civis. Um movimento de secessão existia no Baluquistão, o maior, porém, menos povoado Estado do Paquistão, desde 1948. A destituição do governo provincial de lá por Bhutto em 1973 levou a uma intensificação severa da violência. Em 2012, alega-se que milhares de baluquistaneses tenham sido raptados por forças de segurança paquistanesas, com registros persistentes de "assassinato e desova", o assassinato de pessoas sem julgamento e a subsequente desova de seus corpos em margens de estradas.

O Partido Popular (PPP), de Bhutto, venceu confortavelmente as eleições gerais em 1977, mas alegações persistentes de fraude eleitoral levaram à sua deposição por outro general, Zia ul-Haq, mais tarde naquele ano. Bhutto foi preso sob acusação de conivência com o assassinato de um oponente político, e terminou condenado após um controverso julgamento de cinco meses. Foi sentenciado à morte e enforcado na prisão de Rawalpindi em 1979. A família de Bhutto, incluindo sua filha, Benazir, também foi presa e forçada ao exílio. Existem fortes suspeitas de que a CIA, e, na verdade, o governo americano, tenha sido cúmplice porque temia as políticas socialistas de Bhutto e sua estreita associação com a União Soviética.

Qualquer que seja a verdade disso, Zia emergiu como um forte aliado dos Estados Unidos. Impôs um severo regime de lei marcial e apoiou fortemente a assistência americana e saudita aos guerrilheiros *mujahidin* no combate à ocupação soviética do Afeganistão. Embora tenha havido um considerável clamor internacional na execução de Bhutto, essa foi a era da Guerra Fria, durante a qual os concorrentes zonais buscavam vantagens para si. Os Estados Unidos viam a guerra no Afeganistão como um meio de enfraquecer a União Soviética, o que na verdade terminou ocorrendo. Assim, Zia se tornou respeitável como um importante anticomunista asiático, atraindo apoio e dinheiro dos Estados

Unidos, que fizeram muito para mantê-lo no poder até sua morte em um acidente aéreo em 1988. O presidente americano Ronald Reagan descreveu o regime de Zia como o aliado "da linha de frente" dos Estados Unidos na luta contra o comunismo. Zia foi um muçulmano dedicado, usando o exército para impor os princípios islâmicos estritos que ainda hoje influenciam o Paquistão.

Nos últimos anos de sua vida, Zia enfrentou uma crescente pressão internacional para trazer o Paquistão de volta à democracia, e como resultado foram realizadas eleições em 1988, nas quais a filha de Bhutto, Benazir, que havia sido autorizada a retornar ao Paquistão, candidatou-se pelo Partido Popular, que havia sobrevivido no exílio na Índia. Imensamente popular, foi eleita e se tornou primeira-ministra, um posto que manteve por dois mandatos, 1988-1990 e 1993-1996. Formada em Oxford, Benazir era, contudo, membro da pequena classe privilegiada do Paquistão e mulher, em um país tradicionalmente oposto a qualquer exercício de poder por uma mulher. Imran Khan observa: "Fomos desapontados por Benazir; ela começou a se comportar mais como uma imperatriz do que como uma primeira-ministra democraticamente eleita". Seu casamento com Asif Ali Zardari, que ficou amplamente conhecido como "Sr. Dez por Cento", por alegadamente receber comissões em contratos do governo, não ajudou. Ela enfrentou uma tarefa quase impossível de reformar as leis e a sociedade do Paquistão. Na verdade, mostrou-se impossível, e o país foi arrastado para uma fase renovada de anarquia econômica e política presidida por grupos influentes de "empresários" que não hesitavam em intimidar e assassinar oponentes.

Um dos homens mais ricos do Paquistão, o industrialista Nawaz Sharif, foi primeiro-ministro após 1996 e líder da Liga Muçulmana conservadora, que obteve mandatos alternados de governo com o Partido Popular. Quando ordenou os primeiros testes nucleares do Paquistão, em resposta aos executados pela Índia, provocou protestos internacionais contra a proliferação nuclear. A nação caiu em uma profunda recessão sob seu comando, com aumento do desemprego e da dívida externa e da desordem, enfrentando inadimplência com débitos de mais de U$ 30 bilhões contra reservas de U$ 1 bilhão. Sharif interferiu persistentemente no judiciário e nos altos escalões do exército, e começou a perder popularidade, especialmente após o Paquistão começar a despropositada guerra não declarada de Kargil contra a Índia na região alta da Caxemira – uma guerra na qual as forças paquistanesas foram derrotadas e obrigadas a se retirar pelo exército indiano. Nas palavras de um general paquistanês veterano, Abdul Majee Malik, Kargil foi "um desastre total". Após um conflito final por poder contra o chefe militar, General Musharraf, em 1999, Sharif foi deposto, preso e sentenciado a 14 anos de prisão. Contudo, após a intervenção dos Estados Unidos e da Arábia Saudita em seu favor, foi autorizado a se exilar na Arábia Saudita, retornando ao Paquistão em 2007.

Musharraf se tornou o novo ditador e, após uma fase inicial de desaprovação internacional, como antes dele com Zia, tornou-se respeitado pelas mesmas razões. Ele se tornou um aliado da "guerra contra o terrorismo" dos Estados

Unidos, embora uma pesquisa Gallup de 2002 tenha indicado que somente 5% dos paquistaneses aprovavam a campanha americana contra o Talibã no Afeganistão. A América forneceu ajuda econômica e militar massiva ao Paquistão, permitindo a Musharraf e ao exército retomarem o controle do país. Entre 2002 e 2010, os Estados Unidos deram ao Paquistão mais de U$ 20 bilhões em ajuda, grande parte desse valor subsidiou o exército. Isso deu origem a afirmações de que os Estados Unidos "eram donos" do exército paquistanês.

Contudo, o histórico de Musharraf se mostra melhor do que o de ditadores militares anteriores do Paquistão. Ele deu ao menos três passos iniciais para reformar a economia, reduzir a corrupção e moderar o extremismo religioso. Em 2002, um referendo para estender seu mandato como presidente por mais cinco anos atraiu um percentual de 97% de votos para "sim", mas nas eleições mais tarde naquele ano seu partido não conseguiu obter a maioria das cadeiras.

Benazir Bhutto, que dizia estar muito consciente dos riscos que corria ao retornar novamente ao Paquistão após ter vivido na Inglaterra, ainda assim voltou ao país em 2007 para se preparar para as eleições que ocorreriam no próximo ano. Após dois atentados frustrados contra sua vida, foi assassinada no começo de 2008. Enquanto se erguia através do teto solar de um carro blindado, foram disparados tiros em sua direção e uma bomba explodiu próximo ao veículo. As circunstâncias permanecem um mistério, e as autoridades paquistanesas não foram capazes de identificar, muito menos de encontrar e acusar, os criminosos. Contudo, houve especulações sobre o possível envolvimento de uma importante figura política quando um promotor que investigava o assassinato de Bhutto foi morto a tiros do lado de fora de sua residência na capital, Islamabad, em 2013.

Enquanto isso, de 2004 a 2008, o líder imensamente popular do programa de armas nucleares do Paquistão, Abdul Qadeer Khan, foi escrutinado por passar segredos nucleares a nações que os Estados Unidos consideravam inimigos potenciais – Irã, Líbia e Coreia do Norte. Qadeer foi mantido em prisão domiciliar por algum tempo, mas terminou perdoado – provavelmente porque o governo foi influenciado por sua posição de quase herói no Paquistão.

Musharraf, que havia lidado com esse problema assim como com o enorme escândalo público sobre o assassinato de Bhutto, estava se tornando cada vez mais impopular. Ele se envolveu em uma disputa pessoal com a Suprema Corte, demitindo o chefe de Justiça e prendendo outros juízes. Advogados, vestidos com ternos pretos, manifestaram-se contra ele e boicotaram as cortes. O Partido Popular, que se tornou governo após a eleição de 2008, e a Liga Muçulmana, que era oposição, combinaram-se para iniciar os procedimentos de *impeachment* contra o presidente. Após alguns dias de impasses, Musharraf renunciou, deixando imediatamente o Paquistão em uma peregrinação a Meca. Subsequentemente, empreendeu um ciclo de palestras pelos Estados Unidos, onde dizem ter recebido U$ 150.000 por cada palestra. Enquanto se encontrava em exílio voluntário em Londres, Musharraf também iniciou seu próprio partido político, a Liga Muçulmana de Todo o Paquistão. Contudo, quando retornou ao Paquistão em 2013, foi preso sob acusação de terrorismo com relação à sua vendeta contra os juízes, e declarado inelegível como candidato na eleição.

Embora o governo de 2008 tenha sido o primeiro na história do Paquistão a cumprir um mandato completo de cinco anos, aqueles anos foram caóticos, com aparentemente pouco sendo feito para resolver os urgentes problemas do país, e caracterizado pelos conflitos e disputas internos com o judiciário e o exército tão evidentes no passado. O viúvo de Benazir, Asif Ali Zardari, exerceu a presidência, quando o Primeiro-ministro Yousaf Raza Gillani foi deposto em 2012 após o descumprimento de uma condenação da corte. Seu sucessor, o Rajá Pervais Shraf, foi indiciado no começo de 2013 sob a acusação de suborno. Nawaz Sharif foi líder da oposição durante esse termo parlamentar e um instigador da deposição de Musharraf.

Ex-combatente *mujihadeen* dos russos e mais tarde líder da al Qaeda, Osama bin Laden foi morto a tiros pelos Seals – forças especiais – da Marinha dos Estados Unidos em sua casa na cidade militar paquistanesa de Abbottabad em 2011, próxima da academia militar da nação. Bin Laden formou a al Qaeda – as palavras significam "a base" – em 1990 como uma organização para apoiar os 35.000 árabes que haviam combatido os russos no Afeganistão, mas foi subsequentemente considerada um grupo terrorista internacional. Os Estados Unidos questionaram fortemente por que bin Laden havia sido capaz de viver por tanto tempo na cidade militar. O governo do Paquistão protestou contra a ação dos Estados Unidos ocorrida em seu solo, e sem serem consultados, e também pelas mortes de civis com ataques de aeronaves não tripuladas (drones) americanas, estimadas em 2013 entre 2.500 e 3.500 pelo Departamento de Jornalismo Investigativo. Grande parte do debate sobre esses temas envolveu a secreta, mas poderosa, *Inter-services Intelligence* (ISI), o equivalente da americana CIA, que, com reputados 10.000 empregados, é considerada a maior unidade de inteligência do mundo em termos de funcionários. Ela esteve fortemente envolvida no apoio aos *mujihadi* na década de 1980 e quase certamente teve contatos com bin Laden. Em 2010, um relatório da Escola de Economia de Londres alegou evidências concretas de que o ISI estava financiando, equipando e apoiando a insurgência talibã no Afeganistão.

À medida que as eleições de 2013 se aproximavam, o talibã paquistanês fez ataques regulares em reuniões políticas, declarando que intencionava sabotar o processo democrático porque queria a lei islâmica da *sharia* introduzida no país. Mais de 120 pessoas foram mortas nesses ataques com bomba e muitas mais feridas. A Liga Muçulmana, liderada por Nawas Sharif, venceu decisivamente as eleições com 125 cadeiras, o incumbente governo democrata obteve 33 e o PTI de Imram Khan, 28. Embora 86 milhões de pessoas estivessem registradas para votar, milhões delas no Baluquistão boicotaram a votação, e em algumas regiões religiosamente conservadoras as mulheres se abstiveram de votar depois que os líderes de partidos concordaram que não deveriam exercer seus votos. Milhares mais não puderam votar porque os lugares de votação não tinham funcionários, nem havia cédulas de votação disponíveis.

Sharif, que vive em uma grande propriedade ao sul de Lahore, é um forte apoiador do Islã, e é considerado próximo ao Jamaat-e-Islami, a versão paquistanesa da Irmandade Muçulmana. Ele possui ligações com a Arábia Saudita, onde tem interesses comerciais.

21
Bangladesh

Bangladesh teve uma história curta e tumultuosa, incluindo uma guerra muito destrutiva, ao menos cinco severos ciclones – acompanhados por inundações catastróficas – e alternância regular entre democracia parlamentar e ditaduras militares. De todos os países asiáticos, talvez ele enfrente a ameaça mais séria da mudança climática – um relatório do Banco Mundial de 2012 o avaliou como "altamente vulnerável". Um dos países mais populosos da Terra, possui 160 milhões de pessoas sobre 150.000 hectares de solo fértil, mas basicamente de baixa altitude, no delta dos rios Ganges e Brahmaputra. Como 10% de Bangladesh mal chega a 1m acima do nível do mar, o país já está sofrendo com grandes áreas de inundação e a destruição de terra produtiva por incursões de água salgada. Em algumas estimativas o número de refugiados climáticos de lá será acima de 20 milhões ao longo dos próximos cinquenta anos.

Bangladesh nasceu da guerra. Como resultado da partição, o ex-Estado indiano de Bengala foi dividido segundo linhas religiosas – suas regiões ao leste predominantemente muçulmanas anexadas ao corpo principal do Paquistão a mais de milhares de quilômetros ao longo do território indiano. Essa anomalia curiosa gerou problemas quase que imediatamente. Embora o Paquistão Oriental, como era então chamado, partilhasse sua religião com seu parceiro maior, as duas regiões diferiam enormemente em cultura e língua. Seu povo se sentiu rapidamente explorado pelo governo muito distante em Karachi, e um movimento de protesto se desenvolveu quase imediatamente. Apenas um ano após a nova nação ter sido formada, ela ganhou força quando o governo paquistanês tentou impor a língua urdu do oeste ao povo do leste falante principalmente do bengali. Grandes protestos se formaram em torno de uma organização, o Movimento da Língua Bengali, que visava a manter o bengali como língua oficial. O governo paquistanês reagiu pelo uso da força. Em 1952, quatro manifestantes estudantes da Universidade de Dhaka foram mortos a tiros pela polícia, provocando uma grande indignação pública. Os conflitos e manifestações continuaram por outros quatro anos, quando o bengali foi restabelecido como uma língua oficial.

Em 1970, o país foi afligido por um dos piores desastres naturais da história moderna em termos de perdas de vidas. Estima-se que cerca de meio milhão de pessoas tenham morrido quando um massivo ciclone, seguido por marés de tempestade, atingiu a costa. A resposta inadequada do governo a esse desastre aumentou a exasperação pública. Um movimento pela independência havia nascido dos anos de conflitos, culminando em uma declaração informal de independência por um grupo de estudantes em 1971. O líder da independência, Sheik Mujid Rahman, foi preso em uma ofensiva militar paquistanesa, enquanto muitos de seus colegas fugiram para a Índia, onde formaram um governo provisório. A Índia, como grande parte da comunidade internacional, simpatizava com o movimento de independência, apoiou o movimento de guerrilha dentro do Paquistão Oriental e, no final de 1971, entrou na guerra. Esse conflito armado provocou enormes distúrbios no leste, milhões de pessoas fugiram do conflito para a Índia. Embora a guerra tenha terminado em menos de duas semanas, quando a força paquistanesa – quase 100.000 homens – se rendeu, ela foi marcada por um grau aterrador de selvageria. Os soldados paquistaneses mataram e estupraram pessoas nas aldeias, muitas delas foram incendiadas com napalm. O governo de Bangladesh estimou que três milhões de pessoas foram mortas, mas outras estimativas afirmam entre 300.000 e 500.000.

A nova nação de Bangladesh foi então estabelecida como uma democracia parlamentar, mas experienciou tanto dano que a recuperação se mostrou difícil. Uma grande fome em 1973-1974, e uma outra vasta enchente, que inundou metade do país, completou o distúrbio social. Milhares de mortes ocorreram entre os milhões de pessoas desabrigadas e famintas confinadas nos campos fora da capital, Dhaka. Instaurou-se praticamente uma guerra civil entre essas pessoas famintas e a polícia. Seções do exército se voltaram contra o Sheik Mujib Rahman, que apenas três anos antes havia sido festejado como um herói nacional. Em agosto de 1975 ele e vários membros de sua família foram assassinados por integrantes do exército. A lei marcial resultante foi seguida por uma sucessão de golpes militares, aliviados somente por um retorno à democracia – ou pelo menos às formas democráticas – durante o governo do Presidente Zia, cujo Partido Nacional obteve 207 das 300 cadeiras nas eleições de 1979. Seu assassinato em 1981, uma vez mais por membros dissidentes do exército, levou a mais uma década de ditadura militar.

Contudo, dois partidos políticos, a Liga Awami e o Partido Nacionalista, reuniram apoio durante esse período. Isso, com um ataque geral prolongado em Dhaka, forçou a renúncia do general ditador Ershad em 1990 e a restauração de ao menos uma semelhança de democracia nas eleições do ano seguinte. Autocrata, Ershad teve, porém, uma certa popularidade por muitos anos. Ele instituiu sentenças de morte para duas classes não atrativas de crime em Bangladesh, o ataque ácido a mulheres e a incapacitação deliberada de crianças para agirem como pedintes. As eleições nacionais em 1996, que resultaram em um governo da Liga Awami, foram, contudo, prejudicadas por um baixo número de eleitores e alegações de fraude eleitoral. Em meio à disseminada desilusão pública com o processo político, o governo retornou ao Partido Nacionalista em 2001. Após mais seis anos de rebeliões e distúrbios, um governo provisório foi nomeado em 2007 para supervisionar novas eleições. Essas, realizadas em 2009, resultaram em uma vitória esmagadora da Liga Awami, liderada por Sheikh Hasina, uma filha de Sheikh Mujib que havia sobrevivido ao massacre de sua família. A Liga Awami obteve 230 das 299 cadeiras do parlamento.

O passado de Bangladesh voltou a assombrá-lo no começo de 2013, quando 35 pessoas foram mortas em violentos confrontos em Dhaka entre extremistas islâmicos e a polícia. As revoltas seguiram a imposição – por um tribunal de crimes de guerra – de uma sentença de morte a Delwar Hossain Sayedee por crimes cometidos quando colaborou com o exército paquistanês durante as atrocidades de 1971. O incidente revelou as contínuas divisões profundas na comunidade em termos religiosos. Contudo, o primeiro-ministro rejeitou firmemente as exigências de uma manifestação de dezenas de milhares de pessoas em Dhaka exigindo a pena de morte por blasfêmia.

Bangladesh possui uma estreita associação com a China, mas os Estados Unidos são o maior mercado para suas exportações e as empresas americanas seus maiores investidores. Em 2012 a renda *per capita* foi de U$ 848. Os aldeãos se beneficiaram do esquema de microcrédito gerido pelo Banco Grameen, que possui mais de dois milhões de membros, muitos deles mulheres que obtiveram financiamento para pequenos negócios em sua aldeia. A fabricação de vestuário é uma importante área da indústria, representando quase três quartos dos ganhos em exportações de Bangladesh, mas os trabalhadores, que são predominantemente mulheres, geralmente têm condições muito precárias de trabalho. Centenas morreram em incêndios em fábricas perigosas, e quando um prédio de oito andares colapsou em Dhaka em 2013, mais de 1.100 costureiras produzindo vestimentas baratas para os varejistas ocidentais foram mortas. Cerca de 60% dos homens e um pouco mais de 50% das mulheres são analfabetos. A maioria ainda trabalha em pequenas fazendas de subsistência, que mal conseguem prove-los dos meios de vida. Cerca de dois terços das crianças são subnutridas.

A vida na aldeia – 80% da população – é primitiva e dura, com cerca de dezenas de pessoas vivendo em casas de barro de uma peça com paredes e um teto, mas sem outras amenidades. A vida é uma batalha desesperada para cultivar alimento suficiente e ganhar pequenas quantidades de dinheiro em troca de trabalho em indústrias de exportação cultivando juta, açúcar e chá. A maioria das crianças tem de trabalhar ao menos cinco horas por dia a partir dos 6 ou 7 anos. Há pouco tempo livre para a escola. Como em outros países asiáticos, as meninas são especialmente desfavorecidas.

À medida que o nível do mar aumenta e os ciclones aumentam em intensidade, grande parte do país inunda regularmente. Um ciclone que o atingiu em 1991 matou 140.000 pessoas. Um outro em 1998 deixou um número de mortos muito menor – em torno de 1.000 pessoas –, mas provocou a pior inundação na história do país após chuvas de monção especialmente pesadas. Os danos a moradias e outras infraestruturas foram muito severos. De acordo com uma declaração do governo de Bangladesh, um aumento de cerca de 45cm no nível do mar submergiria 11% da terra costeira. O Dr. Atiq Rahman, o principal autor bangladeshiano do Painel Intergovernamental sobre Mudança Climática (Pimc), confirmou um aumento dessa ordem em uma apresentação ao governo britânico em 2008, prevendo que um aumento no nível do mar deslocaria cerca de 25 milhões de pessoas nos distritos costeiros até 2060. Dhaka, com 18 milhões de pessoas, já é um dos lugares mais povoados da Terra, mas a cada dia milhares mais chegam, basicamente para viver nos bairros pobres de Korail, onde as casas são tão amontoadas que mal se pode mover entre elas. Contudo, Dhaka, em que grande parte está pouco acima do nível do mar, é uma das cidades mais ameaçadas no mundo pelo aumento do nível do mar. Embora a população continue a aumentar, crescerá menos do que cresceria, graças a um programa de planejamento familiar bem-sucedido que reduziu o índice de fertilidade de 6,6 crianças por mulher em 1977 para 2,3 agora.

Assim, existe a Brac, uma organização pública de apoio massivo que se originou em Bangladesh em 1972, e agora opera em dez outros países. Ela emprega 97.000 trabalhadores de saúde comunitária e de campo para orientar as pessoas sobre tudo – de uma melhor agricultura a planejamento familiar –, centrado em torno de uma proposta básica de redução da pobreza. "Advogados descalços" prestam serviços legais aos pobres e trabalhadores de campo dão orientações econômicas para mulheres em particular, ajudando-as com "microempréstimos" a iniciarem negócios. A Brac produz, distribui e comercializa sementes a um preço justo, orienta os aldeãos sobre questões de saúde, e administra escolas. A instituição afirma que suas 22.000 escolas primárias representam o maior sistema de educação privada secular do mundo. Elas são gratuitas, usando um professor em uma sala por quatro anos com o mesmo grupo de alunos – usualmente crianças que foram privadas de educação pela pobreza ou deficiência –, e são frequentadas por cerca de dois terços de um milhão de crianças, a maioria delas meninas.

Todavia, a despeito de tudo que pode ser feito, a inundação de grande parte das terras é inevitável, e o mundo necessitará lidar com milhões de refugiados de Bangladesh. Isso tem obviamente preocupado a Índia, que está construindo uma cerca de segurança ao longo de uma fronteira de aproximadamente 4.000km com guardas armados para impedir as pessoas de cruzarem-na.

Uma ilha relativamente pequena, Bhola, situa-se entre dois canais do Rio Ganges, onde se dirige para a Baía de Bengala. Bhola tem cerca de 112km de comprimento por cerca de 13km de largura, e abriga dois milhões de pessoas. Grande parte dela está a apenas cerca de 90cm acima do nível do mar. À medida que as geleiras nas nascentes dos rios derretem mais rápido, mais água desce para o rio, reduzindo a orla lamacenta da ilha. Há casas e campos logo acima da margem do rio que estão desaparecendo rapidamente na água – a organização Dhaka, conhecida como Vigilância Costeira, diz que a cada hora cerca de 11 bangladeshianos perdem suas casas. Se o nível do mar tiver destruído de fato grande parte do país em 2050, é provável que Bhola e dezenas de outras ilhas na Baía de Bengala desapareçam completamente. Enquanto isso, o que as pessoas mais temem lá é a lua cheia, que a cada mês eleva as enormes marés que varrem terras aráveis, estradas e negócios.

Bangladesh partilha com a Índia um enorme arquipélago costeiro, um emaranhado de terras pantanosas entremeadas de lagos e rios de maré conhecidas como as Ilhas Sundarman. Essa região, onde vivem cerca de 50 milhões de pessoas, também está seriamente ameaçada pelo aumento do nível do mar. Das 108 ilhas das Sundarman, 58 são inabitadas. O resto constitui uma reserva de floresta pantanosa e canais nos quais as pessoas entram com muita cautela porque é o último refúgio natural da espécie ameaçada do tigre de Bengala.

O povo e o governo de Bangladesh estão muito conscientes dos riscos associados à mudança climática e estão fazendo o que podem para se proteger, construindo represas para manter a água do mar fora, e desenvolvendo variedades de arroz resistentes ao sal que possam ser cultivadas em água salobra. O interior está coberto de milhares de abrigos elevados de concreto contra ciclones, que são também utilizados como centros comunitários. Existem inclusive escolas, bibliotecas e hospitais flutuantes projetados para se manterem funcionando durante as inundações das monções. Enormes quantidades de aguapés devem ser usados para criar ilhas flutuantes nas quais cultivar alimentos.

Nem todo Bangladesh é plano. A zona de montanhas Chittagong a sudeste do delta é na verdade uma série de montanhas, onde vive cerca de um milhão e meio de pessoas. Aproximadamente metade dessa população é tribal. A realocação de 400.000 bengaleses destituídos lá entre 1979 e 1985 encontrou uma resistência obstinada por parte das tribos. Embora tenham terminado garantindo uma autonomia limitada e um acordo de paz tenha sido assinado em 1997, um grau de insurgência continuou, com tensões crescentes sobre propriedade de terras. A capital da região, Chittagong, é a segunda maior cidade de Bangladesh, o maior porto e a localização da maior parte de sua indústria, incluindo as únicas fábricas de aço e destilaria de petróleo da nação.

Após Bangladesh se tornar independente, programas massivos de auxílio foram disponibilizados para lidar com o problema quase universal das doenças transmitidas pela água. Mais de três milhões de poços tubulares profundos foram cavados. Por alguns anos a água desses poços foi considerada segura, mas agora se sabe que a água em mais de 60% dos poços que serviam 1.000 aldeias contém arsênico o suficiente para provocar ceratoses, câncer e, por fim, a morte. Essa é uma catástrofe de proporções épicas, descrita pelo Prof. A.H. Smith, da Universidade da Califórnia, como "o maior envenenamento em massa da história [...] entre as maiores de quaisquer doenças que o mundo enfrenta hoje. Minha própria estimativa é que uma pessoa morre a cada 15 minutos e milhões estão sofrendo de alguma doença". Existem ao menos 100.000 casos de lesões de pele, e se considera que um em cada dez futuros casos de câncer em Bangladesh será provocado por arsênico. Tanto a Unicef como o Banco Mundial estão tentando a mitigação do arsênico, usando anualmente mais de U$ 500 milhões de doações estrangeiras, mas o problema está longe de ser resolvido – os altos níveis de ferro das águas subterrâneas estão entupindo os filtros.

Inundações severas e regulares chamaram a atenção internacional para o problema de Bangladesh – o fato de que esses desastres estão acontecendo regularmente, e inclusive se tornando piores à medida que as décadas passam, é um reproche ao mundo. O problema tem sido estudado, e se sabe que as inundações poderiam ser controladas por reflorestamento nos cursos superiores dos principais rios e por uma série de barragens e geradores hidroelétricos que poderiam também fornecer energia barata ao subcontinente inteiro. A eletricidade atualmente está disponível apenas a uma minoria de bangladeshianos que vivem em áreas urbanas, e mesmo nessas áreas a escassez de energia é comum. Devido à planeza da terra, há pouco espaço para grandes projetos hidroelétricos em Bangladesh, mas alguns de seus vizinhos, incluindo a Birmânia, o Nepal e o Butão, podem no futuro ser capazes de lhe vender energia. Negociações para esse fim começaram em 2012.

22
Afeganistão

Qualquer um que considere uma aventura militar no Afeganistão deve primeiro examinar a retirada britânica de sua capital, Cabul, em 1842. Dos 700 soldados britânicos, 3.800 *sepoys* – tropas nativas – e 14.000 civis que fugiram de Cabul no inverno daquele ano, somente um sobreviveu. Um homem, cavalgando um cavalo exausto, conseguiu chegar ao forte britânico em Jalalabad para dar as terríveis notícias. Os britânicos ocuparam Cabul em 1839 (300 camelos foram necessários para carregar o vinho), mas à medida que o tempo passou a força de ocupação se tornou cada vez menos bem-vinda, até ser destruída enquanto se retirava pela fúria total da *jihad* – uma palavra nova para o mundo naquela época. A guerra, que custou 50 bilhões de libras em valores atuais, não obteve coisa alguma – o rei que visavam suplantar, Dost Mohammad, retornou para seu trono.

Esse episódio foi uma consequência de uma persistente má compreensão do Afeganistão pelos estrangeiros. Isso ainda é evidente hoje – inclusive se referir ao Afeganistão como uma nação e aos afegãos como um povo é substancialmente ilusório, uma vez que essa é uma região de muitas lealdades tribais e línguas diferentes e poucas afinidades além da religião. Mesmo essa última é influenciada pela divisão da população entre as grandes seitas do Islã, havendo uma grande maioria sunita e uma importante minoria xiita, que inclui os hazaras falantes do persa. Por milhares de anos esse território no topo do mundo tem sido um cruzamento através do qual uma variada e diversa série de invasores passaram. Cada um deixou sua própria impressão distinta. A geografia criou essa situação. O Afeganistão é a rota natural de invasão para a rica planície do norte da Índia, e foi usado desse modo por ao menos 3.000 anos. Persas, gregos, partas e turcos, entre outros, de tempos em tempos ocuparam partes do atual Afeganistão, usualmente apenas durante períodos muito curtos. Com eles vieram suas religiões.

O Afeganistão é essencialmente dividido pelas montanhas ao pé do Himalaia, conhecidas como Hindu Kush, com cerca de 600m. Ao sul dessa cadeia de montanhas a terra é basicamente formada por montanhas e deserto hostis. Ao norte situa-se a grande planície central asiática. Trigo e cevada são as culturas que sustentam uma agricultura de subsistência, e são cultivados nas escassas áreas de terra fértil nos vales do rio – apenas 12% do país arável.

Um desses é o belo Vale Bamiyan nas montanhas centrais, lar do pequeno – e perseguido – povo hazara. O Afeganistão é islâmico agora, mas as enormes estátuas de Buda nos penhascos supervisionando o vale, destruídas em 2001 quando foram explodidas pelo talibã, foram entalhadas nos séculos III e IV durante a expansão do budismo que chegou ao Japão. Influências gregas, romanas e indianas contribuíram para a cultura do Vale Peshawar no sul. Em 1978, próximo à cidade oásis de Sheberghan na região norte, arqueólogos soviéticos encontraram, catalogaram e puseram em um depósito seguro mais de 20.000 moedas de ouro, ornamentos e outros objetos de valor. Essa região foi outrora conhecida como Báctria, onde existiu uma sociedade grega por muitos séculos após a morte de Alexandre em 332 a.C., e foi um importante cruzamento na Rota da Seda. A descoberta, conhecida como "o ouro bactriano", mostra uma notável diversidade de influências que vão desde os gregos e romanos aos altaicos siberianos. A despeito da turbulenta história recente do Afeganistão, o material sobreviveu intacto no cofre de um banco em Cabul, e foi exposto na França, Itália, Holanda e nos Estados Unidos entre 2006 e 2008 antes de ser devolvido a Cabul.

Um enorme esforço arqueológico está sendo mobilizado atualmente para resgatar os tesouros de uma outra grande civilização da era budista próxima à aldeia de Mes Aynak, a cerca de 40km ao sudeste de Cabul. Essa iniciativa é em grande parte uma corrida contra o tempo, uma vez que as ruínas do que deve ter sido um centro grande e cosmopolita da Rota da Seda do século III ao VII situa-se no topo do segundo maior depósito de cobre do mundo, potencialmente no valor de U$ 100 bilhões – cerca de quatro a cinco vezes o resto da economia afegã. Um consórcio chinês pagou U$ 3 bilhões por 30 anos de arrendamento desse lugar. A exploração, que deve começar em cerca de cinco anos, provavelmente envolverá a completa destruição das antigas ruínas. Em 2013, 67 arqueólogos de quatro nacionalidades e 650 trabalhadores estiveram trabalhando para remover e preservar o maior número de artefatos possível. Surgem evidências de que um veio de cobre foi trabalhado pela primeira vez cerca de 5.000 anos atrás, e que a prosperidade da cidade budista de Mes Aynak foi baseada na mineração de cobre.

A Pérsia – o Irã moderno – deixou sua marca no Afeganistão mais do que em qualquer outro lugar. O persa é ainda a língua da cultura, e até certo ponto uma influência unificadora entre ao menos 30 dialetos e línguas usadas por grupos tribais. Existem cerca de 20 grupos étnicos distintos, que alegam descender de fontes tão díspares como soldados gregos de Alexandre, da Arábia, Mongólia e Turquia. Para aumentar essa confusão, as fronteiras do Afeganistão não incluem todos os povos desses grupos tribais diversos. Muitos deles vivem em ambos os lados das fronteiras com os antigos estados soviéticos do norte. E existe ainda a linha Durand, uma disputada fronteira traçada arbitrariamente pelo *raj* britânico entre a Índia e o Afeganistão que divide cerca de 50 milhões de pachtos quase igualmente entre o que é agora Paquistão e Afeganistão. Os pachtos são um povo muito antigo com fortes lealdades e tradições tribais que oferecem hospitalidade e asilo automáticos a qualquer um buscando ajuda, mas são rápidos para buscar vingança pelo que veem como injustiça. Na época da partição indiana, houve apelos pela independência do Pachtunistão, que levou a um atrito com o Paquistão após uma declaração do governo afegão de que "não reconhecia a linha imaginária Durand nem qualquer outra linha similar". Alegações de que os combatentes talibãs "cruzam a fronteira" do Paquistão não levam em conta um ponto importante, a saber, que os pachtos em ambos os lados se veem como um povo único, para quem a fronteira não existe. Imran Khan, de origem pachta, expressa isso do seguinte modo em seu livro *Paquistão*, de 2011:

> Qualquer um mesmo com um nível básico de conhecimento da história da região sabe que por razões de afinidade religiosa, cultural e social, os pachtos sentem um dever profundamente arraigado de auxiliar seus irmãos em ambos os lados da linha Durand. Para eles, a fronteira internacional é irrelevante. Assim, nenhum governo, paquistanês ou estrangeiro, jamais conseguirá impedi-los inteiramente de cursar ao longo da fronteira de cerca de 2.500km para apoiar seu povo ou de se sentirem obrigados a lhes oferecer abrigo caso se aventurem em seu território.

Quando a Grã-Bretanha fortaleceu seu domínio sobre a Índia no século XIX, o Afeganistão se tornou um peão no que Kipling chamava "o grande jogo" – a intensa rivalidade entre a Rússia e a Grã-Bretanha. Os pachtos, conhecidos então na Inglaterra como pathans, resistiram ferozmente aos britânicos durante várias guerras afegãs. Essas batalhas e os perigos do passo Khyber se tornaram temas padrão na ficção britânica – especialmente nos livros para meninos. Esse era o lugar onde a impassibilidade era elogiada, e a morte a serviço do império descrita como "a maior aventura". Contudo, pouco foi obtido nessas guerras da fronteira noroeste, e o Afeganistão manteve uma precária independência.

Durante a primeira metade do século XX, na capital, Cabul, uma elite muito pequena com educação ocidental ofereceu alguma aparência de modernidade. Contudo, pouco mudou nas áreas tribais além da evolução de uma oposição feroz ao modo e valores ocidentais que eram, e ainda são, vistos como decadentes e anti-islâmicos. Essas tensões resultaram em uma série de minigolpes enquanto a maioria pachta lutava para manter um controle do que passava por governo – basicamente uma autocracia militar com pouca autoridade fora de Cabul. Isso durou até após a Segunda Guerra Mundial, quando rivalidade entre a União Soviética e os Estados Unidos trouxe uma guerra civil total ao Afeganistão. De 1955 em diante a Rússia fez enormes doações financeiras a Cabul, e em 1978 havia 2.000 consultores soviéticos no país.

Nos últimos dias de 1979, a Rússia invadiu o Afeganistão ostensivamente para apoiar um governo de esquerda impopular. Contudo, as razões reais foram provavelmente a paranoia geral da Guerra Fria e um desejo de proteger um investimento soviético muito considerável. A Rússia perdeu a guerra, que se arrastou por dez anos. Como outros invasores antes dela, a Rússia achou as tribos adversários difíceis. Essa oposição veio a ser conhecida como os *mujahideen* – a palavra significa "guerreiros santos". Contudo, esse movimento de guerrilha foi longe de monolítico – na verdade, seu principal problema foi a falta de unidade. Embora tentativas de organizá-lo em sete facções tenham sido empreendidas, mesmo essas possuíam grupos separatistas. Um importante ponto de interesse foi o recrutamento de combatentes de outros países islâmicos, como as Filipinas e a Indonésia, e a insistência em que a guerra contra a Rússia era uma guerra santa – a *jihad*.

Os *mujahideens* foram substancial, mas secretamente, abastecidos com mais de U$ 1 bilhão em armas pela CIA, que chegaram a eles por meio de dutos através do Egito e do Paquistão, no interesse da Guerra Fria de enfraquecer a União Soviética. A Arábia Saudita contribuiu com quase a mesma quantia, incluindo os serviços de um jovem chamado Osama bin Laden, que ingressou nas fileiras do *mujahideen*. Grande parte desse armamento foi vendido nos mercados das aldeias, criando uma situação na qual quase todo homem possuía – e ainda possui – um rifle semiautomático. Essa guerra custou ao menos 200.000 vidas afegãs. Cinco milhões de pessoas fugiram para o exílio, principalmente para o vizinho Paquistão. Os russos, que tinham quase 100.000 soldados engajados, perderam 25.000.

Os aparentes vitoriosos – os *mujahideens* – retornaram ao banditismo e lutaram entre si tão logo os russos partiram. O "moderado" regime islâmico em Cabul, ele próprio fendido pela dissidência, mostrou-se inadequado. Conflitos entre chefes militares de 1992 em diante levaram à destruição generalizada de casas e prédios públicos em Cabul e a outras 50.000 mortes. As condições no país fragmentado – no qual milhares estavam morrendo de fome e frio nos invernos brutais – e os conflitos contínuos entre grupos tribais condenaram o governo desde o início.

Desse caos veio o talibã, por meio de processos que estão longe de claros. O talibã, uma organização extremista, parece ter emergido de escolas fundamentalistas – as *madrassas* – nos campos de refugiados no norte do Paquistão. Pequeno em número no início, ganhou recrutas rapidamente, finalmente coalescendo como uma grande força política e militar sob a liderança do Mulá Mohammed Omar, uma figura obscura e misteriosa cujo título é Líder dos Fiéis. Quando em 1996 controlava a maioria do país, incluindo Cabul, o talibã atraiu desaprovação internacional, especialmente devido à sua rígida visão islâmica de que as mulheres não deveriam ser educadas. Ele também iniciou uma intensa campanha contra os valores e ideias ocidentais. Contudo, o governo talibã foi capaz de levar uma certa paz e ordem a áreas que controlava, e por um tempo impôs um banimento da indústria do ópio, que foi e é a maior fornecedora aos viciados em drogas do Ocidente.

Em 11 de setembro de 2001, quando as torres do World Trade Center foram destruídas em Nova York, o talibã se tornou o primeiro alvo na "guerra contra o terror" americana, embora aqueles que tivessem perpetrado a atrocidade fossem predominantemente árabe-sauditas. Os Estados Unidos prosseguiram a guerra com bombardeios aéreos de grande escala. Armamentos incendiários e bombas de fragmentação mataram talvez 5.000 pessoas – algumas estimativas são de cerca de 10.000. O talibã lutou algumas batalhas terrestres, mas a maioria simplesmente desapareceu para se reagrupar através da fronteira nas regiões pachtas quase independentes do Paquistão.

Um governo patrocinado e apoiado pelos Estados Unidos em Cabul obteve pouca influência fora da capital, com o resto do país sendo controlado por líderes militares, "bandidos" e talibãs reagrupados. A guerra se arrastou quase do mesmo modo por mais de uma década, a um enorme custo – mais de U$ 600 bilhões – com 130.000 soldados de 46 países finalmente engajados, e, a partir de 2006, com o envolvimento da Otan. Em 2001, o presidente americano Barack Obama anunciou uma retirada coordenada das tropas americanas do Afeganistão, a ser finalizada em 2014, e a maior parte das outras nações ou retirou suas forças ou anunciou que planejava fazê-lo.

Em 2012, a Aliança do Norte, um inimigo de longa data do talibã, reagrupou-se, anunciando sua intenção de se opor a um seu retorno ao poder. Com o talibã estabelecido na maior parte do país, isso pareceria indicar que a guerra se prolongaria indefinidamente. Embora fosse planejado transferir a segurança para o exército afegão com 180.000 soldados, muitos deles não eram bem treinados, e ele foi claramente "carcomido" pelo talibã. Veículos, armas e combustível fornecidos pelos americanos desapareciam regularmente e o moral era geralmente baixo. Em 2011 e 2012, houve 67 ataques "internos", nos quais infiltrados na polícia e exército afegãos mataram 98 soldados da Otan. Em 2012, a guerra era impopular nos países ocidentais, com muitas pesquisas de opinião indicando que a maioria das pessoas queria uma retirada das tropas do país.

Em 2005, o Afeganistão era o principal produtor mundial de ópio, fornecendo ao menos 70% da demanda mundial, e equivalendo a mais da metade do produto interno bruto. Uma estimativa em 2009 coloca o valor dos mercados de ópio em U$ 65 bilhões ao ano, abastecendo 15 milhões de viciados. Os "chefes militares", muitos dos quais governadores provinciais ou membros do parlamento nacional, controlam e tributam o ópio em suas regiões, cerca de 3 milhões de pequenos produtores rurais cultivam a papoula por ser sem dúvida o cultivo mais rentável, e o governo nacional em Cabul é obrigado a tolerá-lo. Produtores estavam ganhando cerca de U$ 300 por quilo de ópio seco, tornando-o quase 50 vezes mais lucrativo do que o cultivo do trigo. O processamento altamente lucrativo de ópio em heroína está situado agora no Afeganistão. De acordo com um relatório das Nações Unidas de 2013, a produção de papoula havia aumentado a cada ano desde 2010.

A guerra praticamente destruiu o Afeganistão e provocou enormes dificuldades e privações, demonstradas por um dos piores indicadores sociais do mundo. De acordo com informações das Nações Unidas, a expectativa de vida tanto para homens quanto para mulheres em 2013 era de somente 45 anos, a mortalidade infantil por mil nascimentos era de 167, e cerca de metade das crianças eram pouco desenvolvidas devido à severa má nutrição. Somente 12% das mulheres eram alfabetizadas, e somente 13% dos lares tinha acesso a serviço sanitário adequado e água potável. Doenças infecciosas eram endêmicas, com a diarreia, doenças parasitárias e pneumonia sendo os principais fatores de mortandade de uma em cada quatro crianças antes dos 5 anos.

23
Os estados montanhosos: Nepal e Butão

Nepal e Butão são "estados intermediários" clássicos, estendendo-se ao longo de quase 1.600km da fronteira do Himalaia entre a China e a Índia – essa estreita proximidade às duas maiores nações do mundo influenciou profundamente sua história, e provavelmente continuará influenciando. O Nepal está mudando rapidamente, e não pode mais ser considerado um "Shangri-la" romantizado, ou, igualmente, um "pequeno" Estado. Com cerca de 9 milhões em 1960, sua população de quase 30 milhões agora excede facilmente o total das três nações escandinavas, ou da Austrália e da Nova Zelândia combinadas. Como outros estados sul-asiáticos, sua taxa de natalidade elevada pode ser amplamente relacionada a uma falha em educar as meninas, muitas das quais se casando muito cedo e começando a dar à luz quase imediatamente. O Butão, com 700.000 pessoas, é muito menor, mais rico e melhor governado.

A maioria dos nepaleses vive no Vale de Catmandu e em outras áreas férteis no sul – cerca de um quinto do país –, onde as pressões populacionais estão levando a um alarmante aumento do índice de pobreza. O Nepal foi classificado em 54º lugar entre os 81 países mais pobres no Índice de Pobreza Mundial em 2012. O norte, rochoso e coberto de gelo, está longe de ser amistoso – consiste da formidável encosta sul da Cordilheira do Himalaia, incluindo a da montanha mais alta do mundo, Chomolungma, que significa "Deusa Mãe da Terra" – um nome preferível muito provavelmente a Everest, pertencente a um supervisor britânico que trabalhou há muito na Índia imperial. Devido ao seu cenário selvagem e dramático, o Nepal é um grande destino turístico – 602.000 pessoas entraram no país em 2010 vindas de quase todas as nações do mundo. Embora essa seja uma fonte considerável de receitas, o influxo de tantos caminhantes e escaladores pressionou as limitadas instalações do país para viagem e acomodação e criou níveis indesejáveis de poluição. Muitos lugares são acessíveis apenas por meio de trilhas para pedestres, e "casas de chá" ao longo do caminho oferecem geralmente apenas instalações rudimentares. Artesanatos, vestimentas e tapetes são as principais mercadorias vendáveis no que por outro lado é ainda principalmente uma economia agrícola de subsistência. Embora o Nepal tenha sido historicamente ligado ao budismo, 80% de seu povo é agora hindu. O Nepal era quase completamente subdesenvolvido até 1951, carente de escolas, energia elétrica, indústria e comunicações confiáveis. Mesmo agora é pesadamente dependente da ajuda estrangeira para desenvolver essas coisas. Cerca de 80% do povo ainda trabalha em agricultura de subsistência.

Cabeças de machado de pedra do início do Paleolítico encontradas no Nepal foram datadas em mais de meio milhão de anos, indicando que o *homo erectus* havia chegado às montanhas ao pé do Himalaia e produzia instrumentos de pedra já naquela época. A erosão do solo em muitos lugares revelou milhares de artefatos – machados de pedra, cortadores e facas – datando do final do Pleistoceno e do começo do Holoceno. De 2500 a.C. em diante houve culturas de aldeias no Vale de Catmandu e em outras terras baixas que indicam uma conexão com a planície do Ganges na Índia. A história nepalesa subsequente é obscura, dependendo do épico *Yamsavli*, que alega descrever eventos remontando milhares de anos no tempo quando o Vale de Catmandu ainda era um lago. Evidências geológicas indicam que o lago secou lentamente, e provavelmente desapareceu cerca de 18.000 anos atrás. Ocupando-se principalmente com assuntos dos reis e rajás, o *Yamsavli* oferece muito pouca história confiável. Contudo, parece ter havido cerca de 50 pequenos estados lutando por poder entre si. Em um deles, Shakya, cerca de 500 a.C., um príncipe chamado Sidarta Gautama renunciou à sua posição e se tornou Buda – o iluminado – e fundador de uma das maiores religiões do mundo.

O Nepal se tornou uma nação quando os estados divididos foram unificados por um rei gurkha, Prithvi Narayan Shah, em uma série de conquistas que culminaram em sua captura de Catmandu em 1768. Uma força britânica despachada para apoiar o ex-governante de Catmandu foi decisivamente derrotada. Prithvi estava muito consciente do expansionismo britânico na Índia e preocupado com a possibilidade de os pequenos principados que haviam anteriormente constituído o Nepal serem facilmente incorporados – sua política para o futuro do país é melhor expressa por sua própria visão irônica dela como "um inhame entre duas rochas" – a Índia britânica e a China. Sua política era manter o Nepal forte, unido e isolado – ele se recusou a comercializar com os britânicos, mas foi capaz de manter uma relação de paz intranquila com eles. Morreu aos 52 anos, apenas sete anos após sua captura de Catmandu, mas as políticas que estabeleceu continuaram sob seus sucessores com sucesso variado. A inacessibilidade quase completa do país o manteve isolado. Os reinos dos últimos reis foram, de resto, insignificantes, exceto por mortes precoces, às vezes devidas a assassinatos, conflitos internos na família real e, muitas vezes, pelo acesso ao trono na infância. A China estendeu sua influência nesse estágio, com o Nepal se tornando tecnicamente um Estado vassalo até 1912. Foi derrotado em uma guerra contra a Companhia das Índias Orientais Britânicas em 1816, após a qual se tornou efetivamente um protetorado britânico, com quase um terço do país cedido aos britânicos em troca de garantias de autonomia nominal.

Nessa época, um clã de primeiros-ministros hereditários havia assumido o controle do governo dos monarcas geralmente ineptos e por vezes brutalmente cruéis. Um dos poucos relativamente esclarecido entre esses governantes nepaleses, Jung Bahadur, visitou a Inglaterra em 1850 e em seu retorno aboliu a tortura, a mutilação e o julgamento por ordálio de fogo e água que ainda estavam no código legal até aquela época. Embora sob muitos aspectos tenha feito muito para modernizar o que fora uma sociedade medieval atrasada, insistiu em assumir o poder absoluto, massacrando seus oponentes, isolando o rei e finalmente cimentando a posição de sua família com o casamento de seu filho de 8 anos com uma princesa de 6.

Prithvi Bir Bikram Shah (1875-1911), avô do Mahatma Gandhi, foi mais notável do que muitos de seus predecessores – estabeleceu fornecimento de água e saneamento modernos em partes do país e importou seus primeiros carros. Contudo, o Nepal permaneceu substancialmente primitivo, sob o controle firme de clãs dominantes e de uma aristocracia de proprietários de terras. Suas fronteiras permaneceram fechadas, e quase não tinham conexão com o mundo externo. A escravidão só foi abolida em 1925.

A ocupação do Tibete pela China na década de 1950 alarmou o governo indiano, que buscava uma maior influência no Nepal como um contrapeso. Um tratado de paz e amizade assinado em 1950 permitiu o livre-movimento de pessoas e mercadorias entre os dois países e permitiu uma estreita colaboração em assuntos de defesa e estrangeiros. Foi fortalecido após uma tentativa abortada do Partido Comunista de tomar o poder no Nepal em 1952. Enquanto isso, o Nepal abriu suas fronteiras em 1949, tornando possível a subida do Chomolungma por Edmund Hillary e Tensing Norgay em 1953. Subsequentemente, Hillary passou muito tempo no Nepal, construindo clínicas de saúde, escolas e hospitais, e em outros momentos levantando fundos para esses projetos.

Naquela época o Nepal estava lidando com seu primeiro experimento na democracia parlamentar. O Congresso Nacional do Nepal, formado no exílio na Índia em 1946, dominou um novo parlamento após as primeiras eleições do país em 1959. Contudo, suas promessas de reforma agrária, um judiciário livre e independente, assistência médica e ensino obrigatório gratuito alarmaram o *establishment*. Em 1962, o Rei Mahendra, apoiado pelo exército, declarou o experimento da democracia ao estilo ocidental um fracasso, dissolvendo o parlamento e introduzindo um sistema *panchayat*, no qual os partidos políticos eram abolidos em favor do governo pelos conselhos aldeões tradicionais. Centenas de prisões de ativistas democráticos, corrupção, violência e estagnação econômica caracterizaram esse período, até que um movimento popular de massa o encerrasse em 1989. Após dois anos de agitação, uma eleição foi organizada em 1991, na qual o Congresso nepalês venceu por uma margem estreita, assumindo 114 das 205 cadeiras do parlamento. Contudo, a inexperiência do novo governo e tentativas de realizar muitas reformas ao mesmo tempo arruinaram a economia, com o preço de mercadorias básicas subindo de forma alarmante.

Em 1992, uma greve geral foi convocada. Houve violentos conflitos em várias áreas, muitas vezes dirigidos a proprietários de terras extorsivos. Contudo, quando um movimento do povo para organizar a reforma agrária que o governo havia prometido foi suprimido violentamente, muitas pessoas se uniram ao Partido Comunista (maoista), que se tornaria dali em diante uma grande força política. Ele liderou uma guerra civil esporádica que convulsionaria o país por uma década a partir de 1996, tiraria mais de 12.000 vidas e perturbaria uma agricultura que já era em muitos casos marginal. Embora o governo da realeza tivesse sido mantido em Catmandu e em outras cidades, os comunistas terminaram dominando o interior. Um relatório das Nações Unidas de 2012 descreveu atos de violência e tortura indiscriminados de ambos os lados. O relatório diz que, quando a guerra terminou, embora ambos os lados concordassem em resolver os temas de direitos humanos, "perpetradores de sérias violações em ambos os lados não haviam sido responsabilizados, em alguns casos foram promovidos, e podem agora inclusive ser anistiados". Embora o relatório tenha registrado cerca de 9.000 violações, "ninguém foi processado em uma corte civil por um crime sério relacionado ao conflito".

Em um evento extraordinário e trágico em 2001 o herdeiro do trono, Dipendra, alegadamente indignado pela recusa de sua família em sancionar seu casamento com a mulher que ele amava, matou a tiros nove membros de sua família, incluindo seu pai, o rei. Ele, então, aparentemente atirou em si mesmo na cabeça, morrendo após três dias em coma. Embora se diga que esse desastre tenha sucedido a uma bebedeira em um jantar de família, as reais circunstâncias permanecem um mistério, resultando em várias teorias conspiratórias, algumas alegando que o próximo rei, Gyanendra, estivesse envolvido. Gyanendra, dizendo que desejava pôr um fim à guerra civil, impôs novamente o governo autocrático em 2005, um ato que o tornou tão profundamente impopular que se tornou o último rei nepalês. Uma aliança entre os maoistas e o Congresso forçou sua abdicação em 2008, quando uma assembleia constitucional declarou uma república, encerrando 240 anos de monarquia. Os maoistas tiveram a maioria das cadeiras na nova Assembleia Constituinte, mas fracassaram em obter a maioria.

O esboço de uma nova constituição se prolongou por anos, impedido por interesses étnicos e regionais opostos representados por ao menos 30 partidos dissidentes. Na época da redação não havia acordo sequer sobre a época e estrutura de futuras eleições. O tempo permitido para o acordo sobre os termos da constituição foi estendido três vezes. Como não havia provisão constitucional para novas eleições, o governo liderado pelos maoistas permaneceu no poder a despeito da crescente oposição, até que em 2013 um governo interino foi empossado, presidido pelo chefe de justiça da nação. A instabilidade política não ajudou o processo de desenvolvimento, com um desemprego em mais de 40%, e uma renda nacional em cerca de U$ 3 ao dia em 2012.

Estrangeiros visitam o Nepal principalmente por sua beleza física surpreendente. Edmund Hillary, geralmente de expressão lacônica, descreve o remoto Vale Barun em seu *View from the Summit* (*A visão do cume*) como

> coberto por alguns quilômetros quadrados de azaleias carmim florescendo – uma visão verdadeiramente magnífica. A chuva de monção havia transformado a paisagem, e miríades de pequenos botões de todas as cores estavam desabrochando ao longo do árido solo. O ar era espesso e forte, e o aspirávamos profundamente em nossos ávidos

pulmões. Mas estávamos agora em um mundo de chuvas, centenas de cascatas desciam graciosamente pelos penhascos rochosos e as pesadas nuvens se abririam por um momento para revelar um cume impressionante antes de se unirem novamente numa chuva torrencial. Achei aquele o vale mais bonito que jamais vira.

A despeito dessa beleza esplêndida, a vida é dura para a maioria das pessoas. A tradição exige que mulheres durante o período menstrual sejam segregadas em uma cabana afastada da casa, mesmo em condições severas do inverno, e de acordo com um antigo ritual meninas são dadas aos templos hindus, onde recebem pouco cuidado e nenhuma educação. Entre 60 e 70% das mulheres nepalesas sofrem de violência doméstica, com esse número aumentando a 81% em áreas rurais. Isso inclui abuso físico por parte de seus esposos, assassinatos relacionados a questões de dote de casamento e assédio de outros membros da família. Essa violência é tradicional; de acordo com um provérbio local, "uma filha nasce com um destino desafortunado". De acordo com a ex-dirigente da Comissão das Mulheres da Nação, Bandana Rana, "muitas vezes a polícia e o povo local tentam resolver disputas domésticas pressionando as mulheres a aceitarem seu destino".

Condições diárias de vida descritas em muitos blogs por expatriados vivendo no Nepal mencionam não haver água encanada em muitos lugares; água quente quase não existe; nenhum toalete mais avançado do que um buraco no chão; ar poluído em Catmandu devido à queima do lixo em cada esquina; nenhumas áreas ou parques – tudo é saturado e barulhento; a eletricidade é ausente por 12 ou mais horas por dia – fora das cidades não há praticamente coisa alguma; uma ausência geral de aquecimento e isolamento térmico nas edificações em um clima que é com frequência muito frio; pouquíssima água potável; pouco transporte público; nenhumas camas confortáveis; e comida monótona, basicamente arroz com uma sopa de feijão e alguns vegetais. A maioria das pessoas come carne talvez uma vez ao ano, e cerca de metade das crianças nepalesas é pouco desenvolvida devido à má nutrição. A falta de água potável significa que diarreia, malária e tuberculose são endêmicas.

A vida em áreas rurais é descrita como na Idade da Pedra. Não há estradas na maioria das aldeias; assim, tudo deve ser carregado sobre as cabeças ou costas das pessoas. Não há energia elétrica nessas áreas, onde milhares de rodas hidráulicas em riachos locais, usados principalmente para moer farinha, são a única fonte de energia. O projeto e construção das casas de pedra e tijolos de barro são descritos como medievais. Embora agora existam algumas escolas, menos de uma de cada dez crianças consegue passar três ou quatro anos na escola. A maioria das meninas nunca vai à escola – são consideradas ajudantes domésticas e se espera que casem tão logo quanto possível. Os índices de alfabetização entre mulheres estão entre os mais baixos do mundo, e as taxas de mortalidade entre os mais altos. A média de posse de terras é menos de dois acres, tornando a tarefa de sustentar a família uma luta constante.

O Butão é um país isolado do mar entre a China e a Índia, na extremidade leste do Himalaia. Sua localização remota, quase inacessível, manteve-o isolado do resto do mundo quase até muito recentemente, e sua política oficial ainda restringe a entrada de turistas, exceto sob condições estritas, destinadas a resistir às influências culturais estrangeiras. Com pouco mais de um milhão de pessoas, é uma das menores nações do mundo, mas a beleza de sua região alta e a extraordinária filosofia nacional lhe deram uma imagem internacional de alguma importância.

A maior parte do povo vive em vales isolados esculpidos por vários rios que terminam desaguando no Brahmaputra. Acima desses vales estão algumas das mais altas e majestosas montanhas do mundo, com picos perpetuamente cobertos de neve. 10% do Butão é coberto por geleiras, mas essas estão recuando cerca de 30m ao ano devido ao aquecimento global. O primeiro-ministro, Jigme Thinley, expressou receio de que possam desaparecer até 2035, senão antes. Abaixo da linha da neve, mais ao sul, encontram-se florestas de coníferas, com árvores de folhas largas. Cerca de dois terços do país é floresta, dando confiança à afirmação de que o Butão é a única nação do mundo que reduz o dióxido de carbono do ar em vez de aumentá-lo. O sul é quente e subtropical, com precipitação elevada.

Em abril de 2012, um encontro das Nações Unidas para discutir a felicidade foi patrocinado pelo Butão – talvez mais propriamente Druk Yul, a terra do Dragão Trovão, que é como o povo desse pequeno reino o chama. Esse encontro se baseou em um relatório do Instituto da Terra da Universidade de Colúmbia nos Estados Unidos, que afirma que a felicidade não vem necessariamente da riqueza, mas da saúde, redes sociais fortes, liberdade política, profunda preocupação com o meio ambiente e com a cultura nativa e uma ausência de corrupção.

Esses são os princípios sobre os quais o Butão está sendo construído – é inusual, e mesmo único, porque seu índice geral de prosperidade não é o produto interno bruto, mas a felicidade interna bruta e como seus objetivos de Estado são moldados em torno dessa ideia. O termo foi expresso pela primeira vez em 1972 pelo Rei Dragão de Butão, Jimne Singye Wangchuck, que havia prometido construir uma economia que preservasse a cultura antiga do país e os valores budistas. Essas ideias, desenvolvidas pelo Centro de Estudos Butaneses, estão sendo ativamente estudadas por outras nações, e foram tema de várias conferências internacionais. O centro produziu um *Short Guide to Gross National Happines* (*Breve guia para a felicidade bruta nacional*), que enfatiza a importância de medidas práticas "para orientar o povo e a nação para a felicidade, basicamente pela melhora das condições das pessoas não tão felizes". De acordo com esse estudo, pouco mais de 10% das pessoas são infelizes, cerca de 50% são "ligeiramente felizes" e quase 8% "profundamente felizes". O índice de felicidade do centro lista nove atributos-chave, abrangendo desde bem-estar psicológico, saúde e educação até boa governança e padrões de vida. De acordo com o primeiro-ministro, "Distinguimos claramente agora a 'felicidade' dos estados passageiros de 'sentir-se bem' tão frequentemente associados ao termo. A verdadeira felicidade duradoura não pode existir enquanto outros sofrem, e se obtém somente do servir aos outros, de uma vida em harmonia com a natureza e da apercepção de nossa sabedoria interna".

A história inicial do Butão é obscura, porque a maioria dos registros foi destruída por um incêndio na antiga capital de Punakha em 1827. Contudo, segundo a lenda, um dignitário budista, o guru Rinpoche, voou sobre o Butão de leste a oeste em uma tigresa voadora no século XVIII para subjugar os espíritos maus que haviam impedido o estabelecimento do budismo no país. Do século X até o término da Dinastia Yuan chinesa 400 anos mais tarde, os imperadores chineses foram fascinados pelas ideias budistas, e financiaram a construção de mosteiros no Butão. Atribui-se a Shabdrung Ngawana, um lama budista e líder militar fugindo da perseguição no Tibete, a unificação do país no século XVII, com a imposição de um código de leis aos chefes militares. Foi nessa época que a forte influência regional imposta pela topografia butanesa foi reforçada pela construção de uma série de *dzongs* – fortes grandes e quase inexpugnáveis em torno dos quais aldeias e cidades se agrupavam, e a partir dos quais chefes militares locais governavam. Eles foram tão bem construídos que muitos permanecem em uso como centros administrativos, uma característica distinta da paisagem. A capital, Thimphu, desenvolveu-se em torno de um *dzong* do século XIII.

Contudo, essa fase de unidade não durou muito. Durante dois séculos de suserania chinesa nominal pontuada por episódios de guerra civil o poder reverteu gradualmente aos governadores locais, os *penlops*. Então, em 1907, uma assembleia popular elegeu o mais poderoso deles, Ugyen Wangchuck, como o primeiro rei do Butão. A despeito de protestos de uma China enfraquecida, o Butão se tornou um protetorado britânico em 1910. O país permaneceu quase medieval até o século XX, com a única estrada conectando-o com a Índia tão ruim que o acesso de fora era quase impossível. Visitantes eram ativamente desencorajados. Afirma-se que nesse estágio a maioria dos butaneses nunca havia visto uma roda. A Família Wangchuck governou de 1907 em diante, tradicionalmente considerados pelo povo como figuras quase divinas, atraindo automaticamente o respeito universal. Consequentemente, houve consternação quando em 1998 o quarto rei abdicou para se tornar chefe de Estado, transferindo poder a um primeiro-ministro e a um gabinete de ministros – um dos raros casos em que a democracia foi imposta a partir de cima, em vez de se desenvolver a partir de movimentos populistas. Um rascunho da constituição democrática foi finalizado em 2005, e cópias enviadas a vários cidadãos. Ela foi então inaugurada em 2008, quando as primeiras eleições para a Assembleia Nacional de 150 membros foi organizada. Cento e cinco desses são eleitos pelas 20 províncias por três anos, 35 são nomeados pelo governo – desses, 20 são os governadores regionais – e 10 representam o clero budista. Ministros são eleitos pela assembleia para mandatos de cinco anos – eles geralmente vêm das famílias mais ricas. Em 2008, Jigme Khesar Wangchuck se tornou rei após a abdicação de seu pai.

O Butão é aproximadamente do tamanho da Suíça, e tinha 700.000 pessoas em 2005, segundo o censo da época. Apenas 90.000 pessoas vivem na capital, Thimphu. Quase todo o resto é formado de pequenos agricultores. A renda *per capita* é de U$ 1.320, alfabetização de 60% e desemprego abaixo de 2,5%. A população é praticamente tibetana, com uma grande minoria de nepaleses. Em 1975, no principado vizinho de Sikkim, a monarquia foi deposta e o país se tornou uma parte da Índia em resultado de um plebiscito influenciado pela maior parte da população nepalesa de lá. Isso provocou um considerável desconforto no Butão e levou o governo a expulsar uma quantidade de nepaleses equivalente a quase um quinto da população butanesa, e a proibir também a entrada a partir do Nepal. Milhares passaram anos em campos de refugiados no Nepal, mas muitos foram agora reassentados na Europa e na América.

A fragmentação da sociedade butanesa é ditada principalmente por sua geografia. Três cadeias de montanhas com picos de cerca de 7.500m de altura dividem o país de norte a sul, e apresentam uma barreira efetiva ao movimento do leste para o oeste. Gangkhar Puensum, a quase 7.700m de altura, é a maior montanha não escalada do mundo – desde 2003 o montanhismo foi banido no Butão. Rios abastecidos pela neve entre essas montanhas criaram vales férteis nos quais vive a maior parte da população. Nas altitudes mais baixas do sul, próximo à fronteira com a Índia, o clima é subtropical, coberto por florestas, savanas e bosques de bambus. Mais de 40% do país foram designados como parques nacionais, e a política do governo é restringir a indústria florestal, mantendo 60% da terra coberta por árvores.

O Butão possui uma indústria muito pequena e poucas exportações, mas já está se beneficiando de um enorme potencial para hidroeletricidade. O Projeto Tala, finalizado em 2007, não só atende as necessidades do Butão como também exporta três quartos de sua capacidade de 1.020 megawatts para a Índia, fornecendo quase metade da receita nacional. O potencial hidroelétrico do país foi estimado em 30.000 megawatts. Bangladesh, que sofre de uma séria escassez de energia, está desenvolvendo uma estação de energia de 500 megawatts no Butão. O turismo está expandindo, com 65.000 visitantes estrangeiros em 2011, embora existam controles estritos das pessoas que entram no país. Os visitantes devem fazer reservas por meio de agências de viagens certificadas e pagar por pacotes de viagem. Embora milhares de mochileiros visitem o Nepal, não são encorajados no Butão.

24
Sri Lanka

O Sri Lanka, uma ilha tropical ao largo do sul da costa indiana aproximadamente do tamanho da Escócia e com uma população de 22 milhões, foi ocupado por humanos – e pré-humanos – por um longo período. O *homo erectus* viveu lá cerca de meio milhão de anos atrás, e humanos modernos produzindo avançados instrumentos de pedra, mantendo cães domésticos e possivelmente criando gado estiveram em evidência há 30.000 anos. Esses povos balangoda, que eram caçadores-coletores, foram provavelmente os ancestrais das tribos vedas ainda encontradas em pequenos números no centro e nordeste da ilha.

Duas distintas migrações de povos do continente indiano há mais de 2.000 anos influenciaram a história do Sri Lanka desde então e continuarão a fazê-lo no futuro. Os primeiros foram os cingaleses – o Povo do Leão – cerca de 600 a.C.; os segundos, cerca de 300 anos depois, foram os tâmeis, do sul da Índia. Os cingaleses parecem ter vindo originalmente não do sul da vizinha Índia, mas do noroeste, e houve alguma especulação de que podem ter sido o povo mohenjodaro, deslocado quando os arianos invadiram o norte. Certamente, eram muito avançados para sua época. Não somente conheciam como trabalharam com ferro, mas foram provavelmente o primeiro povo no mundo a fundir aço de alta qualidade. Há evidências de milhares de lugares remontando cerca de 300 anos a.C., nos quais o ferro e o carbono foram aquecidos juntos em crisóis, direcionando o vento das monções para criar condições eficientes para o forno. Os primeiros cingaleses também usaram técnicas avançadas de irrigação para cultivar arroz, e desenvolveram rapidamente uma sofisticada sociedade urbana situada em sua primeira capital, Anuradhapura, que é uma das cidades mais antigas continuamente ocupadas do mundo.

Ela já era importante no século III a.C., quando, de acordo com a lenda, o Príncipe Mahinda, um irmão ou um filho do rei indiano Ashoka, visitou o Sri Lanka e converteu seu rei ao budismo. Diz-se que certas relíquias sagradas foram transportadas ao Sri Lanka, incluindo o pote de esmolas de Buda, parte de sua clavícula e, a mais celebrada de todas, um de seus dentes caninos. A posse desse dente se tornou importante para estabelecer a legitimidade dos reis. Agora, é mantido no Templo Rosa do Dente em Kandy, onde uma réplica do dente é cerimonialmente carregada sobre as costas de um elefante a cada agosto. Essa procissão, a Perahera, ocorre toda noite por duas semanas.

Grande parte de Anuradhapura foi destruída durante uma invasão chola em 999 d.C. e nunca retornou à sua glória anterior. Contudo, a maioria de suas antigas edificações, como o enorme Palácio Brazen, dito outrora ter possuído um teto de cobre puro, permaneceu e são importantes atrações turísticas. Essas antiguidades estão agrupadas em torno de uma árvore pipal considerada uma muda da árvore sob a qual Buda sentou na época de sua iluminação. Cuidada por criados hereditários ao longo de seus 2.250 anos de existência, é considerada a árvore historicamente autenticada mais antiga do mundo.

Uma linha de reis ao longo dos 1.350 anos de primazia da cidade por vezes se assemelhou a Ashoka em suas atitudes e realizações – uma indicação do poder do budismo para influenciar as sociedades naquela época. Essa foi a era da glória do Sri Lanka – sociedades moderadas bem governadas com sua própria arte, notadamente escultura e pintura, com características individuais mesmo que derivasse da Índia. A tributação, fixada em 10% da produção, era moderada pelos padrões recentes do sul da Ásia, embora os camponeses também estivessem sujeitos à corveia, que fornecia força de trabalho para sistemas de irrigação, canais e estradas. Havia uma forte ênfase na agricultura eficiente e em enormes sistemas de irrigação, entre os maiores e mais tecnicamente avançados do mundo. Eram situados em barragens de paredes de pedra e lagos artificiais, que tornavam possíveis duas e por vezes três safras de grãos ao ano. Doze mil desses "tanques" ainda existem, muitos ainda fornecendo irrigação para os cultivos, mas outros estão cobertos de vegetação ou cheios de areia. Contudo, à medida que as secas se tornam mais severas no Sri Lanka, o Instituto de Gerenciamento da Água, situado em Colombo, propôs um projeto de U$ 20 milhões para restaurá-los e pô-los em uso.

Enquanto isso, os tâmeis do norte se tornaram mais fortes à medida que um contínuo fluxo de migrantes do continente chegaram ao longo dos séculos. No século XII, haviam desenvolvido no norte um Estado separado na península seca e plana de Jaffna. Os tâmeis, que possuem importantes diferenças raciais e linguísticas em relação aos cingaleses, são tradicionalmente empreendedores e ativos, qualidades que desenvolveram ao longo de séculos cultivando o norte árido da ilha. No século X, o Império Chola do sul indiano invadiu o Sri Lanka, ocupando grande parte do norte e das planícies centrais. Milhares de migrantes tâmeis chegaram nessa época, e muitos mais no século XIV, quando uma desastrosa e extensa guerra civil se desenvolveu entre generais rivais e pretendentes ao trono cingalês. Essas facções recrutaram um número enorme de mercenários tâmeis.

Os tâmeis ganharam o controle de mais territórios no norte, incluindo a valiosa e mundialmente conhecida região de pesca de pérolas. O decadente Estado cingalês se dirigiu ao sul para uma nova capital em Kotte, próxima a Colombo. Os grandes sistemas de irrigação no centro da ilha foram destruídos por exércitos rivais ou se deterioraram, deixando uma zona árida entre os reinos tâmil e cingalês. Enormes extensões de terra previamente cultivadas foram retomadas pela selva. A construção do extravagante pagode, a um enorme custo público, empobreceu o reino cingalês, forçando-o ainda mais ao declínio. Um reino separado se desenvolveu em Kandy, e assim três autoridades rivais, algumas com facções em conflito, tornaram qualquer unidade de governo impossível.

Essa era a situação quando os portugueses chegaram em 1505, atraídos pelo comércio de canela e pimenta, que eram monopólios da realeza cingalesa. Usando uma mistura de força e diplomacia, eles foram gradualmente assumindo o controle da sociedade cada vez mais fragmentada. Ao final do século, controlavam praticamente toda a ilha, exceto pelo isolado reino de Kandy nas profundezas das colinas cobertas de selvas do Sri Lanka Central. Durante esse século se tornaram uma influência importante, convertendo milhões ao cristianismo e se casando livremente com as mulheres locais – como resultado, muitas famílias ainda têm nomes portugueses. Aliando-se a uma facção ou outra nas perpétuas guerras regionais e disputas sucessivas, foram capazes de instalar reis clientes na maioria dos lugares. Como em outras partes da Ásia, a exploração portuguesa foi brutal e destrutiva. Quando atacaram com sucesso kandyano no século XVI, incendiaram grande parte da cidade, um grau de destruição que pedia retaliação. Um exército português foi decisivamente derrotado pelas forças kandyanas em uma grande batalha em 1638.

Nessa época, os holandeses estavam esperando nos arredores. A precária aliança que formaram com Kandy não durou, mas foram capazes de destruir a enfraquecida presença portuguesa ao longo das décadas seguintes. Subsequentemente, Kandy combateu vigorosamente os holandeses, mas foi incapaz de obter o controle das ricas e populosas regiões costeiras. Finalmente, em 1765, após um século de conflito, Kandy aceitou sua situação isolada do mar e a necessidade de comerciar pacificamente através dos holandeses. Contudo, os protestantes holandeses nunca foram populares, perseguindo os católicos e impondo impostos muito pesados. Como os portugueses, casaram-se livremente com o povo local – os resultantes burghers holandeses ainda são uma minoria importante e influente no Sri Lanka.

Contudo, os dias do domínio holandês da ilha estavam contados. A Holanda havia se aliado à França nas guerras napoleônicas, e usando sua presença naval superior, os britânicos assumiram o controle do Sri Lanka em 1796, tornando-se uma colônia lucrativa da coroa em 1802. Embora o preço da canela houvesse caído, a pesca de pérolas no norte rendeu quase 400.000 libras – uma enorme quantia naquela época – nos primeiros três anos. Contudo, uma tentativa de conquistar Kandy em 1803 terminou mal, com os britânicos repelidos e derrotados após dois anos de hostilidades selvagens, nas quais nenhum prisioneiro era capturado. Armeiros kandyanos fabricavam mosquetes eficientes com pederneiras e artilharia que tendiam a equalizar o conflito, mas no fim prevaleceu a força maior. Embora um acordo em 1815 garantisse a integridade de Kandy, o controle de fato seria exercido pelos britânicos dali em diante.

Terras comuns foram tomadas do povo para cultivar café. Quando os cingaleses recusaram o trabalho serviçal e malpago oferecido a eles, os plantadores brancos importaram trabalhadores tâmeis. No final do século XIX, chá e borracha também eram plantados. Os britânicos favoreceram os burghers e os cingaleses de casta elevada como funcionários públicos, criando uma elite que persiste até hoje. O estabelecimento de escolas públicas e de uma faculdade não estendeu a educação à maioria dos cingaleses, confirmando em troca a primazia dessa elite. Contudo, a despeito de suas objeções às classes inferiores terem qualquer poder, o sufrágio universal foi introduzido em 1931. O país sofreu uma severa privação quando a monção de 1934 falhou, levando a uma seca prolongada e a uma epidemia catastrófica de malária que matou mais de um quarto de milhão de pessoas. Como resultado do tumulto, o partido marxista LSSP foi fundado em 1935. Sua demanda por independência completa foi apoiada por outros partidos políticos nas eleições para o Conselho do Estado em 1936.

O Sri Lanka foi uma importante base britânica durante a Segunda Guerra Mundial, principalmente devido à posição estratégica da ilha e dos excelentes portos. Houve uma agitação considerável pela independência durante os anos de guerra, mas quando ela foi garantida em 1948, o primeiro parlamento foi dominado pelos cingaleses e pelos tâmeis do "Ceilão", que se viam como superiores a quase um milhão de tâmeis "indianos", os trabalhadores das plantações, os quais eles privaram dos direitos em 1949. Esse único golpe confirmou a ascendência dos cingaleses ao parlamento às custas da marginalização dos tâmeis mais pobres – esse se tornou um primeiro precursor da desastrosa guerra étnica que viria. Apesar disso, o Sri Lanka continuou a funcionar como uma democracia parlamentar, com o governo alternando entre o Partido da Liberdade, socialista, que nacionalizou importantes indústrias, como a das plantações de chá e borracha, e os bancos, e o Partido Nacional, que favorecia o investimento estrangeiro e relações estreitas com os Estados Unidos. A constituição foi em grande medida reescrita em 1978, introduzindo um sistema presidencial que transferiu o poder ainda mais significativamente para a elite governante. Naquela época, uma grande revolta tâmil havia começado, liderada por uma força paramilitar, os Tigres Tâmeis.

Em 1956, o governo havia estabelecido o cingalês como a língua preferida para a educação e comércio, uma ação que provocaria revolta na capital, Colombo, e mais tarde uma grande guerra com os tâmeis. Um Ato de Prevenção ao Terrorismo draconiano passou como uma medida temporária em 1979, e nunca foi revogado. Ele nada fez para restaurar a paz. As guerrilhas tâmeis começaram a visar estações de polícia, aeroportos e agências de correio. Esse conflito aumentou ano a ano, explodindo em uma guerra total após uma revolta coletiva tirar milhares de vidas. Em meados desse conflito, em 2004, o grande tsunami asiático devastou a costa leste, matando 30.000 e destruindo centenas de aldeias e outras infraestruturas. Mais de 150.000 tâmeis deixaram o país para o Canadá, Austrália e Reino Unido devido à guerra. Um número cada vez maior de civis foi morto até que as forças tâmeis fossem finalmente derrotadas em 2009. O conflito durou 26 anos, resultou em quase 100.000 mortes e deixou para trás um ressentimento duradouro entre as duas comunidades que os próximos anos fizeram pouco para dissipar. Quase 400.000 tâmeis foram confinados em campos de prisioneiros mal-administrados e superlotados.

A maioria foi liberada em 2010, mas as condições de vida permaneceram quase impossíveis para eles, uma vez que suas casas e negócios foram quase todos destruídos durante os selvagens meses finais do conflito – as Nações Unidas estimam que mais de 160.000 casas em Jaffna e outras partes do norte tenham sido destruídas ou danificadas. Muito poucas foram reparadas ou substituídas. Uma vez mais tâmeis desesperados pagam grandes somas para traficantes de pessoas os levarem a lugares em barcos pequenos, perigosamente inadequados para o mar em esforços para chegar à Austrália. Um número desconhecido desses barcos afundou, provocando centenas de mortes. Em 2013, declarou-se que elementos da marinha do Sri Lanka estavam envolvidos, aceitando suborno para permitir com que alguns barcos partissem. Em 2012, a marinha prendeu 3.000 pessoas tentando deixar o país, mas mais de 6.000 outras deixaram as águas do Sri Lanka em pequenos barcos.

O Presidente Mahinda Rajapaksa, reeleito em 2010, emendou uma vez mais a constituição, prorrogando o mandato presidencial e dando a si mesmo e a sua família poderes quase absolutos – dois de seus irmãos são membros do gabinete. Em 2013, um projeto de lei dando maiores poderes para seu irmão mais jovem, o ministro do desenvolvimento econômico, foi obstruído nas cortes, após o qual foram iniciados procedimentos de *impeachment* contra o chefe de justiça, Shirani Bandaranaike. Isso, e sua subsequente demissão, foram amplamente criticados fora do Sri Lanka, com o Canadá decidindo boicotar um encontro dos chefes de governo da Commonwealth a ser sediado em Colombo em novembro daquele ano. Um grupo pró-tâmil queimou uma imagem de Rajapaksa em uma rua de Nova Deli quando ele estava em visita à Índia em 2013. O estado de emergência permaneceu naquele ano, e abusos dos direitos humanos foram amplamente relatados – o Human Rights Watch declarou que vários milhares de pessoas foram detidas sem acusação, muitas vezes sofrendo tortura e ataques sexuais.

O Sri Lanka é um país relativamente pobre, ainda dependente de ajuda estrangeira, mas a economia tem melhorado modestamente no novo milênio com um crescimento considerável da indústria de serviços, que representa mais da metade do produto interno bruto. Existe uma significativa exportação de produtos agrícolas – arroz, chá, borracha e especiarias –, vestuário e produtos de couro, e uma receita crescente do turismo. Mais de um milhão de turistas visitaram o Sri Lanka em 2012, principalmente para desfrutar de suas praias mundialmente famosas. Quase dois milhões de srilanqueses são trabalhadores expatriados, principalmente no Oriente Médio, e seus envios anuais de dinheiro, mais de U$ 4 bilhões, são uma fração significativa da receita nacional.

25
China: duas revoluções

Em 1896, ocorreu um acontecimento curioso na Inglaterra. Um médico chinês de 30 anos, que havia se graduado apenas dois anos antes na escola de medicina de Hong Kong, foi raptado em uma rua de Londres e secretamente aprisionado na embaixada chinesa. Ele foi mantido lá por 13 dias, mas, antes que pudesse ser removido para a China para ser executado, uma nota de advertência foi sigilosamente entregue a um amigo inglês, e ele foi liberado pela polícia britânica.

O prisioneiro, sobre cuja cabeça os oficiais manchus da corte chinesa haviam estipulado um preço de 100.000 libras, era Sun Zhongshan (Sun Yat-sen). Exilado, cristão e educado no Ocidente, era um representante típico da nova classe de chineses em busca de reformas. O episódio do sequestro não o deteve. Em Tóquio, em 1905, Sun formou uma organização, metade sociedade secreta, metade partido político, que se transformaria em 1912 no Partido Kuomintang (Nacionalista), geralmente identificado como o KMT.

Em 1911, um complô contra o governo por parte de oficiais da guarnição militar em Wuchang, no Rio Yangzi na China Central, foi prematuramente descoberto. Mas a revolta foi bem-sucedida e, à medida que a notícia dela era difundida a cada vez mais cidades, especialmente no sul, declarava-se contra os manchus. Sun, que estava arrecadando fundos nos Estados Unidos, retornou para a China tão logo possível e nos primeiros dias de 1912 fez o juramento como presidente de uma república provisional. No mês seguinte um decreto imperial anunciou a abdicação do imperador após pressões do comandante militar, Yuan Shikai.

Sun ocupou seu gabinete por apenas 44 dias. A fim de manter a república, foi obrigado a transferir a presidência a Yuan Shikai, que tinha a confiança das potências estrangeiras e um apoio substancial do exército. Contudo, em 1914, Yuan, um homem muito voltado à tradição dos chefes militares, dissolveu o governo provisional e declarou o KMT ilegal. Sua presunção de governo pessoal seguia o padrão clássico no qual novas dinastias chinesas começaram – ainda mais depois que Yuan anunciou que propunha se declarar o novo imperador. Contudo, suas ambições imperiais foram impedidas por sua morte, aparentemente de causas naturais, em 1916.

Instaurou-se então, praticamente, uma anarquia enquanto os chefes militares – muitos dos quais haviam sido oficiais de Yuan – e o KMT lutavam pelo poder. O imperador infante manchu Puyi foi subitamente restaurado ao trono, e, com a mesma rapidez, novamente deposto. Sun renovou sua declaração da república em 1917, mas ela controlava somente uma pequena parte do sul da China quando ele morreu de câncer no fígado em 1925. Os chefes militares que governavam o resto eram geralmente cruéis e gananciosos. Suas depredações eram especialmente prejudiciais aos camponeses chineses, que eram tributados quase à pobreza e fome universais. Uma consequência importante foi um encontro de 12 marxistas que, inspirados pela Revolução Russa, formaram o Partido Comunista chinês em 1921. Eles incluíram um jovem chamado Mao Tsé-Tung.

Jiang Jieshi (Chiang Kai-shek) se tornou o próximo líder do KMT com o apoio do exército, e, provisoriamente, dos comunistas. Em 1926, ele comandou o exército do KMT para fora de Guangzhou na Expedição do Norte, que unificaria a China em dois anos e tornaria a república uma realidade. A tarefa de Jiang era coagir ou persuadir os chefes militares regionais a aceitarem o governo do KMT. Alguns desses homens controlavam províncias inteiras, outros, pouco mais do que círculos de campos de arroz cercados pelo horizonte avistado da torre do tambor de uma cidade murada central.

A Expedição do Norte de Jiang foi bem-sucedida principalmente porque o exército do KMT teve um senso de disciplina inusual na China naquela época. Mas uma ruptura com os comunistas não estava distante. Jiang desconfiava deles, e sofreu fortes pressões – incluindo um reputado pagamento de 3 milhões de libras por um grupo influente de negociantes chineses e estrangeiros – para romper com aqueles que ele tivesse certeza de serem revolucionários perigosos. Jiang, após fazer uma entrada triunfante em Xangai em 1927, atacou subitamente os comunistas, que haviam auxiliado a tomada da cidade, paralisando-a com uma greve. Centenas de comunistas foram mortos em Xangai, e a depuração foi estendida a outras áreas. De Xangai, os nacionalistas se moveram de sucesso em sucesso, estabelecendo sua capital em Nanquim.

Contudo, o Partido Comunista não havia sido destruído. Os líderes mais importantes escaparam, incluindo Mao Tsé-Tung, um homem alto e quieto de antecedentes camponeses da Província de Henan. Mao tinha tentado convencer os outros líderes de que embora o marxismo clássico – a revolta de um grupo urbano – tivesse sucedido na Rússia, não era apropriado na China. A posição de Mao na história depende consideravelmente de sua compreensão de que o problema essencial da China era rural, e que somente uma revolta baseada nos camponeses poderia ser bem-sucedida. É uma curiosa ironia que a depuração dos comunistas por Jiang em 1927 tenha trazido as ideias de Mao para o primeiro plano. Pela eliminação de tantos marxistas ortodoxos, desviou o Partido Comunista para um curso mais realista que daria origem ao governo da China apenas duas décadas mais tarde.

Jiang descobriria que ele não conseguiria resolver os problemas no norte antes que seus antigos inimigos, os comunistas, reagrupassem-se no sul. Mao e seu exército esfarrapado mataram proprietários de terra e redistribuíram suas propriedades aos camponeses. Devido à extrema-pobreza dos camponeses, esses métodos ganharam rapidamente apoio e recrutas. Mao, um habilidoso e imaginativo planejador militar, estabeleceu um princípio fundamental do comunismo asiático com sua insistência na guerra de guerrilha, definida em sua máxima: "Quando o inimigo avança, recuamos; quando ele recua, nós o perseguimos; quando ele está cansado, atacamos". Contudo, em 1934, o Exército Vermelho se deixou capturar em uma batalha "arranjada" em uma "campanha de cerco" por três quartos de um milhão de soldados nacionalistas. Próximo ao final do ano, quando havia sido reduzido à metade de sua força anterior, numa noite, os sobreviventes se infiltraram disfarçados através do bloqueio.

E assim começou a lendária Longa Marcha. O objetivo dos comunistas – mais de cerca de 1.600km adiante – era Yanan em uma parte remota da Província de Shaanxi no noroeste. Lá já havia uma presença comunista substancial, e Mao planejava juntar forças a ela. Mas, como forças nacionalistas poderosas estavam entre eles e esse possível refúgio, os comunistas foram forçados a marchar próximo às fronteiras da China por quase 10.000km. A Longa Marcha cobrou um preço assustadoramente alto – das mais de 100.000 pessoas que iniciaram a marcha, apenas cerca de 15.000 chegaram a Shaanxi. Quase toda família, incluindo a de Mao, perdera alguns membros, pois esposas e filhos acompanhavam os homens. A jornada levou 368 dias, durante os quais os comunistas lutaram 15 batalhas e 30 escaramuças. Esse épico de sofrimento e resistência se tornou o conjunto de lendas mais importante da China Comunista, bem conhecido por toda criança de escola.

Os anos em Yanan viram uma fase de experimento que estabeleceu a maior parte dos padrões que o novo governo comunista usaria mais tarde por toda a China. As afiliações ao Partido Comunista cresceram de 40.000 em 1937 para 1,2 milhão em 1945. O problema da reforma agrária foi tratado seriamente, embora, no fim, brutalmente. O partido foi cuidadosamente organizado em uma rede onipresente de autoridade, conduzindo e guiando inclusive no nível da aldeia. Sob o controle de Mao, o Partido Comunista se tornou um fio cuidadosamente entremeado no tecido da sociedade chinesa. Ele deve muito de sua autoridade atual ao fato de que permanece assim hoje.

Ao final da década de 1920, a China estava em um estado econômico perigoso, de tal modo que os 300.000 ocidentais que geriam indústrias no país, baseados em mão de obra barata, estavam começando a perder o interesse. A dívida externa da China em 1924 era de quase U$ 800 milhões – uma soma a qual tinha pouca esperança de algum dia reembolsar. Enquanto isso, o Japão havia visto oportunidades coloniais na China dividida. Ele ocupou a Manchúria em 1931, e estabeleceu lá um Estado títere chamado Manchukuo, sobre o qual reconduziu ao trono o imperador manchu deposto, Puyi, que muito mais tarde terminaria sua vida como um humilde jardineiro em Pequim.

Um conflito aberto foi iniciado entre a China e o Japão próximo a Pequim em 1937. A maré de invasões varreu a China, marcada por uma série de atrocidades brutais contra civis pelos japoneses. Os comunistas não lhes escaparam. Tentaram uma ofensiva contra os japoneses em 1940, que levou a várias represálias – as ordens japonesas para seus soldados eram para "matar todos, queimar tudo, destruir tudo". Esse se tornou o destino de aldeias inteiras. Aqueles que tentaram escapar dessa fúria cavando túneis subterrâneos foram mortos quando os japoneses bombearam gás venenoso para dentro desses túneis. O Exército da Oitava Rota, sob comando dos comunistas, foi reduzido a 100.000 mortos, feridos ou desertores; a população sob seu controle foi reduzida à metade para 20 milhões.

Os nacionalistas não tiveram uma sorte melhor, e o povo chinês sofreu uma vez mais, com milhões de mortes por secas e inundações. Em 1938, quando os nacionalistas romperam os diques do Rio Huang em uma tentativa inútil de obstruir o avanço japonês, centenas de milhares de camponeses foram afogados. O KMT terminou perdendo a costa inteira e foi forçado a recuar para Chongqing, a oeste das gargantas do Yangzi na bacia fértil e prontamente defendida da Província de Sichuan. Lá, eles permaneceram durante a Segunda Guerra Mundial. Constantemente bombardeada pela frota aérea japonesa, a população de Chongqing aumentaria de 200.000 para mais de 1 milhão.

Jiang havia feito pouco para remediar a pobreza e o desespero da China. O livro contemporâneo *Inside Asia* (*Por dentro da Ásia*), de 1936, de John Gunther, afirmava: "Cerca de um milhão de pessoas morrem de fome na China a cada ano. Em 1935, um ano normal, apenas em Xangai, 29.000 corpos de homens, mulheres e crianças mortos pela fome foram recolhidos das ruas. Muitos eram de meninas, deixadas por seus pais para morrerem de fome". Outras descrições falam sobre visões de dentro de trens, rodando sobre linhas elevadas acima dos arredores inundados, pessoas se agarrando a árvores até caírem na água, exauridas, e se afogarem. Nenhuma tentativa fora feita para salvá-las ou ajudá-las. As pessoas pegas em rios inundados eram igualmente deixadas para morrer afogadas, uma vez que se acreditava tradicionalmente que era má sorte privar os deuses do rio de sua presa.

Infelizmente, a adversidade não melhorou o governo do KMT. Ele contava cada vez mais com o terror e a autocracia, e sua polícia secreta passou a ser odiada e temida. Homens, que eram alistados aos exércitos de Jiang, estavam tão fracos devido à má nutrição que mal podiam caminhar. Durante a guerra mais de um milhão morreu antes que pudesse sequer chegar aos campos de batalha. Dinheiro e poder estavam concentrados quase inteiramente nas mãos de quatro famílias. Uma era a de Jiang e outra a de sua esposa. Os dez anos de governo nacionalista foram, no todo, desastrosos. A depressão mundial e os enormes custos da guerra, primeiro com os comunistas, depois com os japoneses, tornaram qualquer melhora econômica impossível. Jiang Jieshi reinstituiu os valores confucianos e, enquanto alguns ganhos econômicos fossem feitos, ainda que de base muito pequena, esses beneficiaram somente um punhado de chineses e capitalistas estrangeiros e fizeram pouco para melhorar as condições de pobreza e desespero da vasta maioria da população. Mais de U$ 4 bilhões de ajuda americana chegaram após Pearl Harbor, mas foram extensamente tragados pela corrupção e para a manutenção de um enorme exército ineficiente de cinco milhões.

Os comunistas aguardaram os eventos no norte, na zona rural pedregosa muito remota e pobre para interessar aos japoneses. Contudo, a despeito das dificuldades, foram capazes de substituir o KMT como governantes de fato de grande parte do norte da China, em regiões habitadas por 95 milhões de pessoas. Também foram bem-sucedidos em lutar contra os japoneses, recapturando mais de dois terços das regiões ocupadas pelo Japão no começo de 1945. Nessa época os exércitos comunistas haviam crescido a quase meio milhão de soldados.

Quando o Japão foi derrotado naquele ano, Jiang emergiu de seu refúgio destroçado em Chongqing nominalmente o governante de toda China. Contudo, seus planos para uma campanha importante contra os comunistas foram frustrados pelos exércitos aguerridos e em expansão dos comunistas e o grau de apoio que tinham entre o povo por terem confrontado os odiados japoneses. Agora, mais confiante de sua autoridade no norte da China, Mao assumiu uma linha mais extrema, confiscando propriedades de nobres e camponeses ricos – essas duas classes agora se tornaram automaticamente proscritas, não mais "povo". As pessoas em centenas de aldeias se encontravam para acusar os ricos, e os proprietários de terras eram frequentemente espancados, torturados ou mortos por multidões coléricas.

Os comunistas continuaram a ganhar popularidade devido ao governo duro e inapto dos nacionalistas do KMT na Manchúria após a saída dos japoneses, e suas afiliações cresceram rapidamente. Eles reagiram prontamente a um surto de peste bubônica na cidade de Harbin, introduzindo vacinação imediata e medidas de quarentena. Essa peste, que matou 30.000 pessoas, foi provocada pela liberação deliberada, por parte dos japoneses no final da guerra, de ratos que haviam infectado com a peste em experimentos biológicos de guerra. A natureza desses experimentos só se tornou completamente pública quando um processo foi apresentado na Corte do Distrito de Tóquio em 2000 pelos 180 sobreviventes das atrocidades japonesas. Estima-se que a unidade 731, o centro de armas biológicas em Ping Fang, próxima a Harbin, tenha matado talvez 300.000 chineses em experimentos entre 1939 e 1945, período durante o qual produziu em massa peste bubônica, cólera, febre tifoide e organismos antraz.

Os poderes ocidentais e a Rússia estavam ansiosos para ver uma reconciliação pacífica na China, mas esses esforços se mostraram infrutíferos. Na primavera de 1947, a guerra começou seriamente. Jiang perdeu pesadamente em batalhas decisivas na Manchúria em 1948 – mais de meio milhão de soldados nacionalistas se renderam, desertaram ou foram mortos, entregando vastas quantidades de armas fornecidas pelos Estados Unidos ao Exército Vermelho. Apenas cerca de 20.000 escaparam.

Simultaneamente, os comunistas avançaram em direção ao sul e, em fevereiro de 1949, após reunirem um enorme exército na margem norte do Rio Yangzi, estavam prontos a invadir o continente da China. Em abril, aproximadamente um milhão de soldados comunistas cruzaram o rio em uma área de cerca de 500km centrada em Nanquim. A queda da tradicional capital nacionalista pôs fim a qualquer oposição organizada. No outono, Jiang, com o restante de seus exércitos, refugiou-se na Ilha de Taiwan, onde foi protegido pelas forças navais americanas.

Mao disse: "A China não será mais uma nação sujeita a insultos e humilhações. Nós nos erguemos". Mas para o mundo ocidental, especialmente aos Estados Unidos, o advento do governo comunista no Estado mais populosos do mundo parecia um desastre. Uma reação foi a extensão indefinida da proteção americana a Taiwan; uma outra, o virtual isolamento diplomático da República Popular das nações ocidentais.

26
China moderna: o Estado comunista

A vitória comunista viu a nação mais populosa do mundo em um dos pontos mais baixos de sua longa história. A moeda não tinha valor, a grande massa do povo era analfabeta, somente uma sombra de organização interna permanecia, o solo exaurido estava erodido e desmatado, e em toda parte profundos problemas sociais, médicos e econômicos clamavam por uma solução.

As décadas de conflito haviam endurecido o governo, a ponto de lhe dar a disciplina e a crueldade necessárias para atacar essas coisas – sua arma era o braço executivo do partido, seu corpo de elite de executivos em tempo integral, os quadros, os sucessores efetivos do mandarinato. Muitos deles eram descendentes de ex-funcionários letrados, que eram substancialmente o único grupo suficientemente educado para as tarefas de governo.

Na verdade, após uma fase de "reeducação", a maior parte da *intelligentsia* e das antigas "classes altas" parece ter sido capaz de se acomodar à vida sob o regime comunista. Nem todos, contudo, foram autorizados a se adaptar tão prontamente. Edgar Snow, em *The Other Side of the River* (*O outro lado do rio*), de 1962, diz que Zhou Enlai, de origem mandarim, havia declarado que 830.000 "inimigos do povo" haviam sido destruídos até 1954. Os nacionalistas do KMT estimaram em nove milhões o número de mortos. A remoção draconiana dessas classes de sua tradicional influência e posse de terras permitiu a redistribuição de suas propriedades aos sem-terra. Em 1952, quase metade da terra cultivada da China havia sido redistribuída a 300 milhões de camponeses.

A indústria e os negócios não tiveram melhor sorte do que os proprietários de terras. Bancos e outros negócios importantes foram expropriados pelo Estado, estrangeiros foram expulsos e suas propriedades confiscadas. Sanções penais importantes, incluindo a pena de morte, foram instituídas para controlar gangues criminosas e o uso do ópio. Uma nova lei de casamento aboliu a poligamia, o casamento infantil e a autoridade das famílias sobre as mulheres, dando às mulheres o direito ao divórcio. Tudo isso ocorreu em paralelo às campanhas para elevar os padrões de saúde, educação e prosperidade geral e para criar ao menos o começo da industrialização que os comunistas viam como essencial. Especialistas russos foram à China para orientar sobre a evolução de uma base industrial que fornecesse os instrumentos essenciais de uma nação moderna – bom sistema de comunicações, energia hidroelétrica barata e abundante e indústria pesada, especialmente usinas de aço.

Uma das tarefas mais desafiadoras foi domar o Rio Huang, há muito descrito como o "desassossego da China" devido às inundações e afogamento de milhões de pessoas quando rompia suas barragens. Em 1954, a Comissão de Planejamento do Rio Huang começou a construir 46 novos diques ao longo de cerca de 3.200km do curso do rio, uma tarefa empreendida, em uma frase popular na mídia ocidental, por "formigas azuis" – milhões de operários de vestimenta azul usando picaretas, pás e cestos de carregamento em vime. Um grande esquema de reflorestamento foi iniciado no noroeste da China para fornecer áreas de árvores que conteriam a areia e poeira trazidas pelas tempestades do Gobi e permitiriam a recuperação de enormes regiões de semidesertos. Essa plantação de dezenas de milhões de árvores foi um feito notável em termos mundiais, considerando que a China estivera quase completamente despojada de árvores usadas como combustível apenas 60 anos antes. Em 2002, a China anunciou um projeto de U$ 12 bilhões para plantar 440.000km^2 de floresta – uma área maior do que a Alemanha – ao longo dos próximos dez anos. Em 2012, esse programa foi estendido para mais uma década, com outros 26 bilhões de árvores a serem plantadas. O objetivo é ter 23% do continente da China florestado em 2020. O governo exige que cada chinês entre 11 e 60 anos plante de três a cinco árvores por ano. Afirma-se que ao menos um bilhão de árvores foi plantado a cada ano desde 1983 por esses "voluntários" chineses. Mais de 20% delas em áreas urbanas são de árvores frutíferas.

Campanhas de vacinação em massa foram realizadas para controlar os tradicionais flagelos da China – varíola, cólera, peste, febre tifoide e tifo. Programas de controle de lepra e malária foram instituídos onde necessário. Como não era possível treinar médicos completamente qualificados rápido o bastante, um grande grupo de médicos "intermediários" e enfermeiras foi organizado em times itinerantes para completar programas de vacinação tão rápido quanto possível. Essas pessoas mais tarde se tornaram conhecidas como "médicos descalços", embora todos que eu tenha visto estivessem o mais corretamente vestidos, incluindo sapatos.

A China voltou a guerrear apenas cinco anos depois da bem-sucedida revolução comunista. Quando a Segunda Guerra Mundial terminou, a União Soviética ocupou a Coreia do Norte. O Estado comunista lá estabelecido lançou um importante ataque à Coreia do Sul em junho de 1950. Uma força das Nações Unidas chegou a tempo de salvar o sul, fazendo com que os norte-coreanos recuassem para a fronteira de fato, o paralelo de latitude 39. A guerra prosseguiu, portanto, no território norte-coreano, embora os chineses tivessem avisado que não aceitariam isso. Uma semana mais tarde a China lançou uma grande ofensiva que levou as forças das Nações Unidas a se dirigirem ao sul do paralelo novamente. À medida que mais soldados se envolviam – principalmente americanos –, a linha terminou sendo estabilizada no paralelo. Três milhões de coreanos foram mortos – cerca de 10% da população – e a infraestrutura seriamente danificada em ambas as zonas. Negociações para terminar esse fútil e custoso impasse começaram em julho de 1951, mas a

Coreia permanece dividida e as duas metades do país ainda se enfrentam numa das fronteiras mais militarizadas do mundo.

Houve outras consequências importantes da Guerra da Coreia. Uma foi uma política de neutralidade adotada pelos governos que representam três quartos dos povos asiáticos – os cinco princípios de coexistência pacífica. Uma segunda foi a política americana continuada de apoio e garantia da existência continuada de um Estado chinês separado em Taiwan. É uma possibilidade intrigante que uma outra consequência tenha ocorrido a milhares de quilômetros de distância das fronteiras ocidentais da China, quando, no mesmo dia (7 de outubro de 1950) em que as Nações Unidas autorizaram suas forças a cruzarem o paralelo 38, os chineses despacharam um pequeno exército para ocupar o Tibete. A população então era de cerca de um milhão e meio, dos quais talvez 10% fossem monges budistas ocupando cerca de 3.000 mosteiros, cujo maior abrigava milhares de monges.

Desde o século XVII o Tibete havia sido governado por uma linha de Dalai Lamas, reis sacerdotes perpetuados não por sucessão familiar, mas misteriosamente "descobertos" como crianças consideradas encarnações de um ocupante anterior. De fato, a linha foi firmemente estabelecida por um exército chinês que levou o sétimo Dalai Lama para a capital, Lhasa, com muita pompa e cerimônia em 1720. O Dalai Lama governava de sua remota capital com a assistência de uma "clique de sacerdotes" e oficiais budistas, e uma classe feudal de nobres. O Tibete, que havia estado praticamente isolado do mundo, era considerado extremamente atrasado pelos padrões mundiais, com a sociedade consistindo de pastores e agricultores pobres apoiando uma grande classe de sacerdotes e nobres que possuía a maior parte da terra arável. Os mosteiros obtinham sua riqueza dos impostos de seus arrendatários, de empréstimos e do comércio, e a lei e a punição permaneceram em um nível medieval nos tempos modernos. Bandos de enormes "monges guerreiros" – os *dob-dob* – aterrorizavam a população usando chicotes, facas e, de acordo com algumas descrições, molhos de enormes chaves de mosteiros como manguais. Quando, em 1934, o respeitado e eminente Lungshar Dorje Tsegyal propôs um afastamento do círculo interno de nobres em direção a uma assembleia nacional, uma luta pelo poder seguiu-se, e ele foi preso. Após uma corda cheia de nós ser fortemente cingida em torno de sua cabeça, seus olhos saltaram, e ele morreu subsequentemente na prisão.

Em 1951, a China assinou acordos com o Dalai Lama para não perturbar sua autoridade ou o modo de vida tibetano. Por um tempo os chineses mantiveram essa política conciliatória, mas em 1956 os membros da tribo khamba do leste tibetano se rebelaram. Eles foram apoiados por outros elementos na comunidade, notadamente os mosteiros, que os muniram de armas. Os khambas tinham uma longa tradição de hostilidade em relação aos chineses. Assediaram os comunistas em um estágio durante a Longa Marcha, e isso, também, não havia sido esquecido por ambos os lados. Há evidências consideráveis de que a CIA os tenha incitado a essa revolta, com a agência fornecendo treinamento e armas para as milícias tibetanas por mais de uma década, antes de abandoná-los totalmente em 1972.

A revolta se espalhou ao longo do Tibete, atingindo um clímax em 1958. O Dalai Lama e seu governo fugiram para o exílio na Índia no ano seguinte. O controle chinês do Tibete era agora mais severamente administrado. A revolta foi violentamente sufocada com consideráveis perdas de vida, a classe lama (monge) foi banida, e os mosteiros foram forçadamente fechados. A organização religioso-feudal da sociedade tibetana foi considerada inaceitável pelo governo chinês, que havia dado todos os passos possíveis para destruí-la e converter o Tibete em uma província chinesa como qualquer outra. Para esse fim muitos milhares de chineses étnicos foram reassentados no Tibete e um grande programa para "reeducar" o povo tibetano foi empreendido. Numerosas mortes, prisões e incidentes de tortura foram registrados durante essa fase de "pacificação".

Os tibetanos sofreram tanto quanto os chineses han durante o "grande salto adiante" em 1959 e 1960, com milhares morrendo de fome. Contudo, há evidências agora de que a reforma chinesa da agricultura e o estabelecimento de indústrias e escolas no Tibete melhoraram as vidas de muitas pessoas que eram antes pouco melhores do que escravos. Em 2005, o Dalai Lama foi citado pelo *South China Morning Post* de Hong Kong como dizendo: "O Tibete é parte da República da China". Após dizer que o Tibete era subdesenvolvido e materialmente atrasado, acrescentou: "Assim, para nosso próprio interesse, estamos dispostos a ser parte da República da China, para que governe e garanta a preservação da cultura, da espiritualidade e do meio ambiente tibetanos". Contudo, também houve registros de que a China estivesse explorando em demasia os recursos naturais do Tibete, especialmente suas florestas.

O Estado comunista chinês foi, portanto, consolidado por sua redistribuição de terras, seu estabelecimento de uma cadeia onipresente de autoridade, e sua demonstração de que poderia melhorar a saúde e os padrões de vida do povo modestamente. A "corretude" (*correctness*) – uma severa ortodoxia comunista – se tornou a virtude política dominante. Há abundante evidência do uso chinês de meios educacionais e psicológicos para controlar o pensamento de seu povo; para implantar hostilidade em suas crianças com relação às nações externas consideradas inimigas; e para corrigir o "pensamento errado" em indivíduos. Essas técnicas, chamadas "lavagem cerebral" pelos críticos ocidentais, eram conhecidas pelos chineses como "limpeza do pensamento". Eram destinadas a alterar as opiniões daqueles com pontos de vista críticos ou independentes, e eram justificadas pela asserção de que o comunismo como ditado pelo Estado deve estar sempre certo, de modo que todos os cidadãos devem a ele não somente obediência, mas aceitação sem reserva.

Os camponeses continuaram a viver juntos em famílias, cada um em sua casa com uma pequena faixa de terra e animais de criação. Cerca de cinco anos depois, o governo começou a mudar essa sociedade rural. Assim, de 1954 em diante, uma série de decisões políticas tentou organizar as pessoas em cooperativas e mais tarde em 26.000 "comunas" – sociedades completamente coletivas nas quais a posse da terra e a propriedade real foram abolidas. Essa política foi em parte motivada pelo rápido crescimento da população devido a uma queda na taxa de mortalidade. Embora herética à teoria marxista, uma intensa campanha de controle de natalidade iniciou em 1956. Esse "desvio da ortodoxia" ofendeu tanto os membros do partido que foi em breve descontinuada, e uma outra solução foi sugerida. Essa solução seria nada menos do que um rápido avanço ao completo comunismo, até então visto somente como um ideal a ser realizado no futuro indefinido. No final de 1956, o governo estava exigindo um ritmo muito mais rápido de coletivização, e os camponeses que se opuseram foram punidos.

Em 1957, o governo decidiu aparentemente testar a lealdade dos intelectuais propondo a livre-discussão de suas políticas – para permitir que "uma centena de flores" de opinião desabrochasse. Houve um volume considerável de críticas. Essa foi a época do primeiro Muro da Democracia na Universidade de Pequim, contendo pôsteres críticos ao Partido Comunista. Quando estava em seu auge, o governo reagiu com uma repentina e severa onda de repressão. Uma extensa depuração do serviço público seguiu-se. Esse não foi um incidente pequeno – mais de 300.000 intelectuais, incluindo muitas das mentes mais brilhantes e independentes da China, foram indiciados como "direitistas", aprisionados, enviados para campos de trabalho ou para trabalho braçal não usual no interior. Esse golpe inesperado foi muito importante, confirmando a mão de ferro e a ortodoxia severa do Partido Comunista.

Quando, em 1958, o comitê central ordenou a reorganização completa da sociedade chinesa em comunas de "povos", estava atuando contra duas antigas bases da vida chinesa: o respeito pela propriedade privada e a integridade da família. Em alguns lugares cabanas foram destruídas e os materiais usados para alojamentos coletivos. As crianças eram cuidadas em creches enquanto ambos os pais trabalhavam em tarefas designadas a eles pela comuna. As cotas de produção eram fixadas e o sistema inteiro dominado por uma disciplina quase militar. Em algumas instâncias as comunas parecem ter prosperado, mas em muitas as mudanças sofreram resistências. Três sucessivas estações ruins em muitas partes da China, incluindo uma séria seca na bacia do Rio Huang, coincidiram com esse deslocamento social planejado e agravaram enormemente seus maus efeitos. O racionamento severo de alimentos teve de ser introduzido e a China foi forçada a importar grandes quantidades de grãos.

Os problemas foram agravados pelo desvio de grandes quantidades de força de trabalho para o desenvolvimento de infraestrutura previsto em "um grande salto adiante". Essa campanha desastrosa colapsou em menos de dois anos, ainda que os chineses, por mais resilientes e resolutos que sejam, tenham sido levados a esforços quase além da capacidade humana. Jornadas de trabalho diário de 14 horas eram comuns, e registros jornalísticos falavam de "heróis" colapsando de fadiga. Os enormes resultados alegados mais tarde se mostraram falsos. Muitos esforços foram dissipados em projetos malconcebidos, como a criação de 60.000 "fornalhas de quintal" para produzir aço. Essas estruturas de terra com cerca de 3m de altura eram alimentadas manualmente com coque e minério de ferro – processos de trabalho muito intensos que exauriram a força de trabalho agrícola. O produto dessas fornalhas era muitas vezes tão ruim que não podia ser usado sequer para simples implementos agrícolas.

É impossível estimar acuradamente o custo desses enormes erros, mas geralmente aceita-se que mortes, resultantes principalmente da fome, podem ter chegado a 30 milhões, com a população da China declinando efetivamente em 2% entre 1960 e 1961. Em muitos lugares a população faminta e desesperada se revoltou, com alguns registros de revoltas armadas contra o governo emergindo a despeito da rigorosa censura. A descontinuação do sistema de comunas e do "grande salto adiante" foram simultâneos, finalizados praticamente em 1963, embora as comunas tenham sido mantidas como uma estrutura administrativa, com grande parte do planejamento e administração diários nas mãos de vários times menores. O desvio de grande parte da produção industrial para maquinário agrícola como bombas de irrigação, tratores manuais e fábricas de fertilizantes permitiu uma rápida recuperação da produtividade rural a partir de 1964. Todavia, a produção de grãos não retomou seus níveis de 1955 até o começo da década de 1970.

Então, em 1966, a China foi novamente mergulhada no caos com um renovado conflito entre comunistas moderados e extremos – a assim chamada Revolução Cultural, na qual o senescente Mao, incapacitado pela Doença de Parkinson, incitou milhares de jovens Guardas Vermelhos a uma campanha ruidosa e destrutiva contra a cultura chinesa tradicional. Essa campanha predominantemente urbana, que afetaria a China adversamente por quase uma década, provocou milhares de mortes violentas, o deslocamento geral da indústria e da educação, e a destruição deliberada de enormes quantidades de arte, literatura e edificações clássicas chinesas.

Em 1975, na China, vi templos antigos nos quais todas as imagens de Buda haviam sido quebradas; vi pôsteres infantis e ridículos, mas ainda assim maliciosos, insultando Confúcio; ouvi histórias de intelectuais eminentes forçados a se ajoelhar sobre cacos de vidro em renúncias públicas a seus "erros"; ouvi sobre como a administração de universidades inteiras foram compelidas a treinar trabalhadores de fábrica politicamente aceitáveis a padrões acadêmicos em circunstâncias onde os concursos públicos haviam sido abolidos. Resultados desastrosos subsequentes, incluindo ataques às Guardas Vermelhas por trabalhadores exasperados, forçaram o fim desses excessos; e seguiram-se mudanças dramáticas na política, especialmente após a morte de Mao e seu associado mais próximo, Zhou Enlai, de câncer de estômago, em 1976. As condições difíceis durante essas décadas caóticas podem ter exigido um sofrimento duradouro sobre aqueles não acostumados a elas. Isso é sugerido por um relatório de 2004 da Agência de Notícias de Xinhua sobre pesquisas mostrando que intelectuais estavam morrendo dez anos antes que a comunidade geral, em uma idade média de 53 anos.

Houve muito mais mortes trágicas em 1976. Quase meio milhão de pessoas morreu quando um grande terremoto, medindo 8.7 na Escala Richter, atingiu a cidade de Thangshan. Todavia, 400.000 pessoas que haviam ficado confinadas ou feridas foram salvas quando uma operação de transporte aéreo foi organizada rapidamente. O terremoto destruiu 650.000 das 680.000 edificações da cidade em dois minutos. Mas de um milhão de pessoas ficou sem moradia e a China foi forçada a dedicar um esforço massivo para reabilitação e reconstrução.

Medidas rígidas de controle da natalidade foram introduzidas em 1979, penalizando famílias com mais de um filho. Isso por si criou uma situação sem precedentes na China, uma geração substancialmente de filhos únicos que, devemos dizer, foram geralmente mimados, superprotegidos e agradados por seus pais como "pequenos imperadores". Certa vez, em um jantar de Estado na China, sentei-me próximo a um veterano idoso da Longa Marcha que com cada prato expressou previsões terríveis sobre os riscos dos filhos únicos mimados, que, declarou, não poderiam ser normais porque não experienciaram a rede complexa das relações familiares tão tradicional na China. Em 1985, essa política foi relaxada para permitir às famílias rurais duas crianças, e em 2004, em Xangai, pessoas divorciadas tinham permissão para ter um segundo filho, caso o parceiro não tivesse filhos. Houve mais concessões, de modo que em 2007 estimou-se que somente 36% das pessoas estavam sujeitas à restrição de um filho. Uma segunda criança era permitida caso a primeira fosse menina. Contudo, a política é ainda altamente criticada, e em 2013 o governo a liberou mais, permitindo aos casais em que um dos dois fosse filho único a terem dois filhos.

Todavia, mesmo agora a China permanece somente alguns passos à frente da fome, com sua população quase triplicando desde o começo do Estado comunista até 2013, a 1,35 bilhão. Isso se aproxima a quase um quinto da população mundial. Para alimentar essa população a China possui somente 6% da terra arável do mundo – 26% de seu território é deserto, e grande parte do restante é de montanhas. Enormes incursões de areia vindas do Gobi e prolongadas secas, possivelmente devidas à mudança climática, reduziram severamente o suprimento de água e a produção de alimentos em grande parte da região norte.

Embora décadas recentes tenham mostrado uma liberalização, especialmente na esfera econômica, há pouca indicação de que o controle rígido que o Partido Comunista, com mais de 82 milhões de membros em 2012, possui sobre o país venha a ser relaxado. Embora tenha havido uma mudança considerável com relação à autonomia regional, o Partido Comunista e o exército permanecem dominantes em instituições decisórias em todos os níveis da comunidade, em todos os lugares. O comitê central do partido, com centenas de membros, elege um escritório político, ou politburo, de cerca de 20 pessoas. Mas mesmo esse não é a liderança última, que reside em um comitê permanente do politburo de sete membros. O partido possui sua própria dinâmica de autodisciplina, regularmente expulsando membros preguiçosos, corruptos ou ineficientes, e exigindo esforço e autocrítica constantes de seus integrantes. Movimentos em direção à democracia têm sido decisivamente reprimidos, com o exemplo mais publicizado sendo a supressão militar das manifestações estudantis na Praça Tiananmen de Pequim e no amplo bulevar que vai em direção ao leste a partir dela, a Avenida Changan, em 4 de junho de 1989. Tanques e soldados em veículos blindados e caminhões dispararam contra as multidões, provocando mortes estimadas de modo variado entre 200 e 2.000. Milhares foram subsequentemnte presos, com execuções iniciais por sedição, provavelmente não mais de 50 pessoas. Pelos padrões do início da história comunista chinesa, a reação foi moderada, com 18 pessoas tendo sido condenadas, algumas centenas mais "reeducadas". Apesar disso, a mensagem foi muito clara: "liberalismo burguês", "tentativas de derrubar o Partido Comunista, depor o socialismo", não eram aceitáveis.

Embora houvesse um considerável apoio aos estudantes em algumas cidades importantes, especialmente Pequim, há pouca evidência de que a maioria dos chineses tivesse muita simpatia por eles. Muitos parecem ter aceito a linha oficial do governo de que os estudantes foram subversivos, tentando arruinar a ordem social. Como o incidente é ignorado nos livros de História e na mídia chineses, a maioria dos chineses jovens sequer sabe que isso aconteceu. Contudo, como o "massacre" da Praça Tiananmen foi o evento chinês sobre o qual mais se falou e escreveu no Ocidente desde o nascimento do Estado comunista, sua história é de alguma importância. Os fatos, relatados por jornalistas ocidentais reputados em Pequim na época, são brevemente como seguem.

As manifestações na praça começaram três semanas antes, coincidindo com uma visita de Estado à China do presidente soviético Gorbachev, e subsequentemente se tornou violenta, com luta corporal e multidões atirando tijolos, garrafas e bombas incendiárias nos soldados e na polícia. Em 3 de junho, 10.000 soldados desarmados enviados à praça para persuadir os manifestantes a se retirarem foram forçados a recuar. Mais tarde naquele dia, multidões atirando pedras atacaram os soldados que guardavam as residências dos líderes chineses, e tomaram um ônibus do exército carregado de armas. Os repórteres ocidentais viram um caminhão blindado parado por coquetéis Molotov e sua tripulação espancada até a morte enquanto tentava escapar. Uma batalha abandonada parecia ter ocorrido em Jianguomenwai, um grande trevo rodoviário, onde repórteres observaram quatro veículos militares queimados e vários soldados mortos. Há outros registros de soldados massacrados, enforcados, eviscerados ou queimados vivos, e de caminhões militares incendiados, embora não haja evidência de que esses incidentes tenham sido numerosos.

As baixas de ambos os lados foram minúsculas quando comparadas a eventos anteriores na China, ou a assassinatos no Timor-Leste pelos soldados indonésios, ou mesmo a ações policiais regulares da Índia contra minoridades tribais, e a mortes no Afeganistão e na Birmânia. A diferença essencial foi que os chineses permitiram que os eventos de Tiananmen fossem retratados na televisão mundial – e foram chocantes o bastante, incluindo o esmagamento de jovens por tanques e o assassinato a tiros de crianças.

Contudo, a repressão de 4 de junho ocorreu claramente após muitas apreensões. Por exemplo, o 38º Exército se recusou a avançar contra o povo e foi entregue ao 27º Exército da Província de Shanxi a tarefa de realizar o ataque. Existem relatos ocidentais de que eles pareciam assustados e desesperados, e, sem dúvida, reagiram desproporcionalmente. Há rumores, promovidos pela mídia ocidental, de que esses exércitos possam ter lutado entre si – efetivamente uma guerra civil, com a concomitante perturbação na sociedade chinesa que deve tê-la seguido – pode muito bem ter ajudado a empurrar a liderança chinesa à ação final. Um fator foi o medo muitas vezes expresso de Deng do *luan* (caos), que ele associava à Revolução Cultural e ao movimento pela democracia.

O volume de crítica partidária que se acumulou no governo chinês – muito maior do que aquele que acompanha outros temas recentes sobre direitos humanos ao redor do mundo, e repetido com monótona regularidade por mais de vinte anos – tivera duas consequências, que devem ter sido previstas pelos líderes mundiais preocupados e seus conselheiros: tinha auxiliado o eclipse de elementos moderados na liderança chinesa e perpetuado o poder contínuo dos partidários linha-dura. Ela resultou em declarações de Pequim de que o governo chinês não ouviria críticas do resto do mundo, mas agiria somente como achasse adequado. Imediatamente após o conflito de Tiananmen, a mídia chinesa, previamente atingindo ao menos o começo de independência, foi severamente refreada, e o contato com estrangeiros restrito. Isso continuou até 1992, quando uma política para atrair mais investimentos e turistas estrangeiros levou a uma cautelosa e ainda restrita liberalização.

Enquanto isso, o 11º Comitê Central do Partido Comunista chinês, num encontro mais tarde em 1978, declarou que as políticas de Mao haviam sido equivocadas e decidiu "corrigir os erros "esquerdistas" cometidos antes, e durante, a assim chamada Revolução Cultural". As falhas da era da "luta de classes" que Mao insistira em manter foram observadas. Foi decidido que a gestão das terras reverteria às famílias, que também reconquistariam o direito à posse de lotes privados. A economia se tornaria agora a consideração mais importante, e a iniciativa privada e o investimento estrangeiro não somente tolerados como também encorajados.

A força orientadora por trás dessas reformas foi a exasperação do povo chinês com quase três décadas de privações. Seu arquiteto foi um severo e pequeno veterano da Longa Marcha, Deng Xiaoping, que havia sido desacreditado durante a Revolução Cultural como um "partidário da via capitalista" e que passou dois anos trabalhando em uma fábrica de tratores. No fim, reabilitado, sua autoridade e força de vontade de ferro foram suficientes para guiar a China a um novo curso – em direção ao capitalismo, porém, na retórica do governo chinês, um capitalismo socialista. Contudo, não bastava manter seu protegido e possível sucessor, o jovem e pró-Ocidente Hu Yaobang, que foi forçado a renunciar como secretário-geral do Partido Comunista em 1987 por ser visto pelos integrantes linha-dura do partido como "mole" nas manifestações estudantis pela democracia. O eclipse de Hu – ele morreria dois anos mais tarde em decorrência de um ataque cardíaco – e a repressão ao movimento de estudantes precipitada por seu funeral de Estado em 1989 devem ser vistos como uma vitória importante para os membros linha-dura do governo. Deng se retirou da vida pública em 1994, vindo a morrer em 1997.

Jiang Zemin se tornou presidente, liderando uma burocracia superior predominantemente de tecnocratas, 80% dos quais graduados. Houve mais uma transferência de poder em 2003, mas, aparentemente, não uma mudança de direção. O enigmático e pouco conhecido tecnocrata Hu Jintao se tornou presidente e Wen Jiabao, primeiro-ministro. Confúcio, violentamente ridicularizado durante a Revolução Cultural, foi oficialmente restabelecido em 1994, uma vez que os novos líderes adotaram a cultura e o nacionalismo chineses tradicionais. O 2.545º aniversário do sábio foi marcado pela abertura de escolas de ensino confucianas e pelo estabelecimento de uma associação internacional de estudos confucianos em Pequim, "representando um compromisso de todas as comunidades membros do leste da Ásia com uma séria exploração das qualidades da tradição confuciana que estão produzindo uma série única de abordagens não ocidentais à organização cultural, social e econômica entre as economias em crescimento do leste da Ásia". Seu primeiro presidente foi o estadista veterano de Singapura, Lee Kuan Yew.

Em julho de 1997, a colônia britânica de Hong Kong, com sete milhões de pessoas, foi devolvida à China ao expirar o arrendamento original. Um dos maiores centros de comércio do mundo e um destino turístico importante, Hong Kong parece ter se estabelecido de uma forma razoavelmente pacífica à incorporação à pátria mãe, embora sua prosperidade tenha diminuído um pouco e as taxas de desemprego tenham aumentado. Tem havido protestos contra as restrições de Pequim à democracia, e os negócios têm sido afetados pela crise financeira global. Apesar disso, Hong Kong manteve sua posição como um dos principais centros de negócios do mundo.

Eventos importantes na China no novo milênio foram: sua entrada na Organização do Comércio Mundial em 2001 e o ter se tornado a terceira nação a pôr sozinha um homem no espaço. Em 2003, o astronauta Yang Liwei foi lançado na nave espacial *Shenzhou* 5, navegou ao redor do mundo 14 vezes, e retornou em segurança à Terra. A China está planejando construir uma estação espacial até 2020. À medida que o gelo polar diminui, a China planeja um serviço de navios-contêineres para cruzar o Oceano Ártico, talvez até 2020, reduzindo enormemente o tempo de viagem para a Europa e Estados Unidos.

Em 2013, Xi Jinping se tornou o novo presidente da China, e o ex-estudante ativista, Li Keqiang, primeiro-ministro. Ambos prometeram atuar contra os problemas crescentes e oportunidades desperdiçadas para reformas da "década perdida" anterior. Essa pareceu ser uma resposta à indignação pública geral diante da crescente disparidade de renda e ao "apadrinhamento". Em sua primeira entrevista à imprensa, Li Keqiang prometeu "uma revolução autoimposta;

ela implicará um sacrifício real, que será doloroso. Temos de remover direitos adquiridos". Levará tempo para ver se essas novas vassouras varrerão bem o bastante para controlar os grupos de pressão financeira e política profundamente arraigados da China. Enquanto isso, os tecnocratas parecem tender a permanecer no controle em sua vigilância, enquanto a China continua a ser a maior obra de construção do mundo.

Em sua primeira viagem ao exterior após sua posse, o Presidente Xi visitou a Rússia, onde falou de relações estreitas entre ela e a China, estabelecendo uma voz mais forte nos assuntos mundiais para contrabalançar com o Ocidente. Ele salientou uma cooperação energética como um tema importante, dizendo: "Oleodutos e gasodutos se tornaram as veias de conexão dos dois países em um novo século". Falando em seguida na Tanzânia, Xi confirmou U$ 20 bilhões em empréstimos para obras de infraestrutura, agricultura e negócios sul-africanos, e anunciou o treinamento de especialistas de 30.000 africanos ao longo de três anos. O comércio chinês com os países africanos atingiu quase U$ 200 bilhões em 2012, um aumento de 11% em relação ao ano anterior. Em uma de suas primeiras declarações, Xi disse que ao longo de cinco anos a China importaria U$ 10 trilhões em mercadorias e investiria U$ 500 bilhões no exterior, com 400 milhões de chineses viajando a outros países como turistas.

Desde a morte de Mao, muita coisa mudou na China; os novos estilos de vida e de trabalho que se desenvolveram foram aqueles que ele lutou desesperadamente para impedir – o que ele chamava os "ogros" do capitalismo. Um deles foi o estabelecimento de uma nova elite, constituída substancialmente das crianças e netos daqueles que lutaram e sofreram junto a Mao durante a longa Marcha, e que agora controlam grande parte da cena econômica e política. Esses descendentes são chamados "principezinhos". O Presidente Xi Jinping é um deles.

A liberalização econômica permitiu novamente a iniciativa privada, tanto de pequenos negócios como de empresas mistas. É significativo que muitas dessas pertençam a Taiwan e sejam administradas por capitalistas a partir de Taiwan. Há novamente pessoas muito ricas e pessoas muito pobres na China, e o governo, com algumas reservas expressas publicamente, aceitou isso, uma vez que os resultados econômicos têm sido impressionantes. Um grande número de bens de consumo é exportado em escala mundial a preços altamente competitivos. Desde 1978 tem havido um crescimento estável no produto interno bruto de cerca de 10% ao ano, com aumentos impressionantes na renda média e na transição prática da China urbana em uma sociedade de consumo em termos modernos.

A economia da China tem dobrado de tamanho a cada década. Possui balanças comerciais favoráveis com vários países, incluindo os Estados Unidos, e, de acordo com a Agência Bloomberg, em 2013 detinha uma quantia massiva de U$ 3,3 trilhões em reservas de moeda estrangeira – 30% de todas as reservas globais, e mais do que o bastante para comprar todo o ouro do mundo. Em 2011, a China ultrapassou o Japão para se tornar a segunda maior economia do mundo, e em 2013 a Organização para a Cooperação e Desenvolvimento Econômico

(Ocde) previu que se tornaria a maior em 2016. Apesar disso, em 2012 houve algum controle do crescimento da China, que caiu para 7,8%, a mais lenta em treze anos, devido a um enfraquecimento da demanda tanto interna quanto externa. Essa tendência de enfraquecimento continuou no primeiro quarto de 2013, quando o crescimento foi de 7,7%.

Nenhum outro lugar é mais típico do novo capitalismo da China do que Xangai. Sua paisagem urbana de alta tecnologia de 630km² possui uma vasta nova área de "economia de mercado" em Pudong, um complexo com as edificações mais altas do mundo, e centros modernos para fazer quase qualquer coisa que o mundo possa querer ou necessitar, de aço para construção civil a chips de computadores. Em 2004, o primeiro trem de levitação magnética do mundo começou a operar entre a cidade e o aeroporto, atingindo velocidades acima de 400km por hora durante sua jornada de 8 minutos. Em 2013, uma rede de ferrovias rápidas de mais de 1.400km conectou Xangai a Pequim. A China possui 30 milhões de carros, com mais de 2,5 milhões indo para as estradas a cada ano. A classe média urbana em rápido crescimento que habita Xangai e outras cidades *high-tech* estão mostrando sinais de adoção de muitos aspectos da cultura ocidental – um outro desenvolvimento que Mao teria odiado. De acordo com uma pesquisa do governo chinês, cerca de um terço dos chineses agora celebra o Natal – mas somente 3% o fazem por razões religiosas.

A liderança chinesa está comprometida com enormes programas de infraestrutura – a um custo de cerca de U$ 750 bilhões – em soluções keynesianas para problemas de desemprego e indecisão em algumas áreas da economia. O projeto da Represa das Três Gargantas na parte superior do Rio Yangzi é o segundo maior projeto de engenharia do mundo, destinado a controlar as inundações, produzir bilhões de quilowatts por hora de energia elétrica e tornar o rio navegável internamente até Chongqing, cerca de mais de 1.600km da costa. Ela começou a produzir energia em 2003, contra um histórico de uma severa escassez de energia devido ao florescimento industrial da China. A represa inclui massivos elevadores de navios, que podem elevar embarcações de até 10.000 toneladas do rio inferior ao enorme lago atrás dele. Um segundo programa de obras em termos globais é um sistema de canais de cerca de 3.200km para mover água do Rio Yangzi para Pequim e para o norte do país a um custo de U$ 60 bilhões. Essa linha de enormes aquedutos é considerada a maior obra de engenharia do mundo. Outros projetos são um gasoduto de cerca de 3.200km para trazer gás natural de Xinjiang para Xangai, e uma usina de dessalinização movida a energia nuclear na Província de Shandong para produzir 52 milhões de toneladas de água ao ano.

Em 2013 a China enfrentava uma contínua escassez de energia, assim como uma grande poluição urbana. Três quartos da eletricidade da nação são produzidos pela queima de carvão – seu uso atingiu 3,8 bilhões de toneladas em 2012 –, quase metade do total do consumo mundial. Um estudo da Universidade de Harvard estimou cerca de 100.000 mortes prematuras por ano na China devidas à poluição, e o ministro da Saúde chinês disse que a incidência de câncer de pulmão havia duplicado na última década. Com a produção de seus quatro maiores campos de petróleo declinando, a China é agora a maior importadora de petróleo do mundo, comprando em 2013 cerca de 6,3 milhões de barris ao dia.

Apesar disso, muito progresso tem sido feito na produção de energia renovável — a China está investindo cerca de U$ 50 bilhões por ano nisso, o maior investimento feito por qualquer nação e cerca de 20% do total global. Embora a Represa das Três Gargantas seja o maior gerador hidrelétrico do mundo, com 22GW, a China planeja instalar 20 vezes essa capacidade de energia hídrica — cerca de 430GW — até 2020. A energia eólica era a terceira maior fonte de energia da nação em 2011, ultrapassando a nuclear — a China planejava gerar 100GW de energia eólica até 2015, parte dela de instalações marítimas. A China produz 30% dos painéis solares mundiais, mas a maior parte para exportação, uma vez que a meta fotovoltaica para 2015 eram modestos 21GW. Mais de 100 milhões de chineses utilizam bicicletas elétricas, que custam em torno de U$ 250 cada; a China afirma que suas dezenas de milhões de aquecedores solares de água domésticos equivalem a mais do que os instalados em qualquer outro país — provavelmente cerca de um terço da capacidade global.

Empresas estatais ainda dominam grande parte da economia, especialmente a indústria pesada, e empregam ao menos 20% da força de trabalho. Havia 114.000 delas em 2010, incluindo uma centena que são muito grandes. Muitas são ineficientes e não rentáveis e são pesadamente subsidiadas, mas o governo tem tido dificuldade para descontinuá-las, pois isso envolve desemprego em massa de trabalhadores que se acostumaram a considerar seus trabalhos como absolutamente seguros — a "tigela de arroz de ferro", no sentido daquela que não poderia ser quebrada. Apesar disso, as empresas estatais estão sendo fechadas ou consolidadas em vastos monopólios, muitas vezes a um considerável custo social.

A produtividade agrícola melhorou desde a instituição de contratos com as famílias. Esses cobrem principalmente a agricultura, mas podem ser específicos, permitindo às famílias individuais se tornarem especialistas em áreas como criação animal e criação de peixes, ou mesmo a produção de trabalhos manuais. Contudo, o interior da China retém muitos problemas, e seus camponeses estão geralmente pior em termos financeiros do que os trabalhadores urbanos. Há um massivo excedente de força de trabalho na agricultura, fazendo com que dezenas de milhares abandonem a terra para trabalhar nas cidades, com sucessos variados.

O novo milênio tem visto a geração do único filho iniciando suas responsabilidades. Isso tem sido associado a um aumento dramático e significativo nos padrões educacionais de muitos jovens chineses — em 2012, quase sete milhões se graduaram na universidade. Contudo, um problema social sério e persistente é a crescente desproporção entre o número de mulheres e de homens, provocada por uma preferência cultural por meninos, ultrassom barato e a extensiva prática do aborto de meninas. Em 2011, havia 51,9% de nascimentos de meninos, 48,1% de meninas. Em 2020, estima-se que haverá 30 milhões de homens a mais do que mulheres, muitos deles terão dificuldade para encontrar esposas.

Quando se está na China em delegações especiais e similares é possível por vezes falar privadamente com os quadros que estão sempre na presença de "amigos estrangeiros". Fiz, talvez, a uma dúzia de chineses a mesma pergunta um tanto inoportuna. Cerca da metade se recusou furiosamente a respondê-la. A questão era: "Espera-se que vocês obedeçam ao governo em todas as coisas, abram mão de suas liberdades pessoais mais do que qualquer outra pessoa no mundo estaria preparada para fazê-lo. Como você se sente em relação a isso?"

A resposta era geralmente algo assim: "A China foi pobre e fraca por gerações. Devemos concordar em obedecer ao governo para que a China se recupere. É claro que sob muitos aspectos não gosto disso, mas no todo acredito que é o que todos devemos fazer, devemos todos nos unir pela China". Impossivelmente idealista? Propaganda ditada pelo governo? Talvez. Mas minha própria impressão foi que muitos chineses realmente veem as coisas desse modo, uma variação de "Cale a boca e deixarei você enriquecer". Talvez, "Cale a boca e eu tornarei todos nós grandes". Há muitas evidências do aumento da afluência da classe média. De acordo com as Nações Unidas, os turistas chineses gastaram mais dinheiro viajando ao exterior do que qualquer outro povo em 2012 – U$ 102 bilhões –, desbancando os alemães como os maiores viajantes gastadores do mundo. Esse número foi notavelmente 42% maior do que no ano anterior. Mas, como cada vez mais pessoas se tornam ricas e grandes, pode não tardar o momento em que suas opiniões, por mais divergentes que possam ser, comecem a influenciar a política chinesa.

Enquanto isso, quem são os novos ricos da China? Muitos são quadros e membros do Partido Comunista e do Exército – muito frequentemente, "principezinhos" – e suas famílias. O Exército de Liberação Popular, que produz e vende armas, é um importante ator nos assuntos financeiros internacionais e controla ao menos 20.000 negócios lucrativos na China. Esse talvez seja, todavia, um outro modo pelo qual o Exército e o Partido Comunista, os monólitos de poder da China, estejam vendo para permanecer como tais na nova era do capitalismo socialista.

27
Taiwan: chinesa ou não?

"Os cães se foram. Os porcos estão aqui". Esse era o comentário sarcástico corrente em Taipei, a capital de Taiwan, quando no final da Segunda Guerra Mundial os japoneses derrotados partiram e as tropas nacionalistas chinesas ocuparam a ilha.

Em 1945, sob os termos do Acordo de Ialta, Taiwan foi devolvida à China, na época ainda sob o governo de Jiang. O General Chen Yi, governador militar nacionalista enviado à ilha, mostrou-se tão incompetente e corrupto que em 1947 o povo foi levado a grandes revoltas. Entre 15.000 e 30.000 foram mortos durante a repressão – com a máxima severidade – desses movimentos pelos militares. A lei marcial foi então instituída e perdurou por 38 anos.

Quando os comunistas ocuparam a China no final de 1949, mais de um milhão e meio de apoiadores nacionalistas, incluindo 600.000 soldados, fugiram para Taiwan, aumentando a população em um quarto em algumas semanas. As exigências desse enorme influxo de pessoas sobre o abastecimento de alimentos e sobre a economia foram de um modo geral uma imposição bastante pesada; pior ainda foi o uso da lei marcial para compelir o povo taiwanês a sustentar um exército de invasores determinados a se comportarem como conquistadores.

Jiang considerou seus planos de usar Taiwan como uma base a partir da qual atacar o novo governo do continente justificação suficiente para seu autoritarismo cruel. Mas, à medida que o tempo passava, uma invasão à China parecia cada vez menos exequível. Os Estados Unidos reconheciam a legitimidade do governo comunista em Pequim, e a cadeira da ONU concedida no regime de Jiang foi transferida para a China. A maioria das nações seguiu a liderança americana e reconheceram Pequim. Todavia, os Estados Unidos ainda consideravam o comunismo um grande inimigo, durante a fase de paz desconfortável conhecida como a Guerra Fria. A China continuou a considerar Taiwan uma província sua que deveria ser incorporada ao Estado chinês, e disse que invadiria a ilha se qualquer tentativa para declará-la um Estado independente fosse feita.

A despeito da lei marcial, uma economia industrial moderna se desenvolveu por meio, principalmente, do auxílio técnico e financeiro americano. Isso, acompanhado de um programa de reforma agrária, viu Taiwan se desenvolver a ponto de se transformar em um dos estados mais prósperos da Ásia. A dominação nacionalista do governo sobreviveu à morte de Jiang em 1975, mas não por muito tempo. Em 1986, o Partido Progressista Democrático foi fundado, e dois anos mais tarde o primeiro presidente nascido no país, Lee Tenghui, assumiu o posto. Em 1991, ele persuadiu um "rebotalho" de 460 membros nacionalistas de um parlamento de legitimidade política duvidosa a se aposentar. A primeira eleição livre de Taiwan levou o Partido Progressista Democrático ao governo, e isso foi confirmado em eleições posteriores para a assembleia e presidência em 1995, 1996 e – por margens mais estreitas – em 2004. Contudo, mais tarde naquele ano perdeu poder na assembleia para o KMT e parceiros de coalizão, que, nesse estágio, eram contra a ideia de independência taiwanesa. Isso indicava mais apoio do que havia sido esperado à posição do KMT: "não queremos guerra, ou a via da provocação e da tensão".

Em 1995, quando Lee fez uma visita altamente divulgada à América, a China começou uma série de exercícios militares intensos na costa de Fujian oposta a Taiwan, acompanhada de uma campanha verbal não menos intensa alertando que qualquer tentativa para declarar independência provocaria um ataque à ilha. Alertas similares foram emitidos em 2003, e durante o período prévio às eleições de 2004. Taiwan se dirigiu para um sistema de representação proporcional em 2005. Desde então, a cena política tem sido estável, com o KMT vencendo eleições em 2008 e 2012.

Houve uma reaproximação discreta, porém muito real, com o continente em níveis práticos, incluindo viagens pessoais entre a China e a ilha e iniciativas comerciais, entre elas um investimento de U$ 30 bilhões na China por parte de negociantes taiwaneses. Contudo, a posição de Taiwan no mundo permanece um compromisso difícil, com muitas partes interessadas encorajando a continuidade do *status quo*, embora admitindo publicamente que cedo ou tarde deva existir somente uma China.

Pode a história da ilha justificar a reivindicação da China sobre Taiwan? Os registros arqueológicos indicam que Taiwan tem sido ocupada por pessoas por um longo tempo. Seus primeiros habitantes, que vieram do continente há talvez 6.000 anos, foram possivelmente os mesmos austronésios que se espalharam através do sudeste da Ásia e do Pacífico. Seus descendentes constituem agora muito menos de 2% da atual população de Taiwan.

De acordo com o clássico *History of the three kingdoms* (*História dos três reinos*), o Estado chinês de Wu pode ter enviado uma expedição militar a Taiwan no século III, e o Almirante Ming, Zheng He, observou que a ilha existia. Contudo, uma migração significativa não parece ter ocorrido antes do final do século XV, quando chineses da província vizinha de Fujian começaram a ocupar terras nas planícies oeste, forçando as tribos aborígenes a se deslocarem para as montanhas centrais e para a pedregosa costa leste. Houve, contudo, uma quantidade considerável de casamentos entre os aborígenes e os chineses, uma mistura que ainda confere à população taiwanesa sua natureza distinta.

Os marinheiros portugueses estabeleceram uma base lá em 1517. Foram eles que deram à ilha o nome de Formosa, pelo qual ficou conhecida pelos europeus pelos próximos vários séculos. Os holandeses chegaram em 1623, usando a ilha como uma base para o comércio com o Japão, porém mais tarde trouxeram migrantes chineses para trabalharem nas plantações de açúcar e arroz. Muitos deles ficaram, criando o que parece ter sido a primeira presença chinesa han significativa. Os holandeses tratavam os habitantes aborígenes de Taiwan abominavelmente, destruindo aldeias inteiras e matando ou escravizando seus habitantes.

Durante os últimos anos da Dinastia Ming na China um aventureiro chamado Zheng se tornou general. Seu filho Zhen Chenggong, conhecido no Ocidente como Koxinga, continuou a luta contra os manchus até 1661, quando foi forçado a fugir para Taiwan com um exército de 35.000. Ele lutou, com sucesso, contra os colonizadores holandeses, que foram forçados a partir após 38 anos na ilha, e estabeleceu o que foi com efeito o último posto avançado ming. Esse reino chinês é considerado um ponto alto na história taiwanesa. Contudo, não sobreviveu muito à morte de Zheng, provavelmente de malária, em 1683, aos 38 anos. A Dinastia Qing manchu conquistou a ilha apenas um ano mais tarde. Anteriormente considerada "uma bola de barro além dos limites da civilização", apareceu pela primeira vez nos mapas chineses e foi incorporada como um distrito da Província de Fujian, o que continuou a ser até 1887, quando foi convertida em uma província chinesa.

Durante esses 200 anos os governos chineses mostraram pouco interesse por Taiwan – um lugar "do tamanho de uma pelota" – e tomaram providências para limitar a migração chinesa para a ilha. Ela se tornou notória como um refúgio de piratas. Por um tempo, houve uma colônia japonesa no lado leste. Contudo, a contínua migração chinesa, motivada por uma série de períodos de fome em Fujian, levou a população a talvez dois milhões ao final do século XIX. Considera-se que um fazendeiro de Fujian tenha levado plantas de chá para Taiwan por volta de 1800 – dando início ao que é ainda hoje uma indústria próspera.

Quando os japoneses derrotaram a China em 1895, Taiwan se tornou uma possessão japonesa até o final da Segunda Guerra Mundial. Os taiwaneses inicialmente resistiram à ocupação japonesa, estabelecendo uma república independente que, contudo, resistiu por alguns dias antes que as tropas japonesas chegassem para ocupar a ilha. Milhares de conscritos taiwaneses foram mortos na Segunda Guerra Mundial, quando a ilha era uma base naval importante. O controle japonês se tornou severo, e mesmo brutal, com uma grande campanha para "japanizar" o povo taiwanês, ensinando às crianças o japonês e o xintoísmo. Apesar disso, houve um desenvolvimento infraestrutural considerável como estradas, ferrovias, escolas e hospitais, que forneceram uma base para a prosperidade subsequente da ilha.

Contudo, como em outros lugares, a crise financeira global induziu à recessão e ao desemprego relativamente elevado, com uma contração do PIB de quase 2% em 2009. A taxa de desemprego subiu para 4,4% em 2012. A economia de Taiwan é muito dependente das exportações, e sofreu com a queda da demanda mundial, exceto pela da China. Todavia, a ilha é intrinsecamente rica, com ouro e reservas de moeda estrangeira de U$ 418 bilhões em 2012. As 23 milhões de pessoas de Taiwan representam menos de 2% da população da China, sua área menos de 3%. A taxa de natalidade está bem abaixo dos níveis de substituição, a ponto de em 2010 o governo ter oferecido prêmios em dinheiro para "um *slogan* criativo que fizesse as pessoas desejarem ter mais filhos", e anunciou planos para financiar tratamento de fertilidade para casais jovens. Isso representa uma importante mudança de geração, uma vez que em 1964 uma taxa de 3,5% de aumento natural implicava uma duplicação da população em 24 anos. As tendências atuais são de envelhecimento da população, com expectativa de vida aumentando nos últimos 50 anos de 57 para 73 anos entre homens e de 60 para 79 entre mulheres.

Qualquer que seja o futuro de Taiwan, sua pequena população parece quase insignificante em termos práticos no contexto geral chinês. Mas por trás do nível muito considerável – e perigoso – de retórica que a ilha gera estão três temas difíceis de ocultar: a insistência da China em considerar que o que ela vê como seu território nacional deve ser integrado à nação; a prosperidade da ilha depender tanto e cada vez mais da China; e a posição geográfica de Taiwan, efetivamente um porta-aviões inafundável quase à vista do continente chinês, controlado pelo que Pequim considera um governo cliente dos Estados Unidos.

28
Mongólia

Esse lugar de desertos sem litoral e de formidáveis montanhas viram uma das mais antigas culturas da Terra. O *homo erectus* viveu aí na Caverna Branca, revestida de cristais, cerca de 800.000 anos atrás e em um cânion no Deserto de Gobi há gravações em rochas remontando ao menos cerca de 3000 a.C. que descreve homens cavalgando. Outras formas semelhantes às humanas com mãos e orelhas enormemente aumentadas parecem ainda mais antigas – tão estranhas que o povo local as considera o trabalho de alienígenas. Evidências de uso de cavalos e veículos de rodas remontando a antes de 2000 a.C. foram encontradas em sítios da Idade do Bronze em Afanasevo. Foram encontradas aí ferramentas de madeira com datação de carbono remontando a 3700 a.C., e há evidências de uso primitivo de metais e da criação de gado e ovelhas por um povo que, segundo alguns antropólogos, poderia ter sido de caucasianos brancos. Embora, além disso, saiba-se pouco sobre essa sociedade primitiva – e parte desse conhecimento é contestada –, acredita-se que o estilo de vida nômade equestre que se tornou típico da Mongólia, e persistiu por milhares de anos, tenha aparecido pela primeira vez nessa época. Essa sociedade se desenvolveu através de várias culturas posteriores – o complexo de culturas do segundo milênio a.C. frouxamente descrito como Andronovo é típico. Esse povo fazia extração de cobre nas montanhas Altai, vivia em cabanas de madeira parcialmente subterrâneas, e cremava seus mortos com cerâmica ornamentada. São considerados em grande medida os inventores da quadriga de rodas raiadas.

A Mongólia foi o berço de vários impérios importantes, incluindo o maior império que o mundo viu, fundado pelo líder militar Genghis Khan em 1206. Todos esses, incluindo o primeiro, Xiongnu, que se desenvolveram por volta de 250 a.C., foram federações frouxas de tribos nômades que se uniam para atacar seus vizinhos com exércitos grandes e organizados. Cavaleiros soberbos, que usavam uma raça de cavalos pequenos em batalhas, podiam arremessar flechas de seus arcos enquanto cavalgavam a todo galope. Completamente cruéis, frequentemente ofereciam às cidades sitiadas duas escolhas – rendição ou extermínio de todos os seus habitantes e a demolição de sua cidade até a última pedra.

Os xiongnu persistiram por mais de 700 anos, e em seu auge controlaram uma região consideravelmente maior do que a atual Mongólia, estendendo-se ao que é agora o sul da Sibéria e o oeste da Manchúria. Eles foram uma fonte de grande preocupação para a China, que por vezes os combatia e outras vezes os subornava ou propunha tratados e alianças de casamento para manter a paz. A Grande Muralha original foi construída para mantê-los fora. Os xiongnu usaram uma organização militar piramidal, liderada pelo seu imperador, o *chanyu*, e seus representantes imediatos, os reis sábios da direita e da esquerda, que eram usualmente parentes próximos. Sob o comando dos generais militares estavam comandantes responsáveis por unidades de mil, cem e dez homens. Esses exércitos podiam chegar a mais de 100.000 soldados. Os xiongnu foram habilidosos metalúrgicos, os primeiros a usar ferro naquela região.

Em 1206, um líder militar regional chamado Temujin uniu as tribos mongóis e assumiu o nome de Genghis Khan. O império que terminou conquistando cobriu cerca de 21 milhões de km², expandindo-se de oeste a leste, da Polônia à Coreia, e da Sibéria ao sul do Vietnã. Por mais de um século incluiu a China, onde o neto de Genghis, Kublai, tornou-se o primeiro imperador da Dinastia Yuan, ou mongol. Contudo, a corrupção e a preguiça terminaram essa dinastia em 1368, quando foi substituída pela Ming. Essa dinastia colapsou em circunstâncias trágicas em 1644, permitindo, todavia, a uma outra força do norte, os manchus, uma entrada oportunista. A Mongólia Interior se tornou parte da China durante a Dinastia Qing de domínio manchu, que persistiu até 1911, enquanto a Mongólia Exterior permanecera nominalmente autônoma. Como a Mongólia Interior é ainda parte da China, o restante deste capítulo tratará a antiga região exterior, agora independente, como Mongólia – embora convenha notar que vivam mais mongóis na região autônoma chinesa do que na república mongólica.

Um primeiro olhar para a república mongólica poderia inclinar o leitor a descartá-la como desinteressante e irrelevante – um imenso vazio. Um atlas revela áreas marrons claras e brancas do interior hostil, o trecho do deserto escassamente habitado no sul chamado Gobi, e cadeias e cadeias de montanhas rochosas cobertas de neve no norte. O clima é considerado um dos mais selvagens do mundo, variando de 40°C negativos a 37°C positivos. Ulan Bator possui a distinção duvidosa de ser a capital mais fria do mundo, com uma média anual de 0°C. Esses extremos e invernos quase sem chuva tornam a maior parte da Mongólia imprópria para a agricultura, e difícil mesmo para a criação de animais. Uma necessidade contínua de mover os rebanhos de um lugar a outro em busca de pastos é a razão para a cultura nômade tradicional da Mongólia.

Todavia, esse trecho hostil de deserto e montanhas desempenhou um papel-chave em um dos eventos mais relevantes da história – o intercâmbio de conhecimento, mercadorias e tecnologia entre a China e a Europa. Histórias românticas sobre navegação a vela sobre-estimaram a importância que o transporte marítimo teve nos assuntos mundiais até relativamente pouco tempo. Como as embarcações eram pequenas, a quantidade de carga que podiam carregar era limitada, e antes do desenvolvimento dos navios a vapor no século XIX, as jornadas marítimas eram lentas, erráticas e perigosas. Do Império Romano em diante, o comércio foi essencialmente terrestre. Uma rede de rotas de comércio cruzando a Ásia Central – a Rota da Seda – transportou a maior parte do comércio entre a Ásia Oriental e a Europa. Um trecho importante dessa jornada de cerca de 6.500km era através do deserto mongólico, e esse estágio perigoso teve de ser percorrido por mais de mil anos por homens cujas próprias vidas dependiam de métodos cuidadosos e de conhecimento específico. O robusto camelo bactriano e grupos de cabras sempre foram os animais de carga para essa viagem. Como a distância máxima que caravanas de camelos podem viajar ao longo de seixos movediços e areia macia é cerca de 40km por dia e como ao final do dia tanto homens como animais necessitam de água, as rotas tinham de ser cuidadosamente planejadas entre oásis. Por vezes, alguns desses eram naturais, mas muitos obtinham sua água de *karez*, canais subterrâneos artificiais de irrigação. Há mais de 4.800km desses, coletando água de neve derretida das montanhas, depois movendo-a subterraneamente aos reservatórios. O mais antigo remonta a quase 2.000 anos.

Os romanos chamavam a China de "Ceres tecedora de seda", e, por muitos anos sem saber como era produzida, acreditaram que crescia em árvores. A seda chinesa apareceu pela primeira vez em Roma no século I a.C. e em breve se tornaria imensamente popular, levando o senado romano a tentar restringir seu comércio que estava exaurindo as reservas de ouro de Roma. As invenções chinesas do papel, da imprensa, da pólvora e do compasso náutico foram provavelmente transferidos ao Ocidente através da Rota da Seda, que se tornou um grande corredor Oriente-Ocidente no século XIII, quando a expansão mongol através da Ásia Central trouxe paz e estabilidade para a região. Os primeiros viajantes europeus – notadamente, Marco Polo – viajaram por terra para a China nessa época. O declínio do tráfico terrestre após a fragmentação do Império Mongol se tornou um importante incentivo para os navegantes europeus quando buscavam por uma rota marítima para o Oriente.

Enquanto isso, a Mongólia se tornaria uma sociedade reduzida durante os séculos de dominação pela Dinastia Yuan. Explorada por proprietários de terra e por quantidades enormes de monges budistas, tornou-se cada vez mais empobrecida. A revolução na vizinha Rússia e o início da União Soviética resultaram em mudanças quase imediatas na Mongólia – embora a independência tenha sido declarada em 1921, o novo governo foi dominado pela Rússia desde o início. A República Popular da Mongólia estabelecida em 1924, na verdade, uma parte da União Soviética, persistiu por 70 anos. As depurações stalinistas na Rússia no final da década de 1930 se estenderam à Mongólia, onde mais de 30.000 camponeses e outros "reacionários" foram mortos. Entre as vítimas principais estavam 18.000 monges budistas, que constituíam cerca de um quarto da população masculina.

Ao longo dos anos da dominação russa, a China continuou a insistir em que a Mongólia era parte de seu território. Contudo, no final da Segunda Guerra Mundial, quando as forças russas pareciam inclinadas a ocupar a Mongólia Interior, a China foi obrigada a aceitar a independência da república exterior. Foi somente após o colapso dos soviéticos em 1989 que uma revolução incruenta encerrou o governo comunista, resultando na independência real e no sistema político democrático que persistiu até o presente. Existem dois grandes grupos políticos: o Partido Popular, derivado do antigo Partido Comunista, e os Democratas. A eleição de junho de 2012 resultou em nenhum dos partidos com uma maioria clara. Contudo, como os Democratas obtiveram a maioria das cadeiras, formaram o governo.

Um dos últimos vestígios da dominação soviética desapareceu em 2013, quando um busto gigante de Lenin foi removido de um dos maiores edifícios de Ulan Bator, um museu dedicado ao ditador russo construído em 1980. O prédio passou a abrigar subsequentemente vários fósseis de dinossauros encontrados na Mongólia, incluindo o de um *tiranossauro bataar* de 70 milhões de anos.

A perda da assistência econômica da União Soviética, equivalente a um terço do orçamento da Mongólia, resultou em uma década de problemas financeiros tão desesperadora que por vezes alimentos básicos tinham de ser racionados. A pobreza e o desemprego aumentaram rapidamente, a crise financeira global se fez sentir, e a economia começou a reviver somente em 2009, quando o capital estrangeiro ingressou no país para desenvolver a indústria de mineração. Da população – pouco mais de três milhões –, quase metade vive na capital, Ulan Bator, muitos em decrépitos bairros pobres nos arredores. A cidade sofre de uma severa poluição do ar, provocada principalmente pela queima de carvão das estações de energia. A maior parte do resto da população ainda vive da criação de animais em condições cada vez mais difíceis. Longas secas e usualmente invernos frios e nevosos atribuídos à mudança climática prejudicam severamente os animais, e alguns fazendeiros perderam inteiramente suas criações. Durante o inverno severo de 2009-2010 quase 10 milhões de animais morreram – cerca de 20% do rebanho nacional – levando a uma duplicação dos preços da carne. Um grande número de mongóis deixou o país para trabalhar no exterior – a Coreia do Sul é a principal destinação.

As planícies áridas e dunas do Gobi foram até recentemente lugares a evitar, habitados somente por alguns criadores de camelos, mas ao longo das últimas décadas foram encontrados lá depósitos minerais com um valor potencial de trilhões de dólares. Um desses é em Tavan Tolgoi, uma reserva de 6,4 bilhões de toneladas de carvão de qualidade elevada, a maior fonte não explorada do mundo. Um quarto disso é carvão de coque usado para produzir aço, assim, sua localização próxima à fronteira com a China, com a maior indústria de aço do mundo, oferece uma grande oportunidade. As companhias mineradoras internacionais estão competindo para desenvolver esse recurso, mas o governo quer que a posse majoritária permaneça com a companhia estatal que detém a licença de exploração, e com o povo mongol. Ele planeja reservar 10% do valor da companhia para conceder 536 cotas a cada mongol, uma iniciativa que poderia tirar milhares deles da pobreza.

A mina de ouro e cobre de Oyu Tolgoi é ainda mais valiosa – um dos maiores veios do mundo, com uma estimativa de cerca de 600 toneladas de ouro e cerca de 19 milhões de toneladas de cobre. Embora essa mina ainda não esteja em produção, os U$ 6 bilhões gastos até agora para desenvolver novas minas incrementaram o produto interno bruto da Mongólia em cerca de 30% e proporcionaram emprego para 10.000 trabalhadores.

O turismo na Mongólia, que era quase inexistente durante a era comunista, está crescendo rapidamente, com cerca de meio milhão de visitantes em 2012, mais de 600 hotéis e acampamentos turísticos, e uma demanda crescente por passeios em caravanas de iaques, oferecendo acomodações portáteis nas tendas revestidas de feltro chamadas *ger*, descritas anteriormente pela palavra russa *yurt*. Existe um interesse considerável no Deserto de Gobi, e maior reconhecimento de suas qualidades especiais.

Essas foram registradas em detalhes mais de meio século atrás por duas notáveis missionárias britânicas, Mildred Cable e Francesca French, que passaram anos viajando por toda a Mongólia. Em seu livro de 1942, *The Gobi Desert* (*O Deserto de Gobi*), elas dizem:

> Achamos o deserto diferente de tudo que havíamos imaginado. Apresentava suas temeridades, mas também nos mostrava alguns tesouros únicos. Os habitantes dos oásis eram pobres, porém receptivos; os homens da caravana eram rudes, mas cheios de sabedoria nativa; as personalidades notáveis dos oásis eram homens de caráter e distinção; as cidades eram altamente individualistas e cada pequena estação de água apresentava características únicas. Mesmo os monótonos contornos do deserto, quando melhor conhecidos, revestiam-se de um aspecto sutilmente variável, e as paisagens que eram de um modo geral similares se tornavam altamente distintas à medida que seus detalhes eram escrutinizados.

O desenvolvimento da riqueza mineral da Mongólia plenamente tem o potencial de transformar a nação, e é a maior preocupação do governo. Em 2012 cerca de 3.000 licenças de exploração foram emitidas, para explorar mais minas de cobre, carvão, prata e urânio. Contudo, o governo mongol está adotando uma linha-dura, insistindo em que o povo mongol se beneficie tanto quanto possível da exploração mineral. Em 2013, Rio Tinto, que está desenvolvendo a mina de Oyu Tolgoi, interrompeu um programa de U$ 5 bilhões e anunciou que dispensaria cerca de 1.700 empregados e empreiteiras devido a uma disputa com o governo sobre gerenciamento. O governo, que detém 34% da mina, quer que a Rio Tinto invista mais dinheiro no projeto, mas a companhia quer cortar custos e reduzir dívidas. Devido à sua distância, o projeto é muito custoso. Uma pequena cidade teve de ser construída para abrigar seus trabalhadores, uma estação de força foi instalada e água encanada trazida de cerca de 50km.

Mais tarde, em 2013, um consórcio de três companhias locais, Mineiros Mongóis, começou a extrair carvão em Tavan Tolgoi. Várias grandes mineradoras estrangeiras também estão interessadas, mas nenhuma decisão sobre sua participação havia sido tomada naquela época.

29
Indonésia e Timor-Leste

Um arquipélago tropical de mais de 17.000 ilhas de grande diversidade e beleza, a Indonésia é o quarto maior país do mundo em termos de população e, potencialmente, imensamente rico; todavia, pouco mais da metade de sua população de 240 milhões é pobre – nas palavras do *Djakarta Post*, "rondando a linha de pobreza com menos de U$ 2 por dia". De acordo com o Banco de Desenvolvimento Asiático, a Indonésia é o único país do Sudeste Asiático no qual o número de pobres está subindo – "uma situação de pobreza extrema crônica". O Banco Mundial declara que 55% desses pobres possuem educação primária limitada, 50% não possui acesso a água potável, e um quarto de seus filhos abaixo de 5 anos são malnutridos. Estimou-se que em 2015 cerca de metade dessa classe destituída estaria vivendo em favelas nas cidades.

Todavia, como outros países asiáticos, a Indonésia possui uma classe média modestamente afluente, definida como tendo uma renda familiar acima de U$ 3.000 ao ano e estimada em 2013 em cerca de 80 milhões. Essas pessoas compram creme dental, sorvete, *smartphones* e, principalmente, *scooters*. Como em Jacarta, e em outras cidades asiáticas, o tráfico é congestionado a maior parte do tempo, os *scooters* são o meio de transporte pessoal preferido – a Indonésia tinha 65 milhões deles em 2012.

A extraordinária diversidade do país – são faladas mais de 350 línguas diferentes – cria enormes problemas de transporte e administração. A língua oficial, o *bahasa Indonesia*, que é basicamente malaio, é ensinada nas escolas como uma segunda língua, mas somente em anos recentes tem sido falada fluentemente pela maioria da população.

As primeiras décadas de independência foram tempestuosas e caóticas. A carência aguda de pessoas treinadas provocou graves inadequações na administração e falhas nas necessidades diárias de um Estado moderno. Telefonia, energia elétrica, ferrovias, portos, alfândegas – esses e muitos outros serviços públicos chegaram perto do colapso por falta de controle específico.

A falência efetiva nesse ponto foi evitada pela prosperidade rural e pelo controle contínuo do volume de receitas de exportações de suas indústrias por parte de estrangeiros. A indústria-chave – os campos de petróleo – pagou *royalties* que garantiram a maior parte da receita governamental. Os chineses, como ainda hoje, possuíam a maioria das outras indústrias e lojas de varejo, incluindo o importante sistema de distribuição de arroz, e, em geral, conseguiram manter as coisas assim.

Além das regiões com problemas de superpopulação na Java Central e Oriental, a maioria dos aldeões era protegida por recursos naturais abundantes que automaticamente lhes proviam autossuficiência sem muito trabalho. Grande parte de Java se parece com um jardim bem-cuidado. As pequenas casas marrons, muitas vezes situadas no alto de palafitas, quase se perdem na expansão exuberante das árvores frutíferas que as cercam, e o clima quente e estável exige apenas moradias e vestimentas simples.

Além da oportunidade de comprar coisas como bicicletas, uma máquina de costura, uma televisão ou rádio, pouco do mundo técnico moderno tocou a maioria dessas aldeias nos primeiros anos da independência. Contudo, o crescimento rápido da população aumentou enormemente os problemas da pobreza e das desvantagens. À medida que as aldeias se tornaram superpovoadas e as terras aráveis mais escassas, milhões de jovens foram para as cidades para buscar trabalho, que, com muita frequência, não estava disponível. Um grande programa de controle da natalidade patrocinado pelo governo nas últimas décadas do século XX, contudo, ajudou muito a estabilizar o crescimento da população em cerca de 1% ao ano.

As indústrias na Indonésia foram também muitas vezes basicamente não rentáveis, subsidiadas pelo Estado em benefício dos líderes militares do país e de suas famílias, e financiadas por enormes empréstimos obtidos no exterior. A corrupção continua a ser endêmica em níveis governamentais.

Em 1901, nasce uma criança, filha de um empobrecido professor de escola javanês de origens aristocráticas *priyayi* e de sua esposa, que era da família de um rajá balinês. Essa criança, chamada Sukarno, que diziam ter exibido desde cedo uma personalidade vigorosa, charmosa e inteligente, tornou-se um defensor apaixonado da independência indonésia. Após ter sido preso em 1929 pelos holandeses, foi brevemente solto, e depois preso novamente em 1932, exilando-se na Ilha de Flores, no leste. Durante esse período de exílio, leu muito – Abraham Lincoln, Emerson, Jefferson, Nehru, Lenin, Marx –, absorvendo grande parte de seu pensamento político nessa fase de desenvolvimento. Com o passar do tempo, tornou-se uma lenda em sua própria época, imensamente conhecido e popular junto ao povo.

Quando o Japão se rendeu em 1945, as tropas britânicas, enviadas para a cidade de Surabaya para libertar os prisioneiros britânicos e holandeses, envolveram-se em um grande conflito com os nacionalistas indonésios. Durante três dias de intensos enfrentamentos urbanos, 6.000 indonésios foram mortos, e o incipiente exército de independência teve sua primeira experiência real de guerra. Em pouco tempo, encontraram também as tropas holandesas, enviadas para restabelecer o domínio colonial.

Em 1949, o governo indonésio publicou um livro chamado *Illustrations of the Indonesian People's Revolution* (*Ilustrações da revolução do povo indonésio*), destinado a capturar, em palavras e mais de 2.000 desenhos e fotografias, o espírito dos anos de conflito.

A fotografia mais importante do livro foi tirada em 17 de agosto de 1945. São dez horas da manhã fora de uma casa em uma rua de Jacarta – Rua Pegangsaan Timur 56, que era na época a residência de Sukarno. Ele está diante de um microfone, lendo um pedaço de papel que segura com as duas mãos. Na mesma página, encontramos uma foto que aproxima e amplia a imagem do papel, metade de uma folha comum de papel escrita, com algumas supressões e riscos abaixo do título, escrito com uma mão firme e sublinhado duas vezes, *Proklamasi*: "Nós, o povo indonésio, com este documento proclamamos a independência da Indonésia. Todos os assuntos pertencentes à transferência de poder etc. serão executados no tempo mais breve possível".

Os holandeses se recusaram a aceitar a declaração, e à medida que uma guerra esporádica se arrastava, a simpatia internacional, notadamente da Austrália e dos Estados Unidos, inclinou-se para o movimento de independência, especialmente após Sukarno ter sido preso e deportado para a Ilha de Bangka em 1948. Naquele ano, uma forte pressão do Partido Comunista para se estabelecer na Java Central resultou em conflito entre os comunistas e outros elementos do exército. O clímax veio com uma batalha pela cidade de Madiun, na qual os comunistas foram derrotados. O "Caso Madiun" ajuda bastante a explicar a subsequente hostilidade entre o Partido Comunista indonésio e os militares. Em 28 de janeiro de 1949, a ONU requisitou uma transferência de soberania "na data mais breve possível". O domínio holandês foi encerrado em dezembro daquele ano, trazendo a República da Indonésia para a existência efetiva.

Sukarno, que se tornou o primeiro presidente da nova nação, aboliu "Os Estados Unidos da Indonésia" – a forma federal na qual a independência havia sido obtida – devido à sua desconfiança nas táticas holandesas de "dividir para governar". Em 17 de agosto de 1950, a Indonésia se tornou "um Estado unitário" baseado no governo central de Jacarta. No mesmo ano a "constituição revolucionária" de 1945, que havia dado amplos poderes ao presidente, foi substituída por outra que determinava que o gabinete ministerial passasse a responder a um parlamento nacional. Assim, a Indonésia iniciou um desastroso experimento com a democracia parlamentar ao estilo ocidental.

Já havia indícios de desunião entre Jacarta e as regiões externas, que eram menos entusiastas com relação ao Estado unitário. A República das Molucas do Sul, patrocinada pelos holandeses, proclamou sua independência, mas nunca obteve muito apoio. O movimento extremista islâmico darul, que desejava um Estado islâmico, tornou-se terrorista e combateu o governo a partir de fortalezas nas montanhas da Java Ocidental e de Sumatra. Uma grande revolta iniciou em Achém, no norte de Sumatra, em 1953, visando à criação de um Estado independente, e continuou esporadicamente até 2005, quando foi concluído um acordo de paz dando autonomia limitada à província.

A inexperiência administrativa começou a se mostrar cada vez mais à medida que os meses e anos se passavam. Para obter receitas o governo aumentou os impostos alfandegários a um nível que fazia o contrabando valer realmente a pena. Não havia recursos para policiar as enormes extensões de costa, e em breve chegariam ao longo das praias mais mercadorias do que através dos portos.

Em 1956 – minha primeira experiência na Indonésia –, não era mais possível obter uma conexão telefônica de uma parte de Jacarta a outra, e as ruas da capital se tornaram profundamente esburacadas e sulcadas, parcialmente devido ao hábito do exército de conduzir tanques ao longo delas, em detrimento do betume.

Havia graves dificuldades em obter coerência no sistema político, dividido como era entre quatro influências principais – Sukarno, o parlamento, o crescente Partido Comunista e os serviços do exército. Sukarno se desentendeu com o chefe do Estado maior do Exército, General Nasution, demitindo-o em 1952. No ano seguinte, Nasution publicou um livro, *Fundamentals of Guerrilla Warfare* (*Os fundamentos da guerra de guerrilha*), tendo implicações tão importantes para o futuro da Indonésia que merece atenção.

O Exército Nacional Indonésio, argumentava Nasution, "era uma guerrilha, não uma força profissional, por isso seus membros terem de se envolver na política [...]. O soldado e partidário da guerrilha [...] não é meramente um instrumento para receber ordens. A ele devem ser ensinadas a ideologia e a política do país. Ele não pode ser isolado da política. Deve ter ambos os pés firmemente no meio político".

Nasution voltou a comandar o exército dois anos mais tarde, restaurado como um chefe do Estado-maior pelo parlamento, embora Sukarno estivesse ausente em uma peregrinação a Meca. Os comunistas alertaram para uma possível ditadura militar. Quando as primeiras eleições democráticas da Indonésia foram organizadas em 1955, seis milhões de pessoas votaram nos comunistas, que defendiam um importante tema da "terra para os sem-terra", que tinha apelo entre os mais pobres.

Sukarno passou uma boa parte daquele ano fora da Indonésia, recusando-se a ouvir os avisos sobre os problemas financeiros do país. A "economia", dizem que comentava, "me dá dor de cabeça". Em seu retorno, expressou impaciência com os partidos políticos e divulgou um novo conceito que tinha em mente, chamado "democracia guiada". No começo de 1957, ela se tornou realidade – um tipo de consenso nacional baseado no governo local tradicional.

Uma tentativa de assassinar Sukarno naquele ano chocou profundamente a nação indonésia. Ele sobreviveu à explosão de uma escola, mas, dos dez mortos, seis foram crianças, e isso teve um tremendo impacto em um país onde as crianças são praticamente adoradas. Os quatro homens presos se revelaram extremistas muçulmanos do movimento islâmico Darul, que reiteravam seu ódio a Sukarno, mesmo na corte que finalmente os condenou. Sukarno e aqueles que os protegiam eram completamente conscientes do perigo de uma outra tentativa de assassinato. O presidente se movia com considerável medo ao longo da estreita faixa de estrada ligando Jacarta ao palácio presidencial em Bogor. Numa manhã, quando estava dirigindo com um amigo indonésio, ouvi o som de buzinas a distância e em minutos motocicletas batedoras estavam à vista, com os faróis ligados à luz do dia. Havia quatro delas, seguidas por um jipe branco, e, atrás, um carro, longo, preto, que parecia estar vazio, exceto pelo motorista, e finalmente mais motociclistas armados. Na frente do jipe estava um oficial do exército, usando óculos escuros, com sua mão repousando levemente sobre o parabrisa. No carro preto, Sukarno vinha bem agachado no banco, mesmo que as portas fossem revestidas com folhas de aço e as janelas com vidro blindado. O jipe branco se tornou um tipo de lenda em e sobre Jacarta, e várias histórias, persistentes, embora de autenticidade não verificável, foram criadas em torno dele. Dizia-se que o oficial de óculos escuros usava uma correia de bicicletas, com a qual quebrava o parabrisa de quaisquer veículos que obstruíssem o comboio.

Em 1959, Sukarno ordenou a reversão à constituição de 1949, retornando o poder executivo para si próprio e enfraquecendo as outras áreas do governo. O parlamento foi ainda mais debilitado pela adição de mais membros nomeados do que eleitos. Mas por trás dessa aparente dominação de Sukarno uma inimizade amarga e intensa estava se desenvolvendo entre o exército e os comunistas.

Em 1961, Sukarno se sentiu forte o bastante para exigir a transferência da parte ocidental da Nova Guiné Ocidental (Irian Oeste) – que havia sido uma colônia holandesa – para a Indonésia. Ele confiou a um duro soldado regular, General Suharto, a tarefa de preparar uma força de invasão com 25.000 soldados. Em abril, as primeiras guerrilhas foram lançadas nas selvas da Irian Oeste (também conhecida como Papua Ocidental). O desempenho militar indonésio nessa guerra esporádica não foi senão indiferente. Contudo, não havia estômago para a guerra na Holanda, e isso, combinado a uma forte opinião dos Estados Unidos de que a Indonésia deveria ter a Irian Oeste, prevaleceu.

Em 1963, enquanto Sukarno se ajoelhava para rezar em um encontro religioso, um fanático pegou uma pistola e disparou um cartucho inteiro em sua direção. Uma vez mais, saiu intacto, mas cinco pessoas em torno dele foram feridas. Agora, medidas ainda mais elaboradas foram tomadas para protegê-lo, incluindo uma guarda palaciana de elite, com todos os membros com o mesmo grupo sanguíneo do presidente. Seus homens provavam sua comida e bebida antes que ele as tocasse, e os visitantes eram revistados em busca de armas escondidas. Amplamente isolado de seu povo, Sukarno se tornou um mito em sua própria época e algumas histórias curiosas circulavam sobre ele. Seu interesse por mulheres e seus problemas maritais foram expandidos para lhe darem uma reputação de um grande femeeiro na tradição dos rajás do passado. Dizia-se que saía à noite, abraçava árvores e caminhava descalço durante tempestades com raios. Ele apareceu em um evento formal descalço, explicando que queria captar eletricidade do chão. Essas coisas, e a extravagância de sua vida diária, serviram somente para fazer com que as pessoas comuns o amassem e o reverenciassem ainda mais. Essa adulação não era dirigida tanto à pessoa de Sukarno como à sua posição como governante. Essa tradição de obediência ao governante simplesmente por ser o governante é uma força política contínua e importante na Indonésia.

Quando a Federação da Malásia foi formada em 1963, Sukarno se opôs a ela – primeiro, com palavras, e, depois, enviando as forças armadas a Sarawak. Em 1964, ele anunciou "o Ano em que Vivemos em Perigo", um confronto com o que ele via como as forças do capitalismo e do neocolonialismo. Havia uma especulação crescente sobre sua saúde. Já velho pelos padrões indonésios, foi acometido por uma doença hepática que necessitava cirurgia, a qual recusava, pois ouviu de uma vidente que o aço provocaria sua morte. Rumores de que poderia morrer a qualquer momento podem ter sido a causa de um confuso golpe militar em setembro de 1965.

A primeira ação parece ter sido uma rebelião de elementos da esquerda no exército, apoiados pelos ativistas comunistas armados na base aérea em Halim. Eles alegavam ter agido para impedir um golpe planejado pelos generais para depor Sukarno. Bandos armados de soldados surpreenderam membros importantes do Conselho de Generais em suas casas durante a noite. Seis foram assassinados, ao menos um após ter sido sujeito a tortura.

O General Suharto, o líder da reserva estratégica da elite do exército indonésio, tornou-se proeminente nesse estágio, reunindo tropas leais para interromper a "revolta" pela força das armas. Houve uma violenta batalha com as guerrilhas de jovens comunistas na base aérea de Halim na Java Central. O líder comunista, Aidit, foi morto. Sua morte foi apenas a primeira de muitas em uma campanha massiva, considerada anticomunista, mas que, na verdade, envolveu uma multidão de outros, especialmente os chineses. Esse enorme derramamento de sangue, o assassinato de cerca de um milhão de pessoas, talvez seja a maior mancha na nação indonésia, e foi um ominoso portento para o futuro. Testemunhas independentes na Indonésia durante dezembro e janeiro relataram que não somente homens, mas também mulheres e crianças pequenas, que sequer poderiam ter uma ideia política, foram exterminados por turbas de extremistas muçulmanos. Há evidências de que a Agência de Inteligência Americana (CIA) e os governos britânicos e australianos tenham sido cúmplices nessa campanha para "desestabilizar" o governo de Sukarno. Grande parte da violência envolveu os *marhaen*, o proletariado, os sem-terra e os camponeses analfabetos que afluíram para as cidades na esperança de melhorar suas sortes. Muitas vezes incapazes de encontrar trabalho, mesmo por muito pouco, juntavam-se a um dos enormes bandos de desocupados que vagavam pelas ruas, sempre prontos para qualquer ação, desde uma demonstração política até espancar um lojista chinês saqueando sua casa.

Uma luta incansável e prolongada pelo poder entre Sukarno e o General Suharto prosseguiu por um ano. As políticas de Sukarno foram firmemente revertidas. O confronto com a Malásia terminou e a Indonésia retornou à ONU. Sukarno foi colocado em prisão domiciliar. Em fevereiro de 1967, Suharto assumiu todos os poderes reais do governo, e um ano mais tarde se tornou o segundo presidente da Indonésia, *bapak*, o pai da nação. Sukarno morreu na obscuridade em 1970.

Um homem atarracado e lento, Suharto nascera em uma família de camponeses próximo a Jogjakarta em 1921. Durante sua juventude, foi fortemente influenciado pelas crenças javanesas tradicionais, incluindo a da *persona* sagrada do líder. Foi comandante regimental quando a república foi formada, coronel em 1957 e general brigadeiro e subcomandante do Estado-maior três anos mais tarde.

Seu governo da "nova ordem" continuou a ser anticomunista e colocou a Indonésia numa orientação muito mais próxima ao Ocidente e, em particular, aos Estados Unidos. O forte exército indonésio de 350.000 soldados se tornou uma vasta máquina administrativa com as armas para apoiar suas demandas, controlando negócios que iam de enormes corporações a bordéis de aldeia, muitas vezes em parceria com chineses ricos. Em 1998, o fim da era Suharto, mais de 12.000 soldados detinham posições administrativas em todos os níveis, incluindo quase metade dos governadores provinciais e controladores distritais. A enorme riqueza acumulada pela Família Suharto – estimada em aproximadamente U$ 40 bilhões – se tornou um grande escândalo. Investigações oficiais em 1998 estimaram que uma concessão de importação de carros para o filho de Suharto, Hutomo (Tommy), havia custado à nação U$ 1,5 bilhão. Hutomo foi autorizado a importar carros da Coreia sem pagar impostos, e a vendê-los como "o carro nacional" concorrendo com outros importadores, que tinham de pagar impostos. Esse foi somente um exemplo de um complexo padrão de fraude e desonestidade, envolvendo figuras políticas importantes e suas famílias e amigos, que veio a ser conhecido como "compadrio" (*cronyism*).

A crescente repressão pelo regime também provocou inquietação. Ao menos 50.000 pessoas presas após os eventos de 1965 ainda estavam detidas sem julgamento, embora, como resultado da pressão dos Estados Unidos, alguns tenham sido libertados em 1980 sob a forma de prisão domiciliar. E houve mais prisões de manifestantes, justificadas, dessa vez não em termos de subversão comunista, mas devido a alegadas conspirações radicais islâmicas.

O lado positivo da "Nova ordem" de Suharto foram o programa de controle da natalidade, um aumento impressionante do PIB nos 30 anos até o começo da década de 1990, uma duplicação da cota de produção do PIB a 24%, aumentos na produção de arroz e respostas previsíveis nos assuntos internacionais.

Contudo, esse ganho em riqueza foi distribuído desigualmente, e a partir de uma base pequena. Grande parte dele derivava do enorme aumento no preço do petróleo em 1974, o que quadruplicou a receita indonésia dessa fonte. Os ganhos da "Revolução Verde" na produção de grãos foram devidos principalmente a sementes melhoradas e ao uso de pesticidas, mas resultaram em acentuadas disparidades de riquezas nas áreas rurais entre aqueles que controlavam esses métodos e os antigos pequenos proprietários, muitos dos quais haviam perdido sua terra para grandes empresas do agronegócio.

Embora avanços na indústria e o aumento do PIB tenham concedido alguns benefícios gerais, a maior parte foi para a pequena minoria dos ricos e influentes.

A nova indústria, quase sempre *joint ventures* com capital estrangeiro, incluía produção com mão de obra intensiva de vestuário e calçados, mas também se estendia à produção de produtos de vidro, produtos elétricos e partes de motores. A Indonésia se tornou o maior exportador de madeira compensada, embora essa indústria tenha terminado originando um grande escândalo devido à sua rápida redução dos recursos florestais e ao desvio de grande parte dos lucros para alguns "compadres" (*cronies*). Grande parte desse desmatamento é ilegal, e ainda prossegue. Perdas de r ﾠitas foram estimadas em mais de U$ 1 bilhão, e mais de dois milhões de pessoas do povo dyak em Kalimantan (Bornéu), apenas, foram deslocadas pela destruição massiva das florestas. Uma outra consequência foi a rápida redução das populações de orangotangos devido à perda de seu habitat. Orangotangos (*Orang-utans*) – o nome significa "homem da selva" – são os únicos grandes macacos da Ásia. Existindo outrora em milhões, a Orang-utan Conservacy (Conservação dos Orangotangos) estima que seu número agora tenha sido reduzido a cerca de 40.000. Em 2012, a Indonésia era ainda a maior exportadora de madeira tropical do mundo – 70% do comércio é de desmatamento ilegal. Mais de 20 milhões de acres de florestas foram desmatados por grandes corporações para o plantio voltado à extração do óleo de palma durante os anos de 2010 a 2013. O fundador do Sindicato de Camponeses Indonésios com 700.000 integrantes, Henry Sirigih, comentou: "A presença das plantações para o óleo de palma gerou uma nova pobreza e está precipitando uma crise de indisponibilidade de terras e fome". As violações dos direitos humanos continuam ocorrendo em torno dos recursos naturais no país, e a intimidação, desocupações forçadas e tortura são comuns (John Vidal, *The Observer*).

Na década de 1970, 80% da Indonésia eram de florestas – em 2013, o número estava em 49%, reduzindo em cerca de 2% ao ano.

Em 7 de dezembro de 1975, a Indonésia invadiu o Timor-Leste usando uma grande força-tarefa naval, aviões e 10.000 soldados, escolhendo um momento de instabilidade política tanto em Portugal – a potência colonizadora – como na Austrália, a menos de 700km ao sul. O Timor-Leste constitui cerca de metade da ilha com esse nome – a seção ocidental, anteriormente possessão holandesa, tornou-se parte da Indonésia na época da independência. Como a Indonésia não tinha justificação histórica, étnica ou política para reivindicar a metade leste, a invasão criou uma crítica ampla na ONU e nas comunidades e parlamentos ao redor do mundo. Uma guerra civil seguiu-se após resistência à Indonésia por parte do Fretilin (Frente Revolucionária do Timor-Leste Independente), um partido político que havia declarado a independência do território não muito antes da invasão. O exército indonésio afirmou que invadiu porque o Fretilin era comunista, mas a organização negou isso.

Em novembro de 1975, cinco jornalistas de televisão australianos foram mortos por soldados indonésios na pequena cidade de Balibo, a 10km da fronteira do Timor indonésio. O porta-voz timorense, José Ramos-Horta, disse que foram simplesmente feitos prisioneiros pelo exército indonésio e mortos a tiros, e que "os indonésios estavam determinados a "ensinar uma lição" aos australianos, conforme alardeava a Rádio Kupang (no Timor indonésio) naquela noite". O exército indonésio declarou que os jornalistas morreram quando foram pegos num fogo cruzado. Contudo, descrições subsequentes de testemunhas em 1998 indicam que foram mortos a sangue-frio com tiros e facadas por soldados indonésios após a resistência apenas simbólica do Fretilin em Balibo ter terminado. Logo após o incidente de Balibo, um outro jornalista australiano, Roger East, foi morto a tiros em circunstâncias particularmente brutais por soldados indonésios no cais de Dili.

De acordo com o livro *Funu*, de Ramos-Horta, cerca de 200.000 timorenses morreram entre 1975 e 1981, parcialmente devido a atos de guerra, mas substancialmente por "uma estratégia deliberada de fome através da destruição de cultivos de grãos e de contínuas operações militares que deixaram a população incapaz de cultivar a terra". Milhares mais pereceram mais tarde na ocupação indonésia. O Timor-Leste voltou à atenção mundial durante uma grande cobertura televisiva do "massacre de Dili" – um ataque das tropas indonésias em 1991 a uma assembleia desarmada no cemitério de Santa Cruz na capital do território, que resultou em cerca de 300 mortes – e da concessão do Prêmio Nobel da Paz a Ramos-Horta e ao bispo de Dili, Carlos Belo.

Após muitas negociações, em agosto de 1999 o governo indonésio concordou em uma votação para o povo do Timor-Leste decidir seu futuro. Quando 78,5% do povo do Timor-Leste votou pela independência, a milícia pró-Indonésia e unidades do exército indonésio chocaram o mundo ao lhes infligir uma terrível vingança, assassinando, torturando e queimando quase toda cidade e aldeia antes que fossem substituídos por uma força de paz liderada pela Austrália. Contudo, em outubro, o parlamento indonésio decidiu relutantemente endossar a votação do Timor-Leste, abrindo o caminho para o desenvolvimento de uma nova nação na Ásia – o Timor-Leste. Suas sortes desde então têm sido variadas. Falta de dinheiro e de competência técnica restringiu o desenvolvimento e reparação da infraestrutura arruinada do país. Em 2013, cerca de metade da população de 1,2 milhão estava vivendo na pobreza extrema, sobrevivendo basicamente da agricultura de subsistência. Contudo, naquele ano U$ 8,7 bilhões foram levantados para exploração inicial de reservas de petróleo e gás no Timor Gap, o estreito que separa o Timor-Leste da Austrália. A outra fonte principal de receita de exportação vem do café, cultivado por mais de 60.000 pequenos produtores. Um esquema de treinamento para médicos timorenses em Cuba, iniciado por Fidel Castro em 2002, produziu uma melhora significativa dos serviços médicos, com uma grande redução dos índices de malária e de mortalidade infantil desde 2004.

A queda dos preços do petróleo em meados da década de 1980 afetou a economia indonésia, dependente como era desse único produto. A corrupção e o compadrio pareciam impossíveis de controlar – sobretudo porque muitas vezes estavam ligados à família do presidente e a associados próximos. Os bancos estavam debilitados ou em alguns casos a caminho da insolvência por uma crescente carga de endividamento, que em 1993 havia duplicado em cinco anos a mais de 15% de todos os empréstimos bancários. O índice da bolsa de valores perdera dois terços de seu valor no começo da década de 1990, com um aumento acentuado da dívida estrangeira a cerca de U$ 80 bilhões.

Suharto se tornou incrivelmente popular, mantendo sua posição somente graças à brutal repressão do exército. Após cinco estudantes serem mortos a tiros pelo exército em uma manifestação pacífica em Jacarta em maio de 1998, e várias rebeliões em muitas partes do país, ele foi obrigado a renunciar à presidência após 32 anos na função. Sob o governo de seu ex-protegido e sucessor, o Presidente B.J. Habibie, chegaram sinais de liberalização e a promessa de eleições justas dentro de um ano. Habibie ordenou a libertação de alguns prisioneiros políticos, reverteu o boicote à formação de novos partidos políticos e devolveu alguma liberdade à mídia pública. Contudo, embora fosse evidente que o exército tivesse permanecido uma grande fonte de poder, rebeliões contínuas, assassinatos coletivos e incêndios de casas e lojas de chineses e igrejas cristãs tornaram igualmente claro que eram incapazes de, ou relutantes em, manter a lei e a ordem.

Esses eventos e a crise econômica de julho de 1997 serviram para trazer à tona muitos problemas, mas não para resolvê-los. Os fatos brutos dessa situação eram alarmantes o bastante. A rúpia indonésia caiu vertiginosamente a partir de julho de 1997, estabilizando-se incomodamente sete meses depois em 9.000 para 1 dólar americano, cerca de um terço de seu valor pré-conversão. Com o débito do setor privado estrangeiro em torno de U$ 70 bilhões, a Indonésia enfrentou imediatamente sua pior crise financeira em 30 anos. O valor das ações nas companhias indonésias consequentemente caiu. A situação não melhorou pelos efeitos de uma longa seca, que obrigou a Indonésia a importar grandes quantidades de alimentos. O custo do arroz importado subiu mais de três vezes e, mesmo com subsídios governamentais, custava o dobro em armazéns e mercados.

Enquanto isso, o colapso de centenas de negócios aumentou o desemprego em milhões. Esqueletos de aço enferrujando no centro de negócios de Jacarta eram a expressão mais eloquente da descontinuação repentina do trabalho em projetos de edificações de muitos andares cujo financiamento – empréstimos vindo do exterior – havia acabado. A perda de renda, combinada ao aumento dos preços dos alimentos, criou uma situação altamente volátil, com protestos contra a escassez de alimentos relatados em muitas partes do país. Um aspecto preocupante desses anos foi a violência regular contra os chineses. Embora consistindo em apenas 5% da população, controlavam mais da metade da riqueza da Indonésia. Mais revoltas, levando milhares às ruas de Jacarta, vieram com um encontro da Assembleia Consultiva Popular em novembro, convocada pelo Presidente Habibie em um esforço para resolver alguns dos problemas da nação. Centenas de pessoas foram mortas, muitas vezes sob as circunstâncias mais brutais.

Habibie, que se revelava cada vez mais loquaz e inconsistente, no final de 1999 tinha pouco apoio entre o povo e o exército. Contudo, as eleições naquele ano foram relativamente pacíficas. A filha de Sukarno, Megawati, obteve a maior votação, 34%. Um indonésio comentou: "Eles votaram para o pai". Mesmo assim, em uma decisão surpresa do parlamento, Megawati foi derrotada por 373 votos a 313 para a presidência. O líder frágil, quase cego, do maior partido muçulmano, o Nahdatul Ulama (NU), Abdurrahman Wahid, tornou-se o quarto presidente indonésio. Uma severa revolta seguiu-se à decisão. Embora Wahid fosse um líder religioso amplamente respeitado, falhou em lidar com os problemas aparentemente intratáveis da Indonésia. Ele se mostrou incapaz de impedir o treinamento e armamento da milícia extremista islâmica Laskar Jihad, bem como seu transporte de Java às Ilhas Molucas, onde desempenharam um importante papel em uma campanha que matou 5.000 cristãos e incendiou centenas de aldeias e igrejas. A corrupção entre os membros de sua organização e associados também diminuiu a influência de Wahid. Ele foi destituído pela Assembleia Consultiva Popular e substituído por seu vice, Megawati, em julho de 2001. Ela se tornou a quarta presidente da Indonésia em quatro anos.

Não podemos dizer que ela tenha sido uma presidente forte, nem que tenha sido capaz de resolver os severos problemas econômicos da nação. Na verdade, pareceu ter se aproximado da dependência do exército. Durante seu governo, a guerra civil continuou a afligir a Indonésia, matando milhares nas ilhas Maluku, Papua Ocidental e Achém, e retirando milhares mais de suas casas. Um aspecto ominoso disso foi o conflito entre comunidades muçulmanas e cristãs, que são aproximadamente iguais em número nas ilhas orientais.

Uma decisão no começo de 2001 de delegar várias funções, incluindo saúde, educação, fornecimento de água, mineração e gerenciamento florestal às 364 regências – áreas locais – do país tendeu a descentralizar a corrupção em vez da autoridade. Esse foi um considerável dissuasor para o investimento estrangeiro, criando hierarquias ainda mais complicadas que devem ser subornadas por aqueles que buscam fazer negócios na Indonésia. Houve um fluxo de U$ 1,7 bilhão em investimentos estrangeiros em 2002.

Em 12 de outubro de 2002, uma bomba incendiária feita com o fertilizante nitrato de amônia e óleo combustível matou 200 pessoas em uma casa noturna na região turística popular da Praia de Kuta, em Bali. Essa atrocidade, cometida por extremistas islâmicos, foi vinculada à "guerra contra o terror" mundial resultante dos ataques ao World Trade Center em Nova York. Os Estados Unidos e a Austrália amenizaram seu tratamento linha-dura contra o exército indonésio, resultando em um aumento significativo de seu poder. Nas primeiras eleições presidenciais diretas da Indonésia em 2004, o ex-General Susilo Bambang Yudhoyon foi eleito, e, em 2009, reeleito para um segundo mandato. Soldado de carreira e Ph.D. em economia agrícola, foi ministro de Minas na administração Wahid. É importante o fato de ter renunciado publicamente à ideia de que o exército deveria se envolver na política, dizendo que "não existe uma assim chamada missão política social no exército".

Em 2004, um terremoto massivo seguido de um tsunami devastou o norte de Sumatra, incluindo a cidade de Achém, matando 240.000 pessoas, deixando quase um milhão de desabrigados e arruinando grande parte da terra arável pela inundação de água salgada. Em 2005, o acordo de paz entre o governo e os insurgentes de Achém encerrou a longa rebelião que havia lá.

Quatro grandes influências no presente e futuro da Indonésia podem ser identificadas. Uma é o controle que o exército e a elite da era de Suharto ainda têm sobre a comunidade. A segunda está estreitamente associada à primeira – a aparente inabilidade desse governo de efetivamente controlar o país e seus assuntos. Cada vez mais a administração tem sido exercida regionalmente, na maioria das vezes por membros locais do exército. A terceira deve ser a pobreza continuada e a desigualdade econômica. A quarta é o fortalecimento crescente de grupos islâmicos extremistas na sociedade, bem como o apoio tácito dado a eles tanto pelo governo como por seções do exército.

A Indonésia sobreviverá a um Estado único e unido? O risco da balcanização é bastante real. A discórdia em várias áreas regionais, especialmente em Achém e na Papua Indonésia, tem sido suprimida somente pela força ou pela ameaça da força do exército. Embora haja paz nominal em Achém, reivindicações por autonomia e controle das receitas do petróleo e gás da região não desapareceram. Há um movimento de independência suprimido na Papua Ocidental. Evidências confiáveis emergiram em 2001 de que um referendo popular local patrocinado pela ONU foi "apenas uma camuflagem", na qual somente 1.022 apoiadores escolhidos a dedo, e fiscalizados pelo exército, votaram unanimemente pela integração com a Indonésia, enquanto um milhão não teve mais chance alguma. O diálogo com os papuas terminou efetivamente em 2003, para ser substituído por um duro domínio militar. A força especial do exército, Kopassus, que se envolvera em várias atrocidades bem documentadas ao longo dos anos, estava operando novamente em Papua, assim como a milícia islâmica extremista Laskar Jihad.

30
Malásia, Singapura e Brunei

A Malásia é uma nova nação em mais de um sentido – seu desenvolvimento como uma comunidade organizada ocorreu quase inteiramente dentro do último século e meio. Kuala Lumpur, a capital, e agora o principal centro de população e de indústrias, foi estabelecida somente após a descoberta de estanho lá em 1860. No final do século XIX, a população total era uma pequena fração da atual de 30 milhões, provavelmente bem acima de um milhão de pessoas, composta basicamente de tribos de navegantes que viviam em aldeias de casas de madeira com teto de palha de palmeira que se estendiam ao longo das margens lamacentas de estuários de rios. Além das breves e limitadas tradições de Malaca e Johore, havia pouco senso de nacionalidade.

A Malaia peninsular, o Estado Central da Malásia atual, foi importante para a Companhia das Índias Orientais Britânicas na primeira metade do século XIX devido a três assentamentos ao longo das costas oeste e sul, estabelecidos como pontos de parada na rota de comércio com a China: George Town na ilha montanhosa de Penang, Malaca e a Ilha de Singapura.

A Grã-Bretanha não tinha interesse na época pelo interior coberto de selva, extensamente montanhoso e levemente povoado. Lá não havia grandes áreas férteis de deltas, minas importantes de ouro ou pedras preciosas, quaisquer sociedades desenvolvidas que pudessem fornecer recursos de matérias-primas e um mercado para manufaturas. O clima era quente, úmido e enervante, e grande parte do solo, pobre. Não havia estradas, muito menos ferrovias, e exceto por alguns quilômetros de ambos os lados de estuários de rios, a maior parte do país, infestado de cobras, tigres e sanguessugas, era inacessível, além de assolada pelo mortal mosquito anófeles, na época ainda não identificado como o portador da malária. A maior parte do país nunca havia sido explorada, e parecia haver pouco incentivo para que os malaios ou europeus o fizessem. Não havia terra para trafegar entre as costas leste e oeste, que são divididas por cadeias de montanhas altas, escarpadas e pedregosas.

A abertura do Canal de Suez em 1869 colocou a Malaia em uma posição muito mais estratégica e em proeminência econômica. Em 1867, a jornada de Londres a Singapura era de 116 dias. Três anos mais tarde uma jornada de 42 dias foi registrada. A despeito da sombria taxa de mortes por malária, a pobreza rural em sua pátria levou dezenas de milhares de chineses para a Malaia como peões contratados, basicamente para trabalharem em minas de estanho nos estados do norte de Perak e Selangor. Até então, a mineração malaia havia sido intermitente e em pequena escala. A mão de obra e os métodos chineses desenvolveram a indústria de tal modo que ao final do século ela era a maior produtora do mundo. As maiores migrações de chineses foram na década de 1860, quando dezenas de milhares se aglomeravam nos acampamentos pobres e sem lei que cresciam em torno das minas.

Com ausência de uma lei no interior da Malaia além da faca e do revólver, mineiros individuais estavam mais que dispostos a jurar fidelidade a várias das sociedades secretas chinesas concorrentes. Essas sociedades em breve se tornariam ricas e poderosas, e sua rivalidade severa e violenta. Batalhas campais eram frequentes. Membros de uma sociedade se gabavam de que suas camisas eram tingidas com o sangue de seus rivais. Iniciados eram obrigados a, como ainda são hoje, obedecer a ordens sem questionar e a não revelar absolutamente informação alguma sobre a sociedade, sob pena de morte.

Essas circunstâncias estabeleceram a fundação para uma sociedade malaia com uma minoria chinesa rica e influente que constitui cerca de um quarto da população, dentro da qual sociedades criminosas secretas como a Triad prosperaram, extorquindo lojistas, administrando bordéis e se envolvendo em contrabando ilegal. Elas espancavam oponentes com correias de bicicleta, e os matavam a facadas. Ainda existe uma desconfiança profunda e subjacente entre os povos chineses e malaios.

Durante essas décadas formativas, conflitos por poder, saque de vizinhos e guerra eram quase incessantes entre os principezinhos malaios. Disputas sobre quem deveria receber os *royalties* se conectavam assim como os campos novos e produtivos de estanho. A pirataria ao longo da costa se tornou mais impudente e comum, com guardas armados em navios de transporte de mercadorias tendo regularmente que combater barcos atacantes. A ilegalidade geral no fim persuadiu as autoridades britânicas a intervirem nos assuntos do "interior". Em 1873, as autoridades de Singapura foram requisitadas "a empregar tanta influência quanto possuíssem sobre os príncipes nativos para resgatar esses países da ruína que lhes deveria sobrevir se as desordens presentes continuassem sem pausa". A provisão, de 1874 em diante, de ministros residentes para orientarem os governantes locais levou a uma extensão do domínio britânico através do país. Disputas dinásticas foram habilidosamente exploradas pelos diplomatas britânicos para esse fim. Os governantes malaios foram obrigados a aceitar a "orientação" britânica em todos os assuntos exceto naqueles relativos à religião islâmica e ao costume.

Nessa época, o interesse britânico foi aumentado por dois eventos que devem ser considerados importantes. O primeiro foi a identificação do anófeles como o vetor da malária e o desenvolvimento de medidas para controlá-lo. O segundo foi a introdução do cultivo da seringueira, nativa do Brasil, e o reconhecimento de que esse cultivo de exportação se desenvolveria nos solos pobres da Malaia, e para cujo serviço havia uma adequada reserva de força de trabalho barata. A produção em massa de automóveis fez toda diferença à emergente indústria da borracha. Ela começou a prosperar a partir de 1906, e em 1937 a Malaia possuía mais de dois milhões de acres de plantações de seringueira, exportando aproximadamente três quartos de um milhão de toneladas ao ano.

Pela primeira vez tornou-se possível aos plantadores britânicos construírem sua vida e a de suas famílias no interior. Estradas e ferrovias foram construídas, a planície costeira a oeste das montanhas foi desmatada e cultivada e cidades do interior, como Kuala Lumpur e Ipoh, cresceram e prosperaram. Kuala Lumpur construiu uma curiosa coleção de prédios públicos, como a Mesquita Jame, no estilo mughal do norte indiano, porque em muitos casos os arquitetos eram ingleses formados na Índia. Um acordo com a Tailândia em 1909 resultou em quatro estados ao norte – Perlis, Kedah, Kelantan e Trengannu – sendo transferidos para a Malaia britânica. Esse evento quase dobrou a área da Malaia às custas de seu vizinho, embora os tailandeses tenham ficado bastante satisfeitos por se livrarem de grande parte da problemática minoria malaia/muçulmana no sul.

Embora um partido comunista tenha sido fundado em 1930, principalmente entre os chineses, nenhum outro movimento de independência evoluiu como àqueles na Índia ou Indonésia. A natureza multirracial da sociedade foi parcialmente responsável por isso. Havia também nesse momento uma grande minoria de trabalhadores tâmeis da Índia, que haviam sido importados para sangrar a seiva de látex das seringueiras, e cujos descendentes constituíam agora 8% da população. Embora a depressão mundial da década de 1930 tenha provocado reveses, a vida e o progresso continuaram de um modo ordenado – a Malaia dos romances de Somerset Maugham, uma plácida vida rural constituída do círculo social casual nos bangalôs dos europeus, com suas amplas varandas e ventiladores de teto se movendo lentamente. Em 1949, a população havia chegado a quatro milhões.

Em 1941, a Guerra do Pacífico irrompeu nessa cena pacífica sem aviso. Os japoneses desembarcaram no Estado de Kelantan ao norte apenas um dia depois de a frota americana ter sido avariada em Pearl Harbor e ter estendido rapidamente sua cabeça de ponte. No começo de 1942, Singapura caiu. A falha dos japoneses em manter serviços de saúde preventivos resultou em um surto de malária. Os invasores tratavam o povo malaio com a mesma brutalidade que exibiram em outros lugares do Sudeste Asiático ocupado, mas reservaram seu rancor especial para os chineses.

Um movimento de resistência, basicamente comunista, cresceu entre os chineses e continuou em refúgios na selva durante a reocupação britânica da Malaia. Em 1948, a Emergência, uma guerra cruel e prolongada entre os pelotões independentes comunistas e o governo colonial, iniciou. Em breve o interior assumiu um aspecto de tempo de guerra. As aldeias foram cercadas por cercas de arame farpado de 2,5m, cuidadosamente vigiadas e iluminadas com holofotes e com toque de recolher à noite.

Trabalhando na Malaia durante os últimos anos da Emergência, partilhei das condições severas impostas a todos que dirigiam um carro – a ordem para ficar dentro de um perímetro cercado ao cair da noite ou ser alvejado a tiros, não parar entre as aldeias, não carregar comida, dinheiro, lona, folhas de plástico, papel para escrever, máquinas de escrever, armas e muitas outras coisas consideradas úteis para os comunistas. A Emergência se prolongou principalmente porque foi uma iniciativa tanto chinesa quanto comunista. Certa vez fui convidado para um jantar de um grupo de chineses ricos em Penang, onde vários membros da companhia beberam tanto que literalmente caíam de suas cadeiras, com as funcionárias do restaurante carregando-os discretamente a a cama em quartos especialmente preparados. Um deles, um banqueiro chinês, após ingerir uma quantidade considerável de conhaque, disse-me: "Ah... é *nosso* exército na selva".

Os eventos políticos foram finalmente mais efetivos em terminar a Emergência do que os eventos militares, muito custosos e muitas vezes contraproducentes, que incluíram reunir grande parte da população em campos de concentração. Aldeias inteiras foram despovoadas a força, uma visão melancólica para quem dirigia pelo interior. A miséria e a pobreza provocadas por essa política do exército britânico conseguiu assegurar que os pelotões independentes comunistas tivessem tantos recrutas voluntários que foram capazes de manter seus números ao longo da Emergência.

Todas as três grandes comunidades asiáticas formaram associações políticas dedicadas à tarefa de obter a independência como uma democracia parlamentar. A chegada do autogoverno interno em 1955 foi inesperada. A intenção do governo britânico era que somente poderes limitados fossem concedidos àqueles escolhidos nas primeiras eleições gerais da Malaia naquele ano. Contudo, o Partido da Aliança, que representava os três grupos raciais, obteve 51 das 52 cadeiras eletivas, um resultado tão eloquente que seu líder, Tengku Abdul Rahman, foi capaz de obter uma garantia para a completa independência tão logo possível. Em 31 de agosto de 1957, a Malaia se tornou um domínio independente dentro da Commonwealth britânica. Foi sorte de seu novo líder, um príncipe malaio, educado, gentil e muito consciente do risco de violência coletiva. Um de seus atos mais eloquentes foi a adoção de órfãos chineses em sua família.

Como a independência privou a rebelião comunista de qualquer fundamento, permaneceram apenas focos problemáticos isolados e o estado de emergência foi oficialmente encerrado em 1960. Contudo, o líder comunista, Ching Peng, e um pequeno exército de seus seguidores mais leais e fanáticos se retiraram para as colinas cobertas de selva na fronteira tailandesa, anunciando o fim de seu conflito armado em 1989.

Um grande passo adiante foi dado em 1963 com a inclusão das colônias britânicas de Singapura, Sarawak e Sabah com a Malaia em uma federação estendida, chamada Malásia. A Brunei rica em petróleo se negou a se tornar um membro. Como era predominantemente chinesa, contudo, a cidade-Estado de Singapura terminou também sendo escolhida para se tornar uma república independente, deixando a Malásia em 1965.

A Singapura moderna, uma democracia "controlada", é, todavia, um testemunho extraordinário do que seu arquiteto, Lee Kuan Yew, chama "valores asiáticos". Não apenas cinco milhões e meio de pessoas vivem nessa pequena ilha de apenas 400km^2, mas o fazem em condições econômicas e sociais que são quase incomparáveis globalmente. A expectativa de vida no nascimento era de 82 anos em 2013 – a quarta melhor taxa no mundo, com alfabetização de 92,5%. Isso é o mais notável porque a ilha carece de recursos naturais – o solo é muito pobre, e grande parte do abastecimento de água de Singapura depende da vizinha Malásia, à qual a ilha é conectada por uma ponte. Quase toda comida é importada.

Durante a década de 1950, a Associação dos Correspondentes Estrangeiros do Sudeste da Ásia fazia almoços regulares no Hôtel de l'Europa (o Cockpit) em Singapura. Lá eu vi e ocasionalmente troquei algumas palavras com um advogado chinês jovem, elegantemente vestido, conhecido por todos como Harry Lee. Não o chamaríamos Harry agora. Em 1955, Lee Kuan Yew atingiu a mais alta votação do que qualquer outro candidato individual em uma eleição para uma assembleia em Singapura, um dos três membros do Partido da Ação Popular (PAP), de esquerda, a ser eleito. O PAP, contudo, dividiu-se em duas facções, uma dos moderados sob a liderança de Lee Kuan Yew, e a outra uma "frente" comunista. Essa primeira assembleia teve poderes limitados, mas a Grã-Bretanha, estendeu esses a um completo autogoverno interno em 1959. O notável carisma e astúcia política de Lee Kuan Yew foram demonstrados depois, quando ele atraiu muitos aplausos ao falar a uma grande audiência de singapurenses na Malaia após alguns discursos em inglês menos bem recebidos por outros.

Uma eleição geral mais tarde naquele ano deu ao PAP uma vitória esmagadora, mas suas divisões internas deixaram os moderados de Lee com uma maioria de somente um. Por um tempo, parecia provável que o outro partido, a Frente Socialista, assumiria o governo. Contudo, uma eleição geral em 1963 deu ao partido de Lee 37 das 51 cadeiras após garantir que apresentaria "desempenho, não promessas. Os milhões de despossuídos na Ásia não se importam com a teoria nem a conhecem. Eles desejam uma vida melhor, uma sociedade mais igual e mais justa".

A tarefa diante do novo governo não era fácil. Houve sérias revoltas coletivas naquele ano – a ex-colônia estava etnicamente dividida, chineses, malaios e indianos, e com pouca infraestrutura moderna e moradia adequada para a maioria de seu povo.

Uma combinação notável de impiedade, eficiência e, parece, intenção benevolente capacitou Lee a continuar a dominar Singapura e a se tornar uma figura mundial durante as próximas três décadas. Ao usar ações nas cortes e coerção tanto sutil como não sutil para destruir a oposição no parlamento, chegou perto de ser o governo de um homem só. Em 1968, o PAP venceu todas as 58 cadeiras – 51% delas sem resistência – e permaneceu no governo desde então. O PAP se orgulha de seu pragmatismo. Sua mistura de democracia parlamentar com restrição agressiva das liberdades e direitos políticos do povo lhe dão um poder praticamente irrestrito para moldar a comunidade da forma que acredita ser melhor. Não houve juventude de cabelos longos, música e dança "decadentes" são proibidas; ninguém pode cuspir nas ruas; os valores confucianos como respeito aos pais e solidariedade familiar foram adotados; muitas sanções severas, incluindo a pena de morte, foram introduzidas para uso e tráfico de drogas. Eficiência, trabalho duro e confiabilidade se tornaram virtudes estabelecidas.

Com base nisso, Lee Kuan Yew transformou Singapura de uma cidade provincial chinesa desmantelada numa ilha do Sudeste Asiático em uma nação pós-industrial moderna, rica e influente. Suas antigas cidades de casas com tetos de palha – muitas vezes cenários de horríveis incêndios – e quadras abarrotadas de *shophouses* (casas-loja) chinesas foram derrubadas e substituídas por fileiras de modernos apartamentos altos e um distrito central de negócios de altas torres de escritórios. O transporte público e os recursos educacionais estão entre os melhores do mundo.

Uma verdadeira obsessão pela higiene transformou uma cidade de muitos odores (devemos admitir) em uma metrópole limpa e asséptica, com a população melhor educada, mais rica e mais próspera da Ásia. Por exemplo, é uma ofensa não dar descarga em um toalete público em Singapura – um pequeno detalhe de leis estritas que controlam a qualidade do ar e da água e a higiene pública. Singapura possui um sistema legal severo e duro para os padrões mundiais. Seu governo justifica isso apontando para a taxa muito baixa de crime da ilha.

O milagre econômico de Singapura deriva quase inteiramente da inteligência, trabalho duro e intensa competitividade de seu povo, três quartos do qual composto de chineses. Parte de sua natureza pode ser deduzida do fato de que quase três quartos do PIB derivam de serviços, principalmente nos campos de finanças, negócios, comércio e turismo. Apenas uma pequena fração do restante vem da manufatura. Grande parte disso, especialmente eletrônicos, está na categoria *smart*, com uma atenção considerável à tecnologia da informação, embora haja uma ampla variedade de outros produtos de empresas de pequeno e médio porte. Em 2012, essas sofreram com a competição de países de salários baixos como o Vietnã – esse foi considerado um fator no crescimento reduzido de Singapura – apenas 1,3% em 2012, com mais uma contração no primeiro quarto de 2013. Em anos recentes tem havido uma ênfase considerável em atrair estabelecimentos de pesquisa com redução de impostos e outros incentivos.

A despeito de um revés para a prosperidade de Singapura devido à crise econômica asiática, o PAP foi eleito para mais um mandato de cinco anos em novembro de 2001, vencendo 82 das 90 cadeiras eletivas. Nessa fase, já governava por 39 anos. O filho mais velho de Lee Kuan Yew, Lee Hsien Loong, tornou-se primeiro-ministro em 2004 aos 52 anos. No entanto, Lee (o pai) e Gho Chok Tong (primeiro-ministro por 14 anos) permaneceram como os mais velhos ministros do Gabinete depois de Lee (o filho). O trio era irreverentemente chamado por alguns singapurenses como a Trindade – o pai, o filho e o santo Gho. A esposa de Lee Hsien Loong, Ho Ching, é a chefe da Temasek Holdings, uma enorme corporação por meio da qual o governo controla grande parte dos negócios da ilha e de uma considerável quantidade de investimentos no exterior. Um outro filho, Lee Hsien Yang, chefia a grande empresa de comunicações, Singtel.

Um dos maiores problemas de Singapura, que ela partilha com outros países prósperos, é um índice de natalidade tão baixo que ameaça um declínio e um envelhecimento da população. Em 2012, a média familiar de filhos era 1,2 – bem abaixo da taxa de substituição de 2,1. Caracteristicamente, foi o governo quem assumiu o trabalho de persuadir os jovens singapurenses a um maior interesse pelos "pássaros e abelhas", com uma campanha publicitária que incluía canções de amor apaixonadas nas rádios destinadas a se contrapor a uma falta de interesse por sexo (que uma pesquisa oficial declarou ocorrer apenas duas vezes a cada cinco dias, em média). Em 2013, o governo introduziu altas gratificações em dinheiro para bebês, licença paternidade remunerada e alocação prioritária de novos apartamentos como parte de um programa anual de U$ 2 bilhões para encorajar os singapurenses a ter mais filhos.

Em 1841, o sultão de Brunei deu o território Bornéu de Sarawak a um aventureiro inglês, o Capitão James Brooke, em troca de sua ajuda na subjugação de "piratas". A Família Brooke governou Sarawak de seu *stana* (palácio) na capital ribeirinha de Kuching por 105 anos. Sobre sua porta se lia o lema: "O que possuo, controlo". Após alguma hesitação, o governo britânico reconheceu essa dinastia de "rajás brancos" em 1864 e garantiu proteção britânica em 1888. Após a Segunda Guerra Mundial, o terceiro rajá cedeu Sarawak para a coroa britânica em troca de uma generosa pensão vitalícia. O Governo Brooke foi predominantemente benigno, preocupado em preservar o modo de vida tradicional de Sarawak – que possui sete grandes grupos étnicos – e em protegê-la da exploração estrangeira.

As primeiras eleições foram organizadas em 1959 para estabelecer um grau de autogoverno sob uma assembleia legislativa chamada o Conselho Negri. Eleições para o governo de Estado nesse território de dois milhões e meio de pessoas resultaram desde então em coalizões de partidos que representavam os maiores grupos étnicos. Sarawak é relativamente rica. É um dos principais exportadores mundiais de madeira bruta, enquanto a companhia de petróleo e gás, Petronas, possui reservas equivalentes a quase 30 bilhões de barris de óleo.

Sabah, anteriormente Bornéu do Norte, é vizinha de Sarawak e, como esse território, partilha uma fronteira de montanhas selvagens com a Kalimantan indonésia. A maior parte do território de Sabah nunca foi explorada. Possui mais de três milhões de pessoas, das quais 300.000 são chinesas e o resto, tribos nativas, com Murut, Kadazan e Bajau estando entre as mais numerosas. Como Sarawak, Sabah tornou-se protetorado britânico em 1888 e, com a pequena Ilha de Labuan ao largo de sua costa, tornou-se uma colônia da coroa após a Segunda Guerra Mundial. Sabah sofreu três anos de ocupação japonesa nessa guerra, durante a qual a capital, Sandakan, foi praticamente destruída. Tornou-se parte da Malásia em 1963. Como Sandakan, possui uma economia essencialmente agrícola, exportando madeira, óleo de palma e borracha. Uma florescente indústria ecoturística é apoiada por seis parques nacionais selvagens, o mais conhecido sendo o Parque Nacional Kinabalu, considerado patrimônio mundial, que recebe mais de dois milhões de turistas ao ano.

Uma severa rebelião racial em Kuala Lumpur em 1969, na qual 200 pessoas foram mortas, levou a uma suspensão do parlamento malásio por dois anos e um enrijecimento geral dos procedimentos de lei e ordem. Devido a esses distúrbios sociais o governo decidiu que a democracia malásia deveria passar a ser "controlada". Quando o parlamento foi retomado em 1971, a constituição foi emendada para enfatizar o domínio malaio, tornando o malaio a língua oficial e o Islã a religião oficial. A mídia, assim como o parlamento e as cortes de justiça, passou a sujeitar-se ao controle governamental. Uma consequência dessas tensões raciais evidentes foi a preocupação do governo com temas étnicos, especialmente o fato de que a maior parte dos negócios e finanças são controlados pelos chineses e indianos, com uma pobreza considerável entre os malaios. Em 1970, estimava-se que mais de metade dos malaios estivessem abaixo do nível de pobreza, mas como resultado de uma intervenção governamental para admiti-los em ocupações anteriormente dominadas por não malaios, considera-se que esse número tenha reduzido em cerca de 20%. Em 2001, houve um outro surto de violência coletiva em Kuala Lumpur, no qual ao menos 12 pessoas foram mortas.

A democracia "controlada" prosseguiu, consolidando-se em um completo autoritarismo ao final da década de 1980. O quarto primeiro-ministro, Mahathir Mohamad, que assumiu o governo em 1981, usou as leis internas draconianas da Malásia – um resíduo da Emergência – para fechar quatro jornais e prender 119 oponentes políticos e jornalistas de orientação independente em 1987. Mais coisas ocorreriam durante a próxima década. Pessoas presas sob essas leis podiam ser e foram aprisionadas sem julgamento. Desde aquela época a Malásia tem tido uma imprensa subserviente e complacente, e a oposição política tem sido severamente desencorajada. Mahathir, o primeiro líder malásio a questionar o contínuo patrocínio britânico econômico, fez tentativas vigorosas para reduzir o domínio das companhias britânicas na indústria de borracha, adquirindo suas cotas e colocando-as em uma corporação estatal, a Permodalan. A posse estrangeira dos setores modernos da economia, mais da metade em 1970, está agora bem abaixo de um quarto.

O governo tem trabalhado firmemente para aumentar tanto a riqueza como o *status* dos malaios e de outros povos indígenas, que constituem mais de 60% da população. Há agora uma classe média malaia numerosa e visível.

O colapso da economia em 1997 e as subsequentes dificuldades provocaram o aumento do descontentamento com o autoritarismo do governo. Como em outra parte na Ásia, as pessoas estavam preparadas para tolerá-lo enquanto fossem modestamente prósperas – o que foi sucintamente descrito como "Cale a boca e eu deixarei você enriquecer". Em 1998, esse descontentamento coalesceu em torno da pessoa do vice-primeiro-ministro demitido, Anwar Ibrahim, levando a extensas manifestações e batalhas campais entre os "revoltosos" e a polícia. Houve uma crítica generalizada aos membros do governo por estarem envolvidos no "capitalismo de compadrio" (*crony capitalism*).

Esperava-se que Anwar – que atraíra respeito mundial por suas posições moderadas e esclarecidas – sucedesse o senescente Mahathir. Em troca, Mahathir demitiu Anwar, que foi imediatamente acusado de várias ofensas e aprisionado. Quando apareceu na corte com ferimentos na cabeça infligidos pela prisão policial, muitos líderes mundiais – mesmo aqueles de alguns outros países asiáticos – expressaram seu apoio a ele. Anwar não estava sozinho nessa situação difícil. Centenas de milhares, que regularmente ocupavam as ruas para apoiá-lo, foram espancados ou presos.

No começo de 1999, Anwar foi sentenciado a seis anos de prisão, após um julgamento bizarro que levantou dúvidas consideráveis sobre o sistema de justiça malásio. Contudo, Dr. Mahathir retornou ao poder em uma eleição mais tarde naquele ano, embora com uma maioria reduzida. Ele renunciou no final de 2003. Em uma eleição no começo do ano seguinte, seu sucessor, Abdullah Badawi, atingiu uma vitória significativa. O governo obteve 198 das 219 cadeiras no parlamento, e o partido islâmico, PAS, manteve somente 7 das 27 que havia obtido em 1999. Isso foi amplamente interpretado como um voto para o *status quo* e uma indicação dos medos públicos do fundamentalismo islâmico, mas o resultado deve também ter sido influenciado pelas restrições consideráveis impostas aos partidos de oposição nas condições da democracia "controlada". Anwar foi libertado da prisão em 2004, mas sob a lei malásia não poderia ocupar qualquer cargo político novamente até 2008. Contudo, retomou sua carreira política naquele ano, vencendo uma eleição parcial e retornando ao parlamento como líder da oposição. Eleições gerais em 2008 deram ao governo seu pior resultado eleitoral até então, com a oposição assumindo um terço das cadeiras. Além disso, naquele ano Anwar enfrentou acusações de sodomia que resultaram em mais dois anos de litígio, após o qual foi considerado inocente.

Badawi renunciou ao cargo de primeiro-ministro em 2009, quando seu vice, Najib Razak assumiu. Embora Razak seja um forte apoiador dos interesses malaios – é presidente da Organização Nacional Malaia (Umno) –, tentou projetar uma imagem moderada. Apesar disso, o governo fez duas doações em dinheiro para quase seis milhões de famílias mais pobres durante a preparação para as eleições de 2013 – essas doações foram amplamente criticadas como um exercício de "compra de votos".

Na campanha para essa eleição, Anwar se comprometeu em constituir uma forte comissão anticorrupção para investigar a concessão de bilhões de dólares em contratos governamentais a negócios com ligações com funcionários. Dizendo que a Malásia se chamava uma democracia, mas "era claramente autoritária", prometeu aos malásios o retorno aos direitos de livre-expressão e religião.

Embora o governo tenha obtido somente 47% dos votos emitidos e a oposição uma clara maioria com mais de 50%, o governo garantiu um outro mandato nas eleições de 2013, as quais Anwar descreveu como "claramente fraudulentas". As fronteiras eleitorais na Malásia incluem um número de votos muito menor nos eleitorados rurais do que nos urbanos – por isso o voto de um analfabeto *bumiputra* (filho do solo) em uma aldeia remota equivaler efetivamente ao de vários cientistas ou executivos de alto escalão em uma cidade como Kuala Lumpur ou Penang. Houve claramente uma divisão racial nessa eleição, com eleitores chineses e urbanos favorecendo em grande medida a oposição, e, os malaios rurais, mais pobres, o governo. Bersih, uma organização que fazia campanha por eleições livres e justas, começou uma pesquisa para investigar a "fraude eleitoral generalizada e a presença de eleitores estrangeiros "fantasmas" usando documentos de identidade falsos".

Centenas de milhares participaram de uma série de manifestações de protesto, nas quais Anwar disse haver evidências para questionar o resultado da eleição em 29 cadeiras. Contudo, o governo reagiu rapidamente, usando seus poderes policiais draconianos para prender três políticos e ativistas da oposição e destruir centenas de cópias de jornais oposicionistas.

A prosperidade da Malásia foi revivida substancialmente a partir de 2000, após um temporário isolamento de sua economia do sistema internacional e da injeção de milhões de dólares na indústria na forma de empréstimos a juros baixos. Uma avançada indústria de alta tecnologia em eletrônicos garante mais da metade da receita de importação. Em 2013, os indicadores sociais e econômicos foram bons, com as reservas estrangeiras em U$ 131 bilhões, uma expectativa de vida de 70 anos, PIB *per capita* acima de U$ 7.000, e crescimento populacional em torno de 2%. A exploração bem-sucedida de petróleo e gás na costa, após 1970, ajudou enormemente a economia. Reservas são estimadas em 5 bilhões de barris de petróleo e cerca de 24 bilhões de metros cúbicos de gás – os hidrocarbonetos constituem aproximadamente 10% da receita com exportação da Malásia. As plantações de óleo de palma começaram a substituir os menos lucrativos seringais. A manufatura se tornou a área mais importante de receita de exportação a partir de meados da década de 1990.

Brunei, uma das últimas monarquias absolutistas do mundo e um de seus estados mais ricos, projeta-se em um vívido contraste. A população em 2011 era de 393.000, ocupando cerca de 3.200km² da costa de Bornéu. Brunei possui ricos campos de petróleo, que proveram a seus governantes uma riqueza extravagante e à sua população uma série invejável de serviços sociais gratuitos ou muito baratos.

A era de glória de Brunei foi o século XVI, quando o sultanato teria controlado a maior parte de Bornéu e muitas ilhas no Mar de Sulu que fazem parte agora das Filipinas. Ela se tornou um refúgio notório de pirataria até meados do século XIX, quando a marinha britânica destruiu as frotas piratas. O território e a influência de Brunei haviam declinado na época, e, quando se tornou um protetorado britânico em 1888, não era mais que um pequeno, pobre e obscuro principado muçulmano às margens de um estuário lamacento. Desde que foi encontrado petróleo próximo à costa em Seria em 1929, o Estado tem ganho tanto dinheiro com *royalties* que tem tido dificuldade de gastá-lo. Um banqueiro em Brunei contou-me certa vez que a população inteira poderia viver confortavelmente no futuro indefinido com a receita de seus investimentos no exterior.

Se esse ainda é o caso depende de como a família real gastará as receitas com petróleo no futuro. O sultão é um dos homens mais ricos do mundo, com um patrimônio estimado outrora em cerca de U$ 50 bilhões. Sua riqueza atual é estimada em menos da metade disso – aproximadamente U$ 20 bilhões. Um declínio nas fortunas de Brunei se deveu parcialmente aos enormes gastos da família real, muitas vezes para beneficiar o povo, mas por vezes em itens luxuosos para si própria. Colecionar carros raros e de edições limitadas é o *hobby* do sultão. Um enorme "palácio de carros" acomoda mais de 7.000 dos carros mais caros do mundo, num valor estimado de U$ 5 bilhões. Existem mais de 500 Mercedes-Benz®, um dos quais é folheado a ouro. Dizem que sua *istana* – residência oficial – possui 1.788 quartos e 257 banheiros, o maior palácio residencial do mundo. A cidade de Brunei possui uma enorme mesquita de mármore, concluída em 1958 – e que deveria se parecer com o Taj Mahal –, escolas, hospitais e estradas modernos. A educação é gratuita e não há imposto de renda. Arroz e habitação são subsidiados. Tratamento médico é gratuito para os militares, para a polícia e para as crianças. Pequenas taxas são cobradas das outras pessoas.

Contudo, com a produção reduzida de seus campos de petróleo para aumentar sua vida produtiva, Brunei começou a sofrer seus primeiros problemas econômicos na virada do milênio. Em 2000, o irmão mais jovem do sultão, Príncipe Jefri Bolkiah, que havia sido ministro da Fazenda, enfrentou um processo para recuperar U$ 15 bilhões que havia gasto em itens como hotéis luxuosos, joias, carros, aviões e escovas de cabelo folheadas a ouro. O príncipe fez um acordo para pagar U$ 300 mil por mês, e deixou Brunei para viver na Europa. No ano seguinte, um leilão de suas posses foi organizado em Brunei, levantando aproximadamente U$ 8 milhões. Itens à venda incluíam um cavalo de balanço em bronze de cerca de 3,7m de altura, pianos de cauda, espelhos, canhões antigos e uma fábrica de mármore. Contudo, a despeito de alguns problemas financeiros, em 2010 Brunei atingiu um PIB de U$ 17 bilhões, reservas internacionais de U$ 1,5 trilhões, e um PIB *per capita* de U$ 40.000. Outros indicadores sociais são altos, com alfabetização em 91%.

Brunei se tornou um Estado independente em 1983, após quase cem anos de proteção britânica, e possui relações estreitas com Singapura, incluindo treinamento de forças de defesa. O país gastou ao menos U$ 2 bilhões em modernos sistemas de armamento de defesa, como os mísseis Exocet.

Mais cedo, em 1959, Brunei havia atingido o autogoverno interno, com três níveis de governo. Desses, somente os conselhos distritais eram eletivos. O Partido Rakyat Brunei (PRB), de esquerda, emergiu com políticas para democracia e para a unificação dos três estados ao norte de Bornéu, sob a liderança de Ahman Azahari. O país se tornou uma grande força após obter uma ampla percentagem de votos nas eleições de conselhos distritais em 1962. Contudo, quando Azahari se declarou primeiro-ministro de um novo Estado da Bornéu do Norte e anunciou um conflito armado, o sultão agiu imediatamente, retendo o poder com o auxílio das forças britânicas de Singapura. O PRB foi proscrito e seus líderes aprisionados ou forçados ao exílio. Dessa época em diante, o sultão governou por decreto. Brunei se tornou, assim, uma das poucas monarquias absolutistas remanescentes no mundo. Não surpreende que possua uma das políticas de imigração mais restritivas do mundo.

31
Japão: o triângulo de ferro

A abertura do Japão para o comércio com o resto do mundo após quase três séculos de isolamento e seu rápido progresso de um aparentemente feudalismo rígido a uma economia capitalista ao estilo ocidental o tornaram uma grande potência mundial em uma única geração. Isso foi sem dúvida uma revolução, embora muito diferente de outras na Ásia colonial. Ainda assim, a transformação da sociedade japonesa, após ter concluído os primeiros tratados de comércio com o Ocidente em 1854, não foi tão repentina como pareceria. O feudalismo, já há muito em decadência, encontrava-se prestes a ruir ao primeiro toque.

Em uma década após a "abertura do Japão", a sociedade japonesa se tornou ainda mais fluida. Os mercadores ocidentais tiraram vantagem da inexperiência japonesa explorando a taxa de intercâmbio irrealista dos *bakufu* entre ouro e prata, mais que o dobro da praticada nos mercados mundiais. Comerciantes estrangeiros tiveram enormes lucros e houve um tremendo e desestabilizador esgotamento das reservas de ouro japonesas. Isso, combinado à manipulação similar de outras mercadorias exportáveis, provocou aumentos desastrosos no custo de vida (com o preço do arroz aumentando doze vezes, e a seda crua triplicando) em oito anos.

Como resultado, a decisão de admitir comerciantes estrangeiros provocou hostilidades generalizadas e crescentes. Em 1863, o grande e poderoso clã Choshu disparou contra navios americanos, holandeses e franceses a partir de suas baterias costeiras que dominavam os pequenos e estratégicos Estreitos de Shimonoseki. No ano seguinte, uma frota ocidental retaliou destruindo as baterias. Choshu, um clã tradicionalmente oposto ao *bakufu*, colocava-se agora firmemente em apoio ao imperador. Armados com 7.000 rifles modernos trazidos do Ocidente, em 1866 derrotaram facilmente um exército *bakufu*. No ano seguinte, o *shogun*, fazendo uma avaliação realista dos fatos, abdicou voluntariamente.

Em 1868, o imperador de 16 anos, aconselhado por uma "clique predominantemente" de homens Choshu e de seus aliados os Satsuma – ambos clãs com uma proporção de *samurais* mais elevada que a média –, anunciou sua apropriação da autoridade total. O Choshu lideraria mais tarde o desenvolvimento de um exército japonês moderno, o Satsuma, uma marinha moderna. Essa elevação do imperador a líder da nação foi confirmada por importantes mudanças na ética estatal. O confucionismo e os vários cultos do budismo, que haviam sido populares durante o Período Tokugawa, foram oficialmente destituídos, e o xintoísmo, a religião animista dos japoneses antigos, restaurada à primazia.

Contudo, o xintoísmo, agora mais do que nunca, tornar-se-ia não somente uma religião, mas um culto nacional, destinado a promover a crença na divindade, infalibilidade e invencibilidade práticas do imperador e no dever de todos os japoneses de, se necessário, morrer por ele. A máquina estatal insistia que todos acreditassem nos mitos de criação japoneses, afirmando a origem divina da linha e na unicidade e pureza do povo japonês. Mesmo questionar esse "sistema do imperador" levaria à punição severa. Arqueólogos cujo trabalho indicasse conclusões muito diferentes sobre a pré-história japonesa foram efetivamente silenciados até o final da Segunda Guerra Mundial em 1945.

O fato de as potências ocidentais, com suas armas modernas, terem sido capazes de forçar o Japão ao comércio, bem como sua própria incapacidade de resistir, provocou uma impressão profunda nos japoneses. Embaixadores enviados ao exterior para estudar o mundo fora do Japão recomendaram que o país adotasse a ciência, os métodos de comércio e a indústria ocidentais tão logo quanto possível. O sistema feudal foi oficialmente desmantelado, e os *daimyo* cederam suas terras ao imperador, que em 1868 havia movido sua corte para Edo, renomeando-a Tóquio, "capital oriental". A nova era, chamada Meiji – nome do reino adotado pelo imperador – levou à transformação e à modernização do Japão em um ritmo acelerado. Contudo, nada havia de democrático sobre a nova ordem – o Japão se tornou efetivamente um Estado policial, no qual a polícia se via como ocupando substancialmente a posição previamente ocupada pelos *samurais*. A conscrição universal foi introduzida para os serviços militares.

Em 1871, os *samurais* perderam seu direito notório de "matar e ir embora", e em 1877, 30.000 deles morreram em uma rebelião que foi debelada por um exército moderno constituído principalmente de plebeus. A tortura com uma prática legal de rotina foi abolida em 1876. Os fazendeiros tinham permissão para circular com seus cavalos em estradas públicas, e a possuir, comprar e vender terras, mas tinham de pagar um terço de sua produção de grãos em impostos. O Japão se conectava ao mundo exterior através do cabo telegráfico, o gás iluminou as ruas de Yokohoma em 1872, ferrovias se espalharam pelo país e complexos urbanos, com usinas de aço, estações de força e outros aparatos do Estado industrial moderno, cresceram rapidamente.

Tudo isso foi obtido com dinheiro extorquido de pesados tributos impostos aos camponeses e de jovens que trabalhavam nas indústrias têxteis e nas minas de carvão por longas horas em troca de salários muito baixos – quase como escravos. O infanticídio se tornou comum, com muitas famílias matando seus filhos ao nascerem, menos o primeiro menino e menina, por não terem condições de sustentá-los. Há descrições contemporâneas de camponeses que decapitavam suas crianças famintas, incapazes de suportar seu sofrimento. Mas, entre as classes urbanas mais ricas, estilos ocidentais de vestir, métodos, modelos e comportamentos ocidentais eram cuidadosamente estudados e emulados. A palavra japonesa para traje de negócios ao estilo ocidental, *sevilo*, deriva de Savile Row*.

Mas atribuir tudo isso a uma mera paixão por copiar é não entender o ponto essencial. O motivo foi uma astuta apreciação de que somente pela mudança o Japão poderia sobreviver como uma nação independente. Os japoneses não copiaram o Ocidente porque o admiravam, mas por desejarem se colocar em uma posição para competir com ele em termos materiais. O culto xintoísta cuidadosamente restaurado era uma rejeição consciente das ideias culturais ocidentais, na verdade, estrangeiras.

Os novos líderes japoneses estavam convencidos de que ela deveria ser forte. Uma marinha moderna poderosa foi construída em estaleiros britânicos e treinada por oficiais britânicos, e um exército foi desenvolvido segundo o modelo alemão. Uma grande dificuldade foi a posição dos dois milhões de *samurais*. Essa classe terminou sendo dispersa, embora grande parte de sua tradição tenha sido levada para novas ocupações, como para os oficiais da polícia e do exército, professores e burocratas. Esse termo, em vez de "servidor público", é utilizado porque a burocracia japonesa não se via como servidores do povo. Há um ditado, *kanson mimpi*, que significa "funcionário exaltado, povo desprezado".

E, na verdade, as condições de vida e de trabalho para as pessoas comuns eram degradantes. As famílias empobrecidas de camponeses praticamente vendiam suas filhas para trabalho forçado em fábricas de algodão e em galpões de tecelagem. 90% dos trabalhadores nessas indústrias "de trabalho forçado" eram mulheres, 13% delas menores de 14 anos. Elas normalmente trabalhavam 12 horas por dia, mas jornadas de trabalho de até 19 horas não eram incomuns. Vivendo em dormitórios abarrotados e insalubres, adoeciam de tuberculose aos milhões – uma estatística de 1913 estima as mortes por essa doença em cerca de 40% entre as trabalhadoras das fábricas, e em cerca de 70% daquelas que se recolheram às suas aldeias.

As minas de carvão da Companhia Mitsui foram efetivamente um inferno na Terra. O não cumprimento das cotas de trabalho excessivamente altas nas perigosas condições quentes e úmidas acarretava espancamentos ou punições ainda piores, incluindo a tortura. E essas condições não se aplicavam somente aos homens. Mulheres e crianças eram enviadas para as minas – muitas com 10 anos. As mulheres eram definidas por lei como cidadãs de segunda classe e exploradas de toda forma possível, incluindo a venda de meninas de famílias camponesas empobrecidas para os bordéis públicos encontrados em toda cidade grande. As mulheres eram educadas e treinadas para serem "dóceis e modestas" e se subordinarem completamente aos seus esposos e famílias.

---

* Rua no Bairro Mayfair, no centro de Londres, conhecida principalmente por suas lojas tradicionais de trajes masculinos feitos sob medida [N.T.].

Vitórias terrestres e marítimas decisivas sobre China e Rússia estabeleceram o Japão como uma potência mundial – além disso, como uma potência imperialista, conquistando e assumindo o controle da Coreia, Manchúria e Taiwan. Os coreanos se opuseram vigorosamente à ocupação japonesa – 12.000 guerreiros da resistência foram mortos entre 1907 e 1908. Embora as formas de democracia parlamentarista tenham sido estabelecidas no Japão em 1890, haviam tido pouco efeito até que o sufrágio universal masculino fosse introduzido em 1925. Contudo, na época, duas grandes catástrofes estavam afetando o Japão. Uma foi a depressão econômica mundial, a outra, o pior desastre natural do Japão até Fukushima – o terremoto de 1923 e o incêndio que destruiu grande parte de Tóquio e Yokohama, matando mais de 150.000 pessoas. Devido a um rumor de que os coreanos tenham iniciado o incêndio, cerca de 3.000 deles foram mortos por linchamentos coletivos. Esses desastres econômicos e naturais trouxeram consigo um período de severa repressão de pessoas como líderes trabalhistas e socialistas, muitos dos quais foram executados.

Em meados daquela década, o militarismo, que parecera estar em declínio após a Primeira Guerra Mundial, estava novamente em ascendência. A partir de maio de 1925, toda escola de nível médio ou mais tinha um oficial da ativa vinculado a ela. Para a nova geração educada para um nacionalismo fanático, políticas moderadas não pareciam senão fracas. Durante a década de 1930, o exército atuou como uma força acima e além da lei. Uma série de assassinatos brutais de estadistas japoneses veteranos por jovens oficiais do exército ocorreu em 1932 e uma série de outros quatro anos depois. Dali em diante, o exército, liderado pelo General Tojo, assumiu o controle do Japão.

A guerra aberta e a invasão da China em 1927 envolveram atrocidades que provocaram protestos ao redor do mundo. O saque da capital nacionalista, Nanquim, foi especialmente brutal. Os soldados japoneses mataram civis, incluindo mulheres e crianças, principalmente com espada, e há registros de que as águas do Rio Yangzi, que passa através da cidade, tenham ficado tingidas de sangue. Os chineses declararam ter havido 300.000 mortos. Testemunhas fizeram relatos de grupos de até 20 jovens sendo amarrados juntos e jogados ao rio para se afogarem, pessoas sendo enterradas até a cintura e depois despedaçadas por cães pastores alemães, e pesquisas biológicas bizarras, incluindo injeções de praga, antraz e cólera.

Em 1940, o Japão se colocou em uma completa condição de guerra. Os partidos políticos foram eliminados, tornando o Japão totalmente subordinado aos militares. Mais tarde, em 1941, um ataque aéreo japonês a Pearl Harbor no Havaí provocou a perda de oito couraçados americanos, três cruzadores e ao menos metade da força aérea efetiva da frota do Pacífico, levando o Japão a quatro anos de guerra que terminaria se mostrando desastrosa. A despeito da resistência fanática, os japoneses foram forçados a recuar de suas conquistas iniciais no Pacífico, que os haviam levado à Nova Guiné, o umbral da Austrália. O dano a Tóquio foi tão grande com os bombardeios aéreos – incluindo o mais severo bombardeio incendiário da história – que sua população caiu de sete para três milhões devido a baixas e evacuações. Em julho de 1945, os Aliados Ocidentais intimaram o Japão a se render incondicionalmente.

Em 6 de agosto de 1945, uma bomba atômica que provocaria 200.000 mortes foi jogada na cidade japonesa de Hiroshima. Três dias depois uma arma similar destruiu Nagasaki. Cinco dias depois, o Japão se rendeu. Nas palavras do Imperador Hirohito: "Resolvemos pavimentar o caminho para a paz para todas as gerações futuras suportando o insuportável". Muitas pessoas, incluindo proeminentes líderes nacionais e suas esposas, mataram-se. Milhares se ajoelharam fora do palácio imperial implorando por perdão por seus esforços insuficientes. Todavia, como resultado da guerra, quase dois milhões de pessoas que estavam vivas em 1940 estavam agora mortas, e quase nove milhões, desabrigadas.

O Japão foi governado por sete anos a partir de 1945 por uma força de ocupação militar – um governo praticamente pessoal do comandante supremo das Potências Aliadas, o General Douglas MacArthur. O Japão parecia receptivo às mudanças de direção e sua "clique militar" se tornou odiada e desprezada, não tanto pela miséria e dano da guerra, mas pelo fato de ter sido derrotado.

Basicamente, a política de ocupação era guiar o Japão a formas novas e democráticas de governo, e reformular o sistema educacional e a economia. Os grandes conglomerados industriais, os *zaibatsu*, foram dissolvidos devido à sua associação estreita aos militares. O imperador se tornou um monarca constitucional, mas sua popularidade cresceu em vez de declinar devido a esses esforços para "democratizar" sua posição. Muitos japoneses os viam como tentativas de humilhá-lo, e isso aumentou seus sentimentos de lealdade. Quando a ocupação terminou em 1952, ele visitou o Santuário dos Ancestrais Imperiais em Ise e lhes anunciou que o Japão era novamente livre.

Os efeitos permanentes do "xogunato" de MacArthur foram, na verdade, poucos, uma vez que a maioria de suas reformas foi revertida. De fato, a reconstituição do *zaibatsu* e a restauração limitada das forças armadas começaram antes de os americanos partirem, e com sua cooperação. A reforma agrária foi talvez o resultado mais valioso e duradouro da ocupação. A posse de terra por camponeses dobrou para quase quatro milhões, sendo os beneficiários os antigos arrendatários.

Contudo, nada houve de temporário ou ilusório sobre a regeneração da economia japonesa, que começou durante a ocupação e não foi menos impressionante que a da restauração Meiji. O Japão se tornou rapidamente o maior construtor naval do mundo, um grande fabricante de veículos e evoluiu através da indústria pesada para se tornar um líder mundial em tecnologia da informação. Esse "grande salto adiante" foi baseado substancialmente em uma política de reinvestir os lucros no desenvolvimento, em vez dos dividendos. Típico desse processo foi a Sony Corporation®, que teve um começo humilde em um pequeno balcão em Tóquio com um capital inicial de U$ 500. Navegando na maré alta da demanda por rádios transístores, na década de 1960, vendia anualmente mais de um bilhão de dólares em produtos. O Japão construiu o maior navio do mundo daquela época, um petroleiro de 276.000 toneladas, e o trem mais rápido do mundo, o trem-bala de Tokaido. Em 1960, o Japão tinha somente 3,5 milhões de automóveis e a maioria das pessoas usava um sistema de transporte público adequado. Cinquenta anos depois, 57 milhões de automóveis sufocavam as estradas, criando um pesadelo urbano de poluição e atrasos. Essa explosão de automóveis exigiu rapidamente mais e melhores estradas – milhares de quilômetros de autoestradas foram construídas, um elemento importante do que veio a ser conhecido como a concretização do Japão.

Um sintoma inicial disso foi a destruição em 1967 do Hotel Imperial de Frank Lloyd Wright em Tóquio, considerado internacionalmente uma obra-mestra arquitetural, e tão bem projetada que foi um dos poucos prédios a sobreviver o terremoto de 1923. Foi substituído por um hotel de 17 andares, sem personalidade. A pressão sobre a terra se tornou enorme, levando a projetos massivos de aterro do mar, como o novo aeroporto de Osaka sobre uma ilha completamente artificial. Tóquio não possui qualquer linha costeira natural remanescente, e as áreas adjacentes possuem somente algumas milhas.

Durante a década de 1970, a indústria pesada começou a enfrentar problemas devido à poluição e à completa falta de locais apropriados. A região Tóquio-Kobe-Osaka, Kansai, nas palavras de um ambientalista japonês, estava se tornando rapidamente inabitável. O Japão começou a mudar para indústrias *high-tech* pós-industriais. Árduos esforços para descentralizá-las para centros tecnológicos regionais – cidades inteiramente novas – tiveram sucessos variados.

O massivo crescimento infraestrutural do Japão foi guiado menos pela demanda do que pelas ligações corruptas entre o governo, a indústria de construção civil e a burocracia. Essa colusão, *yuchaku*, levou a várias investigações públicas, e se tornou tão flagrante que em 1994 vários políticos e executivos de alto nível foram presos. As investigações revelaram que o equivalente a U$ 3 bilhões por ano haviam sido roubados do frugal e resignado povo japonês – grande parte disso retornando como contribuições ao governo do Partido Liberal-Democrata (LDP), que havia, inicialmente, autorizado a despesa e a direcionado para empreiteiras "apropriadas". Essas, depois, remuneravam os fundos para "alimentar as tropas", ou seja, para o sistema de compra de votos da política japonesa.

Esse povo notável, os japoneses modernos, tinha em 2012 mais de U$ 2 trilhões guardados na única instituição financeira em que confiam – e a maior desse tipo no mundo – o Banco de Poupança Postal. Na década de 1980, seu trabalho árduo, obediência e habilidades produziram um enorme rio de dinheiro que se propagou do Japão para todas as partes do mundo, mas especialmente para a Ásia e a Austrália. Bilhões de dólares foram usados para comprar terras, propriedades e campos de golfe. Novos *resorts* e pistas de esqui floresceram no próprio Japão. Enormes somas foram investidas no exterior, principalmente na Coreia e no Sudeste Asiático. Quando essa bolha estourou no final da década, o valor das propriedades no Japão caiu fortemente, e o país entrou em uma fase de deflação financeira que persistiu até 2013. Os escândalos de corrupção nas indústrias da construção civil e financeiras contribuíram para a perda do mandato do LDP em 1993, após 38 anos continuamente no poder. Esperanças de que isso pudesse pressagiar reformas genuínas na política japonesa declinaram, uma vez que quatro incômodos governos de coalizão foram necessários ao longo de vários anos, durante os quais a situação financeira do Japão provocou crescentes preocupações. As eleições em 1996 colocaram o LDP de volta no governo, o qual manteve confortavelmente nas eleições de 2000. Em ambas essas eleições apenas cerca da metade do eleitorado votou.

Contudo, o *tetsu no sankakukei* – o "triângulo de ferro" de políticos, burocratas e grandes negócios – parece ter sobrevivido intacto, tão capaz quanto antes de resistir a mudanças, especialmente se essas ameaçassem seus interesses comuns. Quatorze dos dezessete maiores bancos do Japão necessitaram de resgate financeiro devido a endividamentos em que incorreram durante as quatro recessões da década de 1990. O pacote de resgates custou ao governo U$ 50 bilhões. Despesas pesadas contínuas em obras muitas vezes desnecessárias de infraestrutura fizeram do Japão a segunda nação mais endividada do mundo depois dos Estados Unidos, com uma dívida pública de mais de U$ 10 trilhões em 2013, 230% do PIB. Em 1995, um terremoto atingiu a área de Kobe, matando 6.000 pessoas e destruindo 20% das casas da cidade. Ele também revelou elementos da indústria da construção civil como sendo mais corruptos financeiramente. Descobriu-se que alguns dos colapsos de autoestradas e pontes se deveram a má construção e utilização de materiais de qualidade inferior aos especificados, como aço e concreto reforçados. A assistência à cidade afligida foi muito menos que adequada, especialmente porque ofertas de auxílio por parte de outros países foram recusadas. A experiência de Kobe, em si trágica o bastante, também provocou uma outra ansiedade: O que aconteceria à área de Tóquio se um terremoto similar ocorresse?

Em 2001, um homem mais flexível e carismático do que o usual se tornou primeiro-ministro. Junichiro Koizumi assumiu a liderança do governo do LDP com promessas de que encerraria o sistema de facção do partido e reativaria a economia do Japão. Contudo, na época da eleição seguinte, no final de 2003, pouco parecia ter mudado, e o LDP perdeu apoio significativamente. A principal oposição, o Partido Democrático, obteve 177 cadeiras comparadas às 237 do LDP. Os democratas na verdade obtiveram dois milhões de votos mais do que o LDP, mas o resultado foi desvirtuado por uma antiga divisão injusta de distritos de votação que favorecia os eleitores rurais em detrimento dos eleitores urbanos.

Durante a campanha em uma eleição de 2005, a popularidade de Koizumi atingiu seu auge, e o LDP obteve seu melhor resultado em décadas. Contudo, pelas regras do LDP ele tinha de renunciar ao seu posto em 2006. Seu sucessor, Shinzo Abe, ocupou o cargo somente por um ano – desde então, por alguns anos, o Japão teve apenas líderes de mandatos curtos. Eles fizeram pouco para reativar a hesitante economia, criando em troca disparidades salariais que aumentaram os temores muito difundidos da *kakusa shakai* – uma sociedade desigual.

Em 2011, a milhares de quilômetros da costa leste de Honshu, a principal ilha do Japão foi atingida por um massivo terremoto seguido de um tsunami. Ondas de mais de 36m de altura romperam quebra-mares e destruíram dezenas de cidades e aldeias, deixando cerca de 19.000 pessoas mortas ou desaparecidas, e danificando severamente uma grande usina nuclear, a Fukushima Daiichi. Como ocorre em outras partes do mundo, os japoneses responsáveis pelo projeto desse complexo energético consideraram economicamente racional posicionar seis reatores no mesmo local próximo ao mar. Em um acidente sem precedentes na história, os núcleos radioativos de três reatores sofreram uma fusão, e dois anos mais tarde ainda estavam emitindo níveis de radiação que seriam letais em minutos a qualquer um que se aproximasse deles. Como esses incidentes – chamados "síndrome da China"* – nunca haviam acontecido antes, os cientistas não têm certeza de como lidar com eles, mas têm esperança de que os três destrutivos reatores possam ser limpos em talvez 30 anos. Enquanto isso, em 2013, os níveis de radiação fora do reator 3 mediam o equivalente a 15.000 milisieverts ao ano. A máxima exposição humana legal estabelecida pelo governo japonês é 50 milisieverts ao ano.

Como ninguém foi capaz de encontrar um modo de armazenar resíduos nucleares com segurança, um dos maiores acúmulos de resíduo de alto nível no planeta está armazenado em reservatórios de retenção temporários no local do reator. Isso equivale a mais de 1.000 unidades de reator, cada uma das quais contém 30 a 50 barras de combustível – capazes de liberar no total aproximadamente 85 vezes a radioatividade perigosa emitida no desastre de Chernobyl. Esse armazenamento, já danificado, é vulnerável a qualquer grande terremoto futuro. Como deve ser inundado com água continuamente para evitar um grande incidente radioativo, e devido aos vazamentos nessas piscinas de contenção, o armazenamento de mais de 220.000 toneladas de água radioativa se tornou um problema intratável. Quantidades desconhecidas entraram no mar, e um peixe pescado ao largo da costa de Fukushima em 2013 apresentava mais de 2.500 vezes a quantidade segura de césio radioativo. Estimativas do tempo que levará para tornar todo esse material radioativo seguro variam de 50 a 150 anos, e o custo é provisoriamente estimado em U$ 100 a U$ 250 bilhões.

Mais de dois anos após o desastre, 160.000 pessoas ainda estavam vivendo em acomodações de emergência abarrotadas, e, exceto pela limpeza de enormes quantidades de entulho radioativo, pouco havia sido feito para substituir as cidades destruídas de onde elas provinham, e muitas delas permanecerão por várias décadas ainda perigosas demais para serem reabitadas. As crianças são mantidas dentro de casa, muitas famílias só podem consumir alimentos de fon-

---

* No original, *China syndrome*: sequência hipotética de eventos que ocorrem após a fusão de um reator nuclear, no qual o núcleo se funde em sua estrutura de contenção e penetra profundamente a terra. O nome se deve à ideia fantasiosa de que, nesse caso, nada deteria a fusão de atravessar a Terra chegando ao outro lado do mundo, i. é, à China [N.T.].

tes externas, e um severo problema social está surgindo do ostracismo potencial das famílias refugiadas consideradas "contaminadas".

De acordo com o *Guardian Weekly*, em fevereiro de 2013, o Japão havia testado 133.000 crianças em e em torno de Fukushima que haviam sido expostas ao iodo 131, e encontrou cistos e nódulos anormais na tireoide em 42% delas. Registros de outros testes de cerca de 57.000 crianças revelaram um resultado similar. De acordo com um relatório de 2014 do periódico americano *Open Journal of Pediatrics*, crianças na costa oeste dos Estados Unidos e no Havaí, que foram expostas à chuva radioativa de Fukushima, corriam também o risco elevado de desenvolver hipertireoidismo. O iodo 131 terminou provocando câncer de tireoide em centenas de crianças após o acidente nuclear de Chernobyl.

O governo foi forçado a declarar um outro incidente nuclear em meados de 2013, quando admitiu que alguns dos mais de 1.000 tanques temporários que estocavam água radioativa em Fukushima estavam vazando diariamente cerca de 300 toneladas de água contaminada no Oceano Pacífico. Os níveis de radiação no solo próximo a um conjunto de tanques subiu a 2.200 milisieverts – uma dose potencialmente letal após quatros horas. Cerca de quatrocentas toneladas de água radioativa são criadas todo dia pelo resfriamento necessário das instalações danificadas, e uma quantidade adicional desconhecida chega com as águas subterrâneas que emanam das colinas detrás da usina. Peixes do mar ao largo da usina foram considerados contaminados e, portanto, impróprios para o consumo. O estrôncio 90, um isótopo osteotrópico, mostrou-se um contaminante importante.

A crise de Fukushima se mostrou um desastre para o Partido Democrático, que havia decisivamente vencido a eleição em 2009, e era o governo quando o terremoto ocorreu. Embora o futuro da energia nuclear parecesse um grande problema na eleição de 2012, o resultado foi uma vitória esmagadora do LDP, que é a favor da energia nuclear, com Shinzo Abe como primeiro-ministro. Esse resultado inesperado contribuiu para a revolta pública com o governo, que enfrentava dificuldades para lidar com os enormes problemas provocados pela catástrofe, e sentimentos de insegurança devido ao declínio econômico ao qual levou.

Shinzo Abe, um conservador declarado, assumiu uma linha-dura imediata na disputa do Japão com a China sobre a posse das ilhas costeiras, e instituiu um programa de "flexibilização quantitativa" – efetivamente a impressão de dinheiro – destinada a estimular a moribunda economia. O diretor do Banco do Japão, Haruhiko Kurada, foi instruído a "inundar o Japão com dinheiro" – uma política destinada a encerrar a deflação progressiva. Ele esperava que aumentos na base monetária de mais de U$ 100 bilhões ao ano criasse inflação de até 2% em dois anos. O mercado de ações subiu imediatamente, e o valor do iene japonês depreciou acentuadamente em relação a outras moedas. Ao longo dos próximos dois trimestres o iene mais fraco levou a um aumento nas vendas a varejo, a despeito dos preços mais altos, e a um aumento de 70% no valor das ações – "uma aplicação mais bem-sucedida das políticas keynesianas", de acordo com Abe.

A saúde e o bem-estar geral dos japoneses melhorou grandemente desde o final da Segunda Guerra Mundial. Em 1920, uma em oito crianças morria na infância. Esse número é agora quatro em mil. A expectativa de vida, acima de 83 anos, é a mais alta do mundo. Como muitos países industrializados, o Japão possui uma população senescente – prevê-se que os atuais 128 milhões declinem, na verdade, para cerca de 90 milhões em 2060. O número de pessoas em idade produtiva – ou seja, entre 15 e 64 anos – tem caído constantemente de 87 milhões em 1995 para estimados 54 milhões em 2050, com aqueles acima de 65 anos subindo de um quinto para 40% da população. Pelas estimativas governamentais, em 2020 haverá apenas dois trabalhadores para sustentar cada aposentado, comparado aos três de agora e aos quatro há cinco anos.

O Japão conseguirá reverter os piores aspectos do "sistema do imperador", com suas conotações de agressão militar, obediência absoluta das massas populares a uma oligarquia e a insistência nos mitos do xintoísmo? Provavelmente, não, ainda que seja apenas porque tantos jovens sejam educados e influentes o bastante para resisti-lo. Contudo, os meios físicos estão aí – o Japão é um dos países que mais gasta com armamento no mundo para sua "força de autodefesa", um exército, marinha e força aérea grandes e modernos utilizando equipamento militar principalmente americano. Há alguma evidência de uma revivescência do nacionalismo japonês, e também de uma pressão considerável sobre o povo e à comunidade acadêmica para acreditar na pureza e unicidade da sociedade japonesa. Um grande filme japonês– *Orgulho, o momento fatal* – foi produzido em 1998, e apresentava uma imagem da Segunda Guerra Mundial idealizando o primeiro-ministro do tempo de guerra, o General Tojo, que foi executado por crimes de guerra em 1946. Esse filme, exibido em cinemas lotados, reescrevia a história de vários modos importantes, justificando as ações do Japão e derrogando as dos Estados Unidos, enquanto ignorava atrocidades como a carnificina em Nanquim. Quando o prefeito de Nagasaki reconheceu publicamente em 1990 que o Imperador Hirohito deveria assumir alguma responsabilidade pela guerra, foi atingido nas costas por tiros em uma tentativa de assassinato. Em 2001, os vizinhos do Japão criticaram uma visita do primeiro-ministro japonês Koizumi ao Santuário Yasukini como provocativa, e alguns políticos japoneses o acusaram de encorajar uma tendência nacionalista perigosa. O santuário, que honra os mortos na guerra, foi central para o desenvolvimento do "sistema do imperador" na década de 1930. Em 2003, o Ministério da Educação ordenou que a bandeira do Sol Nascente fosse hasteada e o hino nacional cantado em todas as assembleias escolares "sem exceção". Centenas de funcionários de escolas foram punidos por não obedecerem. O *kendo* – o caminho da espada, que deriva dos métodos de luta *samurais* – é ainda ensinado aos jovens. Contudo, *The New History Textbook* (*O manual da nova história*), compilado por um grupo de acadêmicos da direita em 2000, e amplamente criticado porque glosava grande parte da história da Segunda Guerra Mundial, foi rejeitado por uma maioria de escolas japonesas. Uma versão atualizada foi, contudo, novamente aprovada em 2006, resultando em uma outra onda de protestos dos vizinhos do Japão, incluindo grandes manifestações e ataques à embaixada e empresas japonesas na China. As histórias japonesas "seletivas" pareciam ainda estar em uso em algumas escolas em 2013, e continuaram a provocar controvérsia.

A sociedade japonesa permanece hierárquica. O elemento mais importante é o grupo – o *dantai* –, o menos importante, a pessoa individual. Quase toda tomada de decisão é coletiva – inumeráveis encontros e conferências são característicos da empresa japonesa. As relações sociais são rígidas e complexas, com formas estabelecidas de linguagem, especialmente para cumprimentos, a serem usadas entre pessoas de diferentes níveis sociais. Essa é a base para a polidez e formalidade geralmente observadas no povo japonês – também a absoluta necessidade de um *meishi*, um cartão de negócios ou visita, de modo que a posição social de um novo contato possa ser estabelecida no primeiro encontro.

Algo chamado *nakama* – o cimento que mantém unidos os grupos aos quais todos os japoneses são atraídos, seja em um local de trabalho, clube, escola ou escritório – deve poder operar facilmente. *Nakama* significa "pessoa de dentro" (*insider*) e em seu sentido amplo, envolvendo o país inteiro, inclui os japoneses e somente os japoneses. Estrangeiros, ainda que sejam tratados com polidez formal, são *yosomono*, um termo levemente derrisório significando "pessoa de fora (*outsider*)", e permanecerá assim não importando quanto tempo viva no Japão.

A discriminação não se aplica apenas a estrangeiros, dos quais os coreanos são o grupo mais substancial. Há uma minoria de mais ou menos dois milhões de japoneses que são o equivalente dos *dalits* – intocáveis – da Índia. Esses, os *burakumin*, são os descendentes de grupos hereditários de castas inferiores que abatiam animais, trabalhavam com couro, ou lidavam com os mortos. Eles vivem em comunidades segregadas nas maiores cidades japonesas, e sofrem severas desvantagens educacionais, sociais e econômicas.

32
Tailândia: dois chapéus; a luta pela democracia

A Tailândia, como o Sião veio a ser chamado, é, sob muitos aspectos, o Estado mais avançado no continente do Sudeste Asiático, a despeito do fato de a autoridade subsequente à sua monarquia absoluta ter sido, efetivamente, o exército. Os oficiais militares frequentemente usam "dois chapéus", significando que possuem um outro trabalho na administração nominalmente civil. A democracia parlamentar tem sido regulamente pontuada por golpes militares, embora uma classe média cada vez mais educada e assertiva tenha se tornado, ao longo da última década, menos tolerante com a influência predominante do exército. As forças armadas tailandesas, que contam com mais de 270.000 integrantes, permanecem, contudo, uma força importante na comunidade – e mesmo, ao fim e ao cabo, a mais decisiva.

O filho do Rei Mongkut, Chulalongkorn, levou adiante as políticas de reforma de seu pai com entusiasmo ao herdar o trono siamês em 1869. Naquela época não havia um código de leis adequado, um sistema de educação pública, uma organização da receita do Estado e uma rede abrangente de estradas. Durante seu reino até 1910, o Sião adquiriu essas coisas e mais. Isso se deveu em parte às estreitas relações com a Grã-Bretanha resultantes de um tratado assinado em 1855. Embora esse "tratado desigual" tenha regulado os impostos sobre importações e exportações a níveis baixos, garantiu, contudo, o *status* do Sião como uma nação independente e foi a base de uma influência britânica contínua e, no todo, progressiva.

Chulalongkorn enviou seus próprios filhos para o exterior para serem educados e, com a ajuda de seus numerosos irmãos e irmãs, impôs vigorosamente à nação, ao menos, um verniz de modernidade. Embora a dependência quase colonial da nação em relação à Grã-Bretanha o tenha obrigado a encorajar o investimento britânico e o uso de consultores britânicos, foi cuidadoso ao recrutar outros consultores de várias outras nações europeias, como os franceses e belgas que ajudaram a conceber o código legal. Duas reformas foram típicas dele. Eliminou o costume que obrigava os súditos a engatinharem diante da presença da realeza, e aboliu a escravidão. Contudo, usou o exército para reforçar a autoridade do Sião no que são suas fronteiras modernas. Revoltas no sul muçulmano lideradas pelo rajá de Pattani, na região de Chiengmai no norte, e no nordeste, irromperam quando receitas dos líderes locais foram desviadas para o

Estado. Contudo, em 1873, um sistema moderno de arrecadação foi consolidado para substituir a "coleta de impostos", e os proprietários de terras locais se tornaram governadores provinciais assalariados. A migração chinesa cresceu rapidamente, atingindo 10% da população no final do reinado de Chulalongkorn.

Chulalongkorn é, por outro lado, notável pela habilidade de manter seu país longe das mãos de qualquer uma das grandes potências. Mesmo assim, o país perdeu mais de 320.000km^2 de território. Canhoneiras francesas bloquearam Bangcoc, forçando o Sião a devolver todo território leste do Rio Mekong às colônias francesas do Laos e do Camboja. Cinco anos mais tarde, entregou o que são agora as quatro províncias do norte da Malásia como compensação por um empréstimo de 4 milhões de libras para estender o sistema ferroviário siamês, ignorando um protesto do sultão de Kedah – uma das quatro – por seu Estado "ter sido comprado e vendido como um búfalo".

Contudo, Chulalongkorn recusou propostas de um grupo de 11 siameses, incluindo quatro príncipes, que haviam vivido no exterior, para introduzir um governo de gabinete. Na década de 1930, a monarquia absoluta era a última no mundo em algum país de importância, e passou a ser vista cada vez mais como um absurdo e um anacronismo repressivo. Em 1931, o rei, Prajadhipok, teve de ir ao exterior para receber tratamento para um problema de visão e, quando retornou, recolheu-se para seu palácio à beira-mar em Hua Hin para convalescer. O Príncipe Paripatra atuou como regente. Foi uma época de considerável interesse pela dinastia, porque Rama I havia previsto que ela duraria somente 150 anos. Esse aniversário, todavia, passou sem incidentes em 6 de abril de 1932. Então, no começo da manhã de 24 de junho, tanques reverberaram nos jardins do palácio real em Bangcoc e o Príncipe Paripatra, ainda de pijama, foi levado para se juntar a outros membros da família real mantidos como reféns pelos líderes de um golpe.

Esse golpe de 1932, que foi quase pacífico, foi o trabalho de um grupo de 114 pessoas predominantemente educadas no Ocidente. Problemas econômicos, compostos pelos efeitos da depressão mundial, foram uma razão importante para o movimento. O Sião havia insistido em permanecer no padrão ouro quando o resto do mundo já o havia abandonado, e como resultado se fechando para o mercado mundial de exportação de arroz e madeira. Uma Assembleia Nacional, destinada a tornar a Tailândia uma democracia moderna, foi instituída, mas seria em breve subvertida. Embora o país tivesse sido introduzido à ideia de governo representativo com aparente facilidade, mostrou-se difícil fazê-lo funcionar. Tornou-se necessário inventar palavras até então desconhecidas na língua para conceitos como revolução, política, constituição.

A esperada democracia nunca chegou. Um dos líderes do golpe, um jovem capitão do exército chamado Pibul Songgram, que era um admirador do fascismo europeu e do militarismo japonês, assumiu o controle do país em um outro golpe. Foi ele quem mudou o nome do país de Sião para Muang Thai, que significa a terra do povo livre.

Os tailandeses garantiram ao Japão livre-movimentação ao longo de seu território para invadir a Malaia durante a Segunda Guerra Mundial, embora mais tarde tenham tido motivos para se arrepender do que se tornou a ocupação japonesa permanente. Pibul, brevemente expulso após a guerra, estava de volta no comando em 1947. Dez anos mais tarde, eleições foram organizadas por insistência dos Estados Unidos, mas foram tão descaradamente fraudadas que levaram a um grande protesto público. Um outro golpe e uma renovada lei marcial levaram novamente ao governo militar a partir de 1958.

Eu estava em Bangcoc nessa época. Próximo ao aeroporto e nos cruzamentos das ruas, soldados cavaram trincheiras das quais metralhadoras espreitavam, com cintos de munições nas culatras. Nas ruas principais, tanques e carros blindados dominavam as principais interseções, embora o golpe tenha permanecido pacífico. Soldados operando os tanques sentavam no topo deles, observando as multidões que passavam com uma atitude amigável, ou lendo jornal. O público, acostumado a esse tipo de demonstração, sequer prestava atenção ao que ocorria.

O General Sarit Thanarat, que então chegou ao poder, fez algumas coisas úteis. Nativo da excessivamente subdesenvolvida Isan (região nordeste), redirecionou fundos públicos para o que havia sido uma região esquecida, e fez algumas tentativas de conter um florescente comércio de ópio. Ele gostava de caminhar pelas ruas aplicando multas às pessoas que encontrava jogando cascas de frutas no pavimento. Contudo, como os outros homens fortes tailandeses, a reputação de Sarit não sobreviveu muito tempo após sua morte em 1963. Foi revelado que ele havia adquirido uma enorme fortuna pessoal, e em 1964 grande parte de seu patrimônio foi requerida para reembolsar o tesouro nacional.

O governo militar prosseguiu mais ou menos continuamente por mais de meio século. Um golpe em 1971, que trouxe um outro líder militar, Thanom Kittikachorn, ao poder levou a manifestações estudantis em Bangcoc em 1973 e ao estabelecimento do primeiro governo civil em 20 anos. Uma proliferação de novos partidos políticos e sindicatos parecia prometer um movimento significativo na direção da democracia, mas os militares assumiram o controle do país novamente em 1976. Uma breve fase civil terminou com mais um outro golpe militar em 1991. Contudo, uma tentativa para instalar o comandante em chefe militar, o General Suchinda, como primeiro-ministro após as eleições no ano seguinte levou a consequências feias e trágicas. No que foi chamado "o protesto da classe média", milhares de pessoas tomaram as ruas de Bangcoc e outras grandes cidades. Unidades militares abriram fogo contra os manifestantes desarmados, e em grande medida pacíficos. Ao menos 50 foram mortos, centenas mais feridos e 34 declarados "desaparecidos". O rei finalmente interveio, e uma eleição em 1992 levou à investidura de um líder civil popular, Chuan Leekpai, como primeiro-ministro.

Todavia, o poder do exército efetivamente permaneceu. Eleições em 1996, envolvendo a usual compra de votos e intimidação levaram ao posto de primeiro-ministro Chavalit Yungchaiyudh, um ex-comandante do exército. Contudo, a inquietação pública com a corrupção e o apadrinhamento que contribuíram tanto para as dificuldades econômicas da Tailândia de 1997 viram Chuan Leekpai como primeiro-ministro novamente em novembro daquele ano, com um mandato por reformas. A constituição tailandesa foi reescrita para possibilitar uma Comissão de Direitos Humanos, mas sua habilidade para influenciar eventos parece duvidosa, pois, como notou a Anistia internacional em 2002, nenhum dos soldados responsáveis pelos assassinatos de 1991 haviam sido levados a julgamento.

A Tailândia, como grande parte da Ásia, foi devastada pela crise financeira. Em meados de 1998, o governo anunciou o custo do colapso econômico em um único ano: uma recessão econômica de 9%, pesadas perdas no valor das propriedades e ações, e um milhão de desempregados.

Thaksin Shinawatra – um ex-oficial da polícia, chinês étnico do norte da Tailândia e Ph.D. com formação nos Estados Unidos, que ganhou o controle de um imenso império financeiro, principalmente nas telecomunicações – era considerado o homem mais rico da nação quando se tornou primeiro-ministro como resultado das eleições de 2001. Seu partido Thai Rak Thai (tailandeses amam os tailandeses) conquistou 248 das 438 cadeiras da Casa dos Representantes e, com seus parceiros de coalizão, obteve uma maioria de comando em ambas as casas do parlamento. Sua campanha popular apelava especialmente aos eleitores rurais, oferecendo tratamento hospitalar barato, concessão de uma moratória de três anos para dívidas, e esquemas de microcréditos nas 70.000 aldeias da Tailândia. Em 2003, Thaksin havia instruído os bancos tailandeses a emprestarem U$ 13 bilhões em um grande exercício de fomento. Grande parte desse dinheiro foi emprestada a pequenos agricultores e pequenos negócios fora da capital, e resultou em aumentos estáveis do PIB – subindo de 1,8% em 2001 para 6,7% em 2003. A renda agrícola cresceu significantes 11% em 2002. Thaksin, descrito como confiante, engajado, inteligente e divertido, tornou-se muito popular entre o povo.

Contudo, seu governo restringiu cada vez mais a mídia tailandesa e os correspondentes estrangeiros que via como críticos ao regime. Thaksin nomeou seu primo comandante do exército e seu cunhado subchefe de polícia. Em 2003, sua família controlava todas as estações de televisão da Tailândia e mais de 10% de todas as ações na bolsa de Bangcoc. Thaksin foi citado como dizendo que "a democracia é um meio para um fim", e é um admirador assumido do ex-líder malásio Mahathir e da "democracia controlada" singapurense de Lee Kuan Yew.

Thaksin usou o exército e a polícia em exercícios draconianos declarados como necessários para manter a lei e a ordem e a coesão da nação. Em fevereiro de 2003, prometeu interromper o comércio ilegal de drogas em três meses. Ao final de abril, milhares de pessoas haviam sido mortas a tiros, fora de qualquer processo legal, como "suspeitas" nessa campanha. Algumas estimativas colocam o número de mortos em mais de 2.500.

Em 1909, a Tailândia havia racionalizado suas cessões de terras à Malaia britânica como um modo conveniente para o reino budista se livrar de uma minoria muçulmana incômoda. Contudo, a região muçulmana de Pattani, outrora um entreposto-chave no comércio marítimo islâmico, permanece uma parte da Tailândia, e em tempos modernos se tornou o centro do que o governo tailandês considera um exército *jihad* fundamentalista, dedicado a lutar por um Estado muçulmano independente. Após uma considerável agitação na região, em 2004, o exército tailandês atacou a Mesquita Krue Se em Pattani, matando mais de uma centena de pessoas, muitas delas meninos adolescentes. Mais tarde naquele ano, 78 rapazes muçulmanos foram sufocados ou morreram esmagados quando foram "empilhados como lenhas", com as mãos amarradas e o rosto para o chão, em caminhões do exército, um incidente descrito pelo Primeiro-ministro Thaksin como "um pouco duro".

A democracia controlada da Tailândia foi confirmada por uma vitória esmagadora para Thaksin nas eleições gerais em 2005, nas quais seu partido obteve quase 400 das 500 cadeiras da assembleia. O Partido Democrata, a principal oposição e a voz da classe média educada, entrou com menos de 100 cadeiras. Em 5 de fevereiro de 2005, *The Economist* comenta: "Thaksin não parece exercitado em excesso quanto a sutilezas democráticas. [...] A Tailândia está se tornando rapidamente um Estado de um só partido".

Todavia, essa foi uma vitória pessoal para Thaksin devido à sua popularidade, à prosperidade econômica e a uma redução daqueles abaixo do nível da pobreza de 21% em 2001 para 11% em 2006. Todavia, apenas um ano após a eleição, ele enfrentou uma avalanche de acusações, indo desde corrupção e evasão de impostos a violação dos direitos humanos, e foi destituído por um golpe militar enquanto participava de um encontro da ONU em Nova York. Os bens de sua família, no equivalente a U$ 2,2 bilhões, foram congelados e Thaksin teve de se exilar na Grã-Bretanha. Em 2008, foi sentenciado *in absentia* a dois anos de prisão. Contudo, possuía fundos para comprar o clube de futebol de primeira divisão britânico, o Manchester United, por U$ 81 milhões em 2007, vendendo-o um ano depois por U$ 200 milhões. Após algum tempo em Dubai e no Camboja, mudou-se para a Alemanha em 2011.

Enquanto isso, os trabalhadores e agricultores da Tailândia mantiveram sua lealdade. Isso se manifestou no Movimento dos Camisas Vermelhas, que, em 2010, reuniu dezenas de milhares de apoiadores que queriam Thaksin de volta e um retorno à democracia. Noventa manifestantes foram mortos por forças de segurança, mas o apoio aos Camisas Vermelhas aumentou ao longo dos próximos dois anos. A irmã mais jovem de Thaksin, Yingluck Shinawatra, foi a primeira mulher a assumir o posto de primeira-ministra na Tailândia após seu partido Pheu Thai vencer por grande maioria as eleições em 2011. Bonita e agradável, uma subsequente pesquisa de opinião a revelou muito mais popular que seu irmão.

A Tailândia fornece educação gratuita e compulsória, e o índice de alfabetização é de cerca de 93%. Em torno de 300.000 alunos são inscritos em instituições de ensino superior, e o mesmo número também em universidades abertas. A posição das mulheres é favorável para os padrões asiáticos, com acesso à educação e a oportunidades de trabalho iguais às dos homens. As mulheres são fortemente representadas nas profissões e na administração de negócios. Mais da metade da força de trabalho está empregada na terra, principalmente no cultivo do arroz, mas há uma indústria de manufatura em crescimento que absorveu cerca de 15% dessa força. Processamento de alimentos, tecidos e vestimenta, e equipamentos eletrônicos são as principais indústrias, que estão basicamente centradas na capital e única cidade grande, Bangcoc.

Fora de Bangcoc, a Tailândia consiste basicamente de uma dúzia ou mais de grandes cidades comerciais e de milhares de pequenas aldeias. Quase metade delas está na imensamente produtiva planície aluvial da Tailândia Central. Essa fertilidade cessa abruptamente na linha claramente definida onde os exuberantes e verdes campos de arroz, como um mar calmo, encontram uma cadeia de montanhas rochosas e dramáticas, cheias de picos e penhascos de calcário desgastado. Além dessas cadeias está o nordeste, compreendendo cerca de um terço da área da nação.

Até que o sucesso do comunismo vietnamita a tornasse "estratégica", essa região pôde permanecer negligenciada, praticamente medieval, acessada somente por uma terrível estrada com pontes cambaleantes de madeira. Quando as primeiras pesquisas médicas foram feitas, estimou-se haver cerca de um quarto de milhão de leprosos, mas o tratamento em um programa da Organização Mundial da Saúde e em centros de reabilitação estabelecidos pelo governo haviam praticamente eliminado essa doença em 1994. Outras enfermidades, como malária e fascíola hepática, permanecem dispersas. O gosto dos aldeões por peixe cru mata cerca de 70 pessoas por dia de câncer provocado pela fascíola hepática. Esse parasita debilitante e abreviador de vidas, que se estima afetar cerca de um terço da população, é também endêmico na maioria das áreas rurais do continente do Sudeste Asiático.

Meu trabalho no nordeste me levou a centenas de aldeias, muitas tão remotas que nunca haviam sido visitadas por europeus. Lá – exceto por cães selvagens, muitos dos quais podiam ser raivosos – encontramos uma invariável cortesia, uma calma plácida de atitude e um padrão social que parece bem-sucedido apesar da absoluta carência dos vários recursos assegurados à maioria dos ocidentais. A vida nessa região árida é especialmente difícil durante os seis meses da estação seca. Contudo, encontramos uma imagem mais desolada nas margens, a terra mais remota e mais pobre para onde os jovens foram obrigados a ir devido ao superpovoamento em suas aldeias. Nesses pequenos vilarejos, com cabanas extremamente rudimentares, a falta de esperança é muito evidente, a humanidade acuada, existindo em uma estreita margem apenas no lado vivo da morte. A despeito de uma aterradora taxa de mortalidade infantil, há muitas crianças nesse lugar, muitas com as barrigas salientes que denunciam a aguda subnutrição. Há dezenas de milhões de lugares como esse ao redor da Ásia. A tragédia deles – e a do mundo – é que não são notícia, poucos fazem alguma coisa para a maioria deles, e há pouca indicação de que a maioria das pessoas sequer saiba que existem.

No início das manhãs, uma fila de monges descalços, com as cabeças raspadas e vestidos de amarelo atravessava a cidade. Cada dona de casa esperava sorridente no portão para colocar uma colher de arroz no pote de esmolas que cada um deles carregava. Mas, como com tudo mais na Tailândia, essa aparência de mendicantes era enganadora. A aparente pobreza e necessidade de mendigar por alimento são escolhidas voluntariamente pelo monacato budista, muitos dos quais são educados e voluntariamente arcam com a responsabilidade de ser o cimento social, administrando as escolas, mesmo em pequenas aldeias. Quase todos os homens tailandeses ingressam no monacato por um período de semanas ou meses. Segundo estimativas, há cerca de 140.000 monges budistas, ocupando aproximadamente 20.000 wats (mosteiros), uma característica inclusive de pequenas aldeias.

Às vezes, quando vinha do trabalho para casa, dois ou três me esperavam pacientemente no chão de minha varanda. Falavam um inglês excelente e eram versados nas humanidades europeias. Eles me faziam perguntas, e, após a discussão – que poderia ser sobre qualquer coisa, desde armamento nuclear a controle de natalidade –, levantavam-se quietamente e partiam sem se despedir. Essa tradição de conhecimento remonta ao Rei Mongkut, cujas reformas ao *establishment* budista enfatizavam o intelecto em detrimento do ritual e instituíram firmemente a educação pelos monges no âmbito da aldeia. Essa influência extensiva dos monges e suas conexões com a família real é um contrabalanço ao poder do exército na Tailândia.

A Tailândia tem uma população de 70 milhões, crescendo a 1% ao ano. Embora essa seja uma taxa baixa de crescimento populacional, a pressão sobre a terra rural, como em outros lugares na Ásia, ainda cria problemas. Ela encorajou um comércio organizado de venda de meninas para a prostituição, tanto na Tailândia como no exterior, com cerca de 30.000 tendo menos de 18 anos. Tem havido algum crescimento na indústria tailandesa, provida com mão de obra barata de camponeses que afluem para a capital em busca de trabalho. Contudo, as condições de trabalho são muitas vezes perigosas, com centenas de mortes em anos recentes em incêndios de fábricas. Em um desses, em uma fábrica de brinquedos em 1993, 188 trabalhadores – principalmente mulheres jovens vindas de famílias rurais pobres – morreram, e quase 500 mais ficaram feridos.

Bangcoc se tornou excessivamente poluída, com suas ruas estreitas incapazes de acomodar um dos mais pesados e congestionados tráfegos de veículos do mundo, mesmo que a maioria dos canais característicos da cidade – *klongs* – tenha sido aterrada para dar lugar aos carros. Em 2013, ela foi classificada em 13º lugar entre as piores cidades da Ásia em poluição perigosa do ar – hidrocarbonetos aromáticos policíclicos – estimados em mais que o dobro do limite seguro.

A exposição da Tailândia à mudança climática é quase tão séria quanto à de Bangladesh, uma vez que a maioria de seu povo, a agricultura e outras atividades produtivas estão localizadas no delta plano do Rio Chao Phraya. Bangcoc, lar de nove milhões de pessoas, foi atingida por inundações sem precedentes que devastaram o país em 2011, resultando em 815 mortes e num prejuízo estimado pelo Banco Mundial em U$ 45 bilhões em 65 das 77 províncias da Tailândia, que foram declaradas áreas de desastre.

Como os deltas ao redor do mundo, a planície do Chao Phraya está afundando, principalmente devido à extração de água para suprimento de cidades e para a irrigação e à redução de depósitos de sedimentos. Estima-se que Bangcoc tenha afundado cerca de 1m nos últimos 50 anos. Isso agravou o efeito do aumento constante do nível do mar, que deverá subir cerca de 1m neste século.

A *New Scientist* (1º de dezembro de 2012) comentou: "A linha costeira do delta do Chao Phraya oferece uma ideia vaga do que provavelmente acontecerá no futuro a muitas pessoas. Lá, a terra já está cedendo ao mar. Em alguns lugares, postes de telefone se projetam da água há mais de 1km da costa, marcando onde estradas e casas foram perdidas".

33
As Filipinas: problemas no paraíso

Como a Indonésia, as Filipinas são uma cadeia de ilhas, das quais Mindanao no sul, e Luzon no norte, são as maiores, constituindo entre elas muito mais da metade da área terrestre total da república. A parte central consiste de oito ilhas maiores e milhares de ilhas menores, coletivamente conhecidas como as Visayas. A maioria das outras são pequenas ilhotas – cerca de 4.000 delas tão pequenas que nem sequer são nomeadas. A oeste, encontra-se a longa e estreita Palawan, em torno da qual estão agrupadas mais 200 ilhotas, muitas não mais que recifes de corais.

A maioria das pessoas vive nas ilhas maiores nas planícies costeiras. Os interiores são ligeiramente povoados, regiões misteriosas de cones vulcânicos fumegantes e montanhas cobertas de florestas, nas quais canela, cravos e pimenta ainda crescem espontaneamente. Os litorais são idílicos. Atóis e ilhas, faixas de areia branca ofuscante, corais brilhantes, lagoas límpidas de água plácida verde-azulada são exatamente como o sonho padrão de um paraíso tropical. Há uma riqueza de recursos naturais – ouro, cobre, níquel, carvão, urânio e campos costeiros de gás natural.

Lamentavelmente, esse paraíso é imperfeito. As pressões populacionais estão agora se tornando extremas, impelidas por uma das taxas mais elevadas do mundo – 2,04%, representando quase dois milhões a mais de pessoas a cada ano. Ao longo de duas décadas até 2013, a população saiu de cerca de meio milhão para 106 milhões. Há também uma das maiores disparidades mundiais entre a minoria dos mais ricos e a grande massa dos muito pobres, com cerca de metade da população vivendo com menos de U$ 2 por dia, e mais de quatro milhões de desempregados – a pior taxa de desemprego do Sudeste Asiático. Embora o PIB esteja crescendo, segundo uma estimativa, 75% desse ganho foi diretamente para as 440 famílias mais ricas.

Com o número de crianças malnutridas nas Filipinas estimado em 16 milhões, uma legislação para fornecer um programa de planejamento familiar foi atrasada por cerca de 14 anos devido à oposição da Igreja Católica Romana, porque um dos padres afirmou que apoiar a proposta de lei seria um sério pecado, punível com a excomunhão. Contudo, eleições mostraram que dois terços dos 75 milhões de católicos da nação apoiam a distribuição gratuita de contraceptivos pelo governo àqueles que os querem.

A despeito desses problemas, o trabalho está se tornando disponível a centenas de milhares nas indústrias de desenvolvimento de alta tecnologia e de serviços, que incluem centrais de atendimento, fabricação e conserto de navios de equipamentos eletrônicos, especialmente partes de computadores. Essas indústrias estão contribuindo para um aumento na receita de exportação e para o crescimento de uma classe média principalmente urbana estimada em 18% da população.

Durante as eras glaciais, pontes de terra conectaram as Filipinas a Bornéu e ao continente asiático. Os primeiros filipinos cujas origens podem ser estimadas com alguma acurácia se dirigiram para lá nessa época. Eles eram pessoas de pequena compleição do tipo que os antropólogos chamam *negrito* e eram estreitamente relacionadas aos pigmeus da África. Alguns milhares deles podem ainda ser encontrados nas Visayas, onde sua presença deu a uma das ilhas – Negros – seu nome. Contudo, a maioria dos filipinos são de tipo malaio, assemelhando-se estreitamente aos indonésios e aos malásios. Foram navegantes que se assentaram nas ilhas e estabeleceram *barangays* – estados autônomos pouco organizados que lutavam entre si sempre que entravam em contato. Possuíam uma organização social feudal baseada na família e em vínculos de clã – a origem das lealdades familiares fortes dos filipinos atuais.

Um dos equívocos mais comuns sobre as Filipinas – na verdade, sobre muitas partes da Ásia – é o de que os europeus a "descobriram", e que o comércio e desenvolvimento começaram com a sua chegada. Na realidade, as principais cidades das Filipinas eram centros de comércio prósperos muito antes disso. Os tecidos de algodão pelos quais o povo ilocano do noroeste de Luzon ainda é famoso eram valorizados pelos chineses, cujos grandes juncos mercantis viajavam regularmente para lá com as monções para comprar algodão. Durante os séculos XIV e XV a parte sul desse mundo variado e movimentado também foi acessada pelos missionários comerciantes do Islã.

Isso foi 40 anos antes que os desembarques de Magalhães nas Filipinas fossem seguidos pelo estabelecimento em 1564 de postos de comércio pela Espanha, que terminaram sendo consolidados em Manila em 1571. A importância inicial principal das Filipinas para a coroa espanhola foi o entreposto de Manila, pois era lá que ocorria o comércio de prata da colônia mexicana espanhola por mercadorias chinesas. Os navios chineses traziam seda e uma grande variedade de artefatos – tapetes e ornamentos de jade, pérolas e marfim – que se tornaram populares e, por isso, valiosos na Europa. A Espanha controlava o comércio com galeões entre Acapulco no México e Manila. Esses eram enormes navios para sua época, com cerca de 2.000 toneladas – praticamente navios de tesouro, carregando, regularmente, milhões de dólares em seda, ouro e prata. Um desses, capturado por Francis Drake em 1579, levava uma carga estimada em U$ 35 milhões em valores atuais.

Enquanto isso, os monges missionários agiam em seu próprio interesse no resto do país. Chefes de aldeias que concordavam em se tornar cristãos ficavam isentos de impostos e sua autoridade era considerada hereditária contanto que fizessem que o resto de sua aldeia pagasse os tributos e fornecesse o trabalho de corveia. Grandes áreas do que havia sido terra comunitária foram convertidas em vastas propriedades – a *encomienda* – pertencentes à Igreja e mais tarde a famílias individuais.

Na maioria dos casos, o povo de Luzon e das Visayas foram receptivos ao cristianismo, parcialmente porque não possuíam religião formal com a qual a nova fé pudesse competir. Eram animistas, acreditando nos espíritos da natureza, mas não possuíam um corpo definido de doutrina e nenhuma igreja organizada com um interesse especial em sua devoção religiosa. Em meados do século XVII, havia meio milhão de cristãos filipinos, quase todos católicos romanos. Os monges dominicanos estabeleceram o que é agora a mais antiga universidade da Ásia, Santo Tomás, em Manila em 1611. 80% dos filipinos são católicos hoje, embora o sul da Ilha de Mindanao seja quase inteiramente muçulmano.

O comércio europeu com as Filipinas aumentou consideravelmente após a abertura do Canal de Suez em 1869, trazendo influência e riqueza maiores para uma nova e crescente classe de mercadores. Em muitos casos, essas famílias tinham sangue espanhol. A posse de terras era uma marca tão importante de distinção social na Espanha que os espanhóis nas Filipinas, tanto comerciantes como sacerdotes, ansiavam por adquirir concessões feudais de enormes extensões de terra e o direito de administrar e usar o trabalho dos "índios" que viviam nessas terras.

O domínio hispânico foi cruel e opressivo. Tanto leigos como sacerdotes consideravam natural e adequado que os camponeses filipinos devessem trabalhar para seu sustento e lhes obedecer implicitamente. Os monges da ordem franciscana estavam particularmente realizando suas ambições de adquirir cada vez mais terras, nas quais vivessem na indolência. O povo não tinha participação no governo das ilhas, embora uma forma de democracia fosse mantida viva nas aldeias – os *barrios* – que preservaram os conselhos de aldeia que sempre tiveram. Contudo, o rápido crescimento populacional já estava provocando o aumento da pobreza e inquietação. A insatisfação estava centrada nas políticas repressivas do governo e na alienação contínua das terras agrícolas às ordens religiosas.

Em 1872, cerca de 200 soldados e trabalhadores filipinos se amotinaram no depósito de armas em Cavite, próximo a Manila. Eles mataram três soldados espanhóis e tomaram o porto. A rebelião foi planejada para coincidir com um outro levante dentro dos muros de Manila, mas o momento em que foi deflagrado foi prematuro e a revolta foi facilmente reprimida. As autoridades espanholas, alarmadas pelo crescimento do sentimento nacionalista, executou 13 dos rebeldes. Embora a maioria dos filipinos possa ter aceito isso, não toleraram tão facilmente a próxima execução, por estrangulamento no garrote, de três sacerdotes filipinos acusados de instigar a revolta – um deles com 85 anos.

Dentre aqueles profundamente impressionados por esse incidente estava um garoto de 10 anos chamado José Rizal, que se tornaria um homem de notáveis realizações e personalidade, e o patriota filipino mais honrado. Um produto da crescente classe média e educado na Europa, Rizal foi um competente autor, músico e pintor assim como professor, linguista e cirurgião. Ele também foi o primeiro defensor sério do nacionalismo filipino. Quando formou a Liga Filipina em 1892, foi preso e deportado para uma parte remota de Mindanao, embora essa associação nacionalista fosse, como o próprio Rizal, moderada e contrária a métodos violentos. Contudo, havia outros nacionalistas que desejavam uma ação direta e, após Rizal ter sido exilado, a causa caiu nas mãos da militante Katipunan – uma organização fundada por Andrés Bonifacio e alguns associados, também em 1892.

Um emissário da Katipunan visitou Rizal no exílio para buscar seu apoio para uma revolta armada contra a Espanha. Rizal, contudo, declinou. Ele havia dado sua palavra de não tentar escapar do exílio, e acreditava que o povo ainda não estava pronto para a independência. Sem sua influência moderadora o movimento nacionalista evoluiu rapidamente de uma organização de diálogo e panfletos para uma resistência clandestina dedicada ao terrorismo violento. Rizal, que achava que estava desperdiçando sua vida no exílio, pediu para ser enviado a Cuba como cirurgião para a guarnição espanhola de lá. As autoridades concordaram, e, quando estava a caminho, foi preso, levado de volta a Manila e executado por um pelotão de fuzilamento em 1896. A Espanha havia fornecido à causa nacionalista seu mártir. Os livros de Rizal foram lidos como nunca antes e seu nome se tornou um grito de guerra.

Desordens e terrorismo se intensificaram em muitas partes das Filipinas e após um ano da morte de Rizal a Espanha foi forçada a enviar 50.000 soldados para a tarefa de pacificar a colônia. A Espanha terminou chegando a um acordo com os rebeldes, pagando seu líder, o General Aguinaldo, para ir ao exílio em Hong Kong. Aguinaldo consentiu, mas usou seu tempo em Hong Kong para negociar a compra de armas para uma futura rebelião.

Quatorze meses depois da morte de Rizal, um evento longe das Filipinas resolveu o impasse. As relações entre os Estados Unidos e a Espanha sobre a então colônia espanhola de Cuba atingiram seu limite. Quando a Espanha recusou um ultimato americano para deixar Cuba, iniciou-se uma guerra na qual a Espanha foi facilmente derrotada. O General Aguinaldo, que estava em Singapura quando tomou conhecimento dessa guerra, correu para Hong Kong para discutir uma cooperação com os americanos. Logo em seguida, um navio americano o levou para as Filipinas. Ele foi capaz de recrutar rapidamente um grande exército revolucionário, que montou um cerco a Manila e estendeu a rebelião a outras partes de Luzon. Os filipinos acreditavam que os americanos os ajudariam a conquistar a completa independência, uma vez que os Estados Unidos era considerado na época um defensor dos povos coloniais oprimidos.

Os nacionalistas estabeleceram um governo civil revolucionário, com uma constituição espelhada na dos Estados Unidos. Embora houvesse 13.000 soldados espanhóis em Manila, a cidade capitulou após um cerco de dois meses no qual houvera pouco mais do que conflitos esporádicos. Com isso chegaram as primeiras dúvidas nacionalistas sobre as intenções dos Estados Unidos. Manila foi ocupada pelas forças americanas, cujo comandante recusou inesperadamente a permissão para filipinos entrarem na cidade. Todavia, a maior parte do exército nacionalista permaneceu fora da cidade enquanto Aguinaldo e outros líderes partiram para o norte, em Luzon, para estabelecer a sede do governo na cidade provincial de Malolos. Lá, proclamaram uma República Independente das Filipinas em 15 de setembro de 1898, a primeira declaração assim dentre todas as demais regiões coloniais da Ásia.

Contudo, um dia após o estabelecimento da república, o presidente dos Estados Unidos William McKinley disse privadamente aos seus enviados às conversações em Paris para encerrar a guerra com a Espanha, que deveriam pressionar pela cessão ao menos de Luzon aos Estados Unidos. Um representante foi enviado pela república a Paris para defender sua causa, mas os outros partidos se recusaram a reconhecê-lo. Desse modo, as coisas foram finalizadas sem referência aos nacionalistas. A Espanha concordou em renunciar ao controle total das Filipinas que, com Guam e Porto Rico, tornaram-se colônias americanas.

A responsabilidade pelas Filipinas como uma colônia não foi bem recebida por muitos americanos e filipinos. O fato de os Estados Unidos, uma ex-colônia que havia lutado pela liberdade, estar agora se tornando um mestre imperial de um outro povo foi amplamente combatido na América. Para os filipinos era um motivo para guerra. Em uma batalha campal, fora de Manila em 1899, os guerrilheiros filipinos foram derrotados. Dois meses depois, Malolos foi ocupada pelos americanos. Aguinaldo e seus homens fugiram para o norte. A acerba guerrilha seguinte não deveria ser subestimada, embora alguns livros a dispensem com uma frase. A população civil, despojada e oprimida pelos membros corruptos do exército de Aguinaldo, foi a que mais sofreu. As mortes provavelmente tenham excedido a 100.000. A guerra terminou com a captura de Aguinaldo em 1901 e a aceitação do governo dos Estados Unidos. Ela custou a vida de 4.200 americanos.

Após isso, as coisas melhoraram rapidamente. Os Estados Unidos garantiram os primeiros elementos de autogoverno limitado com uma câmara baixa eleita do parlamento em 1907 e poderes mais extensivos em 1934, embora a completa independência não chegasse até 1946. Essa transferência de instituições políticas de estilo americano não ocorreu sem problemas. A eleição de oficiais como chefes de polícia se tornou politizada e corrupta nas Filipinas. A liberdade de portar armas contribuiu para um alto índice de criminalidade, especialmente uma alta taxa de assassinatos.

Contudo, os Estados Unidos redirecionaram muitos de seus soldados nas Filipinas para projetos pacíficos. Eles trabalharam como professores em escolas de *barrio*, iniciaram programas de construção de estradas e organizaram tarefas pequenas, mas coletivamente importantes, como escavação de pequenos poços para prover os aldeãos de água potável. A importância desse trabalho foi enfatizada pelas epidemias de cólera tão severas que resultaram em uma redução efetiva da população. Os americanos trabalharam entusiástica e efetivamente e as condições em breve melhoraram. Os Estados Unidos recrutaram e enviaram quase mil professores de escola americanos para as Filipinas, muitos deles quacres. Como nenhum deles sabia o idioma local, o tagalog, primeiro alfabetizaram seus alunos em inglês. Um resultado direto é o difundido conhecimento do inglês, especialmente em Luzon. Em 1921 havia um milhão de crianças na escola.

Os Estados Unidos pagaram na época a soma considerável de U$ 7 milhões para recuperar as enormes propriedades em posse da Ordem Franciscana. Os filipinos haviam ficado muito ressentidos com a alienação da terra pelos monges, e essa ação ajudou muito a reconciliá-los com o governo dos Estados Unidos. Todavia, o programa americano de reforma agrária não conseguiu resolver todos os problemas. Muitas das grandes propriedades da Igreja ficaram intactas, e as terras compradas dos franciscanos não foram distribuídas aos agricultores que trabalhavam nelas, mas, em geral, vendidas a famílias filipinas ricas, muitas vezes de sangue espanhol. Muitas delas se mostraram capatazes mais duros que os monges.

As políticas americanas também resultaram na alienação de enormes áreas de cultivo de arroz para dar lugar ao cultivo de outros produtos para exportação, como açúcar, abacaxi, tabaco e coco, em benefício de grandes corporações americanas, mas ao custo de terminar com a autossuficiência filipina na produção de alimentos. Eles fizeram pouco para melhorar a vida da maior parte da população seriamente desprivilegiada; na verdade, o primeiro presidente das Filipinas, Manuel Quezon, comentou em 1939 que "os homens e mulheres que cultivam o solo ou trabalham nas fábricas dificilmente estão numa condição melhor do que durante o regime espanhol".

A Segunda Guerra Mundial provocou uma terrível privação nas Filipinas. A dependência das ilhas das exportações provocou desemprego quase universal quando essas foram cortadas. A despeito de sua população relativamente pequena, não havia alimento o bastante para alimentar o povo, resultando em fome generalizada durante os anos da ocupação japonesa. Em 1942, o líder comunista, Luis Taruc, lançou um movimento de resistência na Luzon Central chamado "O Exército do Povo contra os Japoneses". Na tradução tagalog, a primeira palavra é *hukbalahap*, por isso os combatentes da resistência terem se tornado conhecidos como *huks*. Em 1945, os huks haviam estabelecido um soviete bem-organizado que redistribuía as propriedades dos arrendadores, cobrava impostos, ministrava a justiça e inclusive administrava escolas.

Políticas pós-guerra foram afligidas pelo fato de que três quartos do Congresso pré-guerra haviam colaborado com os japoneses. Um deles, Manuel Roxas, tornou-se presidente como resultado de uma eleição altamente corrupta em 1946. Entre outras coisas, Roxas não permitiu que os congressistas huk eleitos da Luzon Central assumissem suas cadeiras. Ele impôs por meio de legislação do Congresso o perdão de todos os colaboradores e atos que confirmaram o domínio econômico das Filipinas pelos Estados Unidos. Sob essas circunstâncias infelizes, as Filipinas se tornaram uma república independente.

Os huks retornaram aos seus fortes para guerrear contra o governo. Após alguns sucessos iniciais, foram controlados por um exército governamental mais eficiente treinado e equipado pelos Estados Unidos. O jovem secretário de Defesa filipino que estava supervisionando essa campanha, Ramón Magsaysay, tornou-se presidente em 1953, no que foi dito serem as primeiras eleições honestas até então organizadas na república. Magsaysay introduziu políticas liberais, incluindo a primeira tentativa genuína de reforma agrária, até que, numa noite em março de 1957, foi morto a bordo de um avião de passageiros quando se chocou contra a Ilha de Cebu. Suas políticas liberais foram amplamente abandonadas após sua morte. Houve um rumor generalizado – embora sem provas – de que o acidente aéreo possa ter sido sabotagem. Qualquer que seja a verdade disso, a cena política se tornou novamente de corrupção e autointeresse pouco camuflados. A economia afundou, e a taxa nacional de crescimento ficou muito atrás em sua corrida contra um explosivo aumento populacional.

Alguma esperança de reformas veio com a eleição de um carismático ex-combatente da resistência, Ferdinand Marcos, em 1966, como o sexto presidente. Contudo, ela teve vida curta. Durante seus 20 anos de presidência, Marcos usou sua posição para acumular uma enorme fortuna pessoal, explorando e abusando impiedosamente o povo filipino. Alegando que a nação estivesse novamente ameaçada pelo comunismo, Marcos decretou a lei marcial em 1972, e governou a partir de então como um ditador. Em 1983, o exército de Marcos assassinou seu principal rival político, o popular Benigno Aquino, alvejando-o na cabeça enquanto o escoltavam do avião que o havia trazido para Manila após um tratamento médico nos Estados Unidos. Mais de um milhão de pessoas marcharam pelas ruas de Manila em cortejo fúnebre.

O governo aprisionou pessoas sem julgamento, e havia evidência crescente de tortura e assassinatos por parte de membros do exército para desencorajar a oposição. O uso perdulário do dinheiro público por Marcos e o desvio de fundos para si e seus compadres resultaram em uma enorme dívida externa. A agitação pública cresceu a uma extensão sem precedentes. Dois milhões de pessoas se juntaram a marchas de protesto em Manila. Mais de um milhão fizeram um abaixo-assinado pedindo que a viúva de Aquino concorresse nas eleições para presidente em 1986. Corazón Aquino se tornou a primeira mulher presidente das Filipinas, mas, a despeito de 60% de votos a seu favor, Marcos se recusou a entregar o poder. A intervenção por parte de membros do exército, liderada pelo chefe de Estado-Maior adjunto das Forças Armadas, Fidel Ramos, e massivamente apoiado pelo povo, mostrou ser necessário removê-lo.

Uma vez mais, houve elevadas esperanças de reformas importantes no governo e na economia. Dezesseis oficiais militares foram levados a julgamento e condenados pelo assassinato de Aquino. Contudo, a Senhora Aquino, como a maioria dos líderes filipinos desde a independência, vinha da rica classe de proprietários de terras diretamente responsável pelos problemas da nação, e sua influência se mostrou desapontadoramente pequena.

Houve pouca melhora significativa durante a administração do Presidente Ramos, que substituiu Corazón Aquino em 1992. O rápido crescimento populacional e a relutância dos governos em enfrentar os problemas básicos e urgentes da nação tornaram essas belas ilhas um lugar de pesadelo.

A insatisfação generalizada resultou na eleição como presidente, em 1998, de um ex-astro do cinema de 61 anos, Joseph Estrada, com base em políticas declaradas, embora vagas, para ajudar os pobres e desprivilegiados. Contudo, em 2001, também ele foi desacreditado, enfrentando alegações de corrupção e associações criminosas. A indignação pública apoiada por elementos do exército forçaram sua resignação e a consequente substituição pela vice-presidente, Gloria Macapagal Arroyo, uma ex-acadêmica da universidade de economia. Em 2004, foi reeleita presidente por méritos próprios. A presidência passou para Benigno Aquino III em 2010. Ele conseguiu negociar uma estrutura para novas medidas para encerrar a longa batalha do governo com os separatistas muçulmanos em Mindanao. O plano de paz estabelece uma região autônoma que será chamada Bangsamoro, com sua própria polícia, governo interno e código legal.

Aquino, que era popular com os eleitores, enfrentou muitos problemas, com um grande endividamento público, queda na arrecadação de impostos e declínio de investimentos estrangeiros, havia pouco espaço para o governo realizar melhorias. Os 10% mais ricos estão recebendo 20 vezes mais do que a renda dos 10% mais pobres, muitos deles vivendo em bairros pobres nos arredores das grandes cidades. Quando, após cinco dias de tempestades tropicais, uma montanha de lixo deslizou sobre as favelas de pessoas que viviam em um depósito de lixo, mais de 200 delas foram mortas. Foi impossível saber exatamente quantas pessoas haviam desaparecido porque ninguém sabe quantos vivem na favela de Manila, chamada Lupang Pangako – a Terra Prometida. Contudo, acredita-se que seja o lar de mais de 80.000 favelados, que vivem vasculhando o lixo em busca de qualquer coisa de valor.

A economia das Filipinas, antes essencialmente agrícola, está, contudo, fazendo alguns movimentos na direção dos serviços e da manufatura, com uma indústria de eletrônicos em expansão, exportando partes de computadores e semicondutores. As Filipinas também possuem o quarto maior setor mundial de construção naval e reparos. A indústria central de atendimentos, agora maior que a da Índia, é uma importante contribuinte, com um faturamento de U$ 11 bilhões em 2011. A agricultura agora constitui somente 12% do PIB, embora empregue um terço da força de trabalho. A economia cresceu 7,8% no primeiro trimestre de 2013 – grande parte disso atribuída ao crescimento industrial e aos U$ 24 bilhões enviados ao país por cerca de 10 milhões de filipinos que trabalham no exterior.

No final de 2013, as ilhas centrais foram atingidas por um furacão de ferocidade sem precedentes, com correntes de ventos – de mais de 300km/h – consideradas as mais extremas jamais registradas em terra. Mais de 5.000 pessoas foram mortas, cerca de 4 milhões de casas danificadas ou destruídas e plantações de arroz reduzidas a um terço. 90% da capital da Província de Leyte, Tacloban, foi destruída.

34
Coreia: uma nação dividida

Embora a Coreia do Norte comunista e a República da Coreia do Sul se confrontem em uma das fronteiras mais militarizadas do mundo, em 2013 isso nada mais era senão um bombardeio de propaganda armado pelo norte – mais retórica do que guerra. Isso quase sempre ocorre quando os Estados Unidos realiza exercícios militares anuais com seu aliado, a Coreia do Sul, a qual tem o compromisso de proteger. Quando os Estados Unidos sobrevoaram com dois bombardeiros B2 Stealth com capacidade nuclear sobre a Coreia do Sul, o líder norte-coreano Kim Jong-un declarou que havia ordenado que suas baterias de mísseis se preparassem para ataques nucleares contra o continente americano e suas bases no Pacífico. Nada disso aconteceu – de qualquer modo é improvável que a Coreia do Norte tivesse armamento militar para realizar uma tal ameaça.

Em certa medida, a divisão da Coreia é uma consequência de sua geografia e história – o norte possuía há muito associações étnicas e culturais com a China e a Manchúria, enquanto o sul, embora também influenciado pela China, tendesse a olhar para o exterior, com conexões de comércio marítimo duradouras com outras partes da Ásia.

A Coreia consiste de uma faixa costeira da Manchúria fazendo fronteira com a China, uma península que se estende ao sul em cerca de 1.000km, com mais de 3.000 ilhas. O norte possui planaltos elevados e montanhas de até 2.800m, uma cadeia de montanhas que continua até a Coreia do Sul em quase toda extensão da costa leste, terminando no mar em penhascos completamente cobertos de pinheiros entremeados de enseadas nas bocas dos pequenos rios que correm para o leste. A oeste, encontramos rios mais largos, com planícies férteis e contrafortes de montanhas que dividem o país em regiões definidas. Eles estabeleceram as fronteiras de estados independentes no início da história da Coreia.

De acordo com a mitologia, no ano de 2333 a.C. um urso foi milagrosamente transformado em uma jovem. Quando Hwanung, filho do Criador, chegou à Terra e a possuiu, ela deu à luz Tangun, o primeiro rei da Coreia. A Coreia do Norte, em particular, dá muita importância ao Mito de Tangun em sua ideologia moderna, declarando uma cultura e um nacionalismo contínuos remontando a mais de 4.000 anos, e frequentemente se referindo à Coreia como "a nação Tangun". Em 1993, a Coreia do Norte anunciou ter encontrado os ossos de Tangun em uma antiga tumba real próximo a Pyongyang. A Coreia do

Sul, ansiosa para se promover como a principal proponente da cultura antiga, por vezes também fez uso do mito.

A evidência arqueológica real indica sociedades neolíticas primitivas, caçadores e pescadores de ostras, durante o ano 4 a.C., com a agricultura se desenvolvendo talvez 2.000 anos depois. Em torno daquela época, um estilo distintivo de ornamentação em cerâmica se difundiu da China para a Coreia, a primeira evidência de uma influência cultural chinesa profunda e duradoura. Contudo, foi somente em 109 a.C. que os anais chineses registraram uma invasão bem-sucedida, após a qual foram estabelecidas quatro cidades de guarnição da Dinastia Han.

Guerras contra as tribos mongólicas durante os primeiros séculos da era cristã forjaram uma classe militar extensa e altamente profissional no norte montanhoso e predominantemente infértil da Coreia. Seu novo Estado, Koguryo, tornou-se muito poderoso, e no século V havia se estendido a grande parte da Manchúria. A Dinastia Sui na China viu esse vizinho grande e agressivo como uma ameaça, e despachou quatro enormes exércitos – um deles, acredita-se, com mais de um milhão de soldados – para impor o controle chinês a Koguryo. Os primeiros três foram derrotados com grande dificuldade – foi provavelmente o enorme peso dessas campanhas coreanas que enfraqueceu e derrubou a Dinastia Sui. O quarto foi um pouco melhor, com as hostilidades terminando com uma trégua. Milhares de soldados chineses capturados foram enviados para casa e oficiais da posterior Dinastia Tang chegaram a Pyongyang para os ritos associados ao enterro dos ossos dos chineses mortos.

A influência da Dinastia Tang, contudo, chegou a dominar grande parte da Coreia, especialmente o Estado de Silla ao sul, que se tornou um importante comerciante marítimo, dominando as rotas marítimas entre Coreia, China e Japão. Esse foi o começo do fim para Koguryo, que foi derrotado pelas forças de Silla e da China combinadas em 668. Pyongyang, a capital de um Estado de talvez três milhões de pessoas, foi quase totalmente destruída. Contudo, Koguryo deveria ser lembrada, porque unificou grande parte da Coreia pela primeira vez e pela determinação e tenacidade de seu povo, que, afinal, resistiu a repetidas invasões de seu vasto vizinho por 70 anos. Do século IV em diante, foi um centro importante para o budismo *mahayana*, que foi levado ao Japão por monges de Koguryo. Há evidência de uma literatura koguryana, escrita em chinês, grande parte da qual foi destruída na queda de Pyongyang.

Sua herdeira da unificação, ao menos parcial, da Coreia foi Silla, que se expandira rapidamente em uma estreita associação com a China Tang, com a subordinação sendo garantida pelo envio dos príncipes de Silla à grande capital chinesa, Changan, como reféns. Milhares de coreanos estudaram lá. A medicina, a astronomia, a música, a literatura, a administração e as leis sobre a posse de terras chinesas foram todas transferidas mais ou menos intactas para Silla.

A capital de Silla, Kyongju, com quase um milhão de habitantes, era uma das maiores e mais ricas cidades do mundo naquela época, conhecida e admirada em lugares tão distantes como a Arábia e a Índia. A opulência da aristocracia silla se baseava no poder ilimitado sobre os camponeses como arrendatários, e em sua posse de um grande número de escravos. Os numerosos mosteiros budistas eram também grandes proprietários de terras. Quando a Dinastia Tang declinou na China, a Silla declinou também na Coreia. Enfraquecida por disputas regulares e sangrentas sobre a sucessão ao trono, foi entregue em 936 a um Estado do norte restaurado, Koryo, do qual deriva o nome da Coreia.

O padrão é, portanto, o de estados clientes da China, ascendendo e caindo em paralelo com as fortunas das dinastias chinesas, extremamente independentes e seguindo o exemplo chinês mais por o admirarem do que como um resultado de conquista; de uma região norte de guerreiros e de uma região ao sul mais próspera de agricultores e comerciantes; e de oligarquias eficientes e cruéis prosperando às custas de um campesinato robusto e resiliente que era, contudo, longe de obediente, rebelando-se regularmente contra seus mestres. Koryo era controlada por uma oligarquia que, apesar disso, admirava os feitos da dinastia chinesa Song que emulava, e inclusive os melhorou. A cerâmica céladon de Koryo, com sua ornamentação restrita, sofisticação e o transparente revestimento verde-azulado, era considerada a mais fina do mundo. A primeira prensa de metal de tipos móveis do mundo, fundida em bronze em um molde de areia, foi feita lá no século XIII e o livro mais antigo produzido por ela que sobreviveu, o *Jikji*, foi impresso em papel em 1377 – quase 80 anos antes da Bíblia de Gutenberg. Fragmentos de um trabalho sobre ensinamentos budistas *zen*, encontrava-se em 2013 na Biblioteca Nacional francesa, com a Coreia fazendo uma campanha para seu retorno ao país de origem.

Uma fase militar no século XII trouxe intranquilidade e banditismo em uma escala maior, acompanhada por uma sucessão de invasões mongóis, uma pequena parte da enorme campanha militar de Kublai Khan que subjugou a China. A selvageria mongol não foi menos extrema na Coreia do que em outra parte. As cidades muradas resistiram bravamente, atraindo admiração mesmo de generais mongóis, mas no fim não resistiram aos contínuos ataques profissionais, que incluíam um elaborado maquinário de cerco e carroças de fogo alimentado com gordura humana obtida a partir da fervura dos corpos dos prisioneiros. Aproximadamente mil navios coreanos foram usados nos ataques massivos, mas malsucedidos, de Kublai ao Japão, participando do desastre da *kamicaze* – uma tempestade de ventos que famosamente resolveu o problema para o Japão.

O governo mongol da Coreia foi firmemente estabelecido em 1270. Foi predatório a uma extensão desastrosa, levando novos horrores de fome e perturbações a uma sociedade que já se encontrava flagelada. Essa ocupação durou 130 anos. Em 1368, a nova Dinastia Ming havia expulsado os mongóis da China. Contudo, sete anos antes, um jovem soldado coreano, Yi Songgye, havia lutado ativamente contra os mongóis. Tornou-se general, e, após alguns conflitos internos sangrentos entre a elite coreana, tornou-se o fundador de uma dinastia que duraria até os tempos modernos. Sua capital foi Hanyang, a cidade conhecida agora como Seul, e o Estado foi chamado Chosen, a Terra da Manhã Tranquila.

Hanyang se tornou praticamente uma nova cidade. Uma força de trabalho recrutada de cerca de 100.000 trabalhadores construiu palácios e moradias para a onipresente burocracia, cujos tentáculos controlavam a nação como nunca antes. Todo coreano era obrigado a carregar uma etiqueta de identificação portando seu nome, lugar e data de nascimento para verificação com um registro oficial. O material para esses efetivos cartões de identidade iam do marfim até simples madeira, conforme a posição social. A pessoa era proibida de transitar fora da província na qual residia, que era rigidamente policiada. A manutenção da lei local e a coleta de impostos eram realizadas por funcionários chamados *yangban*, uma classe dominante cuja atuação era garantida pelo envio de seus filhos para a capital como reféns. Menos afortunados eram os do próximo nível abaixo, basicamente policiais e auxiliares coletores de impostos. Esses eram recrutados para seus deveres, para os quais não recebiam pagamento algum além do que conseguissem "extrair" dos camponeses.

As pessoas que trabalhavam efetivamente a terra eram estreitamente supervisionadas e controladas, com cinco famílias reunidas em um grupo conjuntamente responsabilizado pelo bom comportamento e pelas responsabilidades de corveia de todos os seus integrantes. Os camponeses pagavam 50% de sua produção para o proprietário da terra, e ambos estavam sujeitos a 10% de imposto ao Estado. Outros pagamentos eram exigidos por funcionários do governo regional e um imposto poderia ser pago em lugar do serviço militar compulsório. O próprio Estado possuía 350.000 escravos em 1484. Muitas vezes, suas condições de vida eram tão melhores que a dos camponeses que muitos homens livres de fato tentavam se tornar escravos.

A agricultura, em grande parte cultivo de arroz *padi*, era cuidadosamente estudada e melhorada sempre que possível. Milhares de barragens para armazenamento de água foram construídas, e medidores de chuva foram enviados às províncias em 1442. A terra era cuidadosamente avaliada e mapeada, permitindo que a imposição de impostos se tornasse uma ciência exata.

Livros impressos, usando blocos de madeira, foram produzidos aos milhares, muitas vezes belamente ilustrados em cores. Muitos desses promoviam a ética neoconfuciana corrente, então, na China; valores familiares, a autoridade dos pais, a obediência e humildade dos filhos – essas "virtudes" se tornaram profundamente inculcadas em todos os níveis da sociedade coreana. Um alfabeto de 24 letras foi concebido em 1443, muito mais apropriado à língua coreana do que os ideogramas chineses, mas os acadêmicos o consideraram vulgar. Languesceu por muitos séculos, mas agora é geralmente utilizado.

Quando o xógum japonês Hideyoshi concebeu a ambição irrealista de conquistar a China, a Coreia parecia ser o meio óbvio. Irritada com a relutância natural da Coreia em cooperar, invadiu o país com um exército de 160.000 *samurais* em 1592, e avançou a Seul, a despeito das pesadas perdas. Na capital, os invasores foram ajudados por uma revolta entre os escravos, que colocaram fogo nos prédios que armazenavam os registros de sua servidão. Um apelo coreano à

China Ming provocou uma resposta menos que adequada, mas envolveu a China nas guerras, que se prolongaram até a morte de Hideyoshi em 1598.

Uma das curiosidades dessa guerra foi o navio tartaruga do Almirante Yi Sunsin, uma embarcação encouraçada propulsada por uma vela quadrada e 20 remadores, considerada a primeira embarcação blindada do mundo. Essas embarcações rápidas, armadas com 40 canhões, provocaram uma tal destruição aos navios de suprimentos japoneses que Hideyoshi exigiu alguma prova de valor de seu exército. A resposta bizarra foi o envio para Quioto das orelhas cortadas de cerca de 40.00 chineses e coreanos mortos, preservadas em sal. A guerra provocou uma destruição enorme na Coreia, incluindo a queima de vários mosteiros, mas a principal vítima foi a antiga ordem social. Grande parte da oposição aos japoneses vinha das guerrilhas camponesas, e em alguns casos de bando de escravos. Os líderes desses guerrilheiros se tornaram poderosos o bastante para penetrarem nas classes dominantes, disputando posições de influência.

No século XVII, a Coreia foi novamente invadida em consequência de uma mudança de poder na China. Em 1637, tornou-se um Estado tributário dos manchus, que, embora bastante letais em batalha, eram indolentes na administração. Eles deixaram a Coreia muito sozinha para se recuperar de meio século de guerra. Ouro, prata, tecido e especialmente os cavalos da pequena cavalaria coreana eram requeridos como tributos, mas os manchus tiveram uma influência permanente pequena na sociedade coreana.

Mesmo assim, a restauração da antiga ordem social foi quase impossível. Os registros de escravos e de impostos haviam sido destruídos, e o governo se viu em grande parte impotente pela completa falta de dinheiro. A recuperação foi lenta e gradual, e envolveu importantes mudanças sociais e comerciais. Passou a haver mais iniciativa privada, em vez de estatal, e uma rica classe comercial se desenvolveu. O número de escravos foi grandemente reduzido. Seu uso nas empresas estatais terminou em 1801, embora famílias e negócios privados tenham mantido a posse de escravos até 1894.

Os séculos do governo Yi estabeleceram um padrão duradouro para a sociedade coreana, grande parte do qual permanece hoje. Um sistema hereditário de castas que colocava o funcionário letrado no nível mais elevado tornou necessários registros genealógicos acurados abarcando muitas gerações, e regras muito complexas determinando quem deveria se casar com quem. De contínua importância, também, é o conceito de que somente o "primeiro filho" – o mais velho – possui *ching-che*, a capacidade mística e o direito de suceder seu pai. Isso, muitas vezes considerado nepotismo pelos ocidentais, estende-se do controle da propriedade e negócio familiares para a política. A sucessão na Coreia do Norte de Kim Il-sung para seu filho mais velho Kim Jong-il e ao neto Kim Jong-un é indicativa disso.

O sistema de casta coreano, de modo algum tão onipresente quanto o indiano, todavia, tinha seu equivalente de intocáveis, entre eles aqueles que abatiam animais e lidavam com os mortos. Ainda restam modos diferentes de tratar as pessoas em diferentes categorias sociais. O conceito confuciano de respeito pelos mais velhos envolve o uso de honoríficos toda vez que são abordados, e é imprescindível para um elaborado sistema de hierarquia familiar com uma posição hierárquica distinta para cada membro: o pai no topo, a esposa obediente a ele, as filhas (e noras) subordinadas à mãe, os filhos mais jovens abaixo dos mais velhos.

Contudo, a aparência superficial de que um sistema assim possa ser opressivo, e mesmo cruel, é errônea. Os pais coreanos tendem a ser indulgentes com seus filhos, e se comprometerão a uma extensão extraordinária para educá-los. Obediência e lealdade à estrutura familiar vêm não tanto da disciplina como do profundo respeito que os filhos têm por seus pais. Os filhos, também, desde a infância, levam sua educação muito a sério e fazem todo esforço para aprenderem até o limite de suas capacidades para fazerem seu melhor no que quer que empreendam. Esse é um importante condutor do notável crescimento econômico que a Coreia atingiu em décadas recentes.

No final do século XVIII, guerras quase constantes entre facções das classes dominantes ameaçaram desestabilizar a monarquia. Entre suas dificuldades estava a conduta assassina e licenciosa de um príncipe louco, Sado. Como seria um crime assassinar a realeza, por ordem de seu pai, o rei, Sado foi colocado em uma caixa de madeira e deixado sob o sol quente. Oito dias depois estava morto.

O povo comum sofreu pavorosamente com inundações, fome e especialmente com calamidades. Uma epidemia de cólera em 1821 se prolongou por dois anos, matando cerca de um milhão de pessoas. A impotência da administração central levou as pessoas a recorrerem a sociedades de ajuda mútua, e as aldeias trabalhavam juntas em iniciativas cooperativas – essas tradições se mantiveram nos tempos modernos, e foram a inspiração para o Movimento por uma Nova Comunidade, destinado a melhorar a vida nas aldeias na década de 1970. O banditismo predominava, assim como as revoltas regionais contra a autoridade central. Uma dessas, em 1811, quase se transformou em uma guerra civil.

Durante um período após dois anos de seca em 1812 e 1813, mais de um milhão de pessoas morreram de fome. Enquanto o campo mergulhava em um desespero cada vez mais profundo, crimes e rebeliões se tornaram ainda mais predominantes. Comerciantes e funcionários foram massacrados em 18 cidades do sul por bandos de camponeses, e em 1894 seguidores de um culto religioso e místico, Tonghak, iniciaram uma revolta tão séria que a China e o Japão intervieram uma vez mais nos assuntos coreanos.

Como na China, o século XIX trouxe cada vez mais contatos com navios europeus, que eram atacados e saqueados quando apareciam. Em 1866, um navio americano, o *General Sherman*, foi abordado e incendiado quando encalhou no Rio Taedong, após um incidente no qual marinheiros americanos dispararam em direção a uma multidão às margens do rio. Represálias eram inevitáveis. Em 1871, navios de guerra americanos dispararam contra as baterias na Ilha de

Kanghwa, que guarda a entrada do rio. Quando os fuzileiros navais desembarcaram para atacar os fortes, os defensores coreanos revidaram ferozmente, mas sem efeito, uma vez que careciam de armamentos modernos.

Quatro anos mais tarde, um incidente similar envolveu um navio de guerra japonês. Esses incidentes provocaram uma política coreana oficial de isolamento estrito do resto do mundo. Contudo, a diplomacia das canhoneiras não seria negada. Após a chegada de uma formidável frota japonesa em 1876, foi assinado um tratado com o Japão, abrindo três portos ao comércio internacional. Tratados de comércio subsequentes foram assinados com a Grã-Bretanha, vários estados europeus e os Estados Unidos. O número desses tratados não indica qualquer desejo da parte dos coreanos de "abrir" o país. Em troca, esperava-se que ao lidar com muitos interesses concorrentes as influências externas se manteriam afastadas.

Essa era a situação quando a rebelião Tonghak levou expedições tanto chinesas como japonesas para a Coreia. Naquela época, o Japão estava se modernizando rapidamente. Um dos últimos atos do *xogunato* havia sido o estabelecimento em 1865 da Instituição para o Estudo da Literatura Bárbara, que duas décadas depois se tornou a Universidade Imperial de Tóquio. Aqueles selecionados para estudar os costumes do exterior recomendaram que o Japão adotasse a ciência ocidental, os métodos de comércio e indústria.

Na Coreia, uma facção "progressista", apoiada pelos japoneses, achava que o país deveria tomar esse mesmo curso. Os conservadores, centrados em torno da monarquia, mantiveram sua lealdade à China. Duas guerras japonesas sucessivas – contra a China em 1894-1895 e contra a Rússia em 1904-1905 – decidiram o resultado. Em 1905, a Coreia foi colocada sob "proteção" japonesa, e em 1910 foi formalmente anexada ao Japão. Ironicamente, as ideias de nacionalismo e liberdade haviam chegado aos jovens coreanos principalmente pelos intelectuais japoneses, para serem depois oprimidas pelo imperialismo militar japonês. Os coreanos resistiram energicamente – centenas de aldeias foram incendiadas e talvez cerca de 20.000 pessoas tenham morrido.

O controle colonial da Coreia pelo Japão, que durou até o final da Segunda Guerra Mundial em 1945, continuou a ser duro – e mesmo brutal, e ainda influencia os sentimentos dos coreanos em relação ao Japão. Movimentos de resistência persistiram ao longo da ocupação, durante a qual milhares de pessoas foram mortas ou aprisionadas. Em 1919, manifestantes coreanos foram queimados vivos em uma igreja na qual haviam se refugiado em Sunron, próximo a Seul. Como outros colonizadores haviam feito em outros lugares, o Japão melhorou a infraestrutura, criando uma extensa rede ferroviária, fábricas de fertilizantes químicos e obras importantes de irrigação e de limpeza de terras para maximizar o cultivo de arroz, necessário para enfrentar a escassez de alimentos na pátria japonesa, onde a população estava crescendo rapidamente. Metade da produção de arroz coreana era para encher os estômagos japoneses, provocando desnutrição e pobreza massivas na Coreia.

Os coreanos foram obrigados a adotar sobrenomes japoneses, e até o uso da língua coreana foi banido. Templos xintoístas foram construídos, nos quais os coreanos eram forçados a orar. Durante a Segunda Guerra Mundial, quase dois milhões de coreanos foram conscritos para trabalho escravo no Japão, grande parte deles em jornadas de 12 horas por dia em minas sob condições terríveis. Entre esses conscritos estavam mais de 100.000 "mulheres de conforto" (*comfort women*) – jovens forçadas a se prostituir aos soldados japoneses. Sete mil coreanos foram enviados para trabalhar em 1944 na construção de um *bunker* de refúgio próximo ao Monte Fuji para o imperador japonês, sob condições tão duras que mais de mil morreram. Ao menos 10.000 trabalhadores coreanos conscritos morreram durante o bombardeio atômico de Hiroshima e Nagasaki.

Quando a guerra terminou, os russos ocuparam o norte da Coreia, e as forças americanas o sul. Resultaram, assim, dois estados: o norte, comunista, e o sul, apoiado pelos americanos. Ambos eram duramente autoritários e corruptos. Em junho de 1950, ambos entraram em guerra – uma guerra que foi na verdade uma expressão da rivalidade zonal entre, de um lado, os Estados Unidos e a União Soviética e, do outro, a China.

Essa guerra provocou enormes sofrimentos e perdas para o povo coreano – cerca de dois milhões de militares e três milhões de civis morreram. Isso criou uma geração inteira de viúvas e órfãos e uma perda massiva de infraestrutura da qual a Coreia custou a se recuperar. Uma grande campanha de bombardeio aéreo iniciou com o General MacArthur no comando, ordenando a destruição de qualquer aspecto de infraestrutura e sociedade humana, mesmo casas de aldeias, na Coreia do Norte. A capital, Pyongyang, foi praticamente destruída. A guerra nada resolveu, obteve pouco além de destruição, com os dois estados rivais no final ainda se enfrentando após um acordo de cessar-fogo ao longo do paralelo de latitude 38.

Subsequentemente, a Coreia do Sul passou por uma fase de notável desenvolvimento industrial, tornando-se uma grande exportadora de muitas mercadorias até que essa expansão fosse interrompida pela crise econômica asiática de 1998. Muitas famílias possuíam televisores, refrigeradores e máquinas de lavar. A Coreia do Sul se tornou uma grande construtora naval e exportadora de automóveis. A educação foi ativamente encorajada – agora, quase toda população é alfabetizada. O aumento massivo da indústria e da urbanização resultou em grandes mudanças na sociedade coreana, incluindo uma queda da população rural para 18%, comparada com 55% em 1965. Todavia, essas décadas de prosperidade crescente foram prejudicadas por um estado virtual de guerra entre os trabalhadores e os grandes conglomerados industriais, apoiados por um governo rigidamente autoritário e um exército grande e frequentemente brutal, que não hesitavam em usar o extermínio em massa, a tortura e o aprisionamento para reprimirem a oposição.

Um golpe militar em 1961 levou Park Chung-hee, um ex-oficial do exército japonês, ao poder praticamente como um ditador. Embora alguns dos ornamentos da democracia tenham aparecido em 1963, Park, na época presidente, continuava como um autocrata. Em 1972, ele impôs a lei marcial, com supressão rígida a qualquer oposição, uma situação que continuou até seu assassinato em 1979. Pouco mudou durante o governo de vários ditadores que o sucederam. Contudo, o povo coreano, cada vez mais infeliz com a corrupção e o autoritarismo do governo, tomou as ruas aos milhões em 1987 em protesto. Essa e outras pressões forçaram um lento progresso na direção de maior liberdade. Em 1992, o Presidente Kim Young Sam fez tentativas vigorosas para controlar a corrupção e corrigir alguns dos erros do passado. Dois ex-ditadores foram indiciados e sentenciados a penas de prisão. Contudo, as relações com a Coreia do Norte se deterioraram, com Pyongyang anunciando em 1996 que não honraria mais os acordos que haviam encerrado a Guerra da Coreia em 1953.

Em 1997, Kim Dae Jung, um ativista pela democracia muito perseguido, foi eleito presidente da Coreia do Sul. Durante as duas décadas anteriores, foram feitas várias tentativas para assassiná-lo: uma sentença que o condenava à morte por sedição foi comutada logo após a intervenção americana em 1980; foi exilado em 1982; e, em seu retorno à Coreia, dois anos depois, foi colocado em prisão domiciliar. Contudo, sua ascensão ocorreu em tempos difíceis – a severa recessão provocada pela crise financeira asiática deixou a Coreia com dívidas estimadas em mais de U$ 150 bilhões. É típico do povo coreano que tenham feito uma doação ao seu governo de joias de ouro e outros objetos de valor familiares que, quando derretidos, somaram a surpreendente quantia de 220 toneladas de barras de ouro. É típico também que à medida que o desemprego subiu a quase 9%, suicídios de trabalhadores demitidos se tornaram numerosos – tão numerosos que o governo teve de engraxar a estrutura de uma ponte em Seul para impedir que as pessoas a escalassem para pularem dela.

Essas condições erodiram o apoio de Kim, e em 2002 o advogado autodidata e ativista político Roh Moo-hyun venceu por uma pequena margem a eleição para se tornar presidente. Roh estava ansioso para melhorar as relações com a Coreia do Norte e expressava preocupação com as ações dos Estados Unidos no Iraque e no Afeganistão. Em 2004 ele sobreviveu a uma tentativa de impedi-lo com base em uma tecnicalidade, mas acusações de corrupção persistiram até que fosse sucedido pelo ex-diretor-executivo e prefeito de Seul, Lee Myung-bak em 2008. Park Geun-hye continuou essa virada para a política conservadora quando foi eleita presidente em 2012. Primeira mulher eleita presidente da Coreia do Sul, era a filha mais velha do presidente e ditador militar Park Chung-hee. Ela assumiu uma linha mais dura com uma Coreia do Norte cada vez mais belicosa, diferente da "política de abertura" (*sunshine policy*) das administrações anteriores, mas permaneceu comprometida com a unificação das duas Coreias. Contudo, o ponto mais importante para os coreanos em 2013 foi a economia, que estava mostrando sinais de estagnação devido à sua dependência das exportações, pesadamente reduzidas pela recessão em vários mercados internacionais. Havia uma distância cada vez maior entre os ricos e pobres, com cerca de 15% da população abaixo da linha de pobreza. Aproximadamente metade dessas pessoas era do grupo crescente de idosos, muitas das quais não são cobertas pelas pensões estatais.

Enquanto isso, um dos poucos estados comunistas restantes no mundo persistia na Coreia do Norte, com sua natureza e políticas facilmente identificáveis com seu passado. Para sua população – 25 milhões –, a Coreia do Norte é intensamente militarista, com suas forças armadas regulares com mais de um milhão de soldados, o quarto maior no mundo. Contudo, em 2013, estimava-se que cerca de 10 milhões de pessoas, incluindo reservistas e paramilitares, estivessem envolvidas na máquina militar norte-coreana, uma das maiores em número no mundo equipadas com armas. Essa cifra é mantida pela conscrição compulsória de adultos, homens e mulheres, para servirem de três até dez anos. Quase um terço do PIB do país é gasto com o exército.

Esse regime foi responsável por uma economia devastada, com uma pobreza tão extrema que resultou em mortes por fome em áreas rurais durante o final da década de 1990, estimadas por alguns observadores em milhões. O congressista americano Tony Hall, que visitou a Coreia do Norte em novembro de 1998, colocou as mortes entre um e três milhões, e mencionou as estatísticas da ONU indicando que 30% das crianças norte-coreanas abaixo de 2 anos encontram-se agudamente desnutridas. Ele trouxe consigo uma sacola de "alimentos substitutos" distribuída à população por um posto de alimentos governamental: "folhas secas e palha, tão grosseiras que mesmo o gado as rejeitaria", disse Hall. "Eles moem isso e com o pó fazem macarrão. O macarrão resultante não possui valor nutricional e é indigesto, deixando as pessoas com dor de estômago".

Embora os piores efeitos da fome tenham sido controlados desde 1998 após grandes injeções de ajuda estrangeira, um relatório da ONU de 2013 considerou mais de um quarto das crianças norte-coreanas cronicamente desnutridas e raquíticas. Desertores relataram pessoas sobrevivendo de sopa feita com grama e folhas devido à escassez e ao preço elevado dos alimentos, com cerca de um terço da população dependente da ajuda alimentar internacional. Protestos são severamente desencorajados, sendo tipicamente punidos com prisão nas *Kwan-li-so*, colônias de trabalho forçado para presos políticos, onde as condições são tão severas que milhares morrem a cada ano de fome ou desnutrição. Milhares de norte-coreanos tentam escapar através da fronteira com a China. Quando são enviados de volta para a Coreia, são também aprisionados nesses campos de concentração, nos quais cerca de 200.000 pessoas estão confinadas. Em 2013, investigadores dos Direitos Humanos da ONU concluíram que as pessoas nesses campos estavam sofrendo "atrocidades indescritíveis", com o ex-ministro do Supremo Tribunal de Justiça australiano, Michael Kirby, descrevendo "um padrão em grande escala de abusos que podem constituir violações sistemáticas e repulsivas dos direitos humanos". A Coreia do Norte, que recusou a entrada dos investigadores no país, alegou que as evidências haviam sido "fabricadas e inventadas pelas forças hostis à Coreia do Norte".

A Coreia do Norte é isolada e reservada, evitando contato com o resto do mundo tanto quanto possível. Como observadores estrangeiros são desencorajados e têm pouca liberdade de movimento se conseguem entrar no país, há pouca informação acurada sobre o que ocorre lá. Contudo, a Coreia do Norte está desenvolvendo instalações nucleares capazes de produzir combustíveis para armamentos militares, e em 1998 testou um míssil balístico de longo alcance no Pacífico. Estima-se que esse míssil Taepodong tenha um alcance de 2.000km – o bastante para atingir toda Coreia do Sul e grande parte do Japão. O programa nuclear da Coreia do Norte foi suspenso em 1994 quando os governos americano, japonês e sul-coreano concordaram em prover a Coreia do Norte com dois reatores nucleares de água leve – um tipo não adequado para extração de material para armamentos militares – e 500.000 toneladas ao ano de óleo combustível até que os reatores estivessem funcionando. Contudo, os Estados Unidos renunciaram a esse acordo em 2002, com base no fato de que a Coreia do Norte havia retomado seu programa de armas nucleares. O país possui reservas de cerca de 300.000 toneladas de minério de urânio de alta qualidade.

A Coreia do Norte não nega seu programa de armas nucleares, declarando que possui material físsil o bastante para cinco ou seis bombas. Ela também exporta mísseis, um dos numerosos negócios de comércio, manufatura e mineração administrados pelas forças armadas. O presidente do país, Kim Jong-un, é tão reservado e recluso que seus vizinhos e as grandes potências acham difícil determinar se ele na verdade possui as armas para iniciar um conflito nuclear e, nesse caso, se ele poderia de fato fazer isso. Seu próprio povo sabe pouco sobre ele. Um grande e extenso esforço de relações públicas o retrata como um herói de que deve ser adulado.

Essa campanha de propaganda é levada a uma extensão e custo que parecem bizarros, especialmente diante da pobreza abjeta do país e das centenas de milhares de crianças famintas. Milhares de pessoas com vestimentas coloridas cantam e dançam regularmente em apresentações públicas em enaltecimento ao Querido Líder. Multidões reverentes passam diante da estátua de mármore branco de seu avô, Kim Il-sung, que morreu em 1994, com um mausoléu complexo que dizem ter custado ao menos U$ 100 milhões, construído quando a fome estava em seu auge.

A Coreia do Norte testou armas nucleares em 2006 e 2009, e realizou um outro teste subterrâneo em 2013. Sua produção é considerada pequena – menor que a bomba de Hiroshima –, mas em crescimento. Embora a Coreia do Norte não pareça ter uma capacidade de mísseis balísticos intercontinentais, seu arsenal atual pode ser capaz de lançar uma arma nuclear até Tóquio. A maior parte das estimativas atualizadas revelava que em 2016 a Coreia do Norte teria de 12 a 16 pequenas armas nucleares e mísseis de alcance consideravelmente mais longo.

35
Vietnã, Laos e Camboja

O Vietnã, outrora uma colônia muito oprimida da França, e depois um Estado comunista, melhorou rapidamente sua economia e a vida de seu povo após duas décadas de guerras destrutivas e de trauma de recuperação. Essa mudança de valores em 1986, distante do comunismo doutrinário em direção a uma economia de mercado – similar ao modelo chinês –, ainda não está completa, e o Vietnã permanece um Estado monopartidário, com um partido comunista de 2 milhões de membros. Embora os indicadores econômicos tenham melhorado, uma onda de corrupção, endividamento e bilhões de dólares em desfalques em 2012 frustraram a confiança de investidores no Vietnã. Há também uma preocupação crescente com o governo com relação aos direitos humanos.

Enquanto a depressão mundial da década de 1930 se aprofundava, a exploração francesa do povo vietnamita se tornou extrema. Dezenas de milhares foram agrupados em cabanas de teto de palha de palmeira nas plantações e forçados a trabalhar 12 horas ou mais por dia extraindo látex de seringueiras. Donos de plantações na França insistiam em cotas tão altas de produção que os trabalhadores desmaiavam de exaustão ou até mesmo morriam. Há evidências de que aqueles que não conseguiam satisfazer as cotas tinham, como punição, as solas dos pés espancadas e depois eram forçados a correr.

Em 1930, 8.000 pessoas iniciaram uma marcha de protesto em direção à capital provincial de Vinh. A marcha era pacífica, e, para enfatizar sua natureza pacífica, as primeiras filas eram de mulheres e crianças. Dizem que o primeiro uso de aviação militar contra civis foi em Guernica, durante a Guerra Civil Espanhola, mas seis anos antes disso biplanos Potez da Armée de l'Air francesa atacaram os manifestantes de Vinh em uma seção estreita da estrada, encurralados de ambos os lados por campos de arroz e árvores. As primeiras bombas de 10kg foram lançadas na frente da marcha, entre as mulheres e crianças. Após lançarem sua carga completa de seis bombas, os três aviões metralharam os manifestantes com armas Lewis.

Com a descoberta em 1916 de planos para uma rebelião contra os franceses, o sentimento nacionalista foi efetivamente subjugado por medidas policiais durante duas décadas. Contudo, dentre os 100.000 vietnamitas conscritos que lutaram pela França durante a Primeira Guerra Mundial, alguns voltaram com ideias nacionalistas, outros, com ideias comunistas. Os últimos esperavam pela liderança de um homem conhecido na época como Nguyen Ai Quoc – que significa "Nguyen, o patriota" –, mais tarde chamado Ho Chi Minh. Em 1930 ele formou o Partido Comunista indochinês, sucedido por um ano de protestos generalizados em reação ao desemprego e pobreza provocados pela depressão mundial. Grandes seringais e arrozais haviam alienado massivamente a terra dos camponeses, que não tinham opção senão se tornarem trabalhadores ou peões nas lavouras. Em 1930, 3% dos proprietários de terra tinham a posse de quase metade de toda terra, enquanto três em cada quatro famílias camponesas nada possuíam.

Os comunistas lideraram revoltas e proclamaram dois sovietes – estados rebeldes independentes – no norte. A repressão francesa desses foi severa ao ponto da brutalidade e novamente incluiu o metralhamento e o bombardeamento aéreos de aldeias e tortura sistemática. No começo de 1932, milhares de vietnamitas haviam sido recolhidos a prisões e campos de concentração sem instalações decentes. Cerca de 1.500 pessoas foram assassinadas pelas forças francesas e mais 1.000 morreram de fome e por doenças nos campos. Houve alguma liberalização na segunda parte da década – devido principalmente ao governo da Frente Popular de Leon Blum na França –, mas a cena econômica e política permaneceu substancialmente sem mudanças na próxima guerra novamente em 1939. A França, rapidamente subjugada pela *Blitzkrieg* alemã, foi subsequentemente governada pelo regime títere de Vichy, que permitiu ao Japão ocupar a Indochina a partir do final da década de 1940.

Nesse estágio já havia um grupo de patriotas norte-vietnamitas, parcialmente comunistas, conhecido como vietminh, a Liga da Independência. Eles fugiram através da fronteira com a China após um ataque contra eles promovido pelas autoridades do governo de Vichy em 1941. Entre os comunistas estava Vo Nguyen Giap, um professor de origens humildes de 30 anos que havia concluído o doutorado na Universidade de Hanói. Quando Giap fugiu para a China, sua esposa e sua irmã foram presas pelos franceses e morreram na prisão.

Em 1942 os americanos viram o valor dos vietminh como um movimento de resistência contra os japoneses, mas pensavam que o nome de Nguyen Ai Quoc não poderia ser usado devido às suas associações pré-guerra. Foi por isso que o líder vietnamita assumiu o nome de Ho Chi Minh, que significa "aquele que ilumina". Quando os japoneses se renderam em 1945, os vietminh assumiram o controle da cidade do norte, Hanói – no final do mês havia um governo vietminh declarando controle de todo o Vietnã. Ele foi apoiado por um exército partidário reforçado com cerca de 12.000 soldados.

Os franceses que regressaram, no início, ofereceram independência dentro de uma União Francesa, mas no fim as negociações falharam porque se recusaram a aceitar um governo que incluísse o que na época era uma minoria de comunistas. Em troca, foi estabelecido um governo de domínio que era praticamente destituído de apoio popular. O resultado, muito oposto ao buscado pelos franceses, foi um aumento significativo da influência comunista dentro do movimento nacionalista que, em 1949, tornara-se dominado pelos comunistas.

Alarmado, o governo americano começou a fornecer equipamento militar para a França utilizar no Vietnã.

Isso não aconteceu sem algumas hesitações. No *New York Herald Tribune* (4 de abril de 1950), o respeitado comentador Walter Lippman questionou seriamente os motivos dos franceses e escreveu as seguintes palavras proféticas: "O exército francês poderá continuar defendendo o Sudeste Asiático somente se o Congresso americano se comprometer a subsidiar pesadamente – em termos de centenas de milhões de dólares por anos e por muitos anos ainda – uma guerra colonial francesa para subjugar não somente os comunistas como também os nacionalistas". Isso identifica acuradamente o começo da grande tragédia do Vietnã.

O vietminh se infiltrou rapidamente no delta do Rio Vermelho em torno de Hanói, mostrando-se mais do que um equivalente para os 180.000 soldados franceses em quase mil fortes de concreto. Uma direção irrealista da guerra a partir de Paris e um medo de que o vietminh invadisse o Laos levaram os franceses a tentarem a defesa de um vale montanhoso chamado Dien Bien Phu, a mais de 300km de Hanói na região do planalto selvagem, em 1954.

Um feroz ataque vietminh destruiu as pistas de esteiras de aço para decolagem, isolando Dien Bien Phu para sempre. Numa tentativa para fortalecê-la, o transporte aéreo diário lançava paraquedistas sobre os fortes arruinados. Os comunistas mataram a maioria deles antes que atingissem o solo – os franceses se renderam após 56 dias. A crueldade do conflito era tanta que os sobreviventes que retornavam à França eram descritos como "Cristo fora da Cruz". A rendição de Dien Bien Phu representou a primeira derrota de uma grande potência europeia para um exército comunista asiático. Ela custou à França 16.000 mortos ou capturados e encerrou sua disposição em prosseguir lutando. Eles perderam uma batalha, uma guerra e um império.

Os Estados Unidos não estavam dispostos a aceitar os acordos de Genebra que punham fim à guerra, porque haviam criado um novo Estado comunista, o Vietnã do Norte, acima do paralelo de latitude 17. Quase um milhão de pessoas, a maioria católica, fugiu para o sul. Por muitos anos, as metades norte e sul do país se dedicaram à consolidação e recuperação.

O primeiro primeiro-ministro do Vietnã do Sul, Ngo Dinh Diem, foi firmemente apoiado pelos Estados Unidos. Os acordos de Genebra haviam estipulado que seriam organizadas eleições em 1956 para determinar quem governaria o Vietnã. Quando Diem, já impopular no sul devido à sua autocracia e nepotismo, recusou-se a organizar as eleições quatro anos após a data acordada, o governo de Hanói decidiu invadir o sul. A guerra resultante ficou sem conclusão por muitos anos, embora tropas americanas e australianas tenham se tornado cada vez mais envolvidas.

Em novembro de 1960, Diem escapou por pouco de ser deposto em um golpe organizado por tropas paraquedistas de seu próprio exército. Em 1963, o mundo foi chocado pela campanha de Diem – um cristão católico – lançada contra os budistas, especialmente pelos suicídios de protesto de sete monges, que encharcaram suas túnicas com gasolina e atearam fogo a si mesmos. Logo em seguida, elementos do exército prenderam e mais tarde assassinaram Diem e outros membros de sua família. Durante a fase de instabilidade política que se seguiu, dez primeiros-ministros ocuparam o posto em 20 meses. Consultores americanos haviam sido designados para o Vietnã em 1962, e em 1968 meio milhão de soldados de tropas estrangeiras se envolveu em uma guerra destrutiva e controversa que parecia não ter fim e cada vez menos sentido.

A taxa de mortes em ambos os lados e a recusa de muitos jovens americanos e australianos em aceitar a conscrição para lutar no Vietnã trouxeram uma oposição pública massiva à guerra, especialmente após o massacre de 400 civis desarmados, principalmente mulheres e crianças, por soldados americanos, na aldeia de My Lai em 1968. E essa não foi a única atrocidade assim. Bem menos conhecida é a *Operation Speedy Express* (*Operação Expresso Rápido*), na qual a 9ª Divisão de Infantaria dos Estados Unidos matou milhares de civis no delta do Mekong para aumentar sua "contagem de corpos", sabendo ser improvável que essas pessoas fossem combatentes vietcongues. Esses incidentes e um clamor mundial diante da devastação de enormes trechos de floresta pela pulverização de um herbicida perigoso, o Agente Laranja, apressou o final da guerra e a reunificação do Vietnã como um Estado comunista. A guerra tirou a vida de mais de um milhão de vietnamitas e de cerca de 67.000 americanos, e custou U$ 150 bilhões aos Estados Unidos. Os 8 milhões de toneladas de bombas lançadas equivalem a quase quatro vezes a quantidade de bombas lançadas durante toda Segunda Guerra Mundial – provavelmente o ataque com armas mais pesado da história.

O uso extensivo durante a guerra pelos Estados Unidos do Agente Laranja, um desfolhante contendo uma dioxina perigosa – um agente venenoso e teratogênico – provocou fome generalizada e criou mais tarde o que foi descrito como uma "bomba-relógio genética". Em 2012, observadores ocidentais estavam descrevendo a ocorrência contínua, geração após geração, de defeitos de nascimento, às vezes equivalendo a horrendas deformações de fetos e crianças. Uma médica vietnamita falou-me sobre "muitos casos de terceira geração [...] nos quais algumas famílias pobres tentam ter uma criança normal, mas terminam com quatro, cinco, crianças deformadas ou com problemas mentais ou com leucemia. As piores são como animais; têm de ser mantidas em jaulas". Em 2012, o governo vietnamita estimou o número de crianças severamente deformadas em 150.000. Essa tragédia contínua acontece quase inteiramente no sul do Vietnã, onde o Agente Laranja foi usado extensivamente, e não no norte, onde o desfolhante não foi utilizado. Em 2012, 50 anos após o evento, o governo americano alocou U$ 41 milhões para uma limpeza do Agente Laranja ainda presente no solo. Antes disso, governos europeus e organizações não governamentais haviam dado U$ 23 milhões para a restauração do lugar, assistência médica e reflorestamento.

O trauma da guerra foi tão profundo que o Vietnã não foi imediatamente auxiliado pelo Ocidente para se recuperar do dano provocado pelo pesado bombardeamento aéreo. Durante essa fase de recuperação a economia permaneceu estagnada, e o país foi afligido por sérios problemas humanitários. Quase um milhão de pessoas foram enviadas para campos de "reeducação", nos quais ao menos 100.000 morreram em decorrência da fome e trabalhos forçados. Durante o final da década de 1970, houve um enorme êxodo do país, quando milhares partiram pelo mar em pequenos barcos. Muitos desses *boat people* afundaram no mar; outros foram pilhados por piratas – em algumas estimativas 200.000 pessoas perderam a vida. Somente no final da década de 1980 o Vietnã foi capaz de se aproximar da normalidade, com ações distantes do comunismo doutrinário na direção de uma economia livre de mercado e relações melhoradas com o exterior. As reformas econômicas implementadas pelo Partido Comunista vietnamita em 1986 legalizaram a posse privada de fazendas e empresas, aboliram o controle de preços, retiraram o apoio de algumas empresas estatais deficitárias e abriram o país para o investimento estrangeiro. Um embargo comercial imposto pelos Estados Unidos foi suspenso em 1992.

Com 89 milhões de pessoas em 2012, o Vietnã se tornou uma das principais economias em desenvolvimento da região, com uma taxa de crescimento anual de 7 a 8% em relação à década anterior. A indústria de alta tecnologia, incluindo a de tecnologia da informação e uma ampla variedade de manufatura, tem liderado um grande afastamento do que havia sido principalmente uma economia agrícola. Embora o crescimento real tenha desacelerado durante 2013, o setor de eletrônicos continuou a prosperar. Telefones móveis e partes de computador se tornaram os maiores itens de exportação durante a primeira metade do ano – o excedente da balança corrente foi um recorde em 2012 com 5,9% do PIB. A zona econômica livre de Chu Lai, que oferece impostos generosos e concessões de arrendamento, atraiu uma variedade de negócios estrangeiros – cerca de um terço desses eram chineses. Em 2012, ela acomodou 72 projetos no valor de 1,7 bilhões.

O histórico de direitos humanos do Vietnã foi criticado em anos recentes, especialmente seu tratamento dos montagnard, uma minoria tribal das montanhas na área montanhosa central, muitos dos quais fugidos da vizinha Camboja. De acordo com números oficiais, 103 pessoas foram sentenciadas à morte em 2003, principalmente por crimes relacionados a drogas e assassinatos, e 64 foram executados, muitas vezes publicamente diante de enormes multidões, no campo de execuções de Thu Duc próximo da cidade de Ho Chin Minh (anteriormente Saigon). Desde 2004 estatísticas sobre sentenças de morte têm sido declaradas um segredo de Estado. Contudo, de acordo com a Anistia Internacional, houve somente 58 execuções nos cinco anos até 2012, e nenhuma delas naquele ano, após novas leis em 2010 reduzindo o número de crimes puníveis com morte. Todavia, esses ainda incluem "ameaças à segurança nacional". Embora o Vietnã esteja sobre pressão da ONU para liberar protestos pacíficos, em 2013 leis que preveem a pena de morte foram usadas contra blogueiros e críticos que expunham o nepotismo e a corrupção no governo. Em um julgamento de 14 católicos sob essas acusações no começo daquele ano, o advogado dos acusados alegou que a polícia havia usado tortura e fabricou falsas evidências para implicar os acusados.

Tem havido um grande problema financeiro nas empresas estatais, que constituem quase metade da economia, e que o governo disse que manterá. A construtora de navios Vinashin foi quase posta de joelhos em decorrência de uma dívida de U$ 4,5 bilhões, deixando de pagar um empréstimo estrangeiro de U$ 600 milhões. Nove de seus executivos, alguns dos quais com conexões com o Primeiro-ministro Nguyen Van Dung, foram presos. O chefe da Companhia de Energia Elétrica do Vietnã foi demitido após perdas de mais de U$ 1 bilhão.

O desenvolvimento de campos de petróleo e gás tem ajudado enormemente a economia, com exportações de 191.000 barris de petróleo por dia em 2012, fornecendo quase um quarto da receita de exportações do país. O Vietnã possui reservas de carvão de 3,7 bilhões de toneladas. As exportações de madeira foram limitadas em 1992, para preservar as florestas que ainda cobrem cerca de 40% do país. Uma considerável recuperação na indústria arrozeira a tornou a terceira maior exportadora do mundo, e resultou de uma redistribuição de terras para agricultores pobres. O turismo é uma indústria importante. Quase sete milhões de estrangeiros visitaram o Vietnã em 2012, 11% mais do que no ano anterior.

Uma população de 27 milhões em 1957 cresceu para 89 milhões em 2012, embora a taxa de crescimento tenha caído para pouco mais de 1% naquele ano. Existe agora alguma preocupação com um envelhecimento significativo da população. A maior parte dos indicadores sociais é boa, com uma taxa de alfabetização de 93% em 2010, e uma estimativa da ONU de que a pobreza havia declinado de 58 para 21% da população nas duas décadas até 2012, retirando cerca de 30 milhões de pessoas da pobreza.

Como a Tailândia e Bangladesh, grande parte do Vietnã está localizada em uma grande zona baixa do delta – a do Rio Mekong – e já está sendo afetada pelo aumento do nível do mar e da subsidência das terras. Isso representa uma ameaça à cidade de Ho Chi Minh, onde nove milhões de pessoas – cerca de 10% da população – vivem. Quase metade da cidade está a menos de 1m acima do nível do mar – de acordo com o Banco de Desenvolvimento Asiático, aproximadamente 70% é vulnerável a inundações extremas.

Entre as grandes edificações de Angkor, no começo do século XIV, ocorreu um casamento entre uma princesa da linha real do Khmer e o filho de 16 anos de um chefe exilado da região agora chamada Laos. Esse jovem, Fa Ngum, foi educado na corte de Angkor por monges budistas e sábios, e posteriormente liderou um exército khmer de 10.000 soldados para recapturar as terras de seu pai.

O reinado então estabelecido foi construído na cidade de Luang Prabang, nas montanhas ao norte do Laos, e foi chamado Lane Xang – a Terra dos Milhões de Elefantes e Um Guarda-sol Branco.

A transferência dos métodos e cultura do Khmer para essa região montanhosa remota permitiu ao novo reinado se desenvolver rapidamente. Houve uma considerável expansão territorial. O que é agora o Isan – o noroeste da Tailândia – se tornou parte de Lane Xang, por isso a forte influência laosiana ainda evidente em sua língua e cultura. Após quase quatro séculos de existência contínua, Lane Xang foi substituída por três principados estabelecidos nas principais cidades, Luang Prabang, a capital atual, Vientiane e Champassak, no sul. Todos foram sujeitos a constantes interferências, e, por vezes, a longos períodos de ocupação, fosse pelo Vietnã ou pela Tailândia. Vientiane, a mais vulnerável, foi conquistada por Sião (Tailândia) em 1778. Foi apenas em 1896 que a pressão francesa forçou o retorno dessas terras de Vientiane para o Laos.

Como ocorreu com o Afeganistão, pode-se argumentar que o Laos não existe como uma entidade nacional, mas é um grupo de tribos artificialmente fundidas em uma "nação" pela administração colonial francesa. Essa visão é apoiada pela considerável autonomia das províncias, que, a partir do estabelecimento do governo comunista em 1975, passou a coletar seus próprios impostos e a conduzir um comércio independente com o exterior. Essas províncias são muitas vezes dominadas por "homens fortes" locais que operam quase independentemente. A dificuldade nas comunicações encorajam o regionalismo – apenas 20% das estradas são asfaltadas e muitas são quase intransitáveis. A maior parte do Laos consiste de montanhas pedregosas altas que marcham através do país, cadeia após cadeia, para formar uma barreira quase completa para facilitar a comunicação. Essas são cobertas de densas florestas, e todas, com exceção das cidades maiores, podem ser acessadas somente a pé. Uma vez mais, como o Afeganistão, o Laos possui vários grupos étnicos e dialetos diferentes. Muitas dessas minorias estão nas áreas de fronteira, e consistem de povos que também vivem nos países vizinhos – considera-se que o povo do Laos constitua menos da metade da população total. Há pouca indústria de importância além da exportação ilegal de ópio, que é cultivado pelas tribos das montanhas Meo (Hmong), alguma mineração, e corte de árvores, grande parte do qual é também tecnicamente ilegal.

Como muitos dos países do Sudeste Asiático, o Laos explorou seus consideráveis recursos florestais para alimentar a crescente fome mundial por madeira. A extensão desse desflorestamento de uma das maiores e mais belas florestas tropicais do mundo atraiu uma crítica considerável. Três companhias de "desenvolvimento" administradas pelo exército se deram o direito de explorar as florestas a uma extensão insustentável. Isso parece ser principalmente em benefício dos interesses da Tailândia, especialmente do exército, que domina o governo e os negócios naquele país. Em 2012, houve registros de que o exército vietnamita também estivesse envolvido no desflorestamento ilegal do Laos, especialmente do jacarandá, que possui alta demanda para fabricação de móveis.

O domínio colonial francês sobre o Laos foi improgressivo, mas não oneroso. Alguns estudiosos franceses se tornaram interessados pelo passado da região e ressuscitaram e racionalizaram a história de Lane Xang, na época quase perdida na obscuridade. Isso permitiu ao Laos adquirir ao menos a base teórica de uma identidade nacional. Todavia, o sentimento nacionalista dificilmente existiu antes da década de 1930, quando um grupo marxista foi estabelecido ao norte do Laos. Esse grupo, o Pathet Lao, provavelmente o mais moderado e mais eclético comunismo no mundo até 1954, foi enrijecido pelos quadros do vietminh, naquela época presos em seu conflito final contra os franceses. Uma guerra sombria e letárgica ocorreu até que, com o fim da Guerra do Vietnã, os comunistas controlassem a maior parte do Laos, formando subsequentemente o governo. Em 1975, a monarquia laosiana foi dissolvida, e substituída pela República Democrática Popular Comunista. Com isso, a prolongada guerra também terminou.

Dentre seus aspectos menos atrativos estava o bombardeio de muitas partes do Laos pelo pesado americano B52, incluindo um remoto e belo planalto, a Planície dos Jarros, e a estreita estrada de laterito no leste coberto de selva conhecido como a Trilha Ho Chi Minh, que os vietcongues usavam para mover armas para o sul. Mais de dois milhões de toneladas de bombas foram lançados no Laos, a mesma quantidade que os Estados Unidos usou na Segunda Guerra Mundial, e um sem-número dessas ainda está espalhado pela zona rural, não detonadas e provocando centenas de mortes nas aldeias – muitas dessas de crianças. Uma característica importante da guerra foi o recrutamento tanto pelos americanos como pelos comunistas de membros da tribo dos meos, que eram então compelidos a lutar uns contra os outros. Em 1964, 7.000 voluntários meos estavam sendo providos com arroz, armas e pagamento por uma operação da CIA situada em Udorn Thani, no noroeste da Tailândia. Mais de 400.000 pessoas fugiram do país em 1975 – cerca da metade para os Estados Unidos – e os governos australiano e americano concordaram em aceitar mais em 2004.

O novo governo foi consideravelmente influenciado em suas políticas e ações pelo Vietnã comunista, que havia adotado uma filosofia leninista derivada da antiga URSS. Ele empreendeu uma depuração de seus antigos antagonistas, dirigida com uma ferocidade particular contra os remanescentes membros da tribo dos meos, que seriam agora em grande parte abandonados pelos Estados Unidos. Cerca de 30.000 pessoas foram enviadas a campos de reeducação, sob condições severas. O rei, rainha e príncipe da coroa, os quais haviam tentado ficar fora do conflito, morreram em um desses lugares – o rei, supostamente de fome.

Embora, como o Vietnã, o Laos tivesse se convertido a uma economia de "mercado" em 1986, é um país quase universalmente desprovido, amplamente subdesenvolvido e confinado em uma estática economia agrícola de subsistência. Pesquisas em 2010 indicavam que quase três quartos das famílias eram pobres, com 26% abaixo do nível de pobreza. 30% das crianças abaixo dos 5 anos estavam abaixo do peso normal. Três quartos da população de 6,5 milhões trabalham na agricultura, predominantemente de subsistência. Partidos políticos de oposição não são tolerados e a mídia é extremamente controlada. O governo, efetivamente um politburo de nove, tem uma reputação de ser recluso, corrupto e, por vezes, brutal. Uma australiana, Kerry Danes, aprisionada erroneamente no Laos, publicou posteriormente detalhes sobre o Centro de Detenção Phonthong, "onde prisioneiros, homens e mulheres, eram mantidos em minúsculas celas abafadas e tinham de se ajoelhar para se dirigirem aos seus guardas. Muitos estavam sofrendo de desnutrição e desidratação severa, outros haviam enlouquecido. A tortura durante os interrogatórios, conduzida pela polícia especial de fora da prisão, era rotina, incluindo os infames obstrutores de madeira para pernas, que os interrogadores controlavam rolando-os para frente e para trás ao longo das pernas dos prisioneiros, provocando dores excruciantes".

A abertura de duas pontes através do Mekong inferior tornou pela primeira vez possível o tráfego rodoviário entre a Tailândia e o Laos. Uma rede de estradas para a China, Camboja, Vietnã e Birmânia, e as primeiras ferrovias no Laos, planejadas no proposto Esquema da Sub-região do Grande Mekong, reduziria ainda mais o isolamento do país, talvez a tempo de torná-lo um entreposto para toda região. Há também um potencial hidroelétrico de 18.000 megawatts ao longo do caudaloso Rio Mekong, que a Tailândia deseja explorar. A grande beleza natural do Laos, sua quietude e cidades pitorescas, atraíram um comércio turístico crescente, que alcançou 735.000 visitantes em 1993, embora os números tenham caído acentuadamente no ano seguinte. Os ataques terroristas esporádicos ligados ao antigo regime reduziram o número de turistas, com uma consequente depressão geral da economia, mas em 2012 o fluxo de turistas foi 14% maior do que no ano anterior, chegando a mais de três milhões.

Contudo, com um fluxo constante de caminhões transportando milhares de toras de madeira ao longo da autoestrada melhorada de Ho Chi Minh para o Vietnã, as belas florestas do Laos estão definhando, embora algum tipo de plantio de árvores ainda cobrisse 69% do país em 2010, de acordo com o Banco Mundial. Entre as áreas exploradas estão florestas de teca e jacarandá, uma das poucas restantes no mundo. Como o Laos baniu a exportação de madeira não processada, quase a maior parte disso é ilegal, mas pouco parece ser feito para controlar o que é um comércio flagrantemente óbvio. Acredita-se que as companhias infratoras tenham ligações com o exército no Vietnã e com oficiais superiores no Laos.

Uma decisão governamental do Laos em 2012 em prosseguir com uma represa hidroelétrica gigante em Xayaburi, no Mekong, atraiu protestos generalizados, especialmente do Vietnã e do Camboja, as nações situadas rio abaixo. A represa de U$ 3,5 bilhões, financiada por um consórcio de bancos tailandeses, gerará 1.285 megawatts de energia elétrica, grande parte da qual irá para a Tailândia. Dez outras represas sobre o Mekong no Laos estão previstas, gerando preocupações quanto a se isso mudará para sempre o caráter do último grande rio indomado da Terra. Há receios também de que o represamento do rio venha a perturbar a pesca da qual milhões de pessoas mais pobres dependem para sua sobrevivência. De acordo com a ONG Rios Internacionais, mais de 60 milhões de pessoas vivem ao longo do Mekong e dependem dele.

Embora os franceses tenham mantido a monarquia no Camboja ao longo do período colonial, fizeram pouco mais pelo país. Os serviços de educação e saúde eram mínimos. Entre as guerras mundiais, estradas e ferrovias foram construídas a serviço do cultivo de seringais e das exportações de arroz, em benefício dos agricultores franceses e de um número cada vez maior de comerciantes chineses. Os camponeses cambojanos eram, contudo, pesadamente tributados – em torno de um terço de sua receita em impostos diretos e indiretos sobre a produção do arroz, sal, ópio e álcool.

O Camboja era nessa época o epítome do Estado asiático decadente. O rei mantinha um harém de 400, gastava dinheiro à vontade em todos os tipos de extravagâncias – bandas filipinas, 250 elefantes, iates, barcos e carruagens – com a anuência voluntária dos camponeses cambojanos. O rei era considerado quase divino, uma ligação indispensável com os deuses nas alturas que condenavam as plantações ao fracasso por meio de inundações ou secas, ou matavam com raios. A extravagância de suas posses materiais e sua aparentemente abundante virilidade eram consideradas essenciais ao seu *status*.

Em 1941, os franceses selecionaram, dentre cerca de 400 pretendentes ao trono, o Príncipe Norodom Sihanouk, de 18 anos. Ele levou a tradicional vida de lazer e luxúria ao longo da próxima década, mas mesmo aí exibiu a inquieta energia que se tornaria sua característica. Ele se interessava por *jazz*, escrevia suas próprias músicas, aprendeu a tocar saxofone e conduziu sua própria banda. Viajou para muitos lugares, casou-se quatro vezes e teve 13 filhos.

A França garantiu ao Camboja uma medida de autogoverno em 1949, mas a independência real não viria até Dien Bien Phu em 1954. Sihanouk abdicou em favor de seus pais, tornando-se líder de um partido político que venceu por uma grande margem em uma eleição geral e fez uma transição amplamente divulgada de rei a primeiro-ministro. Ele ocupou essa posição até a morte de seu pai em 1960, quando se tornou novamente chefe de Estado.

Por vários anos o Camboja sob o governo de Sihanouk se tornou um tipo de modelo para o Sudeste Asiático. Um grande excedente da exportação de arroz mantinha a economia em um estado saudável e fornecia fundos para o desenvolvimento – escolas, clínicas de saúde e obras de irrigação. Descendente dos reis Khmer, Sihanouk assumiu um interesse particular pela restauração de Angkor, que se tornou um importante destino turístico. Dirigindo pela Tailândia até Angkor naquela época, recordo-me de ter me impressionado pela sucessão de aldeias ordenadas, prósperas e plácidas no Camboja. Após ter vivido no noroeste da Tailândia, com suas crianças de olhos tristes mostrando as reveladoras barrigas protuberantes que denunciam a subnutrição, foi um prazer e um alívio ver crianças bem-vestidas e bem-alimentadas e comunidades que pareciam contentes.

Infelizmente, essa situação arcádica não duraria. Sihanouk discordava das políticas americanas no Vietnã, prevendo que a China viria a dominar a região, e baseando as políticas cambojanas no que via como uma necessidade inevitável para uma acomodação a ela. Em 1960, os dois países assinaram um tratado de não agressão e amizade. Sihanouk rompeu relações diplomáticas com a Tailândia e o Vietnã do Sul, e em 1963 exigiu um fim de todos os programas de ajuda americanos, por meio dos quais o Camboja havia recebido U$ 65 milhões durante os oito anos anteriores. Ele declarou que sua razão para isso era a evidência de que um complô da Agência de Inteligência Central (CIA) americana para depor seu governo, e, do mesmo modo, afirmava, que a CIA havia engendrado a queda e o assassinato de Ngo Dinh Diem no Vietnã do Sul. O Camboja apelou à França, não ao mundo comunista, para substituir os projetos americanos.

O fim da ajuda americana, que, incluindo o financiamento do exército, provavelmente equivalia a um quarto das receitas do Camboja, e o declínio de rendimentos do cultivo de arroz provocou uma considerável privação financeira. O exército se tornou particularmente desapontado, e seu líder, o General Lon Nol, desencantado com Sihanouk. O chefe de Estado se divorciou quase completamente dos assuntos nacionais, passando a se dedicar quase inteiramente ao seu mais novo entusiasmo, produzir filmes.

A despeito de seu neutralismo, o Camboja acabou se envolvendo na Guerra do Vietnã. Os comunistas vietnamitas usaram a selvagem seção leste do Camboja, próxima à fronteira, para movimentar suprimentos e soldados, e isso atraiu pesados bombardeios americanos a essa região. Um golpe em 1970, pelo General Lon Nol, na época primeiro-ministro, resultou na queda e exílio de Sihanouk. Lon Nol, que era fortemente pró-Estados Unidos, comprometeu o Camboja em um envolvimento direto e desastroso na guerra. Suas ofensivas contra os vietnamitas naquele ano e no seguinte foram fracassos, nos quais o exército cambojano sofreu perdas severas. Dessa época em diante, os vietnamitas e comunistas locais, bem como camponeses desafetos e membros das tribos montanhesas, continuaram a combater o exército cambojano.

Lon Nol foi derrotado, deposto e fugiu do país em 1975, deixando o Camboja em um estado praticamente de anarquia, que foi então submetido a quatro tormentosos anos de governo do Khmer Vermelho Comunista a partir de 1975 sob a liderança de um ex-professor escolar, Saloth Sar, que assumiu o nome revolucionário de Pol Pot. Assassinatos em massa, justificados como "luta de classes", destruíram 20% da população cambojana, incluindo quase todos das classes educadas e profissionais e a minoria vietnamita de cerca de meio milhão, em execuções em massa brutais que chocaram o mundo. As pessoas eram executadas sob os pretextos mais implausíveis – muitas vezes simplesmente porque usavam óculos, e isso ser considerado a marca de um intelectual. Estimativas declaram que as mortes chegaram a cerca de 1,7 milhão. Em um eco do "grande salto adiante" da China, os cambojanos foram levados a trabalhar 12 horas por dia em benefício de um Plano de Quatro Anos para a economia que tinha pouca esperança de realização. Muitas pessoas morreram por excesso de trabalho e desnutrição. Enquanto isso, as relações com o Vietnã se tornaram cada vez mais tensas.

Em 1979, uma invasão vietnamita, em geral, foi bem-vinda pela maioria dos cambojanos. Apesar disso, a ocupação trouxe uma outra década de desintegração social e morte, uma vez que muitos cambojanos ressentidos com a presença vietnamita e o Khmer Vermelho continuaram a lutar. Embora os vietnamitas tenham retirado seus exércitos do Camboja em 1989, um conflito faccional continuou e somente em 1991 um desconfortável acordo de paz foi assinado. Hun Sen, um ex-comandante de batalhão do Khmer Vermelho e mais tarde uma figura importante no governo imposto pelos vietnamitas, emergiu como a fonte importante de poder, embora seu Partido Popular tenha ficado em segundo em relação ao monarquista Funcinpec nas eleições patrocinadas pela ONU em 1993. Hun Sen se recusou a entregar o poder e ingressou em uma frágil coalizão com o Funcinpec, até que, finalmente, consolidou sua posição com um violento golpe em 1997, no qual muitos de seus oponentes políticos foram assassinados e, outros, presos – mais de uma centena de oficiais e apoiadores do Funcinpec pereceu nessa época. O Partido Popular de Hun Sen obteve a maioria dos votos – 41% – nas eleições de 1998 organizadas nesse clima de medo e consideradas por observadores internacionais como seriamente deficientes. Hun Sen tem sido primeiro-ministro desde então. Os últimos Khmer Vermelhos se entregaram em 1998, mas não houve paz, com registros regulares de assassinatos e tortura praticados pelo governo de Hun Sen contra oponentes políticos, e ataques policiais selvagens contra manifestantes. Sihanouk, restaurado ao trono em 1993, viu-se como pouco mais do que uma autoridade simbólica. Com sua saúde declinando após entregar a monarquia para o Príncipe Norodom Sihamoni em 2004, passou a maior parte de seus últimos anos na China, onde morreu em 2012.

Guerra, revolução e opressão danificaram severamente o que foi previamente um país próspero e pacífico, assolado agora por várias doenças endêmicas, desnutrição contínua e uma das mais altas taxas de mortalidade infantil do mundo. Um relatório oficial do programa alimentar da ONU em 2012 estimou que 40% das crianças do Camboja estavam cronicamente subnutridas devido a déficits na produção de alimentos na agricultura de subsistência. A expectativa de vida é baixa, 58 para os homens e 64 para as mulheres. Devido ao assassinato de um grande número de professores pelo Khmer Vermelho, poucas escolas podem operar efetivamente, e a taxa de alfabetização está abaixo de 50%.

O Camboja tem sido especialmente afligido por minas terrestres, estimadas entre dois e seis milhões, que levarão ao menos um século para serem removidas. Grande parte das terras agrícolas está semeada com esses dispositivos letais que matam regularmente ao menos 50 civis inocentes – frequentemente crianças – a cada mês e ferem um número ainda maior. Afirma-se que o Camboja tenha o número mais elevado de amputados do mundo para sua população devido a isso. A contaminação de minas terrestres também afetou severamente a produção de alimentos, tornando enormes áreas muito perigosas para serem trabalhadas.

Em 2008, a capital do Camboja, Phnom Penh, mostrou alguns sinais de crescimento, com edificações altas aparecendo pela primeira vez e a emergência de uma pequena classe média. Reservas de petróleo em alto-mar de cerca de 500 milhões de barris seriam exploradas em 2012, mas no final daquele ano o projeto foi adiado até 2016. O Camboja é ainda muito dependente da ajuda estrangeira, e avanços materiais se devem amplamente à assistência técnica e financeira chinesa. Mas, no lado negativo, houve pouco sinal de "gotejamento"* para a grande maioria dos mais pobres – ao contrário, muitos são expulsos de suas terras em benefício de agronegócios grandes e agressivos. Quatorze mulheres foram presas em 2012, incluindo uma jornalista importante, e uma jovem foi morta a tiros no mesmo ano porque estava protestando contra a "apropriação de terras". Desde o começo do século 300.000 pessoas foram expulsas de suas casas e terras em decorrência de vendas e concessões de terras pelo governo.

O crescimento econômico que existe vem de 330.000 mulheres jovens, de dedos ágeis e malremuneradas com um salário-mínimo de U$ 80 ao mês, que produzem copiosamente vestimentas e calçados no valor de mais de U$ 4 bilhões em moeda estrangeira – isso equivale a 80% da receita de exportação do país. Uma fábrica de vestuário sul-coreana em Phnom Penh emprega 1.300 mulheres, que podem produzir 20.000 itens de roupas por dia. Existem aproximadamente 300 mais como essa, a maioria delas pertencentes a investidores chineses e taiwaneses. Em 2013 houve greves e manifestações violentas em muitas delas, com trabalhadores reclamando de baixos salários, más condições e jornadas extensas de trabalho.

O ativista democrata de longa data, Sam Rainsy, retornou do exílio para liderar o Partido de Resgate Nacional do Camboja nas eleições em 2013. O governo perdeu 29 cadeiras, mantendo 68 contra 55 da oposição. Apesar disso, Rainsy se recusou a aceitar esse resultado, alegando que fraude e outras irregularidades eleitorais haviam distorcido tanto a contagem que seu partido deveria ter vencido o governo. A polícia, usando bombas de fumaça e canhões de água, interrompeu uma reunião de protesto com 20.000 participantes em Phnom Penh, deixando uma pessoa morta e centenas feridas. A oposição boicotou a primeira reunião do novo parlamento, e realizou mais mobilizações de protesto.

---

* No original, *trickle down*: benefício dos mais pobres como um resultado do aumento da riqueza dos mais ricos [N.T.].

36
Birmânia: autoridade das armas

Dos países do Sudeste Asiático, a Birmânia (Mianmar) talvez seja o mais variado e belo, abrangendo desde praias plácidas no sul, passando por férteis planícies fluviais, até planaltos cobertos de neve nas selvagens regiões de fronteira com a China e o Laos. Cerejeiras, rododendros, magnólias e juníperos crescem naturalmente nessas montanhas, nas quais ursos, tigres, leopardos e elefantes ainda podem ser encontrados. Uma flora fluvial perene continua no e ao longo do enorme Irrawaddy, com mais de 1.600km de comprimento, que divide o país enquanto flui para um delta fértil, outrora a região de cultivo de arroz mais prolífica no mundo. Tecas de florestas rapidamente reduzidas são movidas ao longo do rio, principalmente para a China. O Irrawaddy é a principal via da Birmânia, usada por embarcações a vapor, barcos de pesca e barcaças nas quais famílias inteiras passam suas vidas.

O povo é igualmente variado. Como na Ásia, as fronteiras da Birmânia foram determinadas pelo poder colonial, e incluem ao menos sete grupos raciais em um país que pode ser dividido em quatro regiões distintas. A maioria é de birmaneses, constituindo cerca de 70% da população. Muitos são budistas, um povo amigável, tolerante e culto, conservador e criado desde a infância para ter um profundo respeito pela autoridade estabelecida, polidez nas relações sociais e educação. Possuem uma antipatia particular pela violência, tanto em virtude de uma duradoura influência budista como de uma antiga crença animista segundo a qual aqueles que morrem uma morte violenta se tornam espíritos maus, porém, poderosos, chamados *nats*.

O paradoxo da Birmânia é que por mais de duas décadas foi controlada – absolutamente contra a intenção declarada de seu povo – por um governo violento, cruel, inepto e autointeressado, que aprisionou, assassinou ou torturou seu próprio povo como rotina, caso oferecessem oposição, mesmo que simbólica, ou se recusassem a ser compelidos ao trabalho escravo para o benefício financeiro dos oficiais do exército. Uma de suas ações foi renomear o país Mianmar, mas tamanha é a má reputação na qual o regime é tido que esse nome tem sido extensivamente desconsiderado.

Houve uma "liberalização" amplamente divulgada em 2011, que viu alguns prisioneiros políticos serem soltos, alguns membros da oposição eleitos para o parlamento, e alguma liberação da censura à imprensa e das leis trabalhistas. Embora isso tenha atingido seus prováveis objetivos – melhorar a reputação internacional da Birmânia e encorajar um maior investimento estrangeiro – o parlamento não possui poderes reais, o exército ainda está no controle e muitos dos abusos que infligiam ao país continuam.

A Birmânia foi governada como uma província da Índia até 1937 – praticamente todo o período colonial. O delta do Irrawaddy, cerca de 320 por 160km de planície plana, era basicamente selva e grama alta quando os britânicos chegaram. Quando a deixaram era uma região cultivada de dez milhões de acres, cultivando dois quintos do arroz mundial – que era considerado o melhor do mundo. Principalmente devido a essa rápida expansão da agricultura, a população da Birmânia de quatro milhões em 1825 quadruplicou ao longo dos próximos 100 anos. Mas esse aumento na produtividade não beneficiou os birmaneses comuns, e os britânicos apenas indiretamente. Embora as maiores iniciativas de comércio tenham sido britânicas, a indústria arrozeira, que era um fator tão amplo na repentina revolução social e econômica, era substancialmente controlada por empresários indianos.

O desvio dessas grandes áreas de terra para uma monocultura de arroz prejudicou severamente uma plácida vida de aldeia autossuficiente anteriormente típica da Birmânia. Os problemas agrários que haviam reduzido tantos camponeses birmaneses à destituição na década de 1930 foram exacerbados pela rapacidade da classe dos agiotas, os chettiars, que emprestavam dinheiro aos camponeses birmaneses, tendo como garantia seus campos de arroz, e depois executavam as hipotecas. Juros de 18% eram comuns, e taxas acima de 100%, não inusuais. A situação era agravada pelo volume de força de trabalho escrava trazida da Índia anualmente para ajudar a plantar e colher a safra de arroz – quase meio milhão só em 1927. Embora muitos desses indianos tenham voltado para casa, provavelmente cerca de um milhão tenham ficado.

A Grã-Bretanha, que poderia impor controles sobre a imigração e a alienação, só o fez muito depois. A pobreza quase universal e protestos afligiam os birmaneses nas décadas finais antes da Segunda Guerra Mundial. Uma violenta revolta anti-indiana na capital, Yangon (Rangum), em 1930, foi sintomática: 120 indianos foram mortos e mais de 1.000, feridos. A revolta prosseguiu intermitentemente durante os anos seguintes. Muitas vezes, essas perturbações pareciam ter origens religiosas, mas sua intensidade e duração eram realmente devidas ao aumento da pobreza rural à medida que a depressão mundial se agravava. Até então, as rebeliões eram regionais e careciam de direção específica. O fator comum para a maioria delas era uma demanda pela separação da Birmânia da administração indiana.

Durante os anos conturbados da década de 1930, um grupo de estudantes da universidade, fundada em Yangon em 1920, reuniu-se sob o nome de *thakins*, e é nas atividades desse grupo que um nacionalismo revolucionário pôde ser visto pela primeira vez. A palavra thakin significa "mestre", e era costumeiramente exigida dos birmaneses quando se dirigiam a um europeu. Os thakins birmaneses a adotaram como uma asserção de sua igualdade racial. Eles se tornariam muito importantes para a Birmânia, pois entre eles estavam a maioria dos líderes que levariam o país à independência.

Como na Índia, o autogoverno interno foi garantido em 1937, embora a Grã-Bretanha tenha mantido o controle da política estrangeira, da defesa e das finanças, e o poder de revogar a assembleia legislativa em uma emergência. Contudo, essa nova constituição separou a Birmânia da Índia. À luz de eventos posteriores, é importante notar que o novo governo tinha jurisdição sobre pouco mais que a metade do país. Grandes áreas nas regiões de fronteira ao norte, leste e oeste, ocupadas por grupos raciais não birmaneses, estavam fora de sua autoridade. A minoria mais importante é a dos shans, que são relacionados aos tailandeses e laosianos, e às tribos guerreiras da montanha chamadas karens, dentre as quais os britânicos recrutaram a maior parte da polícia e milícia coloniais.

Os primeiros anos de autogoverno interno foram conturbados à medida que os problemas coletivos pioraram. Em 1938, 200 indianos foram assassinados e centenas de casas e lojas saqueadas e queimadas. Campanhas de desobediência civil se tornaram comuns, com greves e manifestações persistentes. Por vezes o sistema de transporte de Yangon era interrompido por multidões de mulheres deitadas ao longo das linhas de trem. As mercadorias britânicas, e as lojas que as vendiam, eram bloqueadas e boicotadas.

As coisas não melhoraram com o início da Segunda Guerra Mundial. Um advogado oportunista chamado U Saw, que se tornou primeiro-ministro, mandou prender a maior parte dos nacionalistas thakin por subversão. Contudo, um dos mais importantes, Aung San, fugiu para o Japão. U Saw foi preso e exilado quando os britânicos descobriram que ele também estava negociando com os japoneses.

Quando os japoneses ocuparam a Birmânia em 1942, trouxeram consigo um governo títere chefiado por Ba Maw e o exilado thakin Aung San, no comando do núcleo de um exército birmanês antibritânico chamado os Trinta, que havia sido organizado em Bangcoc. Embora os japoneses tenham sido bem-vindos no início como libertadores, sua arrogância e brutalidade durante os anos de guerra em breve reverteram a opinião pública. Em agosto de 1944, Aung San se voltou contra eles, operando um movimento secreto que se tornaria o principal partido político da Birmânia.

Após a guerra, o governo trabalhista na Grã-Bretanha estava disposto a conceder a independência birmanesa. Aung San não viveu para vê-la. Em uma manhã de julho de 1947, seis pistoleiros contratados assassinaram-no, bem como seis de seus colegas. O ex-primeiro-ministro, U Saw, que havia sido libertado da prisão, foi considerado culpado de instigar esse massacre político e enforcado no começo de 1948.

Os astrólogos, sempre consultados nos países budistas sobre o momento apropriado de eventos, decidiram que às 4:20h do dia 4 de janeiro de 1948 seria o momento mais auspicioso para a liberdade da Birmânia. Consequentemente, a partir dessa data ela se tornou uma república independente, fora da Commonwealth britânica, tendo como primeiro-ministro um dos sobreviventes thakins, um gentil e dedicado budista chamado U Nu. Este aderiu tão estritamente ao princípio budista de não tirar a vida que dizem ter feito seus ministros usarem uma entrada lateral para não passarem sobre uma fileira de formigas que cruzavam um corredor, arriscando assim a matarem uma delas.

O país foi imediatamente cercado de problemas – insurreições comunistas, shan e karen entre eles. Em semanas, U Nu perdeu o controle de toda Birmânia fora de Yangon. Os rebeldes não tiveram dificuldade para se armar, pois depósitos de armas tanto dos japoneses como dos Aliados permaneceram abertos a qualquer um. Havia muitas células comunistas no exército que desertaram praticamente em massa, deixando o governo de Yangon com apenas alguns batalhões e unidades provinciais leais. Quarenta e quatro membros deixaram a Assembleia Constituinte para se tornarem insurgentes. Por oito anos a Birmânia foi a cena de um padrão quase inacreditavelmente confuso de intriga e violência. Quem mais sofreu foi a população civil. Os rebeldes explodiram pontes, ferrovias e estradas, e emboscavam trens e *ferries* de rios. Os passageiros eram detidos até que seus parentes pagassem resgates.

O governo se aproximou mais do mundo comunista em 1953, ao recusar qualquer outra ajuda econômica dos Estados Unidos. No final de 1954, a Birmânia havia concluído acordos comerciais com a China e a Rússia que comprometeram milhões de toneladas de arroz ao ano – muito mais do que a metade de seu excedente de exportação – até 1960. Um considerável desencanto resultou disso devido à lentidão na entrega e à qualidade pobre das mercadorias comunistas oferecidas em troca.

O processo entrou em crise em 1962, quando o comandante do exército, General Ne Win, que havia sido um dos Trinta, assumiu o controle do governo. Uma ideologia complexa, conhecida como o Caminho Birmanês para o Socialismo, foi desenvolvida, devendo muito ao direito consuetudinário tradicional. Padrões para o presente – e provavelmente para o futuro – foram estabelecidos por Ne Win através da instituição de um sistema de quadros no exército, um corpo especial de cadetes militares treinados em um centro próximo a Yangon. O recrutamento era concorrido e muito seletivo – Ne Win os considerava claramente uma classe de futuros líderes.

A Birmânia estaria agora quase completamente isolada do mundo. O regime de Ne Win era relutante em permitir quaisquer estrangeiros no país, e tinha uma paixão por manter as influências estrangeiras em um mínimo. Grande parte disso foi dirigida aos indianos. Seus negócios foram diligentemente nacionalizados e os proprietários deportados durante a década de 1960. Isso não resultou em melhoras – muitas fábricas e lojas foram extremamente mal-administradas após se tornarem propriedades do governo.

A despeito de tentativas de reviver e reformar a prática agrícola, a produção de arroz continuou a declinar. A saúde da comunidade permaneceu entre as piores do mundo, com altos índices de mortalidade infantil e quase um milhão de casos de lepra registrados. O governo militar começou a piorar a partir de 1988, quando a repressão de manifestações e revoltas estudantis se tornou brutal, com o exército usando suas armas, tortura e aprisionamento para eliminar qualquer oposição. Ao menos 3.000 pessoas foram mortas pelo exército naquele ano, incluindo centenas de estudantes abatidos por metralhadoras em Yangon. A mídia birmanesa foi extremamente censurada, e assembleias públicas de mais de cinco pessoas se tornaram ilegais.

Os militares permitiram eleições em 1990, que foram vencidas pela Liga Nacional pela Democracia, liderada pela filha de Aung San, Aung San Suu Kyi, em uma vitória esmagadora, assumindo 392 das 485 cadeiras disputadas. Os partidos apoiados pelo exército obtiveram 2% dessas cadeiras. Suu Kyi, após uma formação no exterior, havia retornado à Birmânia em 1988 para cuidar de sua mãe doente. Ela se tornou um ponto de convergência para as forças democráticas quase ao mesmo tempo, e foi colocada em prisão domiciliar em 1989. O Conselho de Restauração da Lei e da Ordem (Slorc) se recusou a entregar o poder para o partido democraticamente eleito. Suu Kyi recebeu o Prêmio Nobel da Paz em 1991, e mostrou uma coragem extraordinária na manutenção de um perfil internacional enquanto sofria ataques persistentes dos militares. Seus seguidores também sofreram perseguição contínua e cruel.

Enquanto isso, as condições sociais e econômicas continuavam a se deteriorar no que é agora um dos países mais pobres do mundo. A exportação da Birmânia de mais de três milhões de toneladas de arroz ao ano antes da Segunda Guerra Mundial caiu para menos de um milhão de toneladas em 1967, e estava em 778.000 toneladas em 2011. As exportações de teca e outras madeiras duras constituem cerca de metade da pequena receita de exportação da Birmânia. Provavelmente, o produto de exportação mais valioso da Birmânia seja teoricamente ilegal. De acordo com o Escritório das Nações Unidas contra Droga e Crimes, o uso da terra para a produção de ópio aumentou 17% em 2012, embora o governo tenha um programa para erradicar o cultivo da papoula. A Birmânia, a maior fonte de ópio do mundo depois do Afeganistão, produziu 25% do fornecimento de ópio global naquele ano, grande parte dele refinado localmente e transformado em heroína antes de ser exportado. Os Estados Unidos e vários outros países aplicaram sanções comerciais em protesto pelo histórico de violações aos direitos humanos do exército birmanês. Essas sanções foram intensificadas em 1997 e novamente em 2003, restringindo o investimento privado na Birmânia. Houve algum abrandamento delas em 2011. A população da Birmânia, 54 milhões em 2012, está crescendo a somente 1,07%, não devido a medidas efetivas de controle da natalidade, mas pela pobreza quase universal e más condições de saúde. HIV/Aids é um grande problema, parcialmente devido ao número de mulheres birmanesas que, pela pobreza, são levadas à prostituição na vizinha Tailândia.

O tamanho completo do exército, mais de um milhão em 2012, tornou-se uma pedra de moinho em torno do pescoço da Birmânia. Aproximadamente 40% de toda despesa do governo tem sido dedicada e ele, comparada com cerca de 2% dedicados à educação e outros 2% à saúde, embora o orçamento de 2012-2013 tenha proposto ao menos dobrar esses percentuais. As forças armadas emergiram como uma elite separada, provida de moradia subsidiada, saúde, alimentação e transporte. Milhares de cidadãos comuns foram conscritos, sob ameaça de morte, como trabalhadores escravos em ferrovias, oleodutos e iniciativas empresariais, como hotéis turísticos, muitas vezes de propriedade de oficiais do exército e de suas famílias.

Força de trabalho praticamente escravo foi usada também para construir o extraordinário complexo que é agora a capital nacional, Nay Pyi Taw – que se traduz como a Morada dos Deuses – na década a partir de 2002, a um custo que os militares se recusam a revelar, mas que foi estimado em vários bilhões de dólares. Esse lugar não é tanto uma cidade como uma série de fortalezas conectadas, uma cruz entre um jardim agradável, um retiro estratégico e um lar para militares e burocratas birmaneses. Com bulevares amplos e bem-pavimentados, cinco campos de golfe e um estádio de futebol, ela oferece um estilo de vida extravagante para seus ocupantes. O autor Brook Larmer, que reside em Pequim, visitou a cidade, e a descreve como "um zoológico equipado com uma casa de pinguim com ar-condicionado, um parque safári, e mesmo um jardim "monumento" de 480 hectares que inclui casas de madeira habitadas, às vezes, por minorias étnicas em vestimentas nativas – um tipo de zoológico humano" (*National Geographic*, agosto de 2011). A orientação da Birmânia para a China, com quem possui consideráveis contatos comerciais e culturais, parece ter mudado abruptamente em 2011, quando o Presidente Thein Sein adiou os planos para a represa de U$ 3,6 bilhões, Myitsone, ao longo do Rio Irrawaddy, dizendo que "estava sendo construída contra a vontade do povo". Ela se destinava a produzir cerca de 3.600 megawatts de energia, 90% dela para exportar para a China, e seria a primeira de sete represas nas cabeceiras do Irrawaddy.

Em 30 de maio de 2003, enquanto Suu Kyi, brevemente libertada de sua prisão domiciliar, e seus apoiadores estavam viajando ao longo de uma rodovia tranquila no norte da Birmânia, seu comboio de estrada foi atacado por uma milícia recrutada pelo governo, que assassinou brutalmente cerca de 80 pessoas desarmadas, usando lanças, pedras e facas, ferindo muitas outras. Suu Kyi teve sorte de escapar de ser ferida ou pior. Embora o governo tenha feito seu melhor para ocultar os fatos sobre essa "Sexta-feira negra", afirmou-se que 30 presos foram levados da Prisão Mandalay para um campo militar próximo, onde foram ordenados a fazer o ataque em companhia de outros similarmente recrutados. Afirmou-se também que essa milícia não sabia quem deveria atacar. Para acrescentar à natureza bizarra desse violento e trágico ataque, declarou-se que alguns dos agressores estavam vestidos como monges budistas.

Imediatamente após esse episódio, Suu Kyi retornou à prisão domiciliar fechada, a despeito de um protesto internacional. O Japão e os Estados Unidos suspenderam seus programas de ajuda e os Estados Unidos baniram todas as importações birmanesas.

A despeito de um cosmético assim chamado "roteiro para a democracia" na Birmânia apoiada pelo exército, uma delegação da Anistia Internacional para o país no final de 2003 teve negado o acesso a Aung San Suu Kyi, e registrou que o abuso aos direitos humanos na Birmânia não mostravam sinais de melhora. Elementos repressivos se tornaram mais rígidos em 2004, com a deposição do

Primeiro-ministro Khin Nyunt, e do Ministro das Relações Exteriores Win Aung, ambos considerados relativamente moderados. Soe Win, que se acreditava estar envolvido no caso da "Sexta-feira negra", tornou-se o novo primeiro-ministro.

Em 2008 o enorme ciclone Nargis devastou o delta do Irrawaddy densamente povoado. Mais de 130.00 pessoas foram mortas ou declaradas desaparecidas, e os danos às plantações e propriedades excederam a U$ 10 bilhões. De acordo com o Programa Alimentar Mundial, "vastas áreas de cultivo de arroz foram destruídas e aldeias inteiras totalmente erradicadas" – cerca de dois terços dos campos de arroz da Birmânia foram afetados. Embora mais de um milhão de pessoas tenha ficado desabrigada, a resposta do governo foi negativa, entre outras coisas atrasando a entrada dos suprimentos de ajuda internacional.

Diante da crescente desaprovação internacional e debilitado pelas sanções comerciais e financeiras, o regime instituiu algumas reformas em 2011. Aung San Suu Kyi foi libertada de sua prisão domiciliar, bem como mais de 200 prisioneiros políticos. Novas leis permitiram a formação de sindicatos e o direito à greve, e houve algum relaxamento à censura da imprensa. Em 2012, Suu Kyi foi eleita ao parlamento, com sua Liga Nacional pela Democracia obtendo 41 das 44 cadeiras disputadas. Após discussões com o Presidente Thein Sein, a mídia estatal relatou terem concordado em "trabalhar juntos os assuntos de interesse comum que beneficiassem realmente o país e o povo".

Contudo, o exército ainda controla o parlamento, e, embora o regime negue isso, estima-se que existam cerca de 2.200 prisioneiros políticos ainda confinados, e existem ainda registros de corrupção e abusos de direitos humanos, batalhas contínuas contra grupos étnicos minoritários e alegações de fraude eleitoral por parte do regime nas eleições de 2012. Um relatório do Human Rights Watch divulgado naquele ano diz que o trabalho forçado e a conscrição militar ainda são impostos, que tem havido bloqueio contínuo de ajuda internacional, e ataques a civis e à propriedade privada, estupro, tortura e o uso de minas terrestres continuam. Nas palavras de Aug San Suu Kyi: "O poder último ainda reside no exército; assim, até que tenhamos o exército solidamente por trás do processo de democratização, não podemos dizer se chegamos ao ponto no qual não haverá perigo de um retrocesso".

Um amigo que visitava a Birmânia em 2013 como turista ficou impressionado pela intensidade da presença militar e da polícia nas ruas e o medo público deles. Uma pessoa que viajou pelo mundo extensamente disse nunca ter visto tantos soldados e polícia armados em qualquer outra parte – "eles estão em todo lugar". O movimento dos turistas era estreitamente controlado e os visitantes orientados a não se envolverem em questões políticas com os locais. Contudo, sua impressão foi a de que muitas pessoas queriam o nome da Birmânia restaurado, e comentou sobre a grande quantidade de barcaças com madeira no Irrawaddy, navegando rio acima com toras de teca, presumivelmente para a China.

37
O século asiático?

Será este o século asiático? Esse termo, que foi provavelmente usado pela primeira vez em conversações entre os líderes chineses e indianos Deng Xiaoping e Rakiv Gandhi em 1988, ocorreu em vários contextos milhares de vezes desde então. Vago o bastante para ser aceito em sentido literal por muitas pessoas, possui, contudo, conotações que necessitam ser examinadas mais cuidadosamente. Uma ou mais nações asiáticas assumirão a liderança global, militar e economicamente, e, talvez o mais importante de tudo, no desenvolvimento de uma filosofia política que possa permear o governo da maior parte do mundo? Que métodos estão sendo usados para obter aquela medida mais ilusória de prosperidade, PIB mais alto – alguma coisa está realmente mudando para a maioria dos asiáticos, bilhões deles, nas aldeias, favelas urbanas e fábricas clandestinas?

Se considerarmos significativo o peso absoluto dos números, os asiáticos já são o maior grupo regional. De 7,2 bilhões de pessoas no mundo em 2013, mais de quatro bilhões eram asiáticas. As três maiores nações da Ásia – China, Índia e Indonésia – constituem quase 40% da população mundial – 2,8 bilhões de pessoas (segundo números da ONU).

Além disso, há também a questão financeira. As reservas de U$ 3,3 trilhões da China têm permitido a ela investir pesadamente em muitas partes do mundo, sobretudo nos Estados Unidos. A aquisição por parte da China do maior produtor e processador de carne suína do mundo, Smithfield Foods, por U$ 4,7 bilhões, tornou-a a nova empregadora de milhares de americanos em várias comunidades rurais. A aquisição da AMC Entertainment, uma das maiores cadeias de cinema dos Estados Unidos, deu à China o maior controle de vendas de ingressos de cinema do mundo. Tanto a China como a Índia estão investindo pesadamente em minas de carvão australianas, e a China fez grandes aquisições de terras agrícolas naquele país.

Esses eventos são manifestações da globalização que, vista de um modo simples, é um intercâmbio crescente de produtos, ideias e culturas ao redor do mundo. Na prática, é muito mais do que isso – nas palavras do investidor bilionário George Soros: "Não é o comércio que o torna global, mas o movimento de capital". Ele estava se referindo aos trilhões de dólares de dinheiro oportunista "itinerante", que a tecnologia moderna permite que sejam transferidos quase instantaneamente de um país a outro, predando moedas e economias inteiras. A "fuga de capital" foi uma grande contribuinte para um colapso das economias da Coreia do Sul e de quase todos os países do Sudeste Asiático em 1997, removendo U$ 2 trilhões do valor de seus mercados de ações, e deixando milhões de pessoas desempregadas.

Algo similar começou a ocorrer em 2013. A impressão de aproximadamente U$ 3 trilhões em dinheiro "novo" – assim chamado "flexibilização quantitativa" (*quantitative easing*) – nos Estados Unidos e a emissão massiva de papel-moeda no Japão inundou o mundo com crédito barato, aumentando enormemente o volume de dinheiro "itinerante". Mesmo insinuações vagas de que as gráficas pudessem ser desaceleradas eram o bastante para iniciar uma grande "fuga de capital" de muitas das economias subdesenvolvidas, criando crises de confiança às quais não se podia permitir. Os piores efeitos iniciais foram sentidos na Índia, mas as economias da Tailândia, Indonésia, Taiwan e Malásia também se enfraqueceram.

A maioria dos muito pobres do mundo – aqueles que estão ativamente subnutridos, com problemas de saúde, com moradia inadequada e sem oportunidade de educação – vive na Ásia, e seus números já aumentaram neste século para mais de um bilhão. Parece provável que essa pobreza e crescimento populacional contínuos permaneçam grandes problemas mundiais, especialmente se as economias asiáticas continuarem a ser perturbadas pela massiva manipulação da moeda e da negociação de ações. Embora a necessidade de melhorar o destino dos pobres seja óbvia apenas devido à compaixão, se as soluções são proteladas, as consequências catastróficas econômicas, ambientais e sociais globais não são menos importantes. Praticamente todos os recursos – comida, água, energia, terras aráveis, minerais, áreas de pesca – se tornarão cada vez mais escassos, e a poluição do mar e do ar aumentará. Lagos e rios em toda parte estão se tornando poluídos e exauridos; e quase metade de todos os humanos carece de acesso a água potável segura e adequada. E, embora a colheita de grãos tenha aumentado, a produção anual crítica por pessoa não aumentou – tem girado em torno de 350kg. Mudanças climáticas mais destrutivas, escassez de água e o uso excessivo crônico dos solos parecem quase inevitáveis, e devem quase certamente reduzir a produção de alimento no futuro – com os preços já tendo subido dramaticamente em 2013. Assim, parece provável que a evolução do "século asiático" venha a ser suspensa – e em breve – pelas influências naturais e demográficas já em jogo: os bilhões da Ásia não serão capazes de se tornar sociedades consumidoras afluentes como aquelas do Ocidente e do Japão, porque os recursos do planeta são finitos e sua tolerância para a poluição é limitada. Consequentemente, o impulso para emular a extravagância material do Ocidente, evidente em vários países asiáticos, e seu encorajamento por elementos no Ocidente, são erros terríveis e potencialmente desastrosos. Algumas estatísticas tornam isso claro. De acordo com um relatório da ONU, em 2006, os 10% mais ricos da população mundial consumiram mais de 85% dos recursos, enquanto metade da população mundial teve de dividir cerca de 1%. Em números da Ocde de 2012, a riqueza *per capita* oscilou de U$ 540.000 na Suíça a U$ 5.500 na

Índia. Nem mesmo grandes renúncias da fartura ocidental poderiam permitir significativamente um consumo maior no mundo desenvolvido.

Esteve na moda falar dos "tigres asiáticos" e do "milagre econômico da Ásia". Embora esses termos pudessem ser aplicados à China e a Singapura, a outros lugares eram inapropriados, como mostraram as catástrofes financeiras de 1997 e 1998 e as dificuldades de recuperação que se seguiram. A realidade é que as assim chamadas economias "tigre" trouxeram uma riqueza substancial a uma pequena minoria na Índia, Coreia e sudeste da Ásia, baixos salários para os padrões ocidentais a uma fração um pouco maior, mas ainda pequena, de trabalhadores da indústria, e fez pouco para aliviar os problemas massivos da maioria do povo, que ainda vive em aldeias e trabalha na terra. A realidade por trás do "milagre" era, e permanece sendo, a existência de uma força de trabalho malpaga e submissa pronta para ser explorada pelo capital ocidental, chinês, taiwanês e japonês.

Grande parte dessa indústria foi baseada em empréstimos ou investimentos estrangeiros, baixos salários e más, muitas vezes perigosas e insalubres, condições de trabalho. Milhares de trabalhadores protestaram nas ruas do subúrbio industrial bangladeshiano de Ashulia em 2012, após um incêndio numa fábrica ter matado 110 pessoas, principalmente mulheres jovens, que estavam fabricando roupas para grifes ocidentais. No ano seguinte, mais de 1.100 pessoas morreram quando um edifício de oito andares em Dhaka, condenado por ser inseguro, colapsou. Mais de 3.000 trabalhadores estavam apinhados no prédio. Muitos dos mortos eram crianças, que morreram em creches providenciadas para que as mães pudessem trabalhar. Milhões de mulheres jovens nos países mais pobres trabalham tipicamente 12 horas por dia, seis dias por semana em máquinas de costura em fábricas abarrotadas, com pouca luz e malventiladas. Há mais de quatro milhões de trabalhadores do vestuário em 5.000 fábricas somente em Bangladesh, e 300.000 no Camboja.

Frequentemente, a indústria é subsidiada por governos, pela iniciativa de oficiais que são eles próprios os principais beneficiários. Embora condições miseráveis de trabalho persistam, muito frequentemente recursos são desperdiçados em infraestrutura sem qualquer serventia real para a maioria das pessoas, como torres urbanas de escritórios e campos de golfe. A nova e artificial capital da Birmânia, Nay Pyi Taw, talvez seja o exemplo mais flagrante dos estilos de vida extravagantes oferecidos a uma elite às custas dos pobres. Essa prosperidade ilusória cria, por um tempo, trabalho para os camponeses que deixam as aldeias e os campos para se tornarem trabalhadores braçais e operários de fábrica, e que mais tarde muitas vezes se tornam desempregados. Em muitos lugares a pressão sobre a terra rural torna difícil para esses trabalhadores deslocados retornarem para o lugar de onde vieram. Descontentes, desesperadamente pobres, com pouca esperança para o futuro, tornaram-se uma classe perigosa e ociosa, forçada ao crime e fadada a se tornar descontente social e politicamente. Essas pessoas, em sua maioria de jovens, contam-se em milhões.

Nada disso equivale a dizer que o desenvolvimento na Ásia ao longo das três últimas décadas foi uniformemente ruim. Tem havido inumeráveis projetos inovadores e úteis, como os muitos exemplos no Japão e na China e a posição avançada da Índia na tecnologia da informação demonstram. Tornou-se uma questão acerca de qual forma o desenvolvimento deveria assumir na Ásia como um todo. Simplesmente, se os dois bilhões e meio de pessoas na China e na Índia seguirem os modelos de consumo do Ocidente, como o Japão já fez, as consequências para o mundo serão desastrosas.

Formas inovadoras de indústria que conservam recursos e usam energia minimamente poderiam contribuir significativamente para um estilo de vida feliz, gratificante e saudável para os milhões agora desfavorecidos. Infraestrutura apropriada, construída nas sociedades existentes, e estrutura econômica — fornecimento de água potável, fogões de cozinha que economizam combustível, melhores serviços de saúde, computadores com energia solar ou a corda com acesso à internet, estradas e pontes ligando aldeias, pneus de borracha para carroças de búfalo, indústrias de valor agregado simples — esses são o tipo de coisas realmente necessárias. Esses objetivos são consistentes com a tradição de cooperação, o respeito quase universal pela educação e a ambição, frugalidade e disposição para trabalhar típicos de grande parte da Ásia. O colapso financeiro de 1997 destruiu muitas empresas produtivas e basicamente sólidas porque as moedas locais depreciadas lhes tornaram impossível cumprirem as obrigações de seus empréstimos. A implementação de uma indústria inovadora e conservacionista pode muito bem requerer uma considerável diversidade de proprietários e de direção, bem como uma força de trabalho versátil. Infelizmente, as tendências em muitas partes da Ásia são na direção oposta. Esses obstáculos para livre-iniciativa valem a pena ser considerados.

O sistema de cartel ou monopólio, durante a década de 1930, caracterizado pelo termo japonês *zaibatsu*, está novamente em proeminência em vários países asiáticos. O nome moderno no Japão é *keiretsu*, mas o sistema é em grande medida o mesmo, e é dominado por praticamente os mesmos interesses. Keiretsus são aglomerados que controlam áreas inteiras de comércio, da manufatura ao atacado e lojas de varejo. Entre outras coisas, eles fornecem um método efetivo de eliminação de produtos concorrentes, especialmente os estrangeiros, e tendem a desencorajar a inovação. Na Coreia do Sul, o equivalente é o *chaebol*, grandes conglomerados como Samsung®, Hyundai® e Daewoo®, que foram geralmente estimulados pelo patrocínio governamental durante a Guerra da Coreia com os bilhões de dólares de ajuda dos Estados Unidos. Quase sem exceção, pertenciam ou eram controlados por famílias da aristocracia tradicional do país.

Na Índia, grande parte do capital e da indústria é controlada por algumas famílias. Na China, o exército e o Partido Comunista possuem enormes participações em empresas. No Paquistão, Bhutto fez campanha contra 22 famílias que considerava dominarem a economia nacional. Grandes empresas, o exército e a política estavam estreitamente associados na Indonésia, onde muitas grandes empresas eram controladas pelos generais e suas famílias imediatas. Em ambos os países, assim como na Tailândia, Birmânia e Coreia do Norte, o exército chegou a dominar muitas empresas lucrativas. Enormes fortunas foram acumuladas pelo presidente filipino Ferdinand Marcos provenientes de fundos que deveriam ter sido usados para o bem-estar público. Esse dinheiro, desonestamente transferido para bancos estrangeiros, ainda está sendo buscado pelo governo atual.

A pergunta que pode muito bem ser feita é por que os povos asiáticos envolvidos toleram seus opressores. Por vezes, é claro, não toleram, mas onde a autoridade usurpadora calha de ser as forças armadas, o desacordo se torna discutível quando você pode levar um tiro por isso. Grande parte da culpa por essa situação deve ser vinculada às nações que produzem e fornecem armas, não para os propósitos de defesa, mas para equipar minorias para assassinar, oprimir e aterrorizar seu próprio povo. Talvez os mais desprezíveis sejam aqueles que produziram os milhões de minas terrestres que agora enxovalham vários países asiáticos, matando ou aleijando regularmente milhares de inocentes, em muitos casos crianças pequenas, e que muito provavelmente continuarão ainda por muitas décadas.

Parte da razão para a aceitação da tirania repousa no modo como as crianças são educadas e criadas, ensinadas desde seus primeiros anos a respeitarem os mais velhos e a autoridade estabelecida – uma tradição de conservadorismo, uma relutância aprendida em questionar ou interferir nas instituições estabelecidas. Como diz um provérbio cambojano: "Escolha o caminho que seus ancestrais trilharam". Em muitas partes da Ásia, ao menos uma minoria é melhor educada e menos propensa a aceitar essas ideias e restrições. Mas, quando os integrantes dessa "classe média" buscam publicamente reformas, encontram um desincentivo poderoso ao serem mortos a tiros nas ruas, como foram na Birmânia, Tailândia e Indonésia, por seu próprio exército ou polícia.

O crescimento da indústria na Ásia tem sido associado ao rápido e grande aumento da população, e ao advento de megacidades – ou talvez, mais acuradamente, de megarregiões. As maiores, Tóquio e Yokohama, possuem cerca de 37 milhões de pessoas, e Jacarta cerca de 26 milhões, enquanto Seul, Deli, Xangai, Manila e Karachi possuem mais de 20 milhões. Essas grandes concentrações de pessoas são um problema em si, mas são os piores devido à natureza dessas cidades. Muitas possuem áreas-limite superpovoadas de favelas e bairros pobres, nos quais as pessoas levam vidas seriamente desprovidas e difíceis. Doenças e a curta expectativa de vida são a norma.

Elas, e seus arredores, estão também poluindo demasiadamente. De acordo com uma estimativa do Banco Mundial de 2007, 16 das 20 piores cidades poluídas do mundo estão na China. Isso se deve ao uso massivo de carvão, que produz mais de dois terços da energia da China. De acordo com um relatório do Conselho de Pesquisa Agrícola indiano de 2010, "o desenvolvimento agrícola sustentável e a segurança alimentar serão um dos principais desafios da Índia neste século. [...] A qualidade do solo está se deteriorando devido à elevada depleção de nutrientes, erosão do solo, aumento da escassez de água, impactos adversos da mudança climática e acúmulo de elementos tóxicos no solo e na água". Anteriormente, o independente Instituto de Pesquisa Energética Tata, na Índia, descreveu como uma "crise silenciosa" a erosão e a depleção do solo que afetam agora 57% da terra produtiva da Índia. O relatório previa quedas nas produções de 11 grandes plantações na Índia em cerca de um quarto. Os pesquisadores disseram que a área de terra criticamente erodida havia dobrado ao longo de 18 anos, parcialmente devido ao desmatamento para produção de combustível ou para criação de novas lavouras. O cultivo excessivo e o alto uso de fertilizantes estavam também resultando em rápida depleção dos nutrientes do solo. De acordo com a Organização das Nações Unidas para a Alimentação e a Agricultura, 27% do solo da Índia está seriamente degradado, com apenas um terço não afetado. Mas talvez o exemplo mais revelador dos efeitos poluentes do desenvolvimento amplamente descontrolado sejam os enormes incêndios florestais a cada ano em Sumatra e Kalimantan, que espalham uma nuvem de fumaça ao longo de grande parte do Sudeste Asiático, infligindo doenças respiratórias em dezenas de milhares, e interrompendo o transporte aéreo e marítimo. Esses incêndios massivos, que são provocados por desflorestamento ilegal para a produção de óleo de palma, levaram a pior poluição do ano para Singapura em 2012.

Tudo isso parece uma imagem sombria. Seria o futuro da Ásia, então, inevitavelmente de uma massa cada vez mais urbanizada e empobrecida de povos oprimidos, limitados somente pelos antigos flagelos da fome e das doenças, infligindo volumes cada vez maiores de poluição no mundo?

Não necessariamente. Um esforço mundial concertado e efetivo para acabar com a pobreza e a ignorância é a melhor e mais óbvia resposta – um desvio completamente multilateral de somente 10% do gasto mundial com armas para o alívio da pobreza poderia realizar isso sem afetar materialmente o equilíbrio mundial de poder. Além do mérito de tornar as pessoas mais felizes, ricas e melhor educadas, há outro: o axioma bem provado de que, quando as pessoas prosperam, têm menos filhos, de modo que esse é o modo mais efetivo e humano de manter a população mundial baixa. Além disso, há a quase certeza de que com educação terminarão se tornando mais autônomos e capazes de se governar justamente. A revolução moderna no intercâmbio de notícias e informações também deve ajudar, porque tornou quase impossível aos regimes tirânicos perseguirem seu próprio povo sem alguma exposição. Um exemplo é o uso da internet para expor os excessos do exército birmanês e para encorajar os boicotes comerciais contra eles, e para reagir contra a pesada censura da imprensa na Malásia. Um outro foi a massiva cobertura pela imprensa mundial da supressão do movimento democrático na Praça Tiananmen da China em 1989.

O problema da poluição nas megacidades da Ásia pode também fornecer suas próprias soluções. Os povos que vivem nesses lugares estão se tornando cada vez mais exasperados e mais conscientes dos terríveis riscos para sua própria saúde. Com o tráfego de veículos motorizados em níveis de engarrafamento em muitas cidades asiáticas, a poluição do ar deve também aumentar. Existem incentivos para o desenvolvimento em larga escala de células de combustível pouco poluente, veículos a ar comprimido e híbridos na Ásia, que poderiam ser exportados e competir efetivamente nos mercados ocidentais. Não é sem importância que os minitáxis elétricos estejam substituindo os veículos de combustível fóssil e os riquixás de tração humana em Dhaka, e que os primeiros dois híbridos gasolina-eletricidade produzidos em massa foram desenvolvidos e comercializados no Japão.

A fim de crescerem, esses promissores, mas muitas vezes frágeis, ramos de progresso necessitam de encorajamento e assistência do mundo ocidental. Contudo, os orçamentos de ajuda estrangeira estão diminuindo, e muitos países asiáticos estão debilitados por vastas montanhas de débito, nas quais incorreram usualmente ditadores inescrupulosos e regimes militares. A indústria, guiada pelo capital e pelas ideias ocidentais, produz basicamente o que os consumidores ocidentais desejam, não o que a Ásia necessita. A enorme distância entre ricos e pobres só será eliminada quando se compreender que o progresso genuíno das nações asiáticas pode ascender mais fácil e naturalmente a partir da estrutura de aldeia, e que esses desenvolvimentos, como a proliferação de fogões solares, são provavelmente os mais sustentáveis. As soluções mais simples, como produção mais elevada de árvores frutíferas, pisciculturas eficientes, fornecimento de água potável possibilitados pelo telhado impermeável das casas e por tanques coletores de água da chuva, indústrias locais ao menos inicialmente de mão de obra intensiva, maquinário simples para agricultura e irrigação e sementes de grãos confiáveis, são necessários para encorajar um modesto crescimento geral na prosperidade. Uma pequena indústria apropriada e imediatamente útil cresceria naturalmente disso. Há muitas evidências de que fundos de ajuda seriam melhor canalizados pelos governos ocidentais para organizações não governamentais, que são mais experienciadas e têm uma melhor trajetória no campo do que governos.

Nada disso é sugerido em bases puramente caridosas ou altruísticas. A economia mundial pode esperar enormes oportunidades se e quando a renda média e a segurança dos bilhões de asiáticos puder ser firmemente melhorada, ainda que apenas lentamente. Inversamente, com os povos asiáticos se tornando a maior parte da população mundial, a completa carência de mercados deve debilitar cada vez mais a economia mundial, se um esforço prático e maior para remediar a pobreza não for feito. Imaginação e inovação são necessários nessa causa. Por exemplo, há um potencial para uma vasta indústria nos países com deserto ou semidesertos e luz solar abundante para prover as estações de energia metropolitanas de hidrogênio produzido a partir da dissociação da água ou amônia através do uso de energia solar, ou através do uso de catalisadores. A pesquisa nessa tecnologia está bem avançada em Israel e em outras partes. Células de combustível funcionam com hidrogênio. Esse exemplo é mencionado porque é de uma natureza que proveria os países asiáticos de uma fonte de receita industrial permanentemente renovável e não poluente. O hidrogênio líquido poderia ser carregado pelas frotas de petroleiros ou oleodutos existentes para as estações de energia metropolitanas.

A assistência mundial à Ásia necessitará acomodar uma compreensão e uma aceitação adequadas das tradições asiáticas. Por menos palatável que essa conclusão possa ser, o controle de povos inteiros por regimes autoritários tende a continuar porque, na ausência de uma nova influência potente, a tradição os favorece. Quando são progressistas, como o governo de Singapura tem sido, as democracias "controladas" têm seu valor. Contudo, a indiferença mundial para regimes explicitamente maus – ou pior, apoio para eles por razões políticas confusas ou por razões econômicas inescrupulosas – não deve continuar.

Por outro lado, o Ocidente, tendo se dado o trabalho de compreender as tradições asiáticas, deve também aceitar que seria ingênuo, perigoso e inapropriado promover governos e economias asiáticas que são clones de modelos ocidentais. Novas soluções, baseadas nos existentes padrões sociais asiáticos, em poluição mínima, no melhor uso possível de recursos e em energia permanentemente renovável, são, portanto, não somente desejáveis, mas essenciais. Com encorajamento e apoio na direção certa, essas soluções poderiam ser bem concebidas pelos próprios povos asiáticos, com o potencial de oferecer novos modelos ao mundo. Isso apresenta uma notável oportunidade, um desafio para o terceiro milênio que vale a pena enfrentar.

Assim, o Ocidente deveria reconhecer a rejeição na Ásia do estilo político ocidental em favor de novas formas conscientemente baseadas em tradições passadas. Isso é evidente no crescimento do nacionalismo hindu na Índia, nas recentes adaptações do comunismo chinês, na ressurgência do xintoísmo na retórica política japonesa, na persistência de governos autocráticos no Sudeste Asiático, na inabilidade de políticos "progressistas" como Aung San Suu Kyi, Imran Khan, Anwar Ibrahim e Sam Rainsy de serem bem-sucedidos em seus países, e uma virada na direção do islamismo tradicional no Paquistão, em Bangladesh e no Afeganistão.

Finalmente, em muitos casos a tendência tem sido para melhores resultados. Números da ONU revelaram em 2012 que 6,6 milhões de crianças no mundo morriam antes dos 5 anos, mas isso representa apenas metade do que ocorria em 1990. E, embora a cada ano quase 800 mulheres ainda morrem no parto, esse número é muito menor do que no passado, devido a medidas de saúde pública muito melhores na China, Malásia, Sri Lanka e Tailândia, e a um enorme esforço para melhorar a saúde da mãe e da criança por cinco grandes agências internacionais.

Assim, será esse o século asiático? Duvido que alguém possa responder essa pergunta com segurança – o resultado depende de muitas coisas impossíveis de predizer. Um retorno das nações asiáticas à igualdade cultural e econômica com o resto da humanidade parece mais provável – esperemos que em um mundo que possa oferecer a todos os seus cidadãos vidas mais justas, mais pacíficas e mais prósperas do que experienciam hoje.

Leitura complementar

Os livros a seguir fornecem uma descrição mais detalhada dos países tratados, bem como de alguns outros, não abordados usualmente, que podem oferecer ao leitor noções úteis e inusuais.

Geral
SMITH, H. *The World's Religions*, 2009.

China
BEHR, E. *The Last Emperor*, 1987.
CHANG, I. *The Rape of Nanking*, 1998.
FENBY, J. *Penguin History of Modern China*, 2009.
FITZGERALD, C.P. *China: A Short Cultural History*, 1980.
JISHENG, Y. *Tombstone: The Great Chinese Famine*, 2008.
MARTIN, C. *The Boxer Rebellion*, 1968.
NOLAN, P. *China at the Crossroads*, 2003.
PAN, P.P. *Out of Mao's Shadow*, 2008.
PATTEN, C. *East and West*, 1998.
RITTER, R. *Modern China*, 2008.
ROBERTS, J.A.G. *A History Of China*, 2011.
SPENCE, J.D. *The Search for Modern China*, 2000.
WALEY, A. *The Opium War Through Chinese Eyes*, 1958.
WO-LAP LAM, H. *Chinese Politics in the Hu Jintao Era*, 2006.

Taiwan
BUSH, R.C. *Untying the Knot*, 2005.
DENNY, R. *Taiwan: A Political History*, 2003.
HARRISON, M. *Legitimacy, Meaning and Knowledge in the Making of Taiwanese Identity*, 2006.
KEATING, J.F. *Taiwan: The Struggles of a Democracy*, 2006.
MANN, J. *The China Fantasy*, 2007.
MANTHORPE, J. *Forbidden Nation*, 2005.

Tibete
FRENCH, P. *Tibet, Tibet*, 2003.
GOLDSTEIN, C.M.G. *A History of Modern Tibet*, 1999.
LEVY, P. *Tibet*, 1996.
SNELLGROVE, D. & RICHARDSON, H. *A Cultural History of Tibet*, 1995.

Japão
AYER, P. *The Lady and The Monk*, 1992.
BODART-BAILEY, B.M. *The Dog Shogun*, 2006.
DOWER, J.W. *Embracing Defeat: Japan in the Wake of World War II*, 2000.
GORDON, A. *A Modern History of Japan*, 2003.
HANE, M. *Peasants, Rebels and Outcastes*, 1982.
HANE, M. & PEREZ, L.G. *Modern Japan*, 2009.
HERSEY, J. *Hiroshima*, 1946/1989.
JANSEN, M.B. *The Making of Modern Japan*, 2002.
McCLAIN, J.L. *Japan: A Modern History*, 2002.
SHIBIKU, M. *The Diary of Lady Murasaki*, 1996.
STORRY, R. *A History of Modern Japan*, 1960.
SUZUKI, D.T. *An Introduction to Zen Buddhism*, 1949.

Coreia
BREEN, M. *Kim Jong-Il*, 2004.
CONROY, H. *The Japanese Seizure of Korea*, 1960.
CUMINGS, B. *Korea's Place in the Sun*, 1997.
KIM, D.K. *The History of Korea*, 2005.
SETH, M.J. *A Concise History of Korea*, 2006.
WINCHESTER, S. *Korea*, 2005.

Sul da Ásia
BOSE, S. & JALAL, A. *Modern South Asia*, 2003.
FARMER, B.H. *An Introduction to South Asia*, 1993.
LUDDEN, D. *India and South Asia*, 2002.
YUNUS, M. & PARMAR, A. *South Asia*, 2003.

Índia
BOSE, S. *Transforming India*, 2013.
_____. *Kashmir*, 2005.

CHANDRA, B. *A History of Modern India*, 2009.
FAISAL, D. *The Impossible Indian: Gandhi and the Temptation of Violence*, 2012.
JAMES, L. *Raj: The Making and Unmaking of British India*, 1997.
KEAY, J. *India*, 2000.
KHILNANI, S. *The Idea of India*, 1998.
METCALF, B.D. & METCALF, T. *A Concise History of Modern India*, 2006.
ROBB, P. *A History of India*, 2011.
THAROOR, S. *India*, 2006.

Bangladesh
BOSE, S. *Dead Reckoning*, 2011.
LEWIS, D. *Bangladesh*, 2011.
MAHMUD ALI, S. *Understanding Bangladesh*, 2010.
RAGHAVAN, S. *A Global History of the Creation of Bangladesh*, 2013.
SISSON, R. & ROSE, L.E. *War and Secession*, 1992.
VAN SCHENDEL, W. *A History of Bangladesh*, 2009.

Paquistão
BENNETT JONES, O. *Pakistan: Eye of the Storm*, 2012.
KHAN, I. *Pakistan*, 2011.
LIEVEN, A. *Pakistan: A Hard Country*, 2012.
TALBOT, I. *A Modern History of Pakistan*, 2009.
YUSUFALI, J. *Pakistan*, 1990.

Afeganistão
ARNEY, G. *Afghanistan*, 1989.
DALRYMPLE, W. *The Return of a King*, 2013.
EWANS, M. *Afghanistan*, 2003.
RASANAYAGAM, A. *Afghanistan: A Modern History*, 2005.
RASHID, A. *Taliban*, 2010.

Sri Lanka
BOYLE, F.A. *The Tamil Genocide by Sri Lanka*, 2009.
PERERA, H. *Buddhism in Sri Lanka*, 2013.
SILVA, K.M. *A History of Sri Lanka*, 1981.

SPENCER, J. *Sri Lanka: History and the Roots of Conflict*, 2002.
WEISS, G. *The Cage*, 2012.
WICKRAMASINGHE, N. *Sri Lanka in the Modern Age*, 2005.

Nepal e Butão
ARIS, M. *Bhutan: The Early History*, 1979.
CORVINAS, G. *Prehistoric Cultures in Nepal*, 2007.
EINSIEDEL, S. *Nepal in Transition*, 2012.
HILLARY, E. *View From the Summit*, 1999.
LAWOTI, M. *Towards a Democratic Nepal*, 2005.
LEAMING, L. *Married to Bhutan*, 2011.
PHUNTSHO, K. *The History of Bhutan*, 2013.
RICHARD, M. *Bhutan*, 2008.
WHELPTON, J. *History of Nepal*, 2005.

Sudeste da Ásia
CHURCH, P. *A Short History of Southeast Asia*, 2005.
GLOVER, I.C. *Southeast Asia from Prehistory to History*, 2004.
HALL, D.G.E. *History of Southeast Asia*, 1981.
OSBORNE, M. *Southeast Asia*, 2013.
OWEN, N.G. *The Emergence of Modern Southeast Asia*, 2005.
SarDESAI, D.R. *Southeast Asia, Past and Present*, 2010.

Indonésia
ABDULLAH, T. *Indonesia: Towards Democracy*, 2009.
BEATTY, A. *A Shadow Falls: in the Heart of Java*, 2009.
BROWN, C. *A Short History of Indonesia*, 2003.
CRIBB, R.B. *Modern Indonesia*, 1995.
DEKKER, E.D. *Max Havelaar*, 1868.
ELSON, R.E. *The Idea of Indonesia: A History*, 2008.
MARTINKUS, J. *A Dirty Little War*, 2001.
PARRY, R.L. *In the Time of Madness: Indonesia on the Edge of Chaos*, 2006.
RAMOS-HORTA, J. *Funu: The Unfinished Saga of East Timor*, 1987.
RICKLEFS, M.C. *A History of Modern Indonesia*, 2008.
VICKERS, A. *A History of Modern Indonesia*, 2005.
VLEKKE, B.H.M. *Nusantara*, 1959.

Filipinas
ARCILLA, J.S. *An Introduction to Philippine History*, 1998.
FENTON, J. *The Snap Revolution*, 1986.
FRANCIS, L.H. *A History of the Philippines*, 2010.
HALILI, M.C. *Philippine History*, 2004.
YAN, S.K. *A History of the Philippines*, 2009.

Birmânia
CADY, J.F. *A History of Modern Burma*, 1960.
CHARNEY, M.W. *A History of Modern Burma*, 2009.
MYINT-U, T. *Where China Meets India*, 2011.
SAN SU-KYI, A. *Freedom from Fear*, 1995.

Tailândia
BAKER, C. *A History of Thailand*, 2009.
BAKER, C. & PHONGPAICHIT, P. *A History of Thailand*, 2009.
SYAMANANDA, R. *A History of Thailand*, 1971.
WYATT, D.K. *Thailand: A Short History*, 2003.

Vietnã, Camboja e Laos
ASHWILL, M.A. *Vietnam Today*, 2005.
CHANDLER, D.P. *A History of Cambodia*, 2008.
CHAPUIS, O. *A History of Vietnam*, 1995.
CORFIELD, J. *The History of Cambodia*, 2009.
DeMARCO, N. *Vietnam, 1939-1945*, 2004.
EVANS, G. *A Short History of Laos*, 2002.
KARNOW, S. *Vietnam*, 1991.
MEEKER, O. *The Little World of Laos*, 1995.
OSBORNE, M. *Sihanouk*, 1994.
STUART-FOX, M. *A History of Laos*, 1997.
TAYLOR, K.W. *The Birth of Vietnam*, 1983.
TURSE, N. *Kill Anything that Moves: The Real American War in Vietnam*, 2013.
VAN, N. *In the Crossfire*, 2000.

Malásia e Singapura
ANDAYA, B.W. & ANDAYA, I.Y. *A History of Malaysia*, 2001.
FROST, M.R. & BALASINGAMCHOW, Y. *Singapore: A Biography*, 2009.

GUAN, K.C. *D. Heng and Tan Tai Tong, Singapore*, 2009.
HOOKER, V.M. *A Short History of Malaysia*, 2012.
LIU, G. *Singapore: A Pictorial History*, 2001.
TURNBULL, C.M. *A History of Modern Singapore, 1819-2005*, 2009.
YEW, L.K. *The Singapore Story*, 1998.

Índice

Abdullah Badawi 266
Abdul Rahman, Tengku 261
Achém (Atjeh) 118, 248, 256s.
Afeganistão 198-203
Aguinaldo, general 292
Agung, sultão 134, 137s.
Akbar 143
Alaungpaya 122
Alexandre o Grande 35
Amangkurat, sultão 138
Ambon 113s.
Amuk 135
Angkor Thom 45
Angkor Wat 46, 146
Annam 47
Anuradhapura 212
Anwar, Ibrahim 266
Anyang 54
Aquino, Benigno 295s.
Aquino, Corazon 296
Arakan 123
Armas nucleares 188s.
Arroz, cultura 41s.
Aryans 30, 154
Ashoka 36, 212s.
Assam 123, 171
Associação dos Estados do Sudeste Asiático 262
Attlee, Clement 174

Aung San 324, 326
Aung San Suu Kyi 326
Aurangzeb 144
Ayub Khan 186

Babur 141, 143
Bali 117
Baluquistão 187
Banda 133
Bandula, general 123
Bangladesh 192-197
   envenenamento por arsênico 196
   trabalhadores infantis 170
Barangays 290
Batávia 78
   população chinesa 119
Batique 40
Bayon 46
Belo, Carlos, bispo 254
Bengala, fome de (1943) 152, 173s.
Bhutto, Benazir 188
Bhutto, Zulfikar Ali 187
Bin Laden, Osama 190, 201
Borobudur 40, 45
Brooke, James 264
Brunei 267-269
Budismo na China 63
   na Índia 140
   na Tailândia 287
   origens 35
   Zen 73

Bugineses 41
Buraco Negro de Calcutá 9, 147
Butão 209-211

Camboja 127, 317-321
"Cão" xógum 105
Carros híbridos 335
Catmandu 205
Caxemira 185s., 188
Champa 48
Chandalas 32
Chandragupta 35
Chavalit, Yungchaiyudh 283
Chengdu 10
Chettiars 323
Chiang Kai-shek; cf. Jiang Jieshi
Chin Peng 167
China
 alquimia 59
 astronomia 80
 comunas 227
 Comuna Yanan 219
 confucionismo 61s.
 contatos com Roma 61
 culto ancestral 50
 Dinastia Han 59-63
 Dinastia Manchu (Ching) 90
 Dinastia Ming 85, 88-90
 Dinastia Mongol 79, 83-85
 Dinastia Qin 50s., 57
 Dinastia Shang 51, 54s.
 Dinastia Song 79-83
 Dinastia Sui 67
 Dinastia Tang 68-70
 Dinastia Zhou 51, 55
 Estado Chu 51
 eunucos 88
 expedição do norte 218
 expedições marítimas 86s.
 grande salto adiante 227s.
 guerras do ópio 92s.
 guerreiros sepultados 58s.
 Harbin, peste bubônica 221
 Imperador Amarelo 51
 incidente da Praça Tiananmen 230s.
 invenção da imprensa de tipos 69
 invenção do papel 62
 longa marcha 219
 mandarinato 61, 68
 Mandato do Céu 56, 65
 Mao Tsé-Tung 218, 228
 Partido Kuomintang (Nacionalista) 217s.
 poluição do ar 12
 pré-história 50
 Rebelião Taiping 95
 reflorestamento 224
 Nanquim, Tratado de 93
 Represa das Três Gargantas 235
 Revolta Boxer 96
 Revolta dos Turbantes Amarelos 63
 Revolução Cultural 228
 Sociedade Sanxingdui 51
 Taiwan 237-240
 Tianjin, Tratado de 94
 torres comerciais 16
 transporte marítimo 82
 trens rápidos 10
 "uma centena de flores" 227
 Zhou Enlai 223, 228
Chineses no exterior 119, 122
Chomolungma (Everest) 204
Choshu, clã 270
Chuan Leekpai 283s.
Chulalongkorn 281
Cixi, imperatriz viúva 94
Classes médias asiáticas 169
Clípers 92
Clive, Robert 147
Coen, Jan 133
Comércio com galeões espanhóis 290

Companhia Britânica das Índias
  Orientais 77s., 92, 112, 131, 134,
  144, 147-149, 258
Companhia Holandesa das Índias
  Orientais 139
Confúcio 55s.
Coreia
  do Norte 298, 302, 307s.
  Guerra da 224s., 306
  impressão 300
  Jikji, o 300
  Mito Tangun 298
  Park Chung-hee 305s.
  tipo móvel 300
Cripps, Stafford 173
Curzon, lorde 155

Dalhousie, lorde 124
Dario III 35
Democracia "controlada" 15s., 262,
  265s., 284s., 336
Deng Xiaoping 231
Depurações stalinistas 243
Desastre de Bhopal 177
Dias, Bartolomeu 77
Dien Bien Phu 167, 311
Dipendra 207
Diponegoro 139
Du Fu 68
Dyer, Reginald, general 157

Edo 103
Emergência malaia, a 260s.
Energia de hidrogênio 335
Eras do gelo 23
Estrada, Joseph 296

Fa Ngum 314
Faxian 37
Ferrovias 113
Filipinas 289-297
  Bangsamoro 296
  centrais de atendimento 297
  construção naval 297
  indústria de eletrônicos 296
Fretilin 253
Funan 44

Gandhi, Indira 176s.
Gandhi, Mohandas 35, 112, 156-159,
  173
Gandhi, Rahul 179
Gandhi, Rajiv 176s.
Gandhi, Sonia 177s.
Gautama (Buda) 34
Genghis Khan 241s.
Gladstone, William 93
Gobi, deserto 242, 244s.
Gordon, Charles 94
Grande Muralha 49, 242
Guangzhou 69
Guerra hispano-americana 292s.
Guerras birmanesas 122-125

Habibie, B.J. 255
Hall, Tony 307
Harappa, civilização 27s.
Hart, Sir Robert 94
Hastings, Warren 148
Hawkins, Will 144
Henrique o Navegador 76
Heshen 91
Hidetada 104

Hideyoshi 99s., 302
Hillary, Edmund 207
Hinduísmo, origens 32
Ho Chi Minh 115, 167, 310
Hominídeo, desenvolvimento do 23
Homo sapiens 26
Hong Kong 93, 232
Hongwu 85
Humayun 143
Hun Sen 320
Hu Yaobang 231

Ieyasu 100, 102
Ifugao 41
Imperialismo, efeito nas fronteiras nacionais 112
Império Chola 38, 45
Impressão
  na China 69s.
  na Coreia 301s.
Índia 154
  Arya Samaj
  Bengala, fome de (1769-1770) 148; (1943) 152, 173
  Bharatiya Janata, Partido (BJP) 177
  Chauri Chaura, incidente 158
  Congresso 155, 173
  imposto sobre o sal 158s.
  incidente de Amritsar 157
  Manmohan Singh 178
  "motim" indiano 150s.
  Mughal, dinastia 141-147
  principalidades 159
  regionalismo 34s.
  Rowlatt Acts 157
  suttee 153
  Tagore, Rabindranath 157
  universidades estabelecidas 153
  violência coletiva 176s.

Indochina
  Dinastia Nguyen 127
  Dinastia Trinh 127
  Revolta Tay Son 127
Indonésia
  assassinatos de 1965 251
  declaração de independência 248
  massacre de Dili 254
  movimento islâmico Darul 248
  República das Molucas do Sul 248
  transferência da Irian Oeste 250
Irrawaddy, Rio 322
Islã
  no Paquistão 185
  origens 75s.
  sufismo 129
Ivã IV 88

Jainismo 35
Japão
  ainu 64
  bombardeios nucleares 273
  Castelo Hara, cerco ao 105
  Clã Fujiwara 72
  Cultura Yamato 65
  daimiô 10, 98
  desastre de Fukushima (2011) 277s.
  fusão nuclear 278
  gueixa 103
  Guerras Onin 98
  história de Genji 72
  migrações da Coreia 65
  "orgulho, o momento fatal" 279
  Período Kamakura 73
  Reformas Taika 70
  samurai 73, 271
  Sekigahara, batalha de 100, 102
  Shinzo Abe 278
  teatro *kabuki* 103
  Templo Ise 66
  "triângulo de ferro" 276
  tsunami (2011) 277

ukiyo, o "mundo flutuante" 103
xintoísmo 64
xóguns Ashikaga 74
Java, Guerra de 134, 139
Jayavaraman II 46
Jehengir 144
Jesuítas
  na China 87
  no Japão 100
Jiang Jieshi 218
Jinnah, Mohammed Ali 174s.
jukongs 41

Kalidasa 37
Kalinga 36
Kama Sutra 37
Kandy 214
Kang Youwei 96
Kangxi 89s.
Kargil 188
Katipunan 292
keiretsu 332
Kerala 170, 180-182
Khan, Imran 185
Khmer Vermelho 319s.
Khmer, império 45-47
Khyber, passo 18
Kim Dae Jung 306
Kim Il-sung 308
Kim Jong-il 302
Kim Jong-un 298, 308
Kipling, Rudyard 149
Koguryo 299
Ko-hi-noor, diamante 141
Kuala Lumpur 258, 260
Kublai Khan 48, 79, 83s.

Lambert, comodoro 123
Lane Xang 314s.
Laos 314-317
Lee Kuan Yew 16, 232, 262s.
Lee Tenghui 238
Leonowens, Anna 126
Li Bo 68
Liga Muçulmana 174
Linnaeus, Carolus 78
Lin Zexu 92
Li Si 57
Li Zicheng 89
Loess (solo) 50
Lon Nol 319

MacArthur, Douglas 274
Macaulay, Thomas 149
Magalhães, Fernão 77
Magsaysay, Ramón 295
Mahabharata 33
Mahathir, Mohamad 265s.
Mahinda, príncipe 212
Majapahit 128s.
Malaca 130-132
Malária
  em Luzon 41
  na Malaia 258
  no Sri Lanka 215
Malolos, República de 293
Manchukuo 219
Marcos, Ferdinand 295
Mataram 134s., 137s.
Mauria, império 35-37, 135
Megástenes 35, 135
Megawati, Sukarno 255s.
Menander 37

347

Mengzi 56
Mercantilismo 78
Minamoto Yoritomo 72
Minangkabauer 76
Mindanao 289, 291, 296
Ming, tumbas 49
Monções 39
Mongólia 241-245
Movimento dos Camisas Vermelhas 285
Mudança climática 12-14
Mulheres de conforto 305
Musharraf, Pervez, general 188
My Lai, massacre 312

Nagasaki 104
Nalanda, Universidade de 37
Nanquim, massacre 273
Nanzhao 122
Nara 71
Nasution, general 249
Navio tartaruga 302
Nay Pyi Taw 327
Nehru, Jawaharlal 158
Nehru, Motilal 158
Neil, James, coronel 150
Neoconfucionismo 82, 107, 301
Nepal 204-208
Ne Win 325
Ngo Dinh Diem 311
Nizam de Hyderabad 145
Nobunaga, Oda 99
Números "árabes" 81
Nurhacu 89

Ópio, guerras na China 92-94
Ópio, produção
 monopólios 112
 na Birmânia 326
 no Afeganistão 202s.
Ossos oraculares 54
Oyu Tolgoi 244s.

Pagan 122
Palmerston, lorde 93
Paquistão 170s., 184-191
Paripatra, príncipe 282
Pathet Lao 316
Pearl Harbor 164, 260
Penang 131, 267
Pequena era do gelo 88
Perahera, cerimônia do dente 212
Perry, comodoro 107
Phnom Penh 44, 320s.
Pibul Songgram 282s.
Ping Fang, centro de armas
 biológicas 221
Planície dos Jarros 316
Pol Pot 319
Política do consenso 85
Polo, Marco 79
Poluição do ar 12
População mundial 9s.
Prambanan 45
Preste John 75
Puyi 97, 218
Pyongyang 298s.

Qianlong, imperador 90
Qin, dinastia 56-59

Quezon, Manuel 294
Quioto 71, 99, 102

Raffles, Thomas S. 132
Rajapaksa, Mahinda 216
Rajputs 140
Rakhigarhi 27
Ramayana 33
Ramos, Fidel 296
Ramos-Horta, José 253
Rashtriya Swayamsevak Sangh (RSS) 177
Rigveda 30
Rizal, José 292
Roe, sir Thomas 144
Roh Moo-hyun 306
Rota da Seda 69, 242s.
Roxas, Manuel 295
Roy, Rammohun 153

Sabah 261
Sado, príncipe 303
Sakuntala 37
Sarawak 264
Sarit Thanarat 283
Seleucus Nicator 35
Seul (Hanyang) 300
Seyed Ahmad Khan 155
Shah Jahan 144
Sharif, Nawaz 188
Sheik Mujid Rahman 193
Shi Huangdi (primeiro imperador) 57
Shimonoseki, Tratado de 95
Shinawatra, Yingluck 285
Shivaji 144

Shomu, imperador 71
Shotoku, príncipe 70
Shrivijaya 115
Sihanouk, Norodom 45, 318-320
Silla 299
Singapura 15s., 261-264
Singh, Manmohan, Dr. 178
Sistema de castas
  indiano 32
  japonês 280
Slorc 326
Sociedade Lótus Branco 85
Sri Lanka 212-216
Subsídios agrícolas 15
Sudeste Asiático
  governos autocráticos do 336
  incêndios florestais 334
  pré-história 39s.
  transporte marítimo 40
  urbanização do século XVII 118
Su Dongpo 81
Suez, canal 78, 258
Suharto 250-252, 255
Sukarno 247-251
Sunda 43
Sun Yat-sen (Sun Zhongshan) 217
Superrodovia asiática 17

Tailândia
  Bangcoc, fundação de 125
  nordeste da Tailândia 286
  Rama IV (Rei Mongkut) 126
Taiwan 222, 237-240
Taj Mahal 144
Tambores de Dong-son 40
Tâmeis
  guerra civil dos 213

349

Jaffna, Estado de 213
  migrações para o Sri Lanka 212
Tangun, mito 298
Taoismo 62
Taruc, Luis 294
Tavan Tolgoi 244
Terremoto chinês (1556) 88
Thakins 323s.
Thaksin, Shinawatra 284s.
Thebaw, rei 124
Tibete 90, 225
Timor-Leste 253s.
Tipo racial mongol 26
Tonghak, culto 303
Trabalho infantil 170
Tráfico de escravos 78
Tsunami (2004) 178, 215, 256
  (2011) 277
Turcos otomanos 76

U Nu 324
U Saw 324

Valores asiáticos 15, 50, 262
Veneza 76-78, 87
Vietminh 167, 310s.
Vietnã 309s.
  Dinastia Le 48
  Dinastia Nguyen 48
  Dinastia Tran 48
  Dinastia Trinh 48
  Guerra do Vietnã 312s.
  Massacre de Vinh 309

Xanadu 83
Xiongnu 241s.
Xunzi 56

Yi Sunsin, almirante 302
Yi, dinastia 302
Yongle 85
Yuan Shikai 217

Zaibatsu 274
Zhang Heng 62
Zheng Chenggong (Koxinga) 239
Zhou Dakuan 46
Zia ul-Haq 187

Conecte-se conosco:

f facebook.com/editoravozes

◎ @editoravozes

𝕏 @editora_vozes

▶ youtube.com/editoravozes

✆ +55 24 2233-9033

www.vozes.com.br

Conheça nossas lojas:
www.livrariavozes.com.br

Belo Horizonte – Brasília – Campinas – Cuiabá – Curitiba
Fortaleza – Juiz de Fora – Petrópolis – Recife – São Paulo

EDITORA VOZES LTDA.
Rua Frei Luís, 100 – Centro – Cep 25689-900 – Petrópolis, RJ
Tel.: (24) 2233-9000 – E-mail: vendas@vozes.com.br